BUSSUNDA
a vida do casseta

GUILHERME FIUZA

BUSSUNDA
a vida do casseta

OBJETIVA

© 2010 by COPYRIGHT 2007 BY GUILHERME FIUZA, BUSSUNDA REDATORES LTDA. E MARIA ANGÉLICA NASCIMENTO DE SOUZA

Todos os direitos reservados à Editora Objetiva Ltda.
Rua Cosme Velho, 103
Rio de Janeiro, RJ - CEP 22241-090
Tel.: (21) 2556-7824 | Fax: (21) 2556-3322

Edição
ROBERTO FEITH

Assistência Editorial
BRUNO PORTO
MARYANNE LINZ
ALEXANDRA FIGUEIREDO
RAQUEL MALDONADO

Design de Capa e Miolo
SILVANA MATTIEVICH

Foto de Capa
ARQUIVO PESSOAL CLAUDIO MANOEL

Produção Gráfica
MARCELO XAVIER

Pesquisa de Imagens
DENILSON MONTEIRO

Revisão
LILIA ZANETTI
RAQUEL CORRÊA
RODRIGO ROSA

Editoração Eletrônica
ABREU'S SYSTEM

CIP-BRASIL. CATALOGAÇÃO-NA-FONTE
SINDICATO NACIONAL DOS EDITORES DE LIVROS, RJ

F585B

 Fiuza, Guilherme
  Bussunda : a vida do casseta / Guilherme Fiuza. - Rio de Janeiro : Objetiva,
 2010.

  407p.   ISBN 973-85-390-0054-8

  1. Bussunda, 1963-2006. 2. Humoristas brasileiros - Biografia. 3. Atores - Brasil
 - Biografia. I. Título.

10-0823

         CDD: 927.92028
         CDU: 929:792.071.2.028

SUMÁRIO

Nota do autor 7

Capítulo 1
Quem mandou nascer b... 11
Capítulo 2
Laica e o vietcongue 24
Capítulo 3
Um brinde à falsidade 42
Capítulo 4
Também queremos 51
Capítulo 5
Jesus Cristo, eu não estou aqui.. 74
Capítulo 6
Morre ao vivo a Garota do *Fantástico* 94
Capítulo 7
O famoso Buzunga...110
Capítulo 8
Cães neuróticos, vacas nervosas 130
Capítulo 9
Um sol para sete (ou oito, ou nove...) 154

Capítulo 10
Quarenta mil havaianas 175

Capítulo 11
Sambando no pântano 188

Capítulo 12
Beleza e tapa na cara 202

Capítulo 13
Subversivos no 9º andar 217

Capítulo 14
Brasil, ouça este palhaço 235

Capítulo 15
Romário e você 252

Capítulo 16
Quitinete na Prado Júnior 271

Capítulo 17
O feiticeiro aceita cheque 292

Capítulo 18
Você matou o Zico 304

Capítulo 19
Felicidade é isso 320

Capítulo 20
O umbigo da loura 329

Capítulo 21
Capivara para presidente 342

Capítulo 22
Laica merece viver 356

Capítulo 23
Adeus, hexa 368

Capítulo 24
Ficaram as mulheres 387

Capítulo 25
Bussunda, o gaulês 400

Nota do autor

Em 13 de julho de 2006, me chamou a atenção um artigo em *O Globo* com o título "Bussunda Besserman Vianna". Eu sabia que o autor, economista, ex-presidente do IBGE, era um homem preparado. Mas não preparado para escrever aquele artigo.

Menos de um mês depois da morte precoce de Bussunda, seu irmão mais velho, Sérgio Besserman Vianna, abria o peito em público. Era sabido, pelos mais próximos, que Sérgio entrara em estado de choque com a perda. O artigo escrito àquela altura parecia o cumprimento de uma missão, um tanto inusitada: avisar que o Brasil precisava conhecer Bussunda. Ou melhor, Cláudio.

"Sem o Cláudio não poderia haver o Bussunda", explicava o economista. Seu texto trazia uma senha: o humor sacana do irmão que conquistara o país provinha de uma densa história familiar, humana e intelectual. A piada que soava fácil brotava de uma vida complexa.

Guardei o artigo. Passados uns três meses, liguei para o Sérgio. Disse-lhe que gostaria de escrever a história do Bussunda Besserman Vianna. Ele reconheceu a senha e tornou-se a primeira fonte do projeto.

Eu ainda teria que buscar muitas outras, mas havia duas, especialmente, sem as quais não valeria a pena, a meu ver, levar adiante a ideia: Angélica, parceira de Bussunda por 25 anos — primeiro como amiga, depois como esposa e mãe de sua filha, Júlia —, e o grupo Casseta & Planeta.

Em fevereiro de 2007, já com o apoio de Roberto Feith e Isa Pessôa, editores deste livro, fui recebido pelos seis integrantes do grupo — Beto Silva, Claudio Manoel, Helio de La Peña, Hubert, Marcelo Madureira e Reinaldo — na sede da produtora deles, a Toviassu, em Ipanema. Angélica e Sérgio também foram sentar em volta da grande mesa. Claudio Manoel foi o primeiro a se manifestar. Disse que Bussunda talvez não coubesse num livro.

Havia uma comoção forte no ar. Cláudio Besserman Vianna era figura central na vida daquelas oito pessoas. Ninguém ali sabia ainda direito o que seria de si mesmos, quanto mais o que fazer sobre, para e por Bussunda. Concordei com Claudio Manoel: talvez nem uma enciclopédia multimídia desse conta do personagem. Mas Bussunda não tinha mesmo nada a ver com enciclopédia. E dava uma grande história — a que coubesse num livro. Como não escrevê-la?

A conversa foi longa. Ao final, recebi um sinal positivo e outro, nem tanto. Angélica e o grupo convergiram para a proposta do livro. Mas não se sentiam em condições de dar entrevistas naquele momento. Me procurariam no dia em que isso fosse possível para eles.

Voltamos a nos encontrar um ano e meio depois. Agora, com as portas inteiramente abertas. Iniciamos as gravações, e a cada sessão ficavam mais claras a confiança e a disposição de falarem de tudo — mesmo do que é mais confortável não falar. Nenhuma vez manifestaram desejo de qualquer interferência posterior em minha narrativa.

José Lavigne, diretor do *Casseta & Planeta Urgente*, Maria Paula, atriz do programa, e Boni, ex-diretor de operações da TV Globo, me forneceram depoimentos corajosos e, também, cruciais.

Devo especial agradecimento a Manfredo Garmatter Barretto, empresário do grupo Casseta & Planeta, e sua equipe. Manfredo me abriu caminhos valiosos para apuração dentro e fora do grupo, no vasto universo de documentos, registros e pessoas ligadas a Bussunda.

Entre as várias formas de apoio recebidas, cito também uma das mais singelas — a cessão pelo jovem Felipe Vianna, formado em cinema, de um vídeo amador feito por ele e um grupo de colegas ainda na adolescência, em 2002. Eles buscavam apoio contra a censura ao jornal que faziam na escola (*Punheta Estudantil*). É uma longa e solta entrevista com Bussunda, talvez o registro em que pude vê-lo em sua expressão mais natural.

Com o Projeto Memória Globo, por uma gentileza do Cedoc (Centro de Documentação da TV Globo), tive acesso a outro retrato interessante do humorista — falando de si mesmo num depoimento sóbrio. Já seus ex-colegas da ECO-UFRJ, reunidos pelo jornalista Arnaldo Bloch, me forneceram uma visão sui generis da sua personalidade (o lado bem menos sóbrio).

De julho de 2008 a abril de 2009, reuni cerca de oitenta horas de entrevistas gravadas, somadas às feitas por e-mail e aos fragmentos colhidos em mesa de bar, com mais de cinquenta fontes diferentes (fora alguns quilos de recortes da imprensa, o Google e o YouTube). De familiares do humorista a diretores da TV Globo, cada entrevistado tinha sempre um punhado de histórias marcantes sobre Bussunda — um turbilhão que parecia não caber na sua curta vida.

Por acaso, comecei a escrever o livro exatamente com a idade que Bussunda tinha quando morreu — 43 anos e 11 meses. Nos cinco meses seguintes, na marcha para o ponto final, passei pela morte de meu pai, João Batista ("o autor do autor", como ele dizia com propriedade), por um acidente de automóvel, pela fratura de duas costelas, pelo fim de um casamento e por algumas escoriações mais leves. Tentei impedir a morte de meu personagem várias vezes, em sonho. Numa delas, manobrava para que ele não embarcasse no voo 447 da Air France, que acabou no fundo do mar.

Não teve jeito, Bussunda morreu. No auge, em plena Copa da Alemanha, véspera de jogo do Brasil. O mais desconcertante dos seus atos.

Deixou sua bela Júlia, uma revolução no humor brasileiro e uma história humana intrigante. Vamos a ela.

CAPÍTULO 1

Quem mandou nascer b...

A porta da sala de Roberto Marinho na TV Globo se abriu e de lá saiu um homem com uma tonelada nas costas. Uma tonelada de responsabilidade e risco. José Bonifácio de Oliveira Sobrinho tinha recebido um aviso do chefe supremo. A mais nova atração da emissora, prestes a estrear, não poderia ir ao ar daquela forma.

O programa chamava-se *Casseta & Planeta Urgente*, e o doutor Roberto não gostara do que vira:

— Nós vamos ter problema. O público vai reclamar da grossura. Esse humor é escatológico. Vamos dar uma maneirada nisso aí — determinou o presidente das Organizações Globo a Boni, o diretor de operações.

A denominação do cargo, no caso, escondia a face real de seu ocupante. Diretor de operações era o nome fantasia para feiticeiro. Boni era o pajé da Globo. Só uma pessoa confiava mais nele do que Roberto Marinho: ele mesmo. E decidiu driblar o patrão.

Recebeu o alerta, e ao fim do percurso de volta à sua sala já decidira fingir que não ouvira direito. Achava que o doutor Roberto tinha razão quanto à grossura do humor encarnado por sete homens feios, debochados e desconhecidos. Mas algo lhe dizia que aquilo ia dar certo. Como era uma fórmula nova, a aposta teria que ser no escuro.

As palavras do chefe martelaram na cabeça de Boni naquele março de 1992: "Isso aí é pesado. Esse pessoal é perigoso." Roberto Marinho estava visivelmente assustado com o conteúdo do novo programa. Ele sabia do que seus autores eram capazes. A revista *Casseta Popular* e o jornal *O Planeta Diário*, que projetaram seu humor anárquico, tinham forçado todos os limites da abertura política no governo Sarney — amigo e aliado do dono da Globo:

Presidente está indo longe demais:

Depois da China, Sarney irá à merda — anunciava a manchete do *Planeta* em julho de 1988.

A batalha no Congresso Nacional pela prorrogação do mandato presidencial também rendera notícia no jornal falso, em abril de 88:

Sarney se queixa à Defesa do Consumidor:

Deputados comprados vieram com defeito."

A Igreja, outro pilar do sistema e ponto sensível na programação da emissora, também já tinha sido profanada pelo grupo. Uma edição da *Casseta* em 1987 anunciava que "Cristo chegou". Segundo a "reportagem", Jesus desembarcara no Aeroporto Internacional do Galeão e estava irritado: tinha sido retido pela Polícia Federal por sua aparência suspeita ("cabeludão, barbudo e quase despido").

Depois do contratempo, o messias tinha sido bem recebido pelos populares no saguão. Com exceção de um grupo de manifestantes da CUT, que estendera uma faixa no balcão da Varig: "Cristo Go Rome." Nenhuma gráfica aceitou rodar a capa com o "furo" da chegada de Jesus Cristo, mas a edição da *Casseta* circulou com a reportagem completa nas páginas internas.

Outra cobertura "religiosa" acabaria na polícia. Com a edição do *Planeta* de dezembro de 85, sob a manchete "Papa bota ovo na Missa do Galo", os editores do jornal foram parar na delegacia, alvos de uma queixa-crime. Iam ficando por lá mesmo, até surgir o advogado Técio Lins e Silva para explicar o jornalismo surrealista às autoridades.

Era evidente que essa linha editorial desvairada no horário nobre da Globo ia dar problema. E a tensão de Roberto Marinho tinha outro motivo forte. Em apenas três anos, a emissora tinha sofrido dois golpes duros da concorrência. A perda de Jô Soares para o SBT deixara um buraco na faixa de humor da programação. E o sucesso estrondoso da novela *Pantanal*, da Manchete, expusera uma inédita vulnerabilidade dos campeões de audiência. Naquele momento, mais do que nunca, errar não estava nos planos.

E ainda tinha o sexo. Os autores/apresentadores do *Casseta & Planeta Urgente* pareciam ter uma casa de tolerância na cabeça. Não desperdiçavam qualquer possibilidade de casar o duplo

Manchete do Planeta Diário *em abril de 88: o humor anárquico forçava os limites da abertura política antes de invadir a TV.*

sentido com a canalhice. Cerca de um ano antes, após o romance explosivo entre o ministro da Justiça, Bernardo Cabral, e a polêmica dama de ferro da economia, Zélia Cardoso de Mello, o *Planeta* veio com a manchete:

Bernardo Cabral diz que ministra da Economia deu certo.

Em 1989, a capa da edição mais vendida da *Casseta* — cerca de 100 mil exemplares — trouxera o então candidato a presidente Fernando Collor, o "caçador de marajás", nu da cintura para baixo, levemente virado de costas. A matéria anunciava toda a verdade sobre o "caçador de maracujás" — sendo a sílaba intrusa uma delicada referência ao que a foto mostrava. Coisa de moleque.

O problema era que os autores levavam a sério sua molecagem, e ela andara fisgando gente grande. Grande como o feiticeiro da Globo. Boni entrara num show dos redatores da *Casseta* e do *Planeta*, no Rio, e ficara cismado.

Nas horas vagas entre os absurdos jornalísticos, eles escreviam absurdos musicais — e, num vácuo da programação do pequeno Jazzmania, tinham ido parar em cima do palco. A brincadeira mais uma vez ficou séria e levou-os ao Canecão. Boni foi ver o que era aquilo.

Era o amadorismo mais profissional que já vira. Pegou-se rindo de um jeito diferente, ao assistir à interpretação radiante de *Eu Tô Tristão*, um "samba-exumação":

Eu tô tristão, tô sofrendo pra caralho
Eu me fudi, sou carta fora do baralho.

A paródia da alegria carnavalesca enfiava um enredo depressivo no ritmo frenético das escolas de samba. Bizarro. Era o desabafo de um corno consciente, que se percebe chato e "meio mais ou menos", com tudo para dar errado: "quem mandou nascer babaca".

A cisma de Boni era que aquele espetáculo trash tinha tudo a ver com televisão. Mas nas discussões internas na emissora, era claro o temor geral quanto a estrelar uma *Terça Nobre* com sete boquirrotos, feios e anônimos. Eles tinham chegado à Globo como parte do time de reda-

Bussunda (caracterizado como Tim Maia), Hubert, Beto e Helio no palco do Jazzmania: o show Eu Vou Tirar Você Desse Lugar fisgou Boni, o pajé da TV Globo.

tores do humorístico *TV Pirata*. Depois participaram do programa *Dóris para Maiores*, que misturava jornalismo e humor — onde fizeram suas primeiras aparições na tela como repórteres "especiais". Dois diretores chegaram a propor que fossem testados homeopaticamente em outros programas, para que o público se acostumasse com suas caras (de pau).

Boni não quis saber de homeopatia. Tinha que ser de uma vez só, uma *Terça Nobre* só deles. Um soco. O diretor Carlos Manga convergiu: "É, põe os caras. Se ficar uma merda, tira do ar." Mas Boni já tinha combinado tudo com a bola de cristal: não ia ficar uma merda.

Passando ao largo das dúvidas — e da advertência de Roberto Marinho —, o feiticeiro bancou o risco. E a certeza cega de sua aposta tinha nome: Cláudio Besserman Vianna, o Bussunda.

Quando as palavras preocupadas do chefe vinham à sua cabeça, era a figura de Bussunda cantando o "samba-exumação" *Eu Tô Tristão* que não o deixava recuar. O velho homem de TV estava cada vez mais convicto de que, ao botar aquele gordo debochado no ar, o que era grossura para o doutor Roberto viraria doçura para o público. Bussunda era sacana como uma criança endiabrada. Não ia ofender ninguém.

Essa era a teoria de Boni. Mas chegou o dia da prática. Na noite de 28 de abril de 92, ao assistir à estreia do *Casseta & Planeta Urgente*, o diretor de operações sentiu um calafrio. Nada de arrependimento, apenas a certeza de um dia seguinte tumultuado. Aquele "humor escatológico" no horário nobre de terça não prometia uma quarta muito nobre. Ia render, no barato, um caminhão de reclamações. Boni precisaria se municiar de argumentos fortes para enfrentar o doutor Roberto.

Na manhã seguinte, seu primeiro ato depois de escovar os dentes foi consultar a Central de Atendimento ao Telespectador, o para-raios das queixas à Globo. Precisava conhecer o tipo predominante de reclamação, para saber em qual faixa de público a rejeição ao programa tinha sido maior. Mas o funcionário da CAT não tinha essa informação.

Nem essa, nem outra:

— O atendimento está zerado pro *Casseta & Planeta*. Ninguém telefonou.

Não era possível. Boni acreditava numa boa receptividade, mas não se lembrava de ter posto uma fórmula nova no ar sem uma queixa sequer. Checadas, as linhas da central pareciam tecnicamente ok. Ainda estava cedo, era preciso domar a ansiedade e esperar a avalanche, que fatalmente viria. Com o passar das horas, porém, o placar da CAT teimava em não sair do zero. E não sairia.

Na sala do diretor de operações, a secretária também não tinha nenhum recado para o chefe. Ele não fora procurado pelo cardeal — nem o da Arquidiocese, que ligava de vez em quando, nem o da Globo, que ligava sempre. Com a pista livre, Boni foi verificar os índices de audiência: os cassetas grosseiros e anônimos tinham superado os trinta pontos no ibope. Sucesso total. Com a alma lavada e os números mágicos na mão, o diretor correu à sala de Roberto Marinho.

O chefe ficou feliz com as notícias sobre a ampla aceitação do público. Mas continuava ressabiado:

— Boni, eu acho pesado. Vai ser sempre assim?

— Não, doutor Roberto. Quando os rapazes ficarem mais à vontade vai piorar um pouquinho...

* * *

Dez anos antes de aparecer na bola de cristal de Boni, Bussunda aparecia no centro de uma discussão familiar. Ou melhor: não aparecia.

A reunião entre seus pais e seus dois irmãos mais velhos era, deliberadamente, sem a presença dele. Ali seria selado um pacto de socorro ao caçula-problema.

Cláudio estava para completar 20 anos e seu pai, o cirurgião Luiz Guilherme Vianna, relutava em chamá-lo de Bussunda — apelido que praticamente substituíra seu nome na maioria das relações. Relutava em aceitar o filho, péssimo aluno em tudo, vestindo-se de palhaço para animar festa infantil. Via o garoto sem vocações, sem interesses — e sem querer tê-los. Cláudio queria ser Bussunda na vida. Isto é, não queria nada.

Luiz bem que tentara dar ao filho alguma noção de compromisso. Uns cinco anos antes, lhe dera dinheiro para fazer sua própria matrícula no curso de inglês. O adolescente foi em frente. Na semana seguinte já estava acordando religiosamente no horário da aula matinal, e nunca deixava de ir.

No lugar aonde ia, porém, o único inglês que poderia ouvir seria o de algum turista passeando pela cidade. Bussunda saía de seu apartamento em Copacabana e seguia diretamente para um banco no calçadão da avenida Atlântica. Ali se esticava e retomava tranquilamente o sono interrompido. Se o sol estivesse forte, escolhia um banco de praça na sombra, geralmente no bucólico Bairro Peixoto. Acordava pontualmente no final da aula, voltava para casa e dormia um pouco mais.

Era tão assíduo no ritual que um dia acabou flagrado por um conhecido numa de suas camas públicas. Não foi fácil para o pai saber que o menino andava dormindo na rua como um mendigo. Mas ele de fato não faltara a nenhuma aula — pelo simples fato de que não estava inscrito em nenhum curso. O dinheiro da matrícula tinha sumido, ao mesmo tempo em que aparecia, no portador, uma certa habilidade com tacos de sinuca. A verba fora realocada para o departamento do lazer.

Matriculado pelos pais no IBEU, Cláudio conseguiu algo raro em cursos de inglês: foi reprovado por faltas. No período seguinte, Luiz Guilherme fez nova matrícula e decidiu passar a levar o marmanjo às aulas. Estacionava o carro, saltava com ele e só ia embora depois de vê-lo dentro da sala. Um dia, em vez de seguir direto para o trabalho, resolveu ficar um pouco mais ali pelo quarteirão. Cinco minutos depois, veria o filho reaparecer na portaria e sair andando calmamente pela rua, com a cara mais normal do mundo.

A blitz dos pais foi se intensificando. O garoto tinha ao menos que se conscientizar da fortuna já gasta para ele (não) estudar. Foi assim que, aos 18 anos, Bussunda traçou um objetivo: passar no vestibular para uma universidade pública e gratuita. Aí poderia finalmente matar aula em paz, sem onerar ninguém.

Cumpriu o projeto com afinco e, no segundo semestre de 1981, aos 19 anos, estava no curso de Comunicação Social da Universidade Federal do Rio de Janeiro. Desde o início, uma de suas áreas favoritas no curso era o ponto de ônibus. Ficava ali, na calçada em frente à universidade, próximo ao hospital Pinel, de óculos escuros. Não mais para dormir, mas para interpretar o papel de cego.

Entrava nos ônibus, geralmente acompanhado do colega Luiz Noronha, um rapaz alto e bem-falante, que pedia contribuições aos passageiros para ajudar seu "irmão deficiente". A renda era aplicada em comes, bebes e outras atividades extraclasse dos estudantes de Comunicação.

E era uma boa renda. Bussunda interpretava um cego débil mental, e sua aparência tornava o personagem altamente convincente. Dentes enormes saltando para fora dos lábios grossos (ele se negara a qualquer tratamento ortodôntico), cabelos desgrenhados passando pela cara gorda até os ombros, barriga volumosa abrindo caminho entre a camisa e a calça, nenhum vestígio de banho. Entre a comiseração e o asco, era melhor dar logo um trocado.

Mesmo fora do personagem, a aparência de Cláudio era impactante. E, para a ala mais conservadora da família Vianna, indigesta. Certa vez, ali pelo final da adolescência, ele pegou o mesmo ônibus em que estava Patrícia, sua prima por parte de pai. Era uma menina estudiosa, esportista, que fazia balé clássico e andava impecavelmente arrumada. Não via o primo havia um bom tempo e, ao vê-lo embarcar, descalço e maltrapilho, se encolheu toda. Não era o número do cego, mas não precisava. Ao natural mesmo, o ônibus já tinha virado um cubículo para ela.

Imaginou-o sentando ao seu lado e calculou quantos piolhos poderiam tentar o salto para sua maria-chiquinha. Ficou invisível e rezou para o seu ponto chegar logo. O primo se aproximou, entrou em seu campo de visão, e ela precisou fingir ostensivamente que não o conhecia. Acabou enfim saltando incólume, sem saber se tinha conseguido despistá-lo ou inibi-lo.

Patrícia era filha do engenheiro Marcos Vianna, irmão de Luiz Guilherme e, na época, presidente do BNDES. O Brasil ainda estava sob ditadura, e seu pai era figura expressiva do governo militar. A possibilidade de identificação com o sobrinho Cláudio era, evidentemente, remota. Mas havia um ponto importante de ligação entre os dois: o Flamengo. Para Marcos, uma paixão. Para Bussunda, uma religião.

Quem dizia que o garoto destrambelhado levava tudo na brincadeira estava enganado. Futebol era coisa séria, e o Flamengo era sacerdócio. Antes dos 10 anos de idade ele já era uma enciclopédia rubro-negra. Dizer que sabia a escalação do seu time (e dos outros grandes) em várias épocas seria diminuí-lo. Cláudio sabia o que tinha se passado em cada jogo, e fichava tudo. O estudante sofrível era, no mundo da bola, um catedrático.

E um passional. Chorava com gols de Zico, mesmo em videoteipe. Mas preferia ao vivo, da geral. O setor mais popular do Maracanã, abaixo do nível do campo, era quase o quintal da sua casa. Batia ponto lá, com sua camisa 5 surrada — que, segundo ele, passou a dar sorte depois que rasgou. Era a camisa do Merica, negro raçudo que um dia, de tão intensa vibração com um gol, cuspiu a dentadura no gramado. Por poucos metros, Bussunda poderia ter voltado para casa com a camisa e os dentes do Merica.

No Maracanã, Marcos Vianna ficava muito distante da rota de uma possível dentadura voadora. Poderia estar na tribuna de honra, entre as autoridades, ou nas cadeiras especiais, entre os mais abastados, muito acima do campo e dos geraldinos. Mas houve o dia em que, num jogo não muito cheio, algo que vinha de baixo o atingiu. Era um grito. Vários gritos:

— Tio Marcos! Tio Marcos!

Não demorou a distinguir ao longe a figura inconfundível do sobrinho, que não só o avistara, como resolvera tentar a comunicação improvável no estádio gigante. Poderoso e insistente, o chamado chegou ao destino tão nitidamente que um figurão ao lado de Marcos Vianna alertou-o, como se estivessem numa sala de estar:

— Acho que estão te chamando ali...

Desviando o olhar do torcedor mulambo que lhe era tão familiar, o tio de Bussunda disfarçou o constrangimento:

— Não, deve ser outro Marcos.

Flamengo à parte, um muro político passava no meio da família Vianna. Os irmãos Marcos e Luiz Guilherme compartilhavam a sólida formação intelectual, a conduta legalista e a firmeza de princípios. Mas o princípio de um era o fim do outro, quando se tratava de ideologia. O engenheiro servia a um regime ao qual o médico era oposição frontal. Mais do que isso, Luiz era casado com uma destacada militante da resistência à ditadura.

A psicanalista Helena Besserman Vianna, filiada ao Partido Comunista Brasileiro, tivera que se separar momentaneamente dos três filhos na ocasião do golpe militar de 1964. Por razões de segurança, os meninos Sérgio, Marcos e Cláudio foram mandados cada um para a casa de um amigo ou parente. Da trincheira que lhe coube, aos 7 anos de idade, Sérgio ouviu a voz exasperada da mãe ao vivo na rádio Nacional, investindo contra os militares: "Gorilas! Gorilas!" Seria presa em seguida.

No início dos anos 70, quando o chumbo era mais pesado, Helena faria história denunciando o médico Amílcar Lobo por conivência com a tortura. A essa altura, o adolescente Sérgio já era membro do "Partidão", caminho que seria seguido pelos irmãos Marcos e Cláudio. Aos olhos "do sistema", no Maracanã, no ônibus ou na vida, Bussunda era feio, sujo, vagabundo — e comunista. Um zero, literalmente, à esquerda.

Muito menos à esquerda do que Helena gostaria. Ela detestava futebol — pelo viés ideológico, naturalmente. Torcera convicta contra o Brasil no tricampeonato de 70. Aquele negócio de bola era um mal, uma droga dissimulada, um instrumento de alienação a serviço do regime, e estamos conversados. Cláudio lhe dava, portanto, mais esse desgosto. Aficionado por futebol, era um soldado involuntário do sistema.

Para piorar, tinha sido cumprimentado pessoalmente pelo presidente Emílio Garrastazu Médici, no auge da ditadura. Os Besserman Vianna saíam do Maracanã numa noite de abril de 1970, ao final do último jogo do Brasil antes da Copa do México (1 a 0 na Áustria, gol de Rivelino), quando se deu a cena inusitada. Caminhavam próximo a um dos portões de saída, do qual surgiu, abrindo passagem no meio do público, o carro oficial do presidente da República.

Era a época do "Pra frente, Brasil", do milagre econômico, e o general-presidente resolveu abrir a janela para saudar os torcedores após a vitória. Luiz Guilherme e seus filhos estavam a dois metros do carro presidencial, e Médici dirigiu seu aceno ao pequeno Cláudio, de 8 anos. Sérgio e Marcos, gaiatos, se encarregariam de manter viva a homenagem, através dos anos, na memória familiar: "Bussunda foi cumprimentado pelo Médici."

Mas haveria motivo melhor para o constrangimento de Helena. E também dos comunistas históricos que, nos anos de chumbo, eram frequentemente escondidos na residência dos Besserman Vianna. Pouco depois da invasão do Afeganistão pela União Soviética, tema importante da esquerda no final dos anos 70, Cláudio apareceu em casa com uma notícia estranha.

Tinha nas mãos um jornal meio tosco, cuja manchete fazia referência a Leonid Brejnev, o presidente soviético. A notícia trazia, por assim dizer, um lado diferente da guerra: "Festa Junina no Kremlin: Brejnev convida para queima de fogos e afegãos."

Entre os autores da publicação, assinava um certo "Bussunda II". Cláudio admitiu que era ele mesmo, sob pseudônimo, para "confundir a censura". O tal "jornal" se chamava *Casseta Popular* e vinha sepultar de vez as esperanças de Helena no futuro do filho como militante comunista. Restava saber se ele teria futuro como alguma outra coisa qualquer.

A reunião familiar dos Besserman Vianna em 1982 terminou com um acordo vitalício: em caso de morte ou invalidez de Luiz Guilherme

Bussunda e Sérgio Besserman, em 1979, no apartamento da família, em Copacabana: se acontecesse algo com os pais, caberia aos irmãos mais velhos sustentar o caçula-problema.

e Helena, Sérgio e Marcos — já despontando como economista e médico promissores — assumiriam a responsabilidade pela sobrevivência do irmão caçula. De imediato, seguiriam fazendo o possível para dar-lhe algum rumo, e para minimizar os prejuízos.

Apesar das tentativas, pouco mais de um ano depois Bussunda daria um prejuízo insólito à família. Conseguiu o que talvez nenhum ser humano tivesse conseguido antes: perder um piano.

Ao fim de um dia de trabalho no consultório, que ficava no segundo andar do apartamento da família na rua Anita Garibaldi, em Copacabana, Helena foi à sala e teve a surpresa: o piano não estava lá. Cláudio surgiu para tranquilizá-la:

— Vou fazer um show com uns amigos, e o maestro tava precisando de um piano.

Aquela conversa de "show" e "maestro" podia ser tudo, menos tranquilizadora. A musicalidade do filho não dava para cantar nem *Atirei o Pau no Gato*. Mas ele já tinha providenciado o frete, e o piano da família já estava longe, num bar em Botafogo.

Terminada a nobre missão do instrumento musical, Luiz e Helena disseram ao filho que providenciasse imediatamente o transporte de volta. Ele acatou a ordem, mas ressalvou que não precisavam se preocupar tanto. O piano estava lá, não ia fugir. Era um piano, não uma flauta.

A cobrança dos pais se repetiu no dia seguinte, na semana seguinte, no mês seguinte. Até o dia em que Cláudio resolveu se livrar daquele estresse e ir fazer o resgate. Mas não foi possível.

Não era que o piano tivesse fugido: o bar não estava mais lá.

A família Besserman Vianna era unida, tolerante e amava o seu caçula. Mas perder um piano era demais. A chapa esquentou, e Bussunda decidiu ir procurar um emprego.

CAPÍTULO 2

Laica e o vietcongue

— Me arruma um estágio aí?

O pedido franco de Bussunda na redação de *O Planeta Diário* foi recebido por Hubert, um dos editores do jornal lançado em dezembro de 1984, que em seus primeiros meses de vida já fazia barulho. Antes de mais nada, achou interessante encontrar o famoso Bussunda. Famoso de onde, mesmo? Hubert não sabia direito. Nunca tinha estado com ele, só tinha a clara sensação de que era uma figura conhecida.

E estava certo. Bussunda era o famoso Bussunda.

Nunca tinha se destacado em atividade alguma. Era meio conhecido na velha geral do Maracanã, meio conhecido no nascente Circo Voador. O filho da psicanalista comunista era meio conhecido no universo estudantil, onde parecia meio líder, sem ser (propagava o slogan "Nem todo babaca é líder, mas todo líder é um babaca"). Meio punk — sem a agressividade —, meio politizado — sem o engajamento —, era meio conhecido na praia de Ipanema, onde tentava vender a *Casseta Popular* ali pelo Posto 9, desde que o sol saísse, e o jornal também.

A soma de todos os meios compunha a figuraça inteira. Inconfundível.

Bussunda não conseguiu o estágio. Mas, como era meio famoso, levou a promessa de ganhar um papel numa das fotonovelas do *Planeta*.

Viveria uma versão apocalíptica de *Dona Flor e seus Dois Maridos* com o cantor Lobão. Ao menos, a família Besserman Vianna o veria na elite da dramaturgia nacional.

As fotonovelas do *Planeta* vinham conseguindo reunir um elenco inacreditável. Sérgio Britto, Fernanda Montenegro, Paulo Autran e outros monstros sagrados tinham topado protagonizar as histórias absurdas do desconhecido diário que era mensal. Ninguém resistia a um veículo que aparecia com manchetes como "Maluf se entrega à polícia", em plena eleição presidencial indireta. E que após a apoteótica vitória de Tancredo Neves, o candidato da democracia, viria com um editorial de apoio ao derrotado Paulo Maluf. O texto esclarecia que o jornal não se afastava de suas posições, sabia honrar seus compromissos, "mesmo quando há atraso na compensação do cheque".

A paródia demolidora do noticiário convencional era um sucesso, reconhecido imediatamente no "Caderno B" do *Jornal do Brasil*, na "Ilustrada" da *Folha de S.Paulo*, na *Veja*. A grande imprensa apanhava e gostava.

Mas tinha gente que não estava apanhando e não estava gostando. A *Casseta Popular* era irmã gêmea do humor do *Planeta Diário*. Ou melhor, irmã mais velha. Circulava desde 1978, a duras penas, mas circulava. No que o *Planeta* nasceu, distribuído em bancas de jornal às dezenas de milhares de exemplares, a *Casseta* instantaneamente virou "plágio". Seus autores continuavam oferecendo exemplares de bar em bar, de praia em praia, mas a reação do público de repente era outra:

— Ah, já sei. É que nem o *Planeta Diário*, né? — foi o que passaram a ouvir a cada esquina.

Aquilo era um acinte. Mas não havia muito a fazer, além de morrer de raiva. A *Casseta* nunca tinha tido um planejamento sério, que dirá munição para entrar numa guerra comercial. Nascera numa sala de aula da UFRJ, basicamente como um manifesto dos estudantes Helio do Couto Filho, Marcelo Garmatter Barretto e Roberto Adler contra a falta de mulheres na Engenharia.

Antes de ser um jornal, a *Casseta* era um estado de espírito (que Marcelo traduziria como testículo-encefalia). Desdobrava-se, em todos os sentidos, pela sua causa — incluindo a tentativa de organizar festas. Numa delas, os futuros engenheiros à beira de um ataque de nervos ofereceram música, comida e bebida de graça aos colegas da Arquitetura. Dali, fatalmente, viria o mulherio.

Preocupados que o evento pudesse ser confundido com um congraçamento de amigos, deram um título à festa: "Para tirar o atraso." Naturalmente, nenhuma mulher compareceu.

A *Casseta* também tinha seus propósitos políticos. Cresceu junto com a efervescência do movimento estudantil, que martelava suas palavras de ordem contra as ditaduras na América do Sul. Sob os pseudônimos Helio de La Peña, Marcelo Madureira e Beto Silva, o jornal foi para o front. Numa de suas edições mais corajosas, estampava uma foto de Augusto Pinochet, o sanguinário ditador chileno, sob a manchete "Abaixo o Pinochet". Abaixo da foto vinha outra manchete: "Acima o Pinochet."

Um dos principais alvos da estudantada de esquerda era o ministro Delfim Netto, guru econômico da ditadura. O "Fora Delfim!" era campeão no ranking das pichações pela cidade. A *Casseta* também tinha algo a dizer sobre isso e escreveu sua palavra de ordem no muro em frente à faculdade de Economia da UFRJ: "Fica Delfim!"

Ali, o jornal já era um sucesso no meio universitário. Os estudantes questionadores chegaram a ver nele uma voz importante na sua luta contra o sistema. Estavam enganados.

Um dia Marcelo Madureira chegou à faculdade e viu um cartaz de convocação para uma reunião da *Casseta Popular*. Foi perguntar a Roberto e Helio o que era aquilo. Eles não sabiam de nada. A convocação passava de boca em boca pelos corredores, sem que ele conseguisse saber de onde ela partira. Depois de muito perguntar, chegou ao autor do cartaz. Um colega de curso, dirigente do Partido Comunista Brasileiro, informou-lhe:

— Eu convoquei a reunião. Vamos discutir uma pauta.

Marcelo perdeu a pouca calma que tinha:

— Pois não vai ter porra de reunião nenhuma. Está cancelada! A *Casseta Popular* é minha, do Roberto e do Helio. Isso aqui não é movimento estudantil, é uma propriedade particular! Entendeu? Não vem aparelhar meu jornal.

No campus da Ilha do Fundão, enquanto a esquerda resistia ao arbítrio da ditadura, a *Casseta* resistia à chatice da esquerda. A alguns quilômetros dali, em Copacabana, um outro trio encarava missão similar. Na redação do *Pasquim*, os cartunistas Reinaldo Figueiredo, Cláudio Paiva e Hubert Aranha cavavam sua trincheira em plena sede do humor de oposição.

No meio do tiroteio antiestablishment do *Pasquim*, surgia a figura de Avelar, o general que não aderiu ao golpe. O personagem criado por Hubert, Cláudio e Agner, outro jovem cartunista, sob edição de Reinaldo, era um militar hesitante. Em casa, apanhava da mulher linha-dura. Entre as caricaturas politizadas de carrascos e torturadores, o anticlímax de um general bundão.

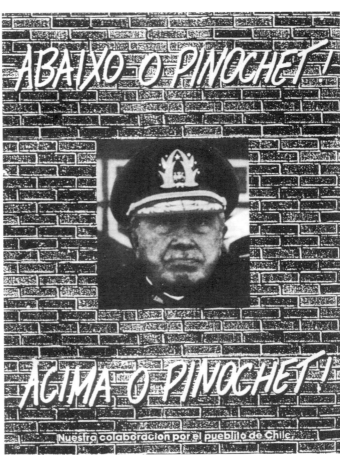

Na página da Casseta Popular sobre a ditadura chilena, a linha editorial anarcoestudantil.

Quando a ascensão do brizolismo tomava conta da linha editorial do *Pasquim*, no auge da exaltação heroica da esquerda, Hubert, Reinaldo e Cláudio criaram um Fidel Castro afeminado. Blasfêmia. O mal-estar afetou até a secretária do jornal, Dona Nelma, que não se conteve:

— Meninos, dessa vez vocês foram longe demais.

Nem tanto. Estavam só arrumando as malas — para deixar o *Pasquim* e ir muito mais longe com o *Planeta Diário*. Agora não teriam mais constrangimentos com a velha guarda do humor engajado. Mas iam ter que se ver com os donos da *Casseta Popular*. Estes, cansados da sua nova condição de "plágio", resolveram ir pessoalmente à redação do *Planeta*. Tinham decidido acabar de vez com aquela saia justa.

Bussunda participaria da missão. Ele estava prestes a conseguir seu primeiro salário. Um salário-mínimo. E meio.

* * *

Em 1980, os *publishers* da *Casseta Popular* decidiram que precisavam de reforços para redigir o jornal. E não podia ser nenhum daqueles soldados do movimento estudantil que os cercavam. O problema de Beto, Helio e Marcelo, como estudantes de engenharia, era falta de tempo. Precisavam de parceiros com o problema oposto, e foram ao lugar certo para recrutá-los: a praia.

Um deles era o famoso Bussunda. O outro era um raro exemplar de baiano acelerado, que também tinha o predicado de ser visto em vários lugares, quase ao mesmo tempo. Claudio Manoel pensava rápido e falava mais rápido ainda, dando às vezes a impressão de que seu pensamento corria atrás de suas palavras (no final, os dois em geral se encontravam). Bussunda e Claudio Manoel preenchiam por completo os critérios exigidos pela propriedade particular do trio: eram muito engraçados.

A preparação daquele encontro começara quase dez anos antes. Quando Marcelo conheceu Claudio Manoel, ele não estava presente. Era o início das aulas no Colégio de Aplicação (CAp), tradicional escola pública na Lagoa, Zona Sul do Rio. Marcelo crescera em Curitiba, sua cidade natal, de onde se mudara com a família. Aos 14 anos, a vivência carioca que já tinha não evitou a perplexidade no primeiro dia de aula.

Estava acostumado com uma escola onde os alunos se levantavam à entrada do professor em sala, como sinal de reverência. No CAp, os sinais de reverência deveriam estar em algum ponto debaixo da balbúrdia. Com um pouco de sorte, o professor até seria notado ao chegar. Marcelo perguntou ao colega mais próximo o motivo da confusão.

— Confusão? Hoje tá calmo. Espera o Claudio Manoel chegar.

Claudio ainda não tinha voltado das férias na Bahia. Quando chegou, Marcelo se acostumou logo com outros tipos de reverência, como trancar o professor de desenho na sala de material. Mas a bagunça era organizada. Havia um criterioso revezamento na autoria do delito, de forma que ninguém fosse suspenso por excesso de advertências.

Um dia, porém, surgiu uma advertência diferente — e perigosa. Desde que entrara no Aplicação, em 1971, aos 12 anos, Claudio Manoel fora aconselhado a ficar longe do inspetor Ernesto. "Esse é do Dops, cuidado", sussurravam, referindo-se ao órgão de repressão e tortura do regime militar. A formação de grêmios estudantis estava proibida, mas o adolescente baiano, sempre em bando, vivia "organizando as massas" para alguma coisa. Até que em 1976 surgiu no pátio da escola um homem de terno, nunca visto por ali, e o conduziu a uma sala fechada.

Em pleno Colégio de Aplicação, Claudio Manoel foi interrogado. O homem trazia uma fita cassete, na qual aparecia a voz do aluno organizando uma reunião para cem pessoas. Claudio reconheceu que a voz era dele.

— Que cem pessoas eram essas? — perguntou, ríspido, o sujeito engravatado.

— Essas cem pessoas não existem — respondeu Claudio Manoel. — Eu estava falando da organização de um campeonato de vôlei. E estava dizendo que não ia divulgar na escola, justamente porque não tínhamos um lugar para reunir cem pessoas. O senhor pode ter escutado tudo, menos o que eu não falei.

O campeonato de vôlei de fato tinha acontecido. E na falta de outros indícios da criação de um grêmio estudantil, o araponga desistiu de encontrar naquele moreno baixinho e cabeçudo um foco subversivo.

Desistiu cedo demais. Do agitador do voleibol viria, de fato, um ataque ao sistema — por uma modalidade de subversão que o brutamontes de terno não poderia supor.

Marcelo Garmatter também portava o vírus da subversão. Manifestara-o de forma clara pela primeira vez na escola, aos 9 anos de idade. A professora de classe discorria sobre o tema "ser feliz" e as maravilhas de viver esse sentimento na plenitude. Foi interrompida:

— Desculpe, professora. Ninguém é completamente feliz.

A mestra sorriu amarelo e corrigiu o menino Marcelo. Explicou-lhe que a felicidade podia, sim, ser plena. Como o aluno insistia no questionamento azedo, ela foi incisiva:

— Pois você está enganado! Eu, por exemplo, sou completamente feliz. Tenho os filhos que sonhei, tenho a minha casa, amo meu marido e meu trabalho...

— Não, professora — interrompeu de novo Marcelo. — Em alguma coisa a senhora não é feliz.

— Você não sabe o que está falando, garoto! Quem te disse isso?!

O pirralho respondeu impassível:

— Freud.

A mãe do aluno foi chamada à escola por causa do comportamento impertinente do filho. Ela não podia negar a provável impertinência, mas não tinha, naquele caso, nada a ver com as ideias dele: o moleque de 9 anos andara lendo, espontaneamente, textos do pai da psicanálise.

Uns dois anos depois, antes de ser transferido pelo Banco Central para o Rio, seu pai, Mauro, recebeu em casa a visita do presidente do Banco do Estado do Paraná, Celso Sabóia. O homem conservador falava da importância da ofensiva americana no Vietnã, quando Marcelo entrou na conversa. Disse que os vietnamitas não podiam pagar pelas conveniências políticas da Guerra Fria. O executivo das finanças retrucou e, quando deu por si, estava havia mais de hora polemizando com um pré-adolescente.

Quando chegou ao CAp, Marcelo tinha opiniões sobre quase tudo. E tinha um segredo consigo mesmo: era um líder nato. No ambiente ultrapolitizado da escola pública carioca, o debate era estimulado de todas as formas. O professor Arno Welling, por exemplo, dividia os alunos em "partido liberal" e "partido conservador", e incendiava sua aula de História. Marcelo não demorou a começar a discursar em classe, ou mesmo no recreio. Mas a casca ali era um pouco mais grossa do que na sua bucólica Curitiba.

E, com aquele papo intuitivo de Vietnã, não demoraria a se sentir politicamente nu. Quem veio lhe pedir as credenciais ideológicas foi o colega Cláudio Figueiredo, irmão caçula de Reinaldo (futuro criador do *Planeta Diário*):

— Mas afinal você é o quê? Maoista?

— Hein?!

O líder nem sabia o que era aquilo. Ainda se sentiu predestinado por algum tempo, mas só até conhecer Sérgio Besserman Vianna. Um ano mais velho, ele parecia ter nascido uns dez anos antes, considerando-se a quantidade de livros que já lera. Certa vez, ao iniciar uma prova de História, Sérgio levantou-se sem responder nenhuma questão e foi até o professor:

— Me desculpe, mas essa prova está mal formulada.

A observação exótica do aluno vinha com uma proposta um pouco mais exótica: Sérgio Besserman se oferecia para reformular a prova, com as questões que julgava pertinentes. A reação do professor foi mais exótica ainda: topou a proposta. O aluno criou a nova prova e a respondeu. O mestre aprovou as questões escolhidas — e deu nota dez para as respostas.

Ainda estudante secundarista, Sérgio já era dirigente do Partido Comunista. Fazia política clandestinamente na escola, driblando a proibição dos grêmios estudantis com outras formas de associação e circulação de ideias — que iam de festivais de música a... campeonatos de vôlei.

Claudio Manoel era um dos principais seguidores do ativismo de Sérgio. Um de seus grandes parceiros na organização de reuniões e eventos era Marcos Besserman, irmão mais novo do colega. Encontravam-se frequentemente no apartamento deles, na Anita Garibaldi, para fazer política, falar besteira e estudar (atividade que, não obstante todo o resto, levavam a sério). E havia uma atração a mais naquele ponto de encontro: o irmão caçula de Sérgio e Marcos.

O pequeno Cláudio não era só o fofo, dentuço, cabeludo e gaiato Bussunda. Era Bussunda e seu quarto. Ali pelos 12, 13 anos, encastelado em sua cama beliche com escrivaninha embaixo, vidrado na TV comendo "porquex" (espécie de torresmo junkie quase peludo), cercado de revistas *Placar* e *Playboy* abertas nas páginas certas, o caçula dos Besserman era um ponto turístico. Sua caverna era invariavelmente visitada por Claudio Manoel e outros amigos de Marcos, como sobremesa das reuniões de trabalho. O momento da invasão era aguardado, às vezes com certa ansiedade:

— E aí, Marcos? Já podemos ir lá dar porrada no seu irmão?

— Espera aí, pô. Deixa acabar a reunião. Não desorganiza.

Na hora certa, Marcos participaria com prazer dos carinhos medievais. Com uns quatro anos de diferença para Bussunda, a turma inseria jogos psicológicos na tortura. Um deles, engendrado por um colega de Marcos e Claudio Manoel, pegaria na veia:

— Moleque, como é que tu fica o dia inteiro nessa cama aí no alto, cheio de foto de mulher pelada, na idade de ouro da punheta, e não tem nem uma marca no teto? Tu é um bundão, mesmo.

O teto ficava mais de um metro acima da cama, e desde então o garoto passaria um bom tempo tentando "acertá-lo". E se sentindo um bundão.

Para Marcos, essas sessões de tortura eram recreativas. As profissionais eram exclusividade familiar, comandadas somente por ele e Sérgio. Havia no ritual um leve tempero de justiçamento, dada a proteção especial que o caçula, como todo caçula, tinha dos pais. Na ausência do "Estado" (Helena e Luiz Guilherme), se impunha o faroeste. E Bussunda precisou buscar salvaguardas criativas para não ser massacrado.

Num desses ralis pela casa, sobrou para a louça de doutora Helena. Um prato adorado por ela foi ao chão em mil pedaços, e à noite mil raios caíram sobre as cabeças de Sérgio e Marcos. Eram os mais velhos, eram os responsáveis. Na semana seguinte, acuado na cozinha e prestes a ser triturado por Sérgio, Bussunda lembrou-se da louça. Abriu o armário, pegou um prato do primeiro time e avisou:

— Se der mais um passo, o prato voa.

O irmão mais velho fez pouco da chantagem, avançou, e o prato se espatifou no chão. Transtornado com o maquiavelismo do caçula, Sérgio investiu com mais raiva ainda. Mas o pequeno Cláudio, com agilidade de pistoleiro, já tinha na outra mão um copo de cristal, dos preferidos da mãe. Sérgio parou por um segundo, calculando o tamanho do desastre. E recuou.

Testada e aprovada, a arma poderosa entrou em uso sistemático. Mas se, por uma coincidência trágica, a vítima não conseguisse se aproximar de nenhum objeto de valor (quebrável), sua pele não valia mais um tostão. Numa dessas, pensou: "Sou um homem morto." Aí lhe estalou a equação genial: uma vez morto, sua pele passaria a valer uma fortuna naquela guerra. Trepou na janela do apartamento de cobertura e pendurou meio corpo para fora. Os irmãos, apavorados, desistiram da aproximação. Estava criado mais um campo magnético intransponível.

Sérgio, Marcos e Cláudio eram irmãos unidos, por incrível que pudesse parecer. Porque se adoravam, e porque o "Estado" fazia o possível para civilizar o lado selvagem da vida doméstica. Numa fase mais inocente das feras, os três ainda crianças, a família viajava de carro quando o caçula provocou um grave acidente. Brincava de abrir a bocarra ao vento, quando, num lance típico de Bussunda, um grosso pedaço de saliva se desprendeu e vitimou os dois irmãos num tiro só.

O pandemônio foi tal que Luiz Guilherme parou o carro, enxotou os filhos para fora no meio da estrada e foi-se embora. Os três gladiadores viveram ali alguns minutos de paz e solidariedade — inspirados pelo pânico — até o carro do pai reaparecer para resgatá-los.

Mas havia também solidariedade espontânea, mesmo nas situações mais adversas. Marcos e Sérgio já tinham fingido fabricar Araldite, a cola que colava tudo, e juntado com força os dois joelhos de Cláudio, desesperado com a perspectiva de ficar assim "para sempre". Nas barras mais pesadas, o caçula sabia que viria algum alívio no final, como a descoberta de que suas pernas não ficariam eternamente grudadas. No dia em que os irmãos resolveram acender sobre ele fogos de São João, porém, não teve alívio. Eram fogos do tipo que fazem clarão sem estourar, só para assustá-lo. Ou deveriam ser. Na hora H eles estouraram, queimando o peito do menino.

Gemendo de dor, Bussunda recebeu as desculpas dos irmãos assustados e foi solidário na catástrofe maior, que seria a ira da mãe. Concordou com um plano para poupá-los. A cada intervalo das consultas no segundo andar, Helena descia para ver o caçula — que, como se não bastasse, estava gripado e febril. Eram cinco minutos que ele precisava aguentar sem gemer, e com o peito bem coberto.

Cláudio foi perfeito, um grande ator. Em defesa dos irmãos, fez caras ótimas e riu para a mãe, com o peito fumegando. Do terceiro intervalo em diante, porém, o teatro foi ficando mais difícil, com o aumento da dor. Até que numa das aparições da polícia ele soltou um "ai!", com o rosto contorcido...

— "Ai", o quê?! — estourou a psicanalista, já sentindo o cheiro de delinquência no ar.

Apesar de todos os esforços solidários, o céu desabou na Anita Garibaldi sobre as cabeças dos dois criminosos e da vítima/cúmplice.

Como boa mãe judia, Helena Besserman era severa e controladora quando se tratava de forjar o caráter dos filhos. No fundo, porém, não era obsessiva no combate às transgressões. Achava até que algum jogo de cintura diante das regras fazia bem ao ser humano. O que a tirava do sério, de forma inegociável, era a ignorância. Os filhos podiam ser o que quisessem, desde que seguissem uma religião suprema: a leitura.

Sérgio e Marcos eram fiéis devotados, leitores compulsivos. Cláudio era ovelha desgarrada. Os mais velhos decidiram então convertê-lo, usando o mesmo método de sempre: o sopapo. Foi assim que Bussunda leu o *Manual do Materialismo Dialético*, entre outras obras indigestas, para a alegria dos irmãos — menos pela leitura em si do que pela chance de esfolar o caçula sob vista grossa da polícia.

A fome pelo saber estava no DNA tanto dos Besserman quanto dos Vianna. Luiz Guilherme, ateu, chegava a ler a Bíblia para os filhos. Tudo pelo conhecimento. Seu irmão, o tio Marcos, costumava recitar de cabeça longos trechos de obras literárias. Uma delas era *Memórias de Pickwick*, de Charles Dickens. E o queixo da família caiu quando Bussunda mostrou também conhecer em detalhes o clássico do escritor inglês. Lera-o e relera-o sozinho, sem nem um sopapo.

As crônicas sobre cenas de rua da vida londrina, ricas em gente, estética e humor, encantavam o garoto. Mais tarde descobririam que ele andara metido também com ciência: era um aficionado pelo pensamento de Charles Darwin. Entre uma coisa e outra, adiava o sono para ouvir Adelzon Alves, "o amigo da madrugada", na rádio Globo. No seu quarto, o samba de raiz e o subúrbio carioca faziam esquina com a Londres do século XIX e o darwinismo. Era a sua seleção natural.

O saber e o prazer passavam pela mesma porta — e não era a porta da escola. Para qualquer mãe, descobrir o filho dormindo em banco de praça na hora da aula seria um indício forte de caso perdido. Para Helena Besserman, mãe judia e psicanalista militante ("*iídiche mama* profissional", na definição de Sérgio), pregadora do bordão "não basta ser bom, tem que ser o melhor", a coisa era mais grave.

A cada dia que passava, Cláudio parecia estar fazendo tudo certo para ser, rigorosamente, o pior.

Antes do nascimento dele, Helena engravidara de gêmeos. Seriam o terceiro e o quarto, somando uma prole de bom tamanho. Um aborto natural abriu caminho para a chegada de Bussunda. No dia 25 de junho de 1962 o caçula nasceu frágil e tornou-se uma preocupação para os pais na primeira infância.

Era uma criança excessivamente magra, de chamar a atenção pela aparência débil. Por volta dos 5 anos, passou a ser chamado pelos irmãos de vietcongue. Sérgio e Marcos tinham crédito: haviam ajudado a evitar que Cláudio se chamasse Agapanto (flor associada à revolução cubana), nome originalmente escolhido por Helena.

Os pais tentavam de tudo para que ganhasse peso, em vão. Luiz Guilherme lhe dava colheradas de mel na boca entre as refeições, para ao menos reforçar a glicose (e, deixando só o pai no lugar do médico, torcendo pela crença de que mel engorda). Até a cadela da família percebia a fragilidade de Cláudio. Mas não era exatamente solidária.

Laica (como não podia deixar de ser) chegara em 1965, quando o mascote da família tinha 3 anos. Era uma fox paulistinha, portanto de pequeno porte, mas forte, ágil e bastante inteligente. Percebera que poderia galgar o penúltimo lugar na hierarquia familiar. Cláudio não podia abrir um bombom na frente de Laica que ela lhe tomava o doce. Antecipava-se a ele para receber o carinho e a atenção dos demais.

O caçula dormia numa bicama, no colchão mais baixo, e frequentemente acordava no chão. A cadela deitava ao seu lado e forçava o esquelético vietcongue para fora, até ficar com a cama só para ela.

Ali pelos 10 anos de idade, numa reviravolta que nenhum médico soube decifrar, o magricela passou a engordar. E rápido. Em 1974, quando a família se mudou de um apartamento na Nossa Senhora de Copacabana para a Anita Garibaldi, Cláudio já era gorducho. Nem três Laicas poderiam mais desalojá-lo. No entanto, fez um pedido aos pais: queria uma cama no alto. Por via das dúvidas.

Bussunda começara a aprender, com uma cadela mirrada e ciumenta, a ser o último.

Tarefa complicada naquele universo. Na hora de dormir, ao pé da cama de seus meninos, Helena dava um jeito de inserir nas fábulas infantis os personagens Fidel e Raul, dois irmãos que libertaram uma ilha de um império. Preparava os filhos para ser heroicos — ou no mínimo grandes — na vida. Na sua origem polonesa, Besserman significava "o melhor homem", e a *iídiche mama* profissional não faria por menos. Mas Cláudio, de seu lugar no fim da fila, ia olhando de esguelha para tanta virtude. Algo lhe dizia que a vida não era bem assim.

Nos almoços dominicais em que aflorava o orgulho capixaba dos Vianna — o avô, Ary Siqueira Vianna, fora senador pelo Espírito Santo —, o olhar de esguelha do caçula se desencontrava da autocelebração familiar. Numa dessas tardes gloriosas, no momento em que o clã se ufanava da cidade de Vitória, berço de seu pai e de seu tio, Bussunda veio com a sobremesa amarga:

Bussunda em três momentos: com a mãe, Helena, e o pai, Luiz Guilherme, em 1962, e entre os irmãos Marcos e Sérgio, em 1964.

— Gente, vitória é vitória. Aquilo lá é no máximo um empate, né?

As raízes Besserman também não estavam a salvo de sua visão pela fresta. Sabendo que na época de seus antepassados na Europa era comum a compra de sobrenomes pelos judeus, ele desconfiava do tal selo de "melhor homem". E diante das apologias virtuosas da mãe, cochicharia com Sérgio:

— Fico com pena do pessoal que comprou o Shitman...

A força manipuladora da mãe judia sofria algum efeito estranho na atmosfera suave de Cláudio. As formas de controle ali pareciam se encabular. Não era que o caçula resistisse. Apenas boiava. Certa vez, Sérgio ficou três dias sem vê-lo

Bussunda (o "vietcongue") e a cadela Laica, sua concorrente na hierarquia familiar.

sair do quarto. Preocupado, foi lá conversar com o irmão, supondo alguma crise da entrada na adolescência.

— E aí, Cláudio? Tudo certo? Vamos dar uma chegada lá embaixo?

— Não posso.

— Por quê?

— Estou com azar.

— Como assim? O que aconteceu?

— Nada. Mas tô com um azar fudido. Melhor eu ficar aqui.

O irmão mais velho ficou mais preocupado ainda. Tratou de combater o álibi do outro para o isolamento. Deu-lhe uma espanada racionalista e um empurrão para o mundo real, sugerindo que fosse comprar o *Jornal dos Sports*, ler as notícias do Flamengo, viver.

Saiu para um compromisso sem acreditar que seu conselho seria seguido. Na volta ao prédio, decidido a arrancar o irmão do quarto, Sérgio esbarrou num burburinho na portaria. O elevador tinha enguiçado, e um grupo de funcionários e moradores tomava providências aceleradamente, porque havia gente presa lá dentro.

Quando a porta finalmente se abriu, com o elevador travado entre um andar e outro, Bussunda saltou lá de dentro, sozinho, ainda com as moedas para o jornal na mão.

Dando de cara com Sérgio, apenas suspirou, resignado:

— Não te falei que tô com azar?

E voltou para o quarto.

Bussunda não boiava só entre quatro paredes. O mar de Ipanema em frente à rua Joana Angélica foi um dos primeiros endereços da sua "fama", ali pelos 15, 16 anos de idade. Em dias de ressaca, daqueles em que ninguém passa da bandeira vermelha, surgia sempre o ex-vietcongue, agora com braços de urso, atravessando lentamente as muralhas de espuma. Era comum os banhistas, entre amigos e passantes, se aglomerarem na areia para assistir às peripécias de Bussunda e seu amigo Alexandre Rotstein, mais conhecido como Terror (goleiro de futsal da Hebraica, titular em várias categorias simultaneamente) — as duas únicas cabecinhas além da arrebentação.

Despencavam de paredões de 3 metros de altura, chegando a causar suspense pelo tempo que levavam para voltar à tona. Não era teatro, era caldo mesmo. Daqueles em que um banhista comum precisaria de uns dois pulmões sobressalentes para sair vivo.

O que movia Bussunda não era o risco e a consequente adrenalina. Essa não era sua praia. Seu prazer era se sentir levado pela força descomunal do mar. Deslizar, submergir, se embrulhar, esperar, emergir, boiar.

Numa dessas aventuras, a dupla localizou um homem se debatendo no meio das ondas gigantes, prestes a se afogar. Nadaram rapidamente para socorrê-lo, mas o desespero do sujeito dificultava o resgate. Bussunda resolveu gritar mais alto que ele:

— Cala a boca e fica quieto senão te dou um caldo!

A perspectiva de engolir ainda mais água cortou imediatamente o chilique do afogado. A psicologia medieval desenvolvida com os irmãos servia para salvar vidas.

Em casa, o bicho continuava pegando. Sempre unidos, agora vivendo mais o mundo das afinidades (e desavenças) intelectuais, os filhos de Helena continuavam, eventualmente, resolvendo suas diferenças na argumentação braçal. "Te quebro a cara" não era força de expressão (como estava de prova o nariz de Cláudio, já fraturado por Sérgio). Num desses embates, o irmão mais velho correu para cima do caçula antes que ele pudesse pegar alguma louça da mãe e iniciou a sessão de tortura. Mas não pôde prosseguir.

Cláudio se desvencilhou, imobilizou-o com uma gravata e apertou seu pescoço até quase asfixiá-lo. Vendo Sérgio no limite da resistência, perguntou, sem afrouxar o golpe:

— Você entendeu?

Com o fiapo de garganta que lhe restava, Sérgio apressou-se em responder:

— Entendi.

Pouco tempo depois, a cena se repetiu, quase idêntica, com Marcos — que acabou sendo igualmente "compreensivo". Dali em diante, Bussunda nunca mais quebrou as louças da mãe.

Tampouco partiu para vingar os quase 17 anos de esfolamento. Sua força física lhe serviria para não brigar. Apesar da selvageria doméstica, Sérgio era vidrado no caçula desde a primeira vez que o vira. A memória mais remota que trazia de si mesmo era do dia em que, aos 5 anos, empurrou o carrinho de bebê do irmão pelas calçadas de Copacabana. Era uma relação com claro tempero paternal, inclusive na proteção à índole pacífica de Cláudio (da porta para fora). Uma das vezes em que precisou protegê-lo foi na arquibancada do Maracanã.

Bussunda se envolvera na criação de uma torcida organizada do Flamengo e estava descobrindo que o estádio tinha invisíveis territórios demarcados, mesmo entre os rubro-negros. Em bom português, começara a ficar visado por brutamontes de uma facção rival. Fora alvo de ameaças do maior deles, armado com um tocador de bumbo. Percebendo o perigo iminente, Sérgio acionou Marco Aurélio, o flamenguista mais gigantesco que conhecia, e montou com ele a tocaia. Foi então comunicar o plano ao irmão:

— Cláudio, se aquele cara do bumbo vier te dar porrada, faz um sinal pro Marco Aurélio, ele vai estar ali na...

— Espera aí, espera aí. Pode parar — interrompeu Bussunda. — É o seguinte: se aquele cara do bumbo vier me dar porrada, eu vou sentar e chorar. Sacou? E vou dizer: que merda, me fudi.

O zen-bussundismo admitia o embate com as porradas do mar revolto, mas não com as dos homens revoltados. Nem em tese.

* * *

Sérgio Besserman já era um economista da PUC quando Bussunda, aos 18 anos, recebeu junto com Claudio Manoel o chamado de Beto Silva, Helio de La Peña e Marcelo Madureira para integrar a *Casseta Popular*. Aos olhos da família, o contraste entre bom e mau caminho seguia claro: o primeiro filho se preparando para dar novos rumos ao Brasil, o segundo se graduando para servir ao Estado e dar saúde ao povo, e o terceiro na praia. Agora, assinando piadas num jornalzinho escatológico.

Homem da estratégia e da excelência, Sérgio leu a *Casseta Popular* e teve uma única certeza: aquilo era bom, e ia longe.

Sem negar solidariedade aos pais nas preocupações com o caçula destrambelhado, o primogênito guardou para si o diagnóstico heterodoxo. Salvo engano, o futuro não seria um problema para Cláudio Besserman Vianna.

CAPÍTULO 3

Um brinde à falsidade

Transcorria mais um dia de aula na PUC do Rio de Janeiro, iniciando o segundo semestre de 1982, quando, de repente, deixou de ser só mais um dia. As salas de aula foram invadidas por um som exótico proveniente dos pilotis. Uma mistura de trombones, bumbos, gritos e outros ruídos menos decifráveis passou a concorrer com a voz dos professores. Alguns alunos disfarçavam imóveis, outros desciam as escadas e elevadores para ver o que se passava.

Era a festa surpresa de lançamento da nova edição da *Casseta Popular*.

A associação de estudantes que cuidava do bandejão da universidade decidira investir num upgrade cultural. O carro-chefe do projeto era um patrocínio à *Casseta*, bancando uma tiragem de 3 mil exemplares e a instalação de uma redação do jornal boquirroto no próprio campus. Chegara a hora da profissionalização — o caminho para Bussunda tornar-se um assalariado.

Os alunos que iam chegando em número cada vez maior aos pilotis encontravam uma cena pouco acadêmica. Meia dúzia de barbados em trajes circenses marchavam em torno de uma banda de baile de carnaval, contracenando com tipos folclóricos importados da Cinelândia, entre os quais se destacava um engolidor de pintos vivos (que sumiam boca adentro e reapareciam meio atordoados). Nas mãos dos barbados fantasiados, o novo número da *Casseta* trazia uma manchete sobre o mais recente acidente da aviação brasileira, que fizera 137 vítimas com a queda de um Boeing:

Monte você mesmo o seu passageiro da Vasp.

A invasão bárbara da universidade empolgava os estudantes, mas não demorou a ser questionada. Um homem que parecia não estar achando a menor graça naquilo tudo abordou Bussunda, locomotiva do trenzinho alegre dos redatores do jornal.

— Desculpe, mas vocês estão atrapalhando a minha aula.

Apressado para não paralisar a coreografia, Bussunda encerrou a conversa:

— E você está atrapalhando o lançamento do meu jornal.

De sobremesa, o reclamante ainda ouviu uns impropérios dos que queriam continuar vendo o circo rebolar e a universidade pegar fogo (ou vice-versa).

Os aspirantes a empresários de imprensa marrom eram experientes no setor circense. No início do curso de engenharia, Marcelo Garmatter dava aulas particulares nas horas vagas para se sustentar. Mas o que fazia mais e melhor nas horas vagas era falar besteira — numa intensidade com que ele mesmo se impressionava. Além de Helio e Beto, um de seus principais interlocutores para assuntos idiotas era o colega Ronaldo Balassiano, que participaria da *Casseta* como Roni Bala. Com o reforço de Claudio Manoel, ex-colega do Aplicação, e do amigo José Leon Zylbersztajn, vulgo Zé Leão, resolveram institucionalizar a palhaçada.

Rodaram uma filipeta anunciando o espetáculo do Gran Circo Pecegonha, na verdade uma tentativa de arranjar bicos em festas infantis. Bastou emplacarem a primeira para constatar que aquilo dava mais dinheiro que aula particular de engenharia. Marcelo se transformou no Palhaço Madureira, e Claudio Manoel, no boneco Falcon, operado pelo ventríloquo Roni Bala. Foram com suas filipetas para a fila de entrada do musical *Os Saltimbancos*, no Canecão, e multiplicaram a clientela.

Agora precisariam multiplicar a si mesmos. O grupo de amigos formado no triângulo Colégio de Aplicação, UFRJ e praia de Ipanema vivia em reuniões. Estudo, festivais, campeonatos, política, pôquer, futebol, jornal, circo — o expediente do Supremo Tribunal Federal não devia ser tão intenso. Os múltiplos fóruns, porém, reproduziam a tragédia da Escola de Engenharia: deserto absoluto de mulheres. Pareciam trancados pelo destino num Clube do Bolinha ambulante.

Era preciso mudar aquele estado de coisas, e uma das saídas para a testículo-encefalia crônica surgiu no oásis da colônia de férias Kinderland.

Sérgio, Marcos e Cláudio Besserman eram frequentadores da colônia fundada por judeus progressistas no interior do Rio de Janeiro. O ambiente florido, onde circulavam Déboras, como a Bloch e a Colker, Ester Jablonski e outras companhias agradáveis, atraiu Marcelo Madureira e Claudio Manoel para o judaísmo. Aceitos num concurso para monitores, desdobraram-se com afinco em mais uma frente de trabalho.

Como em todos os lugares por onde passava, na Kinderland, Cláudio Besserman também se tornaria o famoso Bussunda. Além de ser um tipo muito peculiar, conseguia ser ao mesmo tempo repulsivo e cativante. Os seus elementos de feiura, o excesso de dentes, boca, cabelo e peso, mantidos e cultivados pelo próprio, pareciam se harmonizar de alguma forma, como num personagem de história em quadrinhos. No dia a dia da colônia, a forte introversão convivia com o olhar de esguelha em alerta permanente. Um tímido sempre pronto para sacanear o próximo.

Foi ali, aos 13 anos, que a sabedoria coletiva corrigiu sua identidade. Uma figura daquelas ser chamada de Cláudio era como Garrincha ser conhecido como Manuel dos Santos. Impossível.

O garoto aproveitava as temporadas na Kinderland, longe da patrulha dos pais, para uma boa economizada nos banhos. Em certa ocasião, chegou a uma formidável poupança de cinco dias a seco. No mercado do esculacho, começou a circular uma contração de "Besserman" com "Sujismundo", personagem de uma famosa campanha de TV pela limpeza das ruas. "Besserimundo" já era um destino forte para "o melhor homem" polonês. Mas ainda não traduzia o personagem.

Passaria ainda por uma sopa de letrinhas e onomatopeias do linguajar chulo, aquela seleção de palavras poderosas por soarem deliciosamente mal. Mas a escalada de emendas e corruptelas deteve-se imediatamente quando a Kinderland pronunciou Bussunda. Não era um apelido, era uma alquimia.

Não tardou para Claudio Manoel e Marcelo Madureira, que pensavam em tudo, enxergarem no porquinho simpático da Kinderland uma boa aquisição para o Gran Circo Pecegonha.

— Precisamos de um palhaço jovem — confabularam entre si, com sotaque de empresários circenses.

Observando que aquele já vinha inclusive com nome de palhaço, formalizaram o convite a Bussunda. O palhaço jovem não só topou, mas também acabou se firmando como celebridade de festa infantil. Carimbava, ainda no escuro, seu passaporte para a *Casseta Popular*.

O irmão mais novo de Sérgio Besserman capturara a atenção de Marcelo desde a primeira vez que o vira, no Colégio de Aplicação. Cláudio estudava no Princesa Isabel, mas escapara (pelo mesmo muro de sempre) para uma partida de vôlei na escola dos irmãos. A cena foi constrangedora.

Marcelo era uma metralhadora crítica, conhecido pela franqueza sem filtro com que expunha as mazelas alheias. Ao se deparar com Bussunda, teve um acesso de riso. E não conseguia parar. Já quase sem fôlego, exclamou:

— Mas o que é isso?! Uma caricatura humana?!

Cláudio não gostou. Ficou sério, visivelmente incomodado. Seu culto à própria esquisitice parecia ter lá seus pontos sensíveis. Em geral, antecipava as piadas que podiam ser feitas sobre ele, ao mesmo tempo em que rendia o interlocutor fisgando rápido seu ponto sacaneável. Mas não era imune ao espelho.

Entrou na adolescência com pouca desenvoltura com as meninas. Era sempre espirituoso, chamava a atenção delas com tiradas divertidas, mas o fosso da timidez impedia qualquer aproximação maior. Aquele embargo velado ficava no ar, e um dos que notava era Claudio Manoel. Como monitor da Kinderland, sempre muito diligente no departamento amoroso da programação, resolveu que Bussunda precisava namorar.

Claudio Manoel não fez tráfico de influência, mas foi usando suas prerrogativas de comando para armazenar informações. Até que sua central captou o aguardado sinal: havia na colônia um coração batendo pelo Besserimundo. O monitor fez duas checagens confirmando a pista e o nome da dona do coração. Com a informação preciosa em mãos, correu ao palhaço jovem para colocá-lo na cara do gol.

Ele recebeu a dica e agradeceu, mas nada aconteceu. O radar do monitor não acusava mãos dadas, nem conversas a dois, muito menos beijo. Foi perguntar ao garoto como tinha sido a abordagem, talvez tivesse levado um fora. Mas não houve abordagem. Bussunda justificou-se a Claudio Manoel:

— Eu não tô a fim dela.

O monitor, que não era exatamente um ser paciente, não quis saber da justificativa. Estava certo de que o outro estava paralisado pela timidez. Encarnando uma versão menos romântica de cupido, encostou Bussunda na parede, torceu seu braço até o limite e estabeleceu a negociação:

— Se você não prometer pegar aquela garota, eu vou quebrar o seu braço agora.

A vítima tentou disfarçar o susto, e ainda ganhou alguns segundos para ver se era brincadeira. Mas a dor indicava que não era. O jeito foi fazer a promessa. E cumpri-la.

Passada a sessão de psicologia braçal, Claudio Manoel curtiu ver o amigo ficar com alguém que não era uma fotografia da *Playboy*. Era bem verdade que pegou a menina e logo largou. Mas era um começo, e ele não se importava de voltar a ser o psicanalista medieval para dar-lhe uma força (contra a parede).

Na temporada de 1976, desembarcou na colônia Kinderland um grupo de meninas mineiras em torno dos 13 anos. Todas bonitas, já virando mulheres. Dessa vez o radar do monitor não registrou nenhum coração batendo por Cláudio Besserman. Uma delas, de pele clara e jeito doce, chamou a atenção da rapaziada.

Dada a faixa etária predominante na colônia, o teor de inocência era ainda alto. A energia podia se distribuir em jogos, diversão, amizade —

e sentimentos platônicos. Mas com a chegada daquela esquadra de Belo Horizonte, tinha muita gente a fim de enxotar Platão do pedaço.

Vania, a doce menina-mulher, logo fez amizade com o palhaço jovem. Era comum a ala feminina se divertir com a figura do ursinho sarcástico. Podia ser também a tradicional aproximação do feio para chegar ao bonito. Mas a mineira suave não chegou a ninguém — no sentido que muitos gostariam —, e terminou a temporada colecionando apenas boas amizades.

Nos meses seguintes, Bussunda voltou à sua rotina no quarto-caverna da Anita Garibaldi, cercado de revistas, salgadinhos peludos, rádio e TV. A novidade era um entra e sai de envelopes postados. Possivelmente, alguma nova investida do garoto para conseguir figurinhas difíceis para seus álbuns, ou brindes de times de futebol. Numa das respostas, conseguiu a mais difícil das figurinhas.

Era Vania. Na temporada seguinte da Kinderland, verão de 1977, a menina-mulher voltou à colônia. Diretamente para os braços de Bussunda.

Vania (a primeira namorada), Bussunda e um amigo dos dois, Arnaldo Bichucher, na Kinderland.

Desta vez não tinha havido psicanalista medieval. E nem concorrente à altura. O namoro que começara pelo correio seguiria firme por toda a temporada. E iria além. Trocando cartas até três vezes por semana, com fluência e profundidade pouco comuns para a idade, Cláudio Besserman e Vania Mintz voltariam à Kinderland mais atados do que nunca.

Enquanto seus amigos descobriam os prazeres da vida entre namoricos inocentes e algum sexo pago, o palhaço jovem mergulhava num amor de verdade. Inteiramente grátis.

* * *

Na algazarra circense em plenos pilotis da PUC, o palhaço já não tão jovem (20 anos, ainda namorado de Vania) foi abordado novamente por um estraga prazeres. Era um tanto mais robusto que o primeiro. Não tinha jeito nem maneiras de professor, mas de polícia. Em trinta segundos de conversa pouco amigável, Bussunda ficaria sabendo que o sujeito que "atrapalhara o lançamento do seu jornal" era vice-reitor da universidade.

Em mais dois minutos a música parou, o engolidor de pintos e seus coadjuvantes foram enxotados do campus, e a nova edição da *Casseta Popular* foi apreendida. O projeto de profissionalização, com estrutura de redação e patrocínio do bandejão, estava acabado antes de começar.

* * *

No elegante apartamento de Patrícia Vianna, a prima "burguesa" de Bussunda, sua irmã mais velha, Flávia, chegou com uma revista diferente nas mãos. Aparentando certa perplexidade, apenas exibiu-lhe a capa da publicação, economizando as palavras:

— Olha isso...

Era uma foto de moda, em produção típica da Dijon, grife que anunciava suas roupas com mulheres quase sem roupa. Luíza Brunet e Vanessa de Oliveira estavam entre as tops que arrasavam nas campanhas ousadas. Mas a foto da capa não era da Dijon. Era da "Mijon". E a top model, com olhar lânguido, taça de champanhe na mão, longos cabelos molhados de gel, lábios carnudos entreabertos e vestido arrojado de oncinha, que deixava à mostra o farto "seio" esquerdo, era "Bussunda de Oliveira".

— É seu parente, sabia? — completou Flávia, antes de explodir com a irmã numa gargalhada nervosa.

Já tendo ficado invisível dentro de um ônibus para fingir que não via o primo esquisito, Patrícia agora se impressionava vendo aonde chegara a esquisitice de Cláudio. Não o encontrava havia muito tempo, apesar da proximidade entre o pai e o tio, Marcos e Luiz Guilherme, o engenheiro leal ao regime militar e o médico comunista. Os militares tinham acabado de deixar o governo, o comunismo agonizava sob a glasnost, a *Casseta Popular* virara revista e Patrícia Vianna começava a achar graça naquela loucura.

O ano de 1986 começava promissor para o lado esquerdo da família Vianna e seu caçula desajustado. Depois da reunião de emergência sobre o futuro de Cláudio, quatro anos antes, ele fizera de tudo um pouco. "Trabalhara" por mais algum tempo como cego demente e palhaço de festa infantil, imprimira muito palavrão em papel-jornal, quase conseguira a profissionalização com patrocínio de bandejão, pegara uma carona na moda dos grupos vocais como Boca Livre, Cobra Coral e Coro Come, criando o Coro de Pica — incursão musical da *Casseta* pelos jingles de TV. Nessa ocasião, o piano da família dera seu fatídico passeio até o bar, para nunca mais voltar.

A participação estelar na fotonovela do *Planeta Diário*, contracenando com Lobão e uma flor cenográfica (a Dona Flor), soava para os Besserman Vianna apenas como a última pirueta naquela escalada para lugar nenhum. Mas era a primeira de uma nova escalada.

A nuvem negra de 1985, quando a *Casseta Popular* foi promovida a plágio do recém-nascido *Planeta*, sacudiu o grupo. Atropelados sem ter conseguido nem anotar a placa, paralisados de raiva e ciúme, tentavam descobrir como sair da sombra daquele jovem Golias, quando surgiu o ovo de Colombo: não sair da sombra. E tirar o Golias para dançar.

Uma faceta mais enrustida do sentimento geral, que não ousara se manifestar, foi verbalizada por Marcelo Madureira. Com um atrevido plano B:

— Os caras são muito bons. Vamos trabalhar com eles.

Madureira e Bussunda foram os escalados para bater na porta do *Planeta Diário*. A missão seria um sucesso.

Hubert, Reinaldo e Cláudio Paiva não só abriram a porta, como fizeram as honras da casa com uma confissão freudiana: tinham inveja da *Casseta*. A ligação carnal entre as duas usinas de humor anárquico se consumaria logo no primeiro encontro. O plano B ascendia sofregamente ao lado A.

Com o início da publicação de textos da *Casseta* nas páginas do *Planeta*, Bussunda, Madureira, Claudio, Beto e Helio espantavam o fantasma do "plágio" (ninguém daria uma carona dessas ao seu plagiador). Saltavam do circuito artesanal praia-universidade-bar para o universo das bancas de jornal, dezenas de milhares de leitores acima. E decidiam bater numa segunda porta.

Era a da editora Núcleo 3, que publicava o *Planeta*. O discurso apresentado ao dono, o deputado Jorge Roberto da Silveira (do PDT de Niterói), foi singelo: se o falso jornal era um sucesso, estava na hora de lançar uma falsa revista. O deputado editor viu verdade naquela falsidade toda e embarcou na ideia.

A *Casseta* alçava voo ao lado do *Planeta*. A modelo Bussunda de Oliveira estava nas bancas. E Cláudio Besserman não estava na praia. Chegara ao fim o tempo de vender jornal nas areias de Ipanema. E de ficar à toa por lá também. Com a industrialização do esquema, Beto, Helio e Marcelo, ocupados com o início da carreira de engenheiros, propuseram que os dois Cláudios assumissem a parte executiva da revista. Cuidariam da produção, dariam expediente e receberiam salário. Um salário-mínimo e meio.

Em 1986, aos 24 anos, Bussunda estava profissionalizado. Mas não domesticado. Numa campanha moralizadora, autoridades federais passariam a persegui-lo por vadiagem.

CAPÍTULO 4

Também queremos

O professor de sociologia entrou em sala compenetrado. Era o primeiro dia de aula do primeiro período da Escola de Comunicação da UFRJ, 1983. A garotada recém-chegada da escola vivia a expectativa tensa da entrada na atmosfera universitária. Circunspecto e objetivo, de paletó, gravata e pasta executiva, o mestre pulou as boas-vindas e apresentações. Foi direto ao seu plano de voo para o curso, com poucas palavras e muitas anotações no quadro. Parecia querer mostrar de saída aos calouros falantes que ali não havia espaço para dispersão.

Gastou quase um giz inteiro para escrever, em silêncio, uma extensa lista de livros e artigos que adotaria no curso. A carga de material exigido começava a semear um certo nervosismo entre os alunos estreantes. O professor destacou então três das obras listadas, sendo uma delas no original em francês, e ainda de costas para a turma avisou:

— Esses três livros eu quero lidos para a semana que vem.

Um princípio de desespero se espalhou pela sala, até que uma aluna arriscou a objeção, com a voz embargada:

— Mas professor, eu não leio francês...

O mestre virou-se para ela e respondeu sem rodeios:

— Foda-se!

O professor selvagem era Cláudio Besserman Vianna, o doutor Bussunda, ph.D. em esculacho. Desfez a expressão rude, abriu um sorriso e pôs fim ao trote:

— Galera, boa sorte no curso.

Estava só começando a diversão do "veterano", que com um ano e meio de faculdade já estava aproveitando as delícias de sacanear os novatos. Saiu da sala, tirou às pressas a gravata de professor sanguinário e foi fazer papel de calouro. Leonel Brizola acabara de ser eleito governador do Rio, e Bussunda apostara com um colega na vitória de Miro Teixeira. O preço da aposta era alto: quem perdesse teria que cortar o cabelo. O derrotado achou um jeito lucrativo de pagar a aposta.

Um dos rituais impostos pelos veteranos era confiscar os cigarros dos novatos. Era uma das leis da selva, não adiantava resistir. Bussunda surgiu então andando relaxado pelo pátio, fazendo cara de calouro, com um maço no bolso. Parou num local onde se concentrava um grande número de alunos novos, e foi abordado por dois veteranos, seus comparsas na cena.

A dupla exigiu-lhe que entregasse os cigarros. Ele reagiu, dizendo que aquilo não era justo. Os veteranos iniciaram as ameaças, avisando aos gritos que obedecesse, ou ia se arrepender. O "calouro" continuou irredutível, e os olhos inocentes à sua volta iam se arregalando, temendo pelo desfecho do conflito. Ríspidos, os dois patrulheiros deram o ultimato:

— E aí, moleque? Vai entregar essa porra ou não vai?!

— O cigarro é meu. Não vou entregar nada.

O mais forte dos veteranos partiu então para cima de Bussunda, aplicando-lhe uma chave de braço, enquanto o outro alcançava uma enorme tesoura de podar árvore. Investiu contra o "calouro" imobilizado e cortou de um só golpe seus longos cabelos pela metade. Enquanto a vítima urrava, os verdadeiros calouros, chocados com a violência do mundo universitário, tratavam de oferecer ao veterano mais próximo os cigarros que tinham. E os que não tinham.

A aposta de Bussunda em Miro Teixeira era herança de sua ligação com o Partidão, que apoiava o candidato do MDB. O caçula dos

Besserman se desfiliara em 1982, mas ainda circulava entre grupos de apoio a Miro, como seus próprios irmãos. Seu jeito de fazer "política", porém, já era outro. Diante da ascensão de Brizola junto ao povo mais pobre, adotou sua própria estratégia para virar o jogo.

Aproximava-se dos infelizes que dormiam nas calçadas de Copacabana, puxava-lhes o cobertor e saía gritando "Brizola!". A antipropaganda era para indispor os mendigos com seu líder.

Ele mesmo não acreditava no seu método. Nem no seu candidato. Numa ronda com o irmão mais velho pela madrugada, Sérgio avistou cabos eleitorais humildes colando cartazes do MDB e saudou-os da janela do carro: "Miro!" Os rapazes pobres a serviço de Miro responderam em coro: "Brizola!" Bussunda não parou de rir até chegar em casa.

No início dos anos 80, a UFRJ respirava política por todos os poros. Não havia ali uma mosca não militante, ou pelo menos não simpatizante de algum partido ou corrente, em geral de esquerda. A estudantada da Praia Vermelha discutia a ditadura, a Guerra Fria, o Sindicato Solidariedade na Polônia e daí para cima. E havia uma minoria achando que aquilo era um bando de moleques fazendo vestibular para Che Guevara.

Quase toda aula era interrompida por um candidato a alguma coisa. Até que numa das turmas se deu um diálogo diferente. Um estudante de outra universidade solicitara "um minuto da aula de vocês" para informar que concorria a uma vaga de delegado da União Nacional dos Estudantes. Pedia o voto dos colegas para representá-los no combate ao regime militar e mostrou a amplitude de sua visão política:

— A situação no Afeganistão é preocupante, porque as forças rebeldes...

Foi interrompido por um tipo peculiar de comentário:

— Meu irmão, sai daqui.

O candidato respondeu que a intolerância era um dos males do autoritarismo no país, e que era justamente isso que ele ia combater como delegado da UNE... Foi interrompido de novo. Luiz Bello, estudante de jornalismo da ala do "eleitorado" de saco cheio, tentou ser claro:

— Eu não quero te eleger delegado. Não te conheço, você não estuda aqui, esses interesses que você diz que defende não são os meus. Agora dá licença. E avisa aí fora que essa turma aqui não quer mais ser visitada por candidato.

— Mas o companheiro tem que entender que se a faculdade não eleger delegado não vai participar do congresso e não vai poder discutir...

— Meu irmão, a gente não quer discutir o Afeganistão em congresso nenhum. Tchau.

Reações desse tipo pipocavam aqui e ali na Escola de Comunicação, a ECO. Para o movimento estudantil, aquilo só podia ser "fascismo" ou infiltração "da direita". Num debate no Teatro de Arena, um dos integrantes dessa minoria que não queria discutir o Afeganistão apareceu de terno e gravata. Altamente suspeito.

Era Cláudio Besserman, com o mesmo traje de sua aparição como professor de sociologia. Transcorria a campanha para eleição no Diretório Central dos Estudantes e, entre as candidaturas ligadas ao PDT, ao PT e ao PCB surgira uma chapa da tal minoria. Chamava-se Overdose — nome que não soava muito de direita. Reunia Bussunda, Bello e uma turma que vinha com alternativas às questões da ditadura, da Polônia e do Afeganistão.

A Overdose prometia caipirinha no bandejão da faculdade. E foi à luta. Num dos primeiros atos de campanha, os candidatos da chapa entraram no refeitório com uma garrafa de cachaça, adicionando-a aos copos de quem se servia de limonada.

— Estamos cumprindo a promessa antes mesmo de ser eleitos — discursavam, sob aplausos gerais.

A candidatura desengajada foi caindo na boca do povo, e logo surgiu a primeira proposta de aliança política. Veio do pessoal do Instituto de Filosofia e Ciências Sociais, que se candidatara com a chapa Esfaqueie Sua Mãe. "O problema é que esses caras são malucos e devem estar falando sério", foi a ponderação de um dos membros da Overdose. Era melhor ficar longe daquilo, até porque os possíveis aliados queriam uma "discussão programática". Ninguém teria essa paciência toda.

Mas os pretendentes do IFCS insistiram. E entre suas argumentações, havia um ensaio filosófico sobre a importância do banheiro misto.

Aquilo, sim, era uma proposta consistente. A aliança foi fechada imediatamente, e a chapa passou a se chamar Overdose — Esfaqueie Sua Mãe.

Num momento ainda mais conceitual da campanha, a nova chapa interferiu num debate sobre a necessidade de mais atividades culturais na ECO. O representante de uma das candidaturas declamou solene sua palavra de ordem:

— Queremos cultura com C maiúsculo!

Foi contraposto por outro candidato mais exigente:

— A cultura que queremos tem que ter todas as letras maiúsculas!

Bussunda apresentou então os atributos conciliatórios da sua chapa:

— Temos uma proposta intermediária: cultura com CU maiúsculo!

Mas debate não era o forte dos candidatos da Overdose — Esfaqueie Sua Mãe. Em cada sala de onde saía um concorrente após expor sua plataforma, entravam eles cantando o "samba-plataforma": não põe corda no meu bloco, não vem com teu carro-chefe, não dá ordem ao pessoal... De violão em punho, bem tocado por Heitor Pitombo ou João de Moraes, e um coro mais ou menos, iam até o fim da canção de João Bosco e Aldir Blanc e se retiravam sem dizer nada.

Além da caipirinha, do banheiro misto, da cultura com duas letras maiúsculas e do samba-plataforma, havia uma bandeira central na candidatura ao DCE: acabar com o DCE. A proposta era apresentada de forma um pouco mais sutil, sob o conceito da "autogestão", que queria dizer basicamente "todos mandam e cada um faz o que quiser".

O debate no Teatro de Arena ia discutir democraticamente todas as propostas para o DCE, inclusive a do caos. Os organizadores só fizeram uma ressalva, em conversa reservada com os integrantes da Overdose — Esfaqueie Sua Mãe:

— Gostaríamos de esclarecer que se trata de um debate sério, com consequências importantes para a faculdade. Defendam o que quiserem, mas respeitem a seriedade do debate.

Para provar que eram sérios, os candidatos da Overdose compareceram ao debate estudantil de terno e gravata. Compenetrado na mesa do evento, Bussunda ouviu os discursos dos concorrentes com ar grave e comportamento irretocável. Na sua vez de falar, manteve a sobriedade:

— Antes de mais nada, gostaria de fazer uma pergunta à plateia: quem aqui ainda não decidiu em quem vai votar?

No que algumas pessoas levantaram o braço, o orador apontou para o indeciso mais próximo e convocou:

— Você! Vamos ali fora tomar uma cerveja.

Foi até o seu eleitor em potencial, abraçou-o e retirou-se com ele na direção do bar. Com aquela tática de persuasão, estava esculachado o debate.

Em outra ocasião, porém, mostraria toda a sua capacidade oratória, durante uma greve dos professores universitários. Num comício no mesmo teatro, o movimento estudantil expressava seu apoio à paralisação, e foi dada a palavra a Cláudio Besserman, ex-membro do Partido Comunista. Dessa vez, a plateia lotada de estudantes, funcionários e mestres ouviu um discurso longo e bastante articulado. Apontava a lógica perversa do capital, em que a riqueza intelectual era aviltada pela mais-valia e pelo controle político do conhecimento.

Interrompido várias vezes por aplausos ruidosos, Bussunda encerrou seu discurso com uma mensagem radical:

— Sendo assim, companheiros, nossa única saída é a greve geral até o fim do capitalismo!

Só então os militantes compreenderam a fraude. Era radical demais para ser verdade. Furiosos por verem seus melhores clichês recitados perfeitamente por um palhaço, enxotaram o impostor do auditório.

As eleições de 1983 para o Diretório Central dos Estudantes se deram em perfeita ordem, mas os organizadores estavam preocupados com a apuração. O resultado prometia ser apertado. Designou-se então um representante de cada chapa para acompanhar a contagem de votos. Iniciada a apuração no anfiteatro da faculdade de Economia, surgiu um problema. Não havia representante da Overdose supervisionando a contagem. Ninguém conseguia localizá-lo, e o chamado passou a ser feito pelo microfone do palco:

— Representante da chapa Overdose — Esfaqueie Sua Mãe, por favor compareça urgente à sala de apuração.

Não houve resposta. Só um coro potente da massa de integrantes e simpatizantes da chapa:

— Deixa roubar! Deixa roubar!

A contagem prosseguiu com um fiscal a menos, enquanto os correligionários que liberaram o roubo gritavam "a-pura!", referindo-se à cana que ingeriam democraticamente.

Já de noite, estavam bêbados demais para tomar conhecimento do resultado das urnas. Não tinham sido eleitos para o DCE, mas haviam ganhado as parciais na Escola de Comunicação. Era o embrião político de uma nova campanha eleitoral, agora para o Centro Acadêmico da ECO. E dessa vez não teria para ninguém.

Repetindo a plataforma da Overdose, o grupo chegava ao dia da nova eleição repetindo a estratégia anterior: em vez de boca de urna, cachaça na boca. Quando foi anunciada a vitória para a direção do CA, alguns tomaram posse imediatamente — dormindo por lá mesmo, pela total impossibilidade de se transportarem até suas casas.

No dia seguinte, uma das primeiras medidas da nova gestão seria a instituição do Dia do Barril. Cada dirigente do Centro Acadêmico — isto é, todos os alunos da faculdade, segundo as novas "regras" — deveria derramar uma bebida alcoólica (qualquer uma) num enorme barril instalado dentro do próprio CA. Uma vez por semana, a torneirinha seria aberta e todos beberiam da mistura exótica. A medida funcionou muito bem, exceto pelo fato de que a torneira era aberta todos os dias.

Um razoável contingente de estudantes de Comunicação passou a habitar o local, para fazer, basicamente, nada. E chegavam cedo para isso. Desde nove horas da manhã havia gente lá, sendo que o expediente não terminava antes das dez da noite.

O compromisso com a falta de compromisso dava muitos resultados: casais se formavam, músicas eram compostas, poesia, desenhos, conversa fiada e até assuntos da faculdade brotavam ali. Um deles seria a criação de monitorias independentes para projetos de jornalismo, driblando a falta de meios e equipamentos da universidade — assunto que não interessava ao pessoal engajado, ocupado com a derrubada da ditadura e a situação no Afeganistão.

Na gestão inspirada nos ideais da Overdose, todos colaboravam para prover o CA com violões, barril, bola de futebol, entre outros equipamentos e substâncias. Parte da renda vinha dos projetos de extorsão, como o do cego Bussunda e seu guia Luizão Noronha (derrotado na eleição com a chapa Pau Nelas, que propunha a substituição do comunismo pelo machismo).

Certo dia um policial universitário pegou um dos estudantes, conhecido como Bagaceira, se dirigindo ao CA com uma garrafa de cachaça na mão. O deteve e levou-a à sala do diretor da ECO, mostrando-lhe o flagrante. O diretor suspirou e instruiu o policial:

— Faz o seguinte: pega essa garrafa, bota na primeira encruzilhada que você encontrar e pede ajuda a algum santo, porque eu já tentei de tudo.

Se prestasse mais atenção, o policial perceberia uma sensível redução na população de "barrigudinhos" no lago do jardim. Num coquetel originalíssimo, os peixinhos estavam sendo bebidos vivos junto com a pinga. O efeito era incrível, e não havia nada escrito no Código Penal contra o uso daquela substância.

As provisões do CA incluíam também algumas espécies de fumo, departamento em que os estudantes procuravam ser mais discretos. Nunca se deixava maconha à mostra. Em pequenos embrulhos, a substância ficava guardada sob o casco de um jabuti que morava no jardim em frente. Era um depósito seguro, às vezes até demais, sendo necessário sacudir um pouco o réptil para libertar os pacotinhos.

Mesmo assim, um certo constrangimento envolvia aquela situação, e os ativistas da Overdose decidiram lutar pelo direito "político" de fumar maconha no Centro Acadêmico. A direção da faculdade não se pronunciou formalmente sobre o pleito. Mas o policial universitário logo entendeu que, ao sentir um cheiro diferente nas imediações do CA, deveria passar direto.

Em pleno governo militar, aquela "área de fumantes" dentro de uma universidade federal era quase surrealista. Dali para fora, a repressão ao consumo de drogas ilícitas era pesada. Qualquer jovem sabia que se caísse nas mãos da polícia com um baseado seria tratado como bandido. Maconheiro e marginal eram quase sinônimos. Um dia, viajando no fusquinha de um amigo para Teresópolis, Bussunda foi parado numa barreira rodoviária.

Por sorte, naquela vez, os dois colegas estavam sem maconha a bordo. Mas era um tempo em que dura policial era sempre dura — especialmente diante da figura esteticamente subversiva de Cláudio Besserman. O policial, é claro, foi direto nele, ameaçador, com a plena convicção do bote certo:

— E aí, cabeludo? Cadê a maconha?

Bussunda respondeu sem se alterar:

— Estamos indo comprar em Teresópolis.

Transtornado, sem acreditar no que ouvia, e sem saber o que dizer, o meganha explodiu:

— Tu não vai comprar porra nenhuma! Isso é droga ilegal, é crime! Entendeu? Tu não pode comprar nem em Teresópolis, nem em Petrópolis, nem na puta que o pariu!

Bussunda manteve a serenidade:

— Tudo bem, então nós não vamos comprar em nenhum desses lugares.

Sem saber como prosseguir aquele diálogo insólito, o policial rodoviário preferiu mandar o cabeludo embora.

Maconha e cachaça eram os aditivos preferidos no Centro Acadêmico da ECO. Cocaína, que tinha um ou outro simpatizante, era detestada por Bussunda. Não combinava com seu perfil avesso à adrenalina. Mas no novo CA entrava de tudo. E saía de tudo também — até banda de rock.

Com tanta inspiração rolando das nove da manhã às dez da noite, brotou um repertório completo e uma boa seleção de instrumentistas. Só deu branco na hora de batizar a banda, que ficou se chamando, por resignação, O Nome do Grupo. Com tanto tempo para ensaiar, o trabalho ficou afiado e logo apareceria em palcos cariocas como o Circo Voador e a danceteria Metrópolis.

Faltava resolver um probleminha na formação para os shows. O guitarrista era Heitor Pitombo, o menestrel da campanha eleitoral. O vocalista era Sérgio França, futuro destaque da monitoria de rádio. O baterista era Marconi, um dos principais compositores. Arnaldo Bloch, multi-

-instrumentista, era segundo Bussunda "o judeu que vai ficar rico e patrocinar a banda". O problema era como encaixar o próprio Bussunda.

Além de ser um dos compositores, ele era cara, (muito) corpo e alma do grupo. Não podia ficar de fora. Mas sua musicalidade nula ensejava a questão sobre o que, exatamente, faria em cima do palco. Um dia ele mesmo apareceu com a solução:

— Tudo certo. Vou tocar cubo mágico.

Todos acharam ótimo, como se daquele "instrumento" saísse algum som. A vantagem era que não precisava ensaiar. Quando começaram os shows, tudo deu certo. Enquanto a banda tocava, Bussunda ficava andando pelo palco, sem fazer nada. Nas partes só instrumentais, ele ocupava o lugar do cantor e ficava girando seu brinquedo colorido na altura do microfone. Era o "solo de cubo mágico". Um sucesso.

Bussunda, o guitarrista Paulo Loffler e o saxofonista Arnaldo Bloch, em um show de O Nome do Grupo.

A quem o interrogava sobre o que exatamente fazia ali, respondia com segurança:

— Eu sou a Linda McCartney da banda.

Pura modéstia. Sua figuração era bem mais impactante que a da mulher de Paul. Bussunda subia ao palco de calça e túnica verde de internação hospitalar, com carimbo de descartável e tudo. Não era um figurino especial para os shows. Se não estivesse de terno e gravata para sacanear alguém, a grife de hospital era seu uniforme cotidiano na faculdade.

Adotara esse estilo meio por acaso, perguntando a um tio médico, que trabalhava em hospital nos Estados Unidos, se não podia doar umas peças excedentes para ele. Acabou conseguindo várias remessas, de forma que resolveu colocar à venda a "roupa importada". O colega João de Moraes, do samba plataforma, tinha circunferência parecida com a do vendedor, e logo virou freguês. Seu dinheiro só deu para uma peça. Levou quatro, em nome da ética hospitalar.

Em sua estética viking, éter & acetona, Bussunda circulava naquele universo de antimovimento estudantil, jornal de humor, banda de rock e desbunde geral com um charme peculiar. Centralizava atenções e tinha sempre moças bonitas à sua volta.

O namoro com Vania chegara ao fim em 1983, depois de sete anos. Além do problema da distância, que tentaram contornar planejando sem sucesso a mudança dela para o Rio, havia a síndrome dos domingos — ela detestava futebol. Agora, no meio daquela efervescência toda, o coração de Cláudio Besserman estava livre.

Com toda a badalação, sua timidez de menino permanecia intacta. Não era um francoatirador como a maioria dos colegas de loucuras da Overdose. Ao contrário, mantinha sempre o olhar "de fora", gauche, vendo a vida pelas beiradas. Era protagonista quase à sua própria revelia.

Numa dessas ribaltas em que a vida gostava de lhe jogar, Bussunda virou técnico de futebol. Foi escolhido por aclamação treinador do time feminino da ECO. Nesse caso, não havia segundas intenções — nem no campo do deboche político, nem no mercado da tietagem. Ele de fato sabia tudo de bola, e não era um teórico de arquibancada. Com toda sua pança e visual sedentário, Bussunda era o craque do pedaço.

Em campo, seu corpanzil ficava lépido. Contrariando as leis da física e da educação física, driblava com agilidade, dava arrancadas improváveis, desmentia seu estilo ruminante com jogadas elétricas. Para completar, tinha um canhão preciso na perna esquerda. Era o candidato natural a tentar fazer as meninas jogarem alguma coisa.

A tarefa logo se mostrou espinhosa, mas ele se animou com uma jogadora. Angélica Nascimento tinha "visão de jogo". Nas palavras do técnico para sua atleta:

— Que bom, Angélica! Você sabe que todas as jogadoras não precisam estar ao mesmo tempo onde a bola está...

Podia não parecer, mas era um elogio sincero. A jogadora se esmerou nos treinamentos, com dedicado acompanhamento do técnico, que a fazia cobrar longas séries de faltas e pênaltis. Empolgada e exausta após um dia de treino, Angélica perguntou a Sérgio França, o vocalista de O Nome do Grupo e ótimo jogador também, quanto tempo ela precisaria treinar para jogar bem.

— Acho que uns 14 anos — respondeu o colega, ressalvando que era só uma estimativa.

Diante da total indignação da jogadora, França ponderou:

— Angélica, homem joga bola pra valer desde uns 8 anos. Vocês estão começando agora. É só fazer a conta...

— É, faz sentido — murchou a estrela do time.

Mas os treinamentos continuaram. Até porque, no "governo" da Overdose, as peladas na faculdade eram consideradas cultura — com quantas maiúsculas se quisesse escrever, desde que a bola rolasse.

Havia inclusive procedimentos de segurança, para evitar a tragédia da falta de quórum. Sérgio Garcia, outro bom jogador e já revelando talento para o jornalismo esportivo, não permitia que a crônica da pelada ficasse em branco: andava com um arsenal de shorts comprimidos com os livros na mochila. Quem fizesse cara de "não posso jogar" recebia em mãos o calção e era despachado para o vestiário.

Poucos ali tinham a sobriedade e o senso organizativo de Serginho Traz o Short, como o Garcia ficaria conhecido. E no extremo oposto estavam os que saíam do lado do barril e do meio da nuvem do CA direto para o campo, com a sobriedade no chinelo. Bello, Pitombo e outros até tramavam grandes jogadas. O contratempo era que, ao executá-las, a bola já estava com o adversário.

Na hora dos bons jogos iam ficando de fora, onde acabariam criando um rugido de protesto: GRAURR — Grêmio Recreativo Anárquico União dos Reservas Rejeitados. Banidos pelos homens, restava torcer pelas mulheres. E elas iam precisar.

Desafiadas pelo time de outra faculdade no Encontro Nacional dos Estudantes de Comunicação, em Fortaleza, as atletas de Bussunda tinham enfim a chance de mostrar seu jogo. O técnico repassou as orientações básicas e enfatizou a "visão de jogo" de Angélica: a bola deveria estar com uma jogadora só de cada vez. Foram a campo, com o GRAURR e os demais do lado de fora prometendo rugido incessante de apoio.

Mas não deu para rugir, só para gemer. As moças da ECO não ficaram todas ao mesmo tempo onde a bola estava, pelo simples fato de que não viram a bola. Levaram um passeio, uma goleada acachapante.

As adversárias saíam de campo cheias de si, quando os torcedores da ECO, reforçados por Bussunda, viraram o jogo depois do apito final. Notando a supremacia clara de seu time em atributos femininos — as vencedoras não ficariam nada bem numa passarela —, dispararam o grito de guerra letal:

— São mais gostosas! São mais gostosas!

No gramado, a euforia e a depressão mudaram instantaneamente de lado.

O caminho para a chegada àquele Encontro Nacional nordestino fora, como de costume na crônica da Overdose, surrealista. Os estudantes tinham conseguido um ônibus urbano comum, do tipo circular, onde entrou todo mundo que queria ir — isto é, uma Arca de Noé, inclusive com redes penduradas nos seguradores do teto. Tinham conseguido rodar até a Bahia, onde finalmente apareceu um policial sensato para interromper a viagem.

Desembarcaram todos, enquanto uma comissão formada por Bussunda e Ivan Accioly (um dos titulares das peladas e da diplomacia) foi negociar com a autoridade.

O policial rodoviário começou dizendo que não tinha conversa: o ônibus e seus ocupantes teriam que retornar ao Rio de Janeiro. Isso era tudo o que eles queriam ouvir. Se podiam entrar no ônibus e voltar para a estrada, que andassem em frente, e não para trás, já que estavam exatamente no meio do caminho. Retornando ao Rio ou seguindo para Fortaleza, a Arca de Noé a diesel levaria o mesmo número de quilômetros para sair de cena.

— Dá no mesmo, seu guarda! — argumentou a junta da Overdose.

O policial hesitou, provavelmente temendo ser responsabilizado por deixar aqueles piratas seguirem viagem. Aí Bussunda sacou a arma secreta.

Apresentou uma carta do governo do Rio de Janeiro solicitando o apoio das autoridades rodoviárias para que aquele grupo de estudantes chegasse ao seu destino. Parecia mais uma armação da Overdose, mas o documento era, inacreditavelmente, legítimo. O policial acabou não só liberando a partida, como pedindo pelo rádio que os postos seguintes não detivessem o veículo.

A carta do governo Brizola fora obtida de maneira sui generis. Estavam bebendo no CA e decidiram tentar ir ao Congresso Latino-americano de Estudantes de Comunicação, em Florianópolis. Não tinham passagens, naturalmente, depois de terem mandado a UNE passear. E não tinham um delegado, mas uns quarenta. O cego demente e seu guia foram então para a porta do Pinel arrecadar a verba.

Depois de muitas esmolas, viram que não chegariam à cifra necessária nem com uma semana de extorsões. Foram para o bar mais próximo, beberam as esmolas e alguém teve a ideia:

— Vamos pedir um ônibus pro Brizola.

O novo governador era o ícone máximo da oposição aos militares, haveria de querer ajudar os estudantes. Começaram a se perguntar como conseguir um contato com o homem. Na falta de outra ideia, levantaram-se do bar e saíram andando em direção ao Palácio Guanabara.

Lá chegando, abordaram um PM que guardava a entrada principal:

— Boa tarde. Nós queremos falar com o Brizola.

— Quem são vocês? — quis saber o sentinela.

— Representantes do Centro Acadêmico da Escola de Comunicação da UFRJ.

— Pois não. Aguardem um instante.

Em cinco minutos chegava a autorização para a entrada do grupo no Palácio. Seriam recebidos pelo doutor Danilo, assessor direto do governador.

A reunião foi célere. Menos de uma hora depois de saírem a pé do bar, os bravos dirigentes da Overdose saíam do Palácio Guanabara com o ônibus que cismaram de "pedir ao Brizola". E com a carta do governador para que as patrulhas rodoviárias não incomodassem o bando.

Eram os malucos certos, na hora certa, no hospício certo.

No Congresso Latino-americano em Floripa, a praia estava ótima. Só não deu tempo para as palestras e debates. Antes de ir embora, resolveram conferir a fala de um dos palestrantes, para não voltarem totalmente virgens ao Rio. Era uma longa dissertação sobre os paradigmas da comunicação de massa, que logo virou comunicação maçante (pelo menos para a turma do Volvo Padron). Bussunda e Angélica se olharam e começaram a repetir em voz baixa: "Blá-blá-blá..."

Gostaram da brincadeira e continuaram, monocórdios, já chamando a atenção dos que estavam mais próximos. O problema foi que alguns estudantes resolveram segui-los, e o "blá-blá-blá" foi ficando audível na plateia. Quanto mais gente ouvia, mais gente repetia a "palavra de ordem" sussurrada.

Explodiu então um poderoso coro de "blá-blá-blá", e ninguém mais conseguia ouvir a palestra. Logo em seguida, porém, o palestrante seria muito aplaudido. Sua decisão de parar de falar, levantar-se e ir embora levou a plateia ao delírio.

Depois de conduzi-los a Fortaleza, o ônibus do Brizola ainda levaria os delegados da Overdose a um punhado de congressos (só os litorâneos). Era chegar no Palácio, chamar o doutor Danilo e sair com o Volvo Padron pelo Brasil. Morrendo de ciúmes, o movimento estudantil que discutia o Afeganistão não conseguia compreender o prestígio daqueles alienados. Nem eles.

Além dos congressos, os "militantes" da ECO marcavam presença nas passeatas políticas. Colocavam-se ao lado de causas diversas, com a mais coerente das reivindicações. A todos os atos de protesto, levavam uma imensa faixa sempre com o mesmo slogan: "TAMBÉM QUEREMOS!" Iam às manifestações como quem vai à praia no Posto 9. Mesmo que fosse o histórico comício das Diretas Já.

Aquele 10 de abril de 1984 na Candelária seria muito divertido para a numerosa ala da Overdose, desfilando na avenida Rio Branco com suas próprias palavras de ordem a plenos pulmões. E saboreando a confusão provocada.

— O coito / anal / derruba o general! O coito / anal / derruba o general!

Era um conceito diferente. Num dado momento, um ativista do movimento estudantil se aproximou de Angélica, incomodado, e quis saber:

— Vocês acham mesmo que o coito anal é uma forma de combater a ditadura?

Ouviu uma resposta não muito científica: talvez sim, mas o melhor era ele ir se fuder.

Angélica, simpatizante do antimovimento estudantil, nos anos da ECO-UFRJ.

Cláudio Besserman achava graça em Angélica. Prestava atenção nela. Ela também achava graça nele, mas não prestava tanta atenção. Tinha namorado.

Além da graça feminina, a colega tinha outro atributo importante: a capacidade de discutir futebol — "de homem pra homem", como ela mesma dizia. Futebol era coisa séria para Bussunda. Tão séria que resolveu, naquele ano, fundar o movimento "Fla Diretas". E esse não seria só um slogan.

Ele achava mesmo que a força popular do Flamengo poderia contribuir na campanha por eleições diretas já (mais do que o coito anal). Ocupar um espaço na arquibancada do Maracanã com bandeiras rubro-negras pedindo "Diretas" em pleno governo do general João Figueiredo seria, pelos seus cálculos, um fato político forte.

Começou a convencer muita gente boa disso, além das adesões imediatas de Sérgio Besserman, Claudio Manoel, Marcelo Madureira e outros amigos flamenguistas. A coisa engrenou de vez com o apoio do cartunista Henfil, expoente da resistência à ditadura no *Pasquim*.

Em dois dias a Fla Diretas tinha seu logotipo, um urubu voando em direção à urna com um voto no bico. O desenho genial de Henfil foi estampado em camisetas, e o movimento se espalhou.

Surgiu então a ideia de convidar um jogador do Flamengo para ser o patrono da nova torcida organizada: o zagueiro Figueiredo. Bussunda foi pessoalmente à sede do clube na Gávea tentar convidar o jogador, naturalmente sem lembrá-lo de que era xará do general-presidente. O zagueiro, que não era capitão, nem líder, nem exatamente um ídolo, ficou ressabiado. Para piorar, a articulação foi detectada por um diretor do clube ligado ao ministro Mário Andreazza, um dos principais adversários das Diretas.

As portas se fecharam para o plano. Mas por trás delas surgiu um aliado inesperado. O jogador Lico, um paranaense já perto dos 30 anos, que entrara para a esquadra de Zico na conquista do mundial de 1981, era interessado em política. E costumava dividir quarto com o zagueiro Figueiredo. Lico entendeu tudo e resolveu conversar com o colega. Disse a ele que aquele gesto poderia ajudar o Brasil. Depois foi procurar Bussunda. Figueiredo aceitara ser o patrono da Fla Diretas.

Com a divulgação pública do apoio, os jornais não perderam a oportunidade irresistível:

Figueiredo defende as Diretas Já.

Gol de Bussunda. Do famoso Bussunda — agora um pouquinho mais famoso.

* * *

A partir de 1985, os gols de Bussunda seriam proibidos. Pelo menos no campo de futebol da ECO. O território livre da Overdose na UFRJ começava a ficar menos livre. A nova direção da Escola de Comunicação queria colocar algum limite ali dentro, que não fosse rogar aos santos na encruzilhada. E as peladas da turma do barril tinham sido identificadas como um dos focos da anarquia.

O campo passou a ser alugado para gente de fora da universidade. Como os alunos de Comunicação jogavam bola em todas as horas do dia, talvez o embargo os levasse para a sala de aula — mesmo que eventualmente, por falta de opção. Mas a opção dos jogadores foi ocupar os horários vagos da quadra de educação física da universidade, inaugurando inclusive um horário noturno, em conluio com alunos de outros cursos.

O cerco, no entanto, continuaria se fechando. A universidade passou a trancar a quadra. O que não adiantou nada, porque pular o muro para aquela turma era só mais uma forma de aquecimento. O jeito foi desligar toda a iluminação da área, já que a maioria dos horários vagos da quadra era do entardecer em diante. Aí, pela primeira vez, ficou impossível jogar bola.

Os atletas da ECO sumiram dentro do Centro Acadêmico. Mas não estavam só esvaziando o barril. Estavam pensando.

Dois dias depois reapareceram na quadra, trazendo fusíveis, fios e ferramentas. A eleição direta no Brasil tinha fracassado, mas a ligação direta na ECO funcionou: fez-se a luz novamente no campo. Comemorando o fim das trevas, resolveram homenagear dona Adélia, funcionária responsável pelos cadeados nas quadras. Batizaram o novo estádio de "Adelião".

Se os resistentes eram duros na queda, a nova direção também era. A batalha entraria pelo ano seguinte, e o próximo golpe seria difícil de neutralizar. Na tentativa de minar a influência dos alunos identificados com o movimento da Overdose, a faculdade decidiu intervir nas monitorias. E decretou o afastamento de Sérgio França da monitoria de rádio.

O vocalista de O Nome do Grupo conseguira driblar a falta de equipamentos e, com apoio externo, criara programas que já iam ao ar em rádios comerciais. Era uma gestão incontestável, e os estudantes decidiram questionar a direção.

Foram recebidos pelo professor Milton Pinto, lugar-tenente do diretor Muniz Sodré e responsável pelo banimento de França. Mas a argumentação dos alunos não surtiu efeito nenhum. O professor encerrou a reunião com uma afirmação contundente:

— O Sérgio França não pode ser monitor porque é o pior aluno da ECO.

Os estudantes não se retiraram. Um deles contestou imediatamente a afirmação do mestre:

— O senhor está errado, professor. O pior aluno da ECO sou eu.

Antes que o representante do diretor pudesse responder, outro estudante refutou o primeiro:

— Não senhor! O pior sou eu. Qual foi a sua média no semestre passado?

Um terceiro atropelou a disputa, já gritando:

— Eu faltei a todas as aulas esse ano! Ninguém aqui pode ser pior do que eu!

Instalou-se a completa balbúrdia no gabinete do professor, só encerrada quando surgiu entre os alunos a proposta conciliatória: seria organizado o Primeiro Concurso de Pior Aluno da Escola de Comunicação da UFRJ.

O concurso foi montado com total seriedade, incluindo a fixação de regras nos murais e a abertura de inscrições. Deu-se uma corrida à secretaria para solicitação de históricos escolares. A disputa ia ser acirrada.

Quando saiu o resultado, os estudantes sofreram nova interdição. Dessa vez não vinha da direção. O interventor era o colega Cláudio Besserman.

Já assalariado na nova revista *Casseta Popular*, Bussunda andava ausente da faculdade. E ao saber do concurso ficou indignado. Uma eleição daquelas sem a sua participação era uma fraude, um ato despótico e antidemocrático. Ele exigia a anulação do pleito e convocação de nova eleição.

Fundamentou sua reivindicação com o envio aos organizadores de alguns números da sua performance curricular:

— *46 reprovações ao longo da vida universitária*

— *6 anos de faculdade sem conseguir se formar (até o presente momento)*

— *2 períodos sem conseguir passar em matéria alguma*

— *11 reprovações em Educação Física I*

— *7 reprovações apenas no segundo período de 1985*

— *Obtenção de C.R. 0 (zero) num só período*

— *38 zeros ao longo da carreira na faculdade*

Era uma ficha invejável. Com senso de justiça, os organizadores reuniram-se e decidiram pela anulação do concurso. Nova edição seria realizada, agora com todos os péssimos alunos inscritos. Após rigoroso exame de seu histórico escolar completo, Bussunda foi eleito o Pior Aluno da ECO.

Nos primeiros tempos da vida universitária, perfeitamente ambientado, ele comentara com Luiz Noronha, seu "guia" no ritual das esmolas:

— Estou gostando muito da faculdade. Vou ficar uns vinte anos aqui.

As medidas disciplinadoras do diretor Muniz Sodré não tinham afetado seus planos. Mesmo ocupado com a revista, aparecendo só de vez em quando, sentia-se um estudante da ECO. Afinal, era só mais uma modalidade de ausência. Na época do Concurso de Pior Aluno, porém, uma frase da professora Ana Arruda Callado lhe caiu mal.

A vice-diretora da faculdade declarara que não queria mais "estudantes profissionais" na ECO. Ele não se importava em ser indesejável.

Mas profissionalismo era contra os seus princípios. Já bastava a *Casseta*.

Recebeu o diploma de Pior Aluno numa solenidade musical, preparada pelos colegas na aula do compositor Abel Silva. Agradeceu os aplausos com humildade. Pôs na cabeça o chapéu com orelhas de burro, confeccionado para o vencedor. Despediu-se de todos, e não voltou mais.

O cerco das autoridades da universidade federal aos simpatizantes da Overdose não tinha mais nada a ver com o governo autoritário — que, aliás, não os perseguira. O regime militar já ficara para trás. A nova direção da ECO queria matar o gene do descontrole que, para o bem ou para o mal, dominara a faculdade. E o lado do mal às vezes ia ficando pesado.

Num daqueles arroubos, do tipo pedir um ônibus ao Brizola, alguém tivera a ideia de assaltar um banco. Um estudante de Economia que frequentava o barril gostou muito da ideia. Era um sujeito engraçado, acelerado, que tinha um riso nervoso e compunha a ala minoritária da cocaína. Bussunda e alguns colegas perceberam o entusiasmo dele com a ideia e deram corda. Montaram o plano detalhado do assalto.

No dia combinado, o estudante pilhado apareceu no ponto de encontro, dentro da faculdade, com alguns papéis de cocaína, já tendo cheirado outros tantos. Recrutara também dois "ajudantes" num morro próximo, especializados na matéria. Desenrolou uma blusa na qual trazia um revólver 38 e disse que estava pronto:

— E aí, galera? Vamo lá?

A galera viu que tinha ficado tarde para dizer que era brincadeirinha. O colega nervoso da Economia e seus amigos bandidos não iam achar graça nenhuma. Bussunda conseguiu convencê-lo de que precisavam aprimorar o plano, e propôs marcarem nova reunião. O pesadelo foi desmontado por um triz.

A barra pesou também com um colega da Comunicação. Ricardo Pretinho vinha do tradicional Colégio Santo Inácio. Era um garoto bem branco apesar do nome, típico morador de Ipanema. Inventava modas curiosas, como a "barraca da bolha", sucesso na viagem a Fortaleza. Era uma barraca comum em que ele enclausurava várias pessoas fumando vários baseados ao mesmo tempo. A partir do "ponto de saturação", quem entrasse na "bolha" não precisava mais fumar, era fumado.

Pretinho às vezes parecia um pouco fora de órbita, mas era tranquilo e alto-astral. Acabou arranjando um estágio em publicidade, e aí começou a ter ideias mais estranhas.

Aos olhos dos amigos, o contato com o mundo dos compromissos parecia não estar lhe fazendo bem. Um dia Heitor Pitombo passou em frente à sua casa e viu uma ambulância na porta. Entrou e descobriu que Ricardo Pretinho acabara de se suicidar.

Chocado com a notícia, Bussunda desabafou compondo a música *Suicídio*, em parceria com Marconi, o baterista, e harmonia de Heitor e João de Moraes. Um blues melódico, sentido, que viraria hit de O Nome do Grupo:

Não conheço ninguém
Que se suicidou e se deu bem
Todo mundo que se suicida se dá mal
Não pule desse trem da Central
Vai que um anjo está passando e estraga sua festa
E você fica aleijado, com um arranhão na testa

A letra prosseguia com outros versos de afirmação da vida, ao estilo chapliniano do autor. Marconi, que cantava a música nos shows, também acabaria com a própria vida alguns anos depois.

No campus, os policiais universitários deixavam de ser bonzinhos. E partiam para ações "exemplares". Fazendo o que sempre fazia, fumando o que sempre fumava, Heitor Pitombo seria detido "em flagrante", autuado por consumo de drogas e ameaçado de expulsão. Eduardo Souza Lima, o Zé José, da intelligentzia da Overdose, seria formado e diplomado compulsoriamente. Recebera o seguinte recado da direção: "Os professores já foram orientados a te aprovar em tudo. Queremos você longe daqui."

Luiz Bello também seria enxotado com diploma, João de Moraes sem. Por bem ou por mal, uma a uma, as cabeças do antimovimento estudantil que sacudira a Universidade Federal do Rio de Janeiro eram varridas da ECO.

Numa medida espetacular, a diretoria invadiria o Centro Acadêmico, removendo as barricadas feitas com armários cobertos de fotos — os rostos das dezenas de estudantes que governaram aquele território por mais de cinco anos. Agora estavam todas as caras no chão. No futuro, estariam brilhando nas principais redações de jornais, revistas e TV do Brasil.

Cláudio Besserman já havia sumido da universidade, mas não podia ficar por isso mesmo. No ato mais simbólico de todos, a direção decidiria jubilar Bussunda. À revelia.

* * *

Enquanto se livrava do perigo de se tornar um estudante profissional, Cláudio começava a duvidar também do emprego de humorista. Às vésperas do Natal de 1987, dividindo um pequeno apartamento com Beto Silva e Claudio Manoel, mal tinha dinheiro para comer. Sua dieta se resumia basicamente a ovo e farinha (muita farinha e pouco ovo). Pegar ônibus era luxo.

Reuniu os demais integrantes da *Casseta Popular* e avisou que estava saindo — do apartamento e da revista. Besserman, o pior homem, estava voltando para a casa dos pais.

CAPÍTULO 5

Jesus Cristo, eu não estou aqui

Ganho 15 de salário
Pago 8 de aluguel
Vou pra casa do caralho
Morar em Padre Miguel

A canção da pindaíba, composta por Bussunda e Claudio Manoel, era cantada pela dupla em 1987, sempre que se viam sacudindo a bordo do ônibus 409. Era a linha que circulava pelo Horto, no Jardim Botânico, bairro nobre onde os dois estavam vivendo sem nobreza alguma.

O *Rap do 409* era um desabafo, com sua poética de marcha para o subúrbio. Mas era batucado alegremente com as moedas contra o encosto de ferro, porque muitas vezes não havia nem moeda para subir no 409. Aos 25 e 28 anos, Bussunda e Claudio Manoel não eram mais garotos, não achavam mais graça em acordar sem saber se fariam uma refeição. Dividiam um pequeno apartamento com Beto Silva na rua Von Martius, em frente à TV Globo, e nem sempre tinham os "8 de aluguel". Todo fim de mês a trinca precisava discutir a relação.

Trabalhando na empresa Price Waterhouse — nove às seis, terno e gravata —, Beto pagava o aluguel e precisava cobrar a parte dos outros. Nem sempre ela vinha. Quando vinha, ele não sabia ao certo de onde.

O emprego de Bussunda era a *Casseta*. Claudio Manuel tinha pedido demissão do bandejão da PUC, onde virara gerente mesmo depois de esculacharem o vice-reitor, no lançamento circense da revista. Beto saía para trabalhar enquanto os outros ainda roncavam.

Quem deles acordasse primeiro tomava café com as moedas que o parceiro "rico" largava por ali. Se acordassem juntos, discutiam se usariam a "verba" para a média ou para o ônibus.

Todo dia tinham um milhão de ideias para tirar o pé da lama. Na manhã seguinte, na semana seguinte, no mês seguinte estariam, porém, disputando de novo as moedas de Beto. Nas páginas da *Casseta Popular*, o cenário da pindaíba aparecia no "Relatório Anual", com o balanço da empresa em 1986:

"Aos Acionistas,

Srs. Acionistas, esse ano não deu. Não deu mesmo. A gente tentou. Ah, isso a gente fez. Mas o ano foi brabo. As vendas subiram bastante, as dos nossos concorrentes. O mercado para o nosso produto nunca esteve tão bem. Só nós é que nos fudemos."

O relatório informava ainda que "a Divisão de Vídeo poderia ter ido bem, não fosse o fato de ter ido muito mal" e que "o setor de Eventos Especiais, felizmente, não apresentou resultados negativos em 1986, talvez pelo fato de ter sido desativado em 1981". Mas o ano de 1987 se iniciara com perspectivas melhores, indicava a mensagem do Conselho de Administração. A Divisão Editorial, que tivera prejuízos incalculáveis, provavelmente teria prejuízos calculáveis.

Apesar de não dar dinheiro, em seu segundo ano nas bancas a *Casseta* era um sucesso de crítica e de público. Seus proprietários continuavam se divertindo muito com ela. Mas já não sabiam até quando iam querer brincar daquilo. Enquanto Bussunda e Claudio penavam no 409, Beto Silva era cada vez mais o Roberto Adler da Price Waterhouse. Marcelo Madureira ascendia no BNDES como Marcelo Garmatter Barretto, e Helio de La Peña ganhava a vida na Promon Engenharia como Helio Antônio do Couto Filho.

Se para os Cláudios o subúrbio era o fim da linha, para Helio era o início. No seu caso, uma vida apertada na periferia social não era letra de rap. Era de lá que ele vinha. Não de Padre Miguel, mas da Vila da Penha, onde crescera caçando rã no brejo em frente à sua casa. Filho mais velho de família humilde, não tivera muito espaço para dilemas existenciais. Tinha que seguir em frente e, basicamente, não errar. Foi com tudo, abriu todas as portas. Até bater no seu próprio muro.

No primeiro dia de aula na escola municipal Miguel Ângelo, no quarteirão de casa, Helinho estava animado. Em 1965, sua grande motivação era saber que ia deixar de ser Helinho, apelido que lhe grudaram em casa. Finalmente seria Helio. Ao entrar em sala, descobriu que a professora era sua própria mãe. Professoras eram chamadas de "tia", e ele ficou confuso, sentindo-se primo de si mesmo. Acabou não a chamando nem de mãe, nem de tia, e passou o ano todo calado. Ela continuou chamando o filho como sempre chamara, no que seria seguida por toda a escola: Helinho.

Ao terminar o antigo curso primário, aos 11 anos, o menino chegaria enfim ao paraíso. Não só se tornaria Helio, como teria um regime de estudos sublime. A escola estadual para a qual seria automaticamente transferido pela rede pública estava em obras, e a solução foi acomodar os alunos em meio turno na Escola Normal Carmela Dutra, em Vaz Lobo. Estudando das 4 às 6 da tarde, tinha lições empolgantes, como a confecção de gaivotas com os papéis da aula de desenho. Para completar, o vizinho do prédio ao lado tinha uma enorme televisão permanentemente ligada. Os alunos não perdiam nem os intervalos comerciais.

Captando o excesso de alegria no ar, a mãe decidiu tomar providências. Como professora, Ruth sempre ouvira falar da qualidade do Colégio São Bento, no Centro do Rio. Disse ao marido, Helio, que ia tentar levar Helinho para lá. A ideia foi imediatamente rechaçada.

Helio era funcionário da Companhia Docas e sabia que o São Bento era o colégio dos filhos dos diretores da empresa. Escola particular, de elite. Não era para eles. Além do mais, já estavam em pleno ano letivo, as coisas não se resolviam assim de repente. Mas Ruth foi em frente.

Procurou o reitor do colégio, dom Lourenço. Apresentou-se como uma mulher muito católica que queria dar boa educação ao filho. O marido estava certo: para se candidatar a uma vaga, o menino deveria ter feito uma prova no ano anterior. Mas Ruth insistiu. Disse que precisava da vaga naquele ano mesmo. E precisava de uma bolsa, não tinha como arcar com a mensalidade.

O monge educador se sensibilizou, mas não garantiu a vaga:

— Vou abrir uma exceção para a senhora. Traga seu filho para fazer a prova. Mas só posso admiti-lo se ele for bem avaliado.

Ruth agradeceu, e ainda tinha uma última questão:

— Preciso dizer mais uma coisa ao senhor: meu filho é negro.

Dom Lourenço respondeu fitando-a placidamente:

— Minha senhora, eu posso imaginar.

No dia marcado, Ruth apenas informou a Helinho que ele não iria à escola e levou-o para fazer a prova no São Bento. Sem nenhuma preparação, o garoto fez o que pôde. E ganhou a vaga.

Além de pegar o bonde andando, com mais de um mês perdido, Helio constatou que em sua nova escola todos os colegas eram brancos. Ou melhor: havia outro negro, um só, cujo apelido era "crioulo". A quase totalidade dos alunos morava nos bairros nobres da Zona Sul, região que Helio só conhecia de um ou outro passeio de escola a Copacabana. Estivera no famoso bairro também para algumas consultas médicas. Fora isso, mar para ele era o da praia de Ramos, sinônimo de lixeira no dicionário ipanemense.

O regime era semi-interno, entrando de manhã, almoçando na escola e só saindo no fim da tarde. Um pouco diferente das duas horas de gaivotinhas e televisão. Na primeira aula de francês, a professora não disse uma palavra em português. Nem os colegas. Aquilo era outro planeta.

Helio teve vontade de gritar "para, que eu quero descer", mas só soltou o choro quando chegou em casa. Seu pai, aflito, debruçou-se sobre o livro de francês, tentando aprender alguma coisa para poder ensinar ao filho. O salto era grande demais para a família da Penha.

Após a cruzada de Ruth, só não valia desistir. Foram em frente, colecionando os choques e desmoronando à noite para recomeçar de manhã. Helio ia se safando como dava, e digerindo as novidades do planeta estranho. Quando se aproximaram as férias, começaram entre os colegas as conversas sobre viagens. Falavam sobre embarques em aviões, e o garoto da Penha ria: "Vocês são muito cascateiros." Aquilo lhe soava tão fantasioso quanto passar o verão na Lua.

Mas aos poucos foi compreendendo que seus colegas realmente voavam de avião. Não era ficção científica. E um dia o professor de inglês distribuiu o prospecto de um passeio à Disney, que fortaleceria o aprendizado da língua. Os alunos que quisessem deviam submeter a proposta aos pais. Helio chegou em casa radiante:

— Pai, a escola vai levar a turma pra Disney. Eu queria ir!

A resposta foi conclusiva:

— Eu também...

O São Bento era a porta para um mundo que o menino do subúrbio nem sabia que existia: aviões, grifes, cineclube, cultura pop, rock 'n' roll — a Disneylândia era logo ali depois do túnel.

Mas isso era longe. Se enturmar com os novos colegas era um desafio social e geográfico. Havia as distâncias em quilômetros e em hábitos. Nas férias, não dava para atravessar a rua e ir brincar em Búzios ou Angra dos Reis. Ao mesmo tempo, a turma da Vila da Penha também ia ficando distante. O dia era quase todo consumido no São Bento, e em casa era preciso estudar. As peladas nos campos de várzea iam ficando para depois. Quando o depois chegou, muitos meses adiante, deu para ver que os colegas de rua já não eram mais a sua turma.

O meio do caminho entre a Zona Sul e o subúrbio era a solidão. Helio se aproximava dos 15 anos, idade da socialização, passando férias e fins de semana consigo mesmo. Sempre havia a companhia dos quatro irmãos, mas o programa cada vez mais era um só: ler. E escrever.

A rua foi se transferindo para dentro da sua cabeça. Imaginava histórias de todos os tipos, botava no papel, lia para si mesmo. Começou a despachá-las pelo correio, sonhando vê-las nas revistas que comprava na banca. Entrava nos concursos de redação da revista *Pop*. Não ganhava, mas continuava escrevendo. Ia ficando para trás o moleque caçador de rãs que decidira ser jogador de futebol — até porque, embora não soubesse disso, não jogava nada.

O que não fazia com a bola no pé, fazia com a caneta na mão. Um ano depois de passar na prova surpresa para o São Bento, e de beirar o desespero com as primeiras aulas, estava selecionado para a olimpíada de matemática. Concorriam os cinco melhores de cada turma na matéria. Estar entre os concorrentes já era uma vitória, mas só o campeão seria condecorado com a medalha Lélio Gama. E foi Helio Antônio.

Aos 15 anos, quando a questão da escolha do vestibular começava a aparecer, Helio ganhou de novo a olimpíada de matemática. Era bom em cálculo, muito bom em lógica. Decidiu concorrer à Escola de Engenharia da UFRJ, na Ilha do Fundão. Passou entre os melhores, ganhando vaga no turno da manhã, o das turmas mais fortes. Beto Silva e Marcelo Madureira também estavam lá. Marcelo passara para o turno da tarde, mas se infiltrara numa turma matinal.

— Vem cá, tu é dessa turma mesmo? — foi logo interrogando Helio, que detectara a manobra.

Marcelo se impressionou com ele de cara. Com sua franqueza indomável — a mesma que deixara Bussunda constrangido quando se conheceram —, o "Palhaço Madureira" registrou seu espanto com um negro tão articulado, inteligente, educado. Comentou com Beto:

— Porra, o crioulo é foda!

De fato, por todas as razões históricas e sociais, não era comum naquele ambiente de elite acadêmica um negro preparado como Helio. Ao mesmo tempo, o espanto era, inegavelmente, preconceituoso. O próprio Marcelo não tinha dúvidas disso. Ficariam amigos, e Helio cansaria de ouvir piadas racistas do outro. Um dia devolveu-lhe a franqueza:

— Cara, tu não se acha racista só porque é meu amigo.

Madureira não passou recibo:

— Claro! Eu tenho um amigo preto, posso falar à vontade...

Helio, por sua vez, nunca tinha visto um judeu na vida até conhecer Beto. Era só o começo. Na Copa do Mundo da Argentina, em 1978, Marcelo convidou seu bando de amigos para assistir aos jogos na sua casa. Era o encontro da ala do Fundão com a do Aplicação. Lá estavam Sérgio, Marcos e Cláudio Besserman, Adolpho Lachtermacher, Leon e

David Zylbersztajn, entre outros. No embalo, Helio chegou a achar que Claudio Manoel, legítimo afro-baiano, era judeu também.

Na confusão cultural, Bussunda aproveitaria para criar mais uma de suas lendas. Com a turma reunida no apartamento da Anita Garibaldi, confidenciaria que sua cadela era antissemita:

— Quer ver? Pega esse judeu, Laica!

A cadela ia para cima de qualquer um, e como a chance da vítima ser judia era enorme, a piada funcionava.

A partir da Copa de 78, no eixo Fundão-Aplicação, Helio consumaria aos 19 anos sua transição para a Disney ipanemense. Praia no Posto 9, Partido Comunista (de leve), *Casseta Popular*, o mundo mental e o social reconciliados em amizades verdadeiras. Logo desapareceriam o "crioulo foda" e o gentleman da Penha, ficando somente o Helio de La Peña. Fora alguns vetos de pais das mocinhas judias, e a insistência de alguns porteiros para que usasse o elevador de serviço, a vida além-túnel assumiria seu curso normal. Ou quase.

Depois de lhe abrir as primeiras portas para o futuro, sua mãe continuara participativa. Acompanhava cada passo do Helinho, chegando a rodar em seu mimeógrafo na Vila da Penha os primeiros números da *Casseta*. Mas Ruth desenvolvera aos poucos certos transtornos neurológicos, e sua capacidade de discernimento ia se reduzindo significativamente.

Numa das internações da mãe na casa de saúde Doutor Eiras, Helio saiu da visita especialmente abalado. Era ainda adolescente, mas tivera a sensação profunda da solidão em que ela se encontrava naquele ajuntamento de pessoas perdidas, cujas vozes se misturavam sem nexo — um burburinho sobre nada. Como não podia tirá-la de lá, foi acometido por um desejo, tão irracional quanto claro, de ficar no lugar dela.

Racionalmente, o melhor era seguir firme no caminho que ela lhe abrira. Durante a faculdade, mudou-se da Penha para a Zona Norte, depois para o Centro, chegando ao bairro bucólico de Santa Teresa, espécie de jirau da Zona Sul. De professor particular de matemática saltou para um estágio na Promon Engenharia, por indicação de uma ex-professora no São Bento, Sandra Carelli. Trabalhou um bom tempo num escritório na Praia do Flamengo, com vista bonita e sem muito estresse.

Dava até para piratear o telefone e a secretária em prol da *Casseta Popular.*

Já formado, foi contratado pela Promon. Mas sua vida logo ia ter que mudar. A empresa não precisava mais dele no Rio e lhe propôs a transferência para São Paulo, para um projeto de transmissão de energia em São Roque. Como sempre, não devia hesitar, e não convinha errar. Seguiu o caminho que a vida de engenheiro lhe apontava. Adeus, Posto 9.

A chegada a São Paulo — onde só pernoitava, passando o dia em São Roque — foi parecida com seu "desembarque de soldado Ryan" no São Bento, quando estivera como o personagem de Steven Spielberg no fogo cruzado da Normandia. Só que desta vez estava um pouco mais perdido. E não dava para chorar à noite junto ao pai.

Depois de vários dias de trabalho, não conseguira compreender sua função. Ia de um lado para outro a esmo, tentando se encaixar no expediente pesado da equipe de engenheiros de ponta. Cada dia era uma derrota, ruminada na solidão noturna do apartamento cedido pela empresa na capital paulista.

Cinco anos depois de fundar sua embaixada na Disney carioca, a falta daquele habitat lhe tirava o chão. Descobriu, ou achou que tinha descoberto, não saber de fato o que era um engenheiro — o que faz, o que diz, o que veste. Na fronteira entre o fracasso e a paranoia, entrou em crise. Foi ao banco, raspou a conta aberta pela empresa para custear sua permanência no projeto, entupiu os bolsos de dinheiro vivo e se mandou para o Rio sem avisar ninguém. Ryan desertara.

E não estava nada bem. Foi parar na Penha, onde seus pais não precisaram de muito tempo para estranhar seu comportamento. Logo receberiam um telefonema da Promon. O abandono não custara o emprego do filho, mas a empresa recomendava um exame psicológico. Helio não resistiu, sabia que estava transtornado. Na saída para a avaliação médica, sua mãe o tranquilizou:

— Não se preocupe, eu sei como é isso. É só você se comportar direitinho e vai ficar tudo bem.

Ouvindo aquilo de Ruth, Helio não teve mais dúvidas: "Estou maluco."

Na consulta, respondeu normalmente a primeira pergunta. Enquanto o médico tomava notas num papel, sentiu vontade de puxar sua caneta. Puxou-a de leve, sem tomá-la dele. Retomadas as anotações, Helio deu nova puxada.

— Por que você está puxando minha caneta? — indagou o doutor.

— Por que não posso puxar sua caneta? — retrucou o paciente.

A avaliação estava encerrada. O médico recomendou a internação imediata de Helio. Finalmente ele ficaria no lugar da mãe.

* * *

A psicanalista Helena Besserman Vianna tinha mais uma missão política, e dessa vez não era contra a ditadura. Estava sendo requisitada com urgência por seu filho caçula, Bussunda. O amigo Helio de La Peña estava em apuros, prestes a sofrer eletrochoques na clínica onde estava internado, no bairro de Botafogo.

— Mãe, vão dar choque no Helio! A gente precisa tirar ele de lá!

Não era simples intervir na internação de um paciente psiquiátrico em crise e arrancá-lo do hospital. Mas Bussunda fora vê-lo e saíra de lá com a mesma sensação que o próprio Helio tivera ao visitar sua mãe. Um lugar daqueles parecia areia movediça, onde a loucura só podia levar a mais loucura. Helena, é claro, atendeu à convocação sem pensar duas vezes.

Com todos os seus atributos intelectuais, a psicanalista era, antes de tudo, arrojada. Estoica, se precisasse. Passara a adolescência entre notícias aflitivas sobre a família de judeus poloneses na Europa em guerra — até chegar a confirmação de que os nove irmãos de seu pai, com exceção de uma irmã que fugira para a Sibéria, estavam mortos por Hitler. Daí em diante, nada seria mais importante para Helena Besserman do que a combatividade.

No momento do golpe militar de 1964, além da resistência pelo rádio que a levou à prisão, estivera prestes a montar uma barricada com ambulâncias da saúde pública. Foi dissuadida na última hora por Luiz Guilherme — que também era comunista, mas como médico discordava da medida extrema. Em geral, porém, era difícil dissuadi-la, muito menos detê-la, especialmente se a causa envolvesse um dos filhos.

Ninguém a impediria, por exemplo, de invadir a direção do Colégio Princesa Isabel para questionar a "injusta" reprovação de Bussunda em Geografia. E de sair de lá com a aprovação sumária dele.

O laudo da internação de Helio o reprovava para a vida em sociedade. Mas a doutora Helena Besserman aprovava. E a direção da clínica aprenderia que isso era o suficiente, assim que a psicanalista desembarcasse naquela batalha. Em dois tempos, estava concluído o resgate do soldado Ryan. Sem eletrochoque.

A segunda parte da operação era levar Helio para o "aparelho" da Anita Garibaldi. Os companheiros Luiz Guilherme, Helena, Sérgio, Marcos, Laica e Cláudio estavam acostumados a abrigar foragidos do sistema. Se o inimigo era o obscurantismo político ou mental, tanto fazia. E Helio nem precisaria levar escova de dentes. A sua já estava lá.

A casa dos Besserman fora uma das cabeças de ponte na chegada do garoto da Penha ao território novo. Saía da faculdade para as reuniões da *Casseta* no apartamento da Anita Garibaldi, e não raro chegava antes do dono da casa. Helena ia logo perguntando se Helio queria jantar, e ele sempre fazia cara de "eu não estava nem pensando nisso", com o estômago roncando. Acabava delicadamente aceitando.

Nessa fase, Bussunda começou a estranhar a repetição de omelete no cardápio do seu jantar:

— Pô, mãe. Não rola um bife, não?

O visitante fazia cara de paisagem, enquanto Helena respondia com naturalidade:

— O Helio comeu.

O jeito foi começar a chegar mais cedo em casa.

Quando terminavam as reuniões, tarde da noite, o estudante exausto — que "não estava nem pensando" no sufoco de voltar para a Penha uma hora dessas — aceitava educadamente o convite para cair ali mesmo.

A situação era similar na casa de Marcelo Madureira, na rua Jangadeiros, Ipanema, onde também acabou surgindo uma escova de dentes a mais no banheiro. A pauta da reunião é que era um pouco mais extensa, incluindo as pesadas sessões de estudo de engenharia. Muitas vezes a estadia entrava pelo fim de semana, quando os pais de Marcelo costumavam viajar. Helio ia ficando, e quando baixava lá na sexta-feira já proclamava: "Lar, doce lar!" — ao que a mãe do anfitrião, quando não ia viajar, contrapunha: "Nem tão doce, Helio..."

O pai de Marcelo, homem do Banco Central, via aquela sucessão interminável de reuniões com algumas pulgas atrás da orelha. Achava o tempo destinado à engenharia um tanto aviltado pela torrente de conspirações políticas e baixarias humorísticas. Quando o bando apontava em sua casa, Mauro Campos Barretto sacava o cartão de visitas não exatamente simpático:

— E aí, o que vocês vão fazer hoje? Comunismo ou pornografia?

Marcelo e os amigos esclareciam que se tratava de estudar engenharia. Mas logo vazariam do quarto as primeiras explosões de impropérios e gargalhadas. Eventualmente Mauro ia lá acabar com a baderna e botar todo mundo porta afora. Na hora do esporro, Helio tinha o mesmo status de Marcelo. Afinal, era da casa.

O pai de Marcelo tinha sérias desconfianças de que, daquela turma estudiosa, não ia sair nem meio engenheiro. Impressão parecida tinha o pai de Claudio Manoel. Dalmo Pimentel, ele mesmo engenheiro, estava certo de que o bando das reuniões alvoroçadas não ia arranjar emprego em lugar nenhum. E era isso que o entusiasmava.

Para o pai de Claudio, qualquer caminho que o livrasse de ter patrão na vida era o bom caminho. Como empreendedor, Dalmo já fizera de tudo. Ganhara dinheiro várias vezes, quebrara outras tantas, conhecia meio mundo na política brasileira. O filho ia compreendendo a figura aos poucos. Certa vez, atendeu um telefonema para o pai: "É o Ernesto", identificou-se a pessoa. "Ernesto de onde?", quis saber Claudio Manoel. "Ernesto Geisel."

O ex-presidente da República na ditadura militar ligara para Dalmo achando que o ex-governador do Distrito Federal Elmo Serejo podia estar lá. Ele estava. Muita gente podia estar na casa do pai de Claudio Manoel.

Alguns anos depois de sair da Bahia para o Rio de Janeiro ainda menino, o filho de Dalmo entenderia o porquê da mudança. Seu pai construíra, ao mesmo tempo, duas famílias. Achara conveniente exportar uma delas. Um dia, numa pelada em Botafogo, um garoto simpático veio apertar a mão de Claudio Manoel:

— E aí, irmão?

— Fala, brother.

— Não, eu sou seu irmão mesmo.

Os nove filhos das duas "sedes" acabariam se conhecendo e criando uma relação fraterna, numa época em que Dalmo já se dedicava a um terceiro empreendimento familiar. Pediria desculpas a Claudio pela criação "um pouco desorganizada", mas estava com ele e não abria. Acabaria arranjando uma sala na Praça Onze para o filho e seus amigos plantarem a vida sem patrão. A vizinhança do baixo meretrício não fazia do local propriamente mais um lar, doce lar — mas a pornografia, pelo menos, estaria em casa.

A volta de São Roque para o habitat carioca, com sua rede de amigos e escovas de dentes, foi devolvendo a sanidade a Helio de La Peña. Em pouco tempo, a casa de Bussunda deixaria de ser o seu hospital particular, voltando a ser o bom e velho hospício de todos.

O apartamento dos Besserman Vianna na Anita Garibaldi era, por assim dizer, conversível. Helena e Luiz Guilherme tinham construído um lar aconchegante e efervescente, encharcado de afeto e consciência, enfim, cheio de vida. Ali se cruzavam velhos comunistas e jovens anarquistas, intelectuais e porra-loucas, a Bíblia e a *Playboy*. Um lugar livre. Às vezes, muito livre.

E se tornava conversível quando, por exemplo, Helena e Luiz viajavam no fim de semana. Aí o consultório da famosa psicanalista, no segundo andar, podia virar cassino. Entre as tradições não muito freudianas que brotariam em torno do divã, nos sábados à noite, estaria uma sagrada roda de pôquer. As delicadas viagens ao inconsciente davam então lugar ao ruidoso movimento dos cacifes, à livre associação de ideias de jerico, a outras viagens a bordo de substâncias que passarinho não bebe, nem fuma.

No seu histórico de conversões, o templo da Anita Garibaldi já tinha abrigado até ensaios lisérgicos da banda O Nome do Grupo. Numa dessas noites de transcendência, Marcos Besserman entraria em casa e ouviria um brado solene:

"Pássaro Bussunda: abre tuas asas!"

Era a turma da Overdose em poses estranhas, num flagrante de delirium tremens artístico-existencial. Como futuro médico, Marcos achou melhor não contrariar.

As sessões de pôquer reuniam os irmãos Besserman com o alto-comissariado *Casseta* e seus afluentes do Fundão, do Aplicação, do Posto 9 — todos barbados, e muito barbados ali já na segunda metade dos anos 80. Em noites de sábado, com fêmeas à solta por todo o Rio de Janeiro, os machos autotrancafiados rugiam entre quatro paredes: "Cadê as mulheres?!" Num desses acessos de testículo-encefalia crônica, fundariam a SSSS: Sociedade dos Solteiros de Sábado e Sempre.

Marcelo Madureira caminhava para uma certa resignação. "Aonde eu vou não tem mulher. Bonita, então, nem pensar. É uma lei da física", costumava declamar. O deserto feminino estava na origem da *Casseta Popular*, e é claro que a culpa era delas.

Eles faziam o possível. Depois da festa estudantil "Para tirar o atraso", à qual todas as mulheres faltaram, chegaram a montar a "barraca do beijo". Em tempos de inflação elevada, o apelo era a pechincha: os aspirantes a engenheiros punham seus carinhos à venda, a preços módicos. Quanto mais íntimo fosse o beijo, mais barato era. De língua era quase de graça. Uma oferta incrível, que nenhuma cliente aproveitaria. Não dava mesmo para entender as mulheres.

O troco vinha nas páginas da *Casseta*. Um dos números do jornal anunciava na capa: "Com esta edição, Casseta Mulher — suplemento feminino com piadas explicadas." Enquanto o sexo oposto insistia em viver no mundo da Lua, os rapazes injustiçados criavam serviços úteis, como o "Manual do Sexo Manual". A vida tinha que continuar.

Mas não podia continuar assim para sempre. Em 1987, os guerreiros da SSSS estavam cansados da militância no Clube do Bolinha. Falar e escrever absurdos com os amigos era muito bom, mas era hora de tomar um rumo, ganhar dinheiro, ter uma casa, uma parceira para valer, enfim, aquelas coisas da vida adulta. Superado o trauma de São Paulo, Helio voltou para a Promon. O sonho adolescente chegara ao fim.

Marcelo também concentraria suas fichas no BNDES. Trabalhando ao lado de jovens economistas de talento, como Luiz Paulo Veloso Lucas, Winston Fritsch e seu amigo Sérgio Besserman, participava do projeto inovador de criação de modelos econométricos para o Brasil. Era o responsável pela área de balança comercial.

Começava a acumular experiência, a ponto de treinar novos valores para o banco. Um deles era o estagiário Marco Aurélio, que mostrara ótimo rendimento na leitura dos cenários econômicos. Depois de uma dura manhã de trabalho, Marcelo puxou uma cadeira ao lado do estagiário e relaxou o ambiente, abordando-o em tom informal:

— E aí, Marco Aurélio, em que faculdade você estudou?

— Fiz UFRJ.

— Ah, muito bom. E você está gostando daqui?

— Estou gostando muito, é um belo desafio.

— Ótimo. Nós também estamos gostando muito de você. Inclusive é bom que a gente troque ideias além das questões do trabalho, ajuda no entrosamento da equipe. Por que não almoçamos juntos?

— Tudo bem, claro...

— Combinado! Marco Aurélio, me diz só mais uma coisinha: você curte sexo anal?

De olhos arregalados, o rapaz só teve o reflexo de afastar sua cadeira da de Marcelo, que a essa altura já lhe falava quase ao pé do ouvido. O silêncio pesado na sala seria quebrado pela gargalhada explosiva de Sérgio Besserman, que notara o olhar assassino de Madureira e só esperava o desfecho letal. O estagiário estava batizado pelo serviço público brasileiro.

O lado casseta de Marcelo sobrevivia nas piadas de escritório. Enquanto isso, a revista *Casseta* ia se tornando cada vez mais um hobby, uma brincadeira na vida atribulada dentro do maior banco de fomento do país.

Assim como a Promon e o BNDES, a Price Waterhouse começava a ganhar a concorrência da *Casseta Popular*. Beto Silva também decidira largar a SSSS. Era hora de mergulhar no trabalho sério, no momento em que a *Casseta* se aproximava de completar dez anos sem dar dinheiro.

Quando ele, Marcelo e Helio decidiram, no meio de uma aula insuportável de cálculo em 1978, fazer um pacto de sangue (sem sangue) pela criação de um jornal, não havia um pingo de humildade no ar. O gene da brincadeira séria já era igualmente forte nos três. Não queriam sacanear todo mundo de graça. Queriam ser, de verdade, donos de jornal. E levariam anos tentando registrar a *Casseta Popular* no INPI, cujos técnicos tinham dificuldade de entender que aquilo podia ser sério. Mas era. E virou marca.

Já no segundo ano de existência do jornal, Beto passara por uma situação insólita. Iniciando a vida universitária num curso puxado, onde pretendia manter a boa performance alcançada nos colégios Eliezer Steinbarg e Brasil-América, o estudante não tinha um segundo a perder. De repente, descobriu que ia perder um ano inteiro.

Em 1978, o Exército estava buscando o alistamento de universitários para melhorar o nível da tropa do CPOR (Centro de Preparação de Oficiais da Reserva). Como quase todo rapaz de classe média, Beto alistou-se já com um pistolão arranjado por seu pai. No dia crucial, apresentou-se no batalhão de São Cristóvão ao capitão Silva, o homem que iria livrá-lo do serviço militar. O capitão recebeu-o como combinado, mas tinha uma surpresa: precisara salvar o pescoço de um sobrinho, e não podia pendurar duas dispensas na sua conta.

Levado imediatamente a um ginásio do batalhão e enfiado no meio do contingente, o recruta Adler sentiu sua vista escurecer, as pernas bambearem e a vida parar.

Obrigado a interromper a faculdade, Beto arranjou um jeito de não interromper a *Casseta*. Para pensar besteira, a doutrinação militar era tão inspiradora quanto as aulas de cálculo. Helio e Marcelo continuariam recebendo sua colaboração de dentro da caserna. O problema seria o "departamento comercial", no qual Beto se destacava.

Com a cabeça raspada, ele não vendia mais um exemplar sequer. Em plena ditadura, a rapaziada queria distância daquela figura com pinta de soldado. Jogando conversa de jornalzinho ainda por cima, só podia ser espião.

O projeto de humor capitalista sobreviveria ao sufoco do ano de 1979 e a quase uma década de intempéries. Para o ex-recruta, porém, a duas curvas dos 30 anos de idade, o capitalismo sem capital tinha perdido a graça.

Roni Bala decidira abandonar o barco, de vez. Um dos fundadores do Gran Circo Pecegonha, parceiro de aventuras na colônia Kinderland e redator titular da *Casseta*, ele não tinha mais tempo para a vida mambembe. Num dos muitos eventos que Claudio Manoel inventava — para vender revista e atrair o sexo oposto, ou vice-versa —, Roni se sentiu desconfortável com a situação. Lá estavam eles de novo pendurados no telefone, pedindo um favor aqui, outro ali, carregando engradado de cerveja nas costas. Não era mais para ele.

Um pouco mais velho que os outros, Ronaldo Balassiano já sentia seu salto qualitativo na carreira de engenheiro de transportes da Coppe/UFRJ, na qual se destacaria. Iniciava um casamento, precisava ganhar a vida. Não dava mais para ficar carregando caixa em montagem de festa. Desligou-se, em definitivo, da *Casseta Popular*.

Com todo seu jogo de cintura, Claudio Manoel também estava no limite. Já tinha trabalhado em bandejão acordando antes das cinco da manhã, já tinha sido dono de bar dormindo depois das cinco da manhã — o Emoções Baratas, em Botafogo —, já tinha começado vários cursos e terminado poucos. Sua capacidade de se reinventar estava se esgotando.

Não renunciou em caráter irrevogável como Roni, mas arranjou um lugar na geladeira para a *Casseta*. Foi à luta de um emprego sério, e ele apareceu no final de 1987. No Lloyd Brasileiro, de terno e gravata. Com um resto do fundo de garantia do bandejão da PUC e uma ajudinha paterna, mandou fazer a beca — que escondeu dos colegas num fundo de armário. Sapato novo, vida nova.

Quem também tiraria uma casquinha na empresa de navegação em 1987 seria o outro Cláudio. O benfeitor, em ambos os casos, era seu Dalmo. Mas se a benfeitoria para o filho era um emprego, para Bussunda era uma carona num cargueiro do Lloyd. O modelo da grife "Mijon" decidira atravessar o Atlântico. Sem destino.

* * *

O plano estava traçado com Adolpho Lachtermacher, o Dudu, amigo do peito da Kinderland, da Fla Diretas e de outras frentes. Consistia basicamente em pular dentro do navio, desembarcar na Europa e ver o que acontecia.

Dudu era o único da turma que trabalhava formalmente desde os 20 anos, por uma fatalidade. Seu pai, Saul, diretor de vários filmes, incluindo duas pornochanchadas, falecera precocemente em 1982. Com sua morte, Dudu descobrira que o pai montara uma loja de produtos naturais, que ele agora teria de inaugurar e administrar. Em 1987, Dudu tinha algum dinheiro guardado e o firme propósito de se mandar para algum lugar bem distante da sua loja.

Ir para longe era um bom projeto, e embarcar num cargueiro do Lloyd era bem mais de meio caminho andado. O caminho inteiro se completaria em Amsterdã, por onde passariam também Beto Silva e Claudio Manoel, em rápidas férias dos seus projetos no Brasil. O roteiro turístico incluiria a visita (não espontânea) a uma delegacia de Bruxelas.

Num trem entre Paris e Amsterdã, a polícia decidiu reter os passaportes do grupo de amigos. Revistando os passageiros, encontrara exemplares da *Casseta Popular* com fotos de pessoas fumando maconha e cheirando cocaína. Era uma "reportagem especial" sobre drogas, e o delegado belga levaria algumas horas para se convencer de que era piada. E de que podia soltar os brasileiros suspeitos.

Talvez mudasse de ideia se tivesse examinado a câmera de vídeo que Bussunda trazia a tiracolo. Um dos filmes mostrava o grupo invadindo a quadra central do estádio de Roland Garros para "jogar tênis" — tirando os tênis dos pés e arremessando-os por sobre a rede. Explicar o conceito televisivo da *Casseta* daria um pouco mais de trabalho.

Após cerca de um mês, Beto e Claudio voltaram para o Brasil. Em dado momento, mais ou menos aquele em que o dinheiro foi embora, Dudu também foi. Sozinho com uma mochila e uma raspa de dólares que arrecadara criativamente no Rio de Janeiro, Bussunda perambularia quatro meses entre povos de várias línguas, nenhuma das quais ele falava.

Tendo trocado a matrícula do curso de inglês por sessões de sinuca, viveria uma experiência peculiar no metrô de Londres. Esperava na plataforma quando percebeu uma figura exótica seguindo firme em sua direção. Era uma mulher provavelmente indiana, toda paramentada de panos e penduricalhos, com um sorriso de quem ia puxar alguma conversa do outro mundo. Não dera tempo de fugir, e quando a criatura parou a meio metro de distância ele sacou primeiro, olhando nos olhos dela:

— *I am not here.*

Diante da estupefação da cigana, assimilando a revelação de que Bussunda estava, mas não estava, ele deu meia-volta e foi reencarnar noutro ponto da plataforma. Na verdade, quisera dizer que não era dali (*I am not from here*), mas não teria sido tão eficaz.

Em Amsterdã, onde permaneceria mais tempo, Cláudio Besserman cumpriu ao pé da letra seu plano de ir para longe de tudo. Provou vários sabores de fumaça nos coffee shops liberados, sorveu líquidos diversos, e certa noite tomou de sobremesa uma pastilha de LSD. Rodou pela cidade agora multidimensional, viu muito mais luzes do que ela tinha, e quando foi dormir, horas depois, Lucy e seus diamantes ainda faiscavam no céu.

Estava hospedado num dormitório com quartos coletivos e ficou preocupado. Ouvira falar que, durante uma viagem de ácido, se o passageiro deita e dorme tem grandes possibilidades de levitar. Teve medo de subir demais, bater no teto e desabar sobre os outros hóspedes — o que seria uma tragédia, considerando a pouca leveza do seu ser. Por via das dúvidas, adormeceu debaixo da cama.

No dia seguinte, um colega de quarto irlandês, conversando com outro brasileiro, quis saber um pouco mais sobre a vida primitiva no Brasil. Achara que o refúgio de Bussunda sob a cama era uma herança do hábito de dormir em cavernas.

O uso de drogas era um dos tabus achincalhados pela *Casseta Popular*. Em sua primeira edição de 1987, a revista apresentara a tal "reportagem especial" sobre o assunto, tratando a questão da escalada do vício por um ângulo inteiramente novo.

"Você deve começar por baixo. O chulé pode ser o primeiro passo", informava o texto. A partir dali, passando por algumas gradações, o viciado estaria cheirando sovaco. "Logicamente, você vai passar de imediato ao desodorante. Daí para o lança-perfume é uma questão de chegar o Carnaval." A revista esclarecia ainda que "maconha não é droga, droga é a maconha que andam vendendo por aí".

Não a de Amsterdã, certamente. Bussunda apreciava o cardápio delirante dos coffee shops, se divertia com as viagens dentro da viagem. Mas, ao contrário do que todas as aparências indicavam, não era um "doidão". Embora fosse o mascote da *Casseta*, três a quatro anos mais novo que os demais, frequentemente se impunha como referência de sensatez, de equilíbrio. Não raro a última palavra era a sua. À sua maneira, era um sóbrio. Mesmo assim foi preso na Holanda.

Não pelo que ingeriu, mas pelo que expeliu. Com a bexiga apertada, sem banheiros por perto, achou que não haveria mal em "regar" um canteiro de Amsterdã. O problema é que entre os passantes do local havia um policial.

Autuado em flagrante, foi imediatamente detido. Dessa vez não dava para se safar dizendo que ele não estava ali. O preço da liberdade foram seus últimos dólares. Após quatro meses de experiências exóticas, um xixi era o seu ponto final.

* * *

Bussunda chegou ao Brasil um pouco mais perdido do que quando saiu. Chegaria ao fim do ano cantando o *Rap do 409* e disputando as moedas de Beto Silva. Às vésperas do Natal, já avisara aos parceiros que não poderia mais dar expediente na *Casseta*. Voltaria para a casa dos pais e começaria tudo de novo. Foi aí que encontrou Jesus.

Numa noite de dezembro, subiu o morro da Mangueira e foi ficando por ali, assistindo um samba e deixando a vida passar batida lá embaixo. Quando resolveu voltar ao asfalto, o dia já tinha nascido. Foi caminhando ao longo da linha férrea sem rumo, até enxergar, do outro lado da rua, na fachada do Maracanã, uma faixa pintada à mão. Era o anúncio de um encontro com Jesus Cristo. Bussunda resolveu conferir.

Entre milhares de fiéis evangélicos, entrou no estádio que conhecia tão bem. Assistiu ao culto completo e não vislumbrou a salvação. Mas estava a poucas horas dela.

Passou em casa, trocou as sandálias por um par de tênis e dirigiu-se ao seu verdadeiro culto — a pelada religiosa das noites de quarta-feira. Lá chegando, recebeu o chamado. Dessa vez não era o messias. Era um brado de Beto Silva, informando que eles tinham acabado de receber um convite da televisão. Estavam sendo convocados para ser redatores da *TV Pirata*, o novo programa de humor da Globo.

CAPÍTULO 6

Morre ao vivo a Garota do *Fantástico*

Depois de abandonar o emprego sem dizer nada a ninguém, e ainda se mandar com a verba de subsídio da empresa, o jovem engenheiro não fora demitido. A Promon Engenharia lhe dera um raro voto de confiança, e agora confirmava o acerto de sua decisão. Helio Antônio do Couto Filho superara a crise psicológica e, após dois anos de labuta, se firmara na corporação. Foi então que procurou a direção da Promon para informar que não seria mais Helio Antônio do Couto Filho.

Não era outro surto. O chamado recebido por Bussunda depois do encontro com Jesus no Maracanã também batera em seu telefone. A Rede Globo queria que o engenheiro virasse redator de humor. Não deu para pensar meia vez. Ganhar mais para viver melhor? Bateu o martelo, sem hesitação e sem erro, e selou seu futuro: ia ser Helio de La Peña na vida.

A Promon lamentou, compreendeu e lhe desejou boa sorte. Mas sua família ficou apreensiva. Largar a carreira de engenheiro para escrever piadas na televisão parecia arriscado demais. O risco maior, no entanto, era tentar interferir na decisão do primogênito. Ele jamais se insurgira contra os pais. Aos 28 anos, administrando plenamente o próprio nariz, Helio esperava receber o respeito de volta. À família, restou prender a respiração e fazer o sinal da cruz.

Claudio Manoel nunca mostraria aos parceiros o terno novo. Nem entraria nele. Tampouco daria as caras no Lloyd Brasileiro. Para júbilo de seu Dalmo, que lhe arranjara o emprego na companhia de navegação, continuaria autônomo, longe dos expedientes servis, iniciando mais uma empreitada incerta — uma nova aposta no tudo ou nada. A cara do pai.

Bussunda, Helio e Claudio, da Casseta Popular, *na mira da televisão.*

O chamado da Globo tinha sido recebido por Beto Silva no apartamento da Von Martius. Do outro lado da linha e da rua, a duas calçadas de distância, estava o ex-rival e ex-parceiro Cláudio Paiva, do *Planeta Diário*. O sócio de Hubert e Reinaldo decidira sair da órbita do jornal num salto sem rede e caíra no mundo global. Depois de passar por meia dúzia de projetos secundários ou engavetados pela emissora, ele estava no leme da *TV Pirata* — a cartada para substituir Jô Soares, perdido para o SBT.

Cláudio Paiva queria a *Casseta Popular* na Globo. Era uma ousadia, sujeita a chuvas e trovoadas num mundo que ele mal conhecia. O fundador do *Planeta* não consultou a meteorologia global. Passou a mão no telefone e disparou o convite. Beto recebeu, avisou aos colegas, mas não jogou o terno no fundo do armário. Por via das dúvidas, manteve o emprego na Price Waterhouse.

O telefone de Roni Bala não tocou. Ele tinha saltado do bonde uma curva antes. Bussunda se preparava para saltar também, já com um pé no ar, rumo à casa dos pais. Travou o salto aos 45 do segundo tempo. Agradeceria à doutora Helena pelas portas sempre abertas, mas agora ia comprar seu próprio bife. Ficou no bonde e apeou do 409. A terra prometida ficava do outro lado da rua.

Prometida e não cumprida. No dia seguinte ao pedido de demissão da Promon, que deixara sua família aflita, Helio abriu o "Caderno B" do *Jornal do Brasil* e não acreditou no que lia: Cláudio Paiva saíra da Globo. Entrara em conflito com cardeais da emissora e estava no olho da rua.

Helio e seus amigos, consequentemente, também. O futuro fracassara.

* * *

— *Wandergleyson Show*? É cada uma que me aparece... Essa fita eu não vou nem assistir.

José Bonifácio de Oliveira Sobrinho era o feiticeiro da Globo, mas não só da Globo. Boni tinha ascendência e relações com todo o meio televisivo, inclusive nas emissoras concorrentes. "Não tenho inimigos", costumava dizer. O tal programa *Wandergleyson Show* lhe tinha sido enviado por um diretor que trabalhava para a TV Bandeirantes. O colega lhe vazara o material afirmando que era inovador e muito engraçado.

Wandergleyson era um compositor versátil que tocava órgão. Fazia músicas de elevador — e se apresentava dentro do próprio elevador. Um showman realista. Compunha músicas para transar e surgia com seu teclado, romântico, dentro de um motel. A produção de 1987 era assinada por três ilustres desconhecidos: Hubert, Reinaldo e Marcelo Madureira.

Boni não tinha motivo para perder tempo com aquilo. Largou a fita no seu cemitério de excentricidades. À noite, Wandergleyson saiu do túmulo e foi puxar seu pé. Era a curiosidade fustigando o feiticeiro.

Terminado o expediente do dia seguinte, decidiu perder uma hora vendo o tal programa. Ao fim de uma semana, teria "perdido" mais meia dúzia de horas, com a mesma fita. O *Wandergleyson Show* não saía mais de seu videocassete.

Depois de servir de ponte entre os mundos do Fundão e do Aplicação (Beto e Helio de um lado, Claudio Manoel, os Besserman e companhia de outro), Marcelo Madureira ia costurando outros dois universos. Estivera à frente da primeira visita diplomática da *Casseta* ao *Planeta Diário*, o concorrente indigesto. Firmada a parceria entre os grupos, não ficou satisfeito. Queria explodir de vez a fronteira.

Em vez de ir para casa depois do trabalho, Marcelo saía a pé do BNDES, na avenida Chile, até a avenida 13 de Maio, onde ficava a redação do *Planeta*. Identificava-se com o perfil intelectual dos ex-redatores do *Pasquim*, traças de biblioteca como ele. Tomava um café por lá, dava uns palpites que ninguém tinha pedido, e no dia seguinte aparecia de novo.

Os palpites foram virando ideias, textos a quatro mãos ou mais, e quando deu por si estava convertido ao *Planeta* — sem deixar de ser *Casseta*. Com a saída de Cláudio Paiva do jornal, em 1987, Hubert e Reinaldo chamaram-no para escreverem juntos um programa de TV, com direção de Sergio Mattar. Marcelo foi conversar com seus sócios na *Casseta*.

Era o diplomata mais antidiplomático possível. Não dourava pílula, não acomodava nada, era o Mr. Constrangimento. "Eu vim ao mundo para criar problema", resignava-se Madureira. Mas sua acidez tinha um componente qualquer que juntava as pessoas. E selaria o elo entre engenheiros, intelectuais e vagabundos com uma de suas frases bombásticas, que podiam ser delirantes ou visionárias:

— Vou fazer esse projeto com o Hubert e o Reinaldo, mas isso não é a minha saída da *Casseta*. Ao contrário: é o primeiro passo pra entrada de todos nós na televisão.

Profecias à parte, Marcelo aterrissou no *Planeta* e encaixou-se em dez minutos numa orquestra que tocava junto havia quase dez anos. A rigor, Hubert e Reinaldo estavam juntos antes mesmo de se conhecerem. Cinco anos antes de formarem o trio infernal com Cláudio Paiva, tinham estreado no *Pasquim* exatamente na mesma edição, e da mesma forma — Reinaldo um jovem de 22 anos, Hubert um moleque de 14.

Num dia qualquer de 1974, Hubert de Carvalho Aranha não apareceu na escola. Matou a aula no colégio Anderson, na Tijuca, para fazer um passeio diferente. Aliciado por Luiz Lobo, jornalista conceituado e pai de seu melhor amigo, Luiz Fernando, foi visitar a redação do *Pasquim*:

— Você tem que conhecer o Jaguar.

O garoto gostava de desenhar e estava sempre rabiscando alguma coisa do outro mundo enquanto seus professores falavam. Luiz Lobo lhe disse que levasse os desenhos. Eram umas piadinhas sobre o escândalo de Watergate, que derrubaria o presidente Nixon. O cartunista Jaguar viu e não quis ver outros. Publicou aqueles mesmos, de cara, na edição seguinte do *Pasquim*.

Reinaldo Batista Figueiredo foi bater no jornal de oposição sozinho. Mais precisamente, empurrado pelos irmãos mais novos, Rubens e Cláudio. Tinham cansado de vê-lo "cantando no banheiro", produzindo séries inteiras de cartuns que morriam na gaveta. Insistiam para que Reinaldo fosse mostrar o trabalho no *Pasquim*, até que um argumento definitivo venceu sua timidez: o jornal era do lado de casa.

Saiu a pé da rua Rainha Elisabeth, em Copacabana, e foi até a Saint Roman com uma pasta cheia de desenhos debaixo do braço. O tema era a ditadura militar, com situações insólitas como um soldado dentro de um tanque dando entrevista em *futebolês*: "O inimigo está bem preparado, mas se Deus quiser chegaremos à vitória" etc.

Tocou a campainha e deu de cara com os editores Jaguar e Ziraldo, que o receberam como se estivessem ali esperando a visita do vizinho. Rubens e Cláudio estavam certos: "Incrível, esse já chegou pronto!", foi a sentença de Ziraldo. Assim como Hubert, Reinaldo chegou, viu e venceu, ocupando de saída uma página inteira no *Pasquim* — na mesma edição da estreia do futuro colega. Fincavam sua bandeira pirata no olimpo da esquerda, onde fariam de tudo, inclusive piratear a própria esquerda.

Reinaldo e Hubert não tinham inclinações socialistas, nem propensão ao engajamento político — ou seja, eram dois extraterrestres no mundo da imprensa alternativa. Filhos respectivamente de comerciante e funcionário público, viviam outro tipo de subversão: tinham pais "convencionais" que apoiavam tranquilamente suas escapadas da convencionalidade.

Matar aula para conhecer o Jaguar? Tudo bem. Passar tardes perambulando por bibliotecas? Ok. Na Copacabana de Reinaldo e na Tijuca de Hubert, era proibido embargar ideias — mesmo as de jerico.

Uma delas faria história no Colégio de Aplicação, na primeira página de *O Jericho*. No jornal editado pelo adolescente Reinaldo e um grupo de colegas, o "h" dava o toque de charme ao espírito de porco. No final de 1967, em plena comoção com a morte de Che Guevara, *O Jericho* estamparia uma paródia da célebre foto do corpo do líder guerrilheiro. No desenho de Reinaldo, "endurecer sem perder a ternura" tinha mais a ver com a rigidez do cadáver do que com o lema libertário.

A edição não esgotou porque já nascia esgotada (a capa vinha com o carimbo "exemplar único"), mas o jornal voltaria para as mãos dos donos imundo e ensebado, depois de rodar a escola inteira.

Com ou sem h, o jerico estava na cabeça dos dois novatos do *Pasquim* — afiados para encontrar em cada vaca sagrada o seu avesso, o seu ridículo, a patética nudez do rei. Já efetivados no jornal de oposição, arrepiariam Jaguar, Ziraldo e outros cardeais com suas sátiras implacáveis ao mito Fidel Castro. A complacência zero era a gênese do *Planeta Diá-*

rio, que nasceria em seguida metralhando democraticamente tudo nos 360° à sua volta. Ou quase tudo.

Às vezes, raramente, Reinaldo, Hubert e Cláudio freavam a própria língua — já que ninguém mais o faria, em meio ao sucesso ruidoso do novo jornal e aos traumas com vinte anos de censura. Nesses espasmos de autocrítica, um deles interrompia o brainstorm ("Não, essa não, pelo amor de Deus!"), e o petardo era abortado. Assim foi com um que estava apontado para Tancredo Neves, no auge de sua agonia.

No início de 1985, o primeiro presidente civil eleito após a ditadura lutava contra uma diverticulite, obstrução intestinal que viraria infecção generalizada e acabaria matando-o. Quando o mistério rondava os boletins médicos de Tancredo, que aparecia em fotos posadas de cadeira de rodas, o *Planeta* preparou o "furo" otimista:

Brasil aliviado: Tancredo já está cagando e andando.

A notícia sobre o funcionamento do intestino do presidente eleito jamais seria dada pelo *Planeta*. Pouco depois, Tancredo morria e o Brasil não ficaria nada aliviado — com exceção dos três redatores, não pelo falecimento, mas pela manchete catastrófica que embargaram a tempo.

O novo humor porra-louca levara os limites para mares nunca dantes navegados. Era um oceano de símbolos mais ou menos intocáveis sendo tragado por um gigantesco vaso sanitário de manchetes piratas. Um desses símbolos morreria tragicamente afogado bem pertinho da praia, diante das gargalhadas do pai.

O pai era Boni e o símbolo era a "Garota do *Fantástico*". O concurso de beleza do programa dominical da Globo acabava sempre com a eleita de biquíni, lânguida, sendo lambida pelas ondas cariocas. O *Wandergleyson Show* apresentava com exclusividade o momento em que a Garota do *Fantástico* era sugada pela correnteza e sumia para sempre. O chefão da Globo se contorceu de tanto rir e mandou chamar à sua sala os assassinos Hubert, Reinaldo e Marcelo Madureira.

Os três só acreditaram que a audiência com Boni não era uma pegadinha de algum amigo no momento em que se sentaram diante dele. Era o Boni mesmo. E o todo-poderoso fez questão de assistir com eles, talvez pela décima vez, o *Wandergleyson* completo. Gargalhou pela décima vez, e no final falou sério: a trinca estava contratada.

Com a saída de Jô Soares para o SBT, a emissora do Jardim Botânico criara um projeto chamado Humor Novo. Era o nome oficial para "não temos a menor ideia do que fazer, mas temos que fazer rápido". Boni assistira ao programa do *Planeta* produzido para a Bandeirantes antes de ele ir ao ar pela concorrente, e com sua incomparável objetividade decretara: aquele era o Humor Novo. E ponto final.

Até ali, o projeto era um bom nome sem recheio — *TV Pirata*. Agora ele tinha diante de si piratas legítimos, que afogaram a Garota do *Fantástico*, criaram a música de elevador ao vivo, apresentaram o psicanalista que atendia com taxímetro adaptado ao divã (bandeira dois para os mais neuróticos), e outros absurdos cheios de sentido. Ofereceu a Madureira, Reinaldo e Hubert o comando da *TV Pirata*.

Eles recusaram. Pela mais inusitada das razões. Por outros caminhos do labirinto global, o mesmo posto acabara de ser oferecido a outro pirata vindo do mesmo *Planeta*: Cláudio Paiva. Os Wandergleysons não queriam aquele duelo.

* * *

No auge do sucesso do *Planeta Diário*, a inquietude crônica de Cláudio Paiva (e a falta de dinheiro) o levara a debandar. Ia trabalhar na televisão. Só faltava combinar com a televisão. Ficou algum tempo no sereno, até que Maurício Nunes, filho do lendário Max Nunes (superego de Jô Soares), convidou-o para trabalhar na Globo. Deveria desenvolver novos projetos na linha de shows, onde Maurício trabalhava como diretor. Em dois meses de trabalho assalariado, desenvolveu vários projetos para garantir seu lugar ao sol. Jamais teria notícia do aproveitamento de algum deles.

Cláudio Paiva detestava carnaval, samba-enredo, Sambódromo, barracão. E foi exatamente para lá que a emissora o levou, encarregado de montar clipes "criativos" para as escolas de samba. Era o homem errado no lugar errado. Com as mulatas da Mangueira e da Beija-Flor sassaricando nas vinhetas do Carnaval 1988, o ex-editor do *Planeta Diário* estreava como homem de TV. Torceu para que ninguém o descobrisse por trás de tanta criatividade.

Acabou descoberto. Por sorte, o índio que o avistou era de tribo amiga. Colaborador do *Planeta*, o publicitário Alexandre Machado estava trabalhando na emissora e indicou seu nome para o núcleo de criação da *TV Pirata*. Como redator, Cláudio Paiva faria dupla com o diretor Guel Arraes, que se destacara à frente do seriado jovem *Armação Ilimitada*. Outra dupla, já definida, reuniria o autor de teatro Mauro Rasi e o diretor Jorge Fernando.

A indicação foi aprovada. O antissambista estava salvo do batuque. Mas estava entrando num pagode bem mais barulhento.

Na primeira reunião com o diretor Daniel Filho, um dos cardeais da Globo, Paiva não chegou com o dever de casa feito. Não por negligência. Um desencontro de agendas com Guel Arraes impedira a dupla de rabiscar as primeiras ideias. Enquanto isso, a outra dupla trabalhara duro. Mauro Rasi e Jorge Fernando chegaram à reunião não com rabiscos, mas com um roteiro completo para o programa. Guel e Cláudio ficaram de espectadores da leitura e só entraram em cena na hora dos comentários. Aí o vento virou.

Daniel Filho viu nas opiniões de Cláudio Paiva uma concepção ampla do projeto, um sotaque de gerência. Pegou as folhas do texto que acabara de ser lido e colocou-as na sua mão:

— Cláudio, você redige o programa.

O clima na sala ficou, evidentemente, péssimo. A decisão atropelava a dupla que trouxera a comida do almoço — boa, por sinal. Mas o estilo de Daniel e a enorme pressão interna na emissora para cicatrizar a saída de Jô não permitiam mesuras, nem carinho. Jorginho foi tocar outros projetos, Guel foi escolhido diretor e Cláudio Paiva o redator-chefe da *TV Pirata*. Mauro Rasi integraria a equipe de redatores, subordinado a Paiva. Ou insubordinado.

Numa primeira reunião entre autores e elenco do novo humorístico, no verão de 1988, Rasi estava em casa. Fisicamente, a casa era da atriz Regina Casé, na Gávea, mas ali estavam vários atores e autores do teatro besteirol — sua praia. Ao começar a conduzir as discussões, Cláudio

Paiva sentiu que não ia ter vida fácil. Suas proposições eram desqualificadas por Mauro Rasi, que usava sua inteligência e eloquência para atrair os amigos para o bombardeio. O redator-chefe estava na frigideira.

Mas uma de suas especialidades, que ele mesmo ainda não conhecia, era administrar gente. Sem colidir com ninguém, manteve a mão firme no leme, usando a arma mais eficaz dos comandantes: saber muito bem o que queria. A queda de braço seria longa, até que Rasi a encerraria com um argumento irrespondível:

— Cláudio Paiva, vai tomar no cu!

Foi sumariamente demitido pelo novo chefe.

Assim como Regina Casé, estrela do grupo Asdrúbal Trouxe o Trombone, estavam naquele encontro vários representantes da nova geração do humor — revelações do teatro, anônimas para o grande público. Dois dos atores ali presentes estavam na fita que Boni quase sepultara, e que depois não sairiam mais de sua cabeça: Luiz Fernando Guimarães e Pedro Cardoso.

Eram os protagonistas do *Wandergleyson Show*, no qual Boni vira o embrião da *TV Pirata*. Luiz Fernando no Asdrúbal e Pedro em suas próprias comédias teatrais com Felipe Pinheiro, como *Bar, Doce Bar*, tinham desenvolvido o que o diretor queria para a emissora: textos críticos e sátira inteligente, em lugar da fórmula clássica do "humor de quadrinhos", de bordões — que avisava ao telespectador a hora certa de rir.

Na escalação do novo programa, Luiz Fernando foi para o time de atores, Pedro entrou para o time de redatores. Para o comando, que Daniel Filho entregara a Cláudio Paiva, Boni queria Hubert, Reinaldo e Marcelo, os Wandergleysons. O trio estava convidado a tomar o lugar do amigo. Não quis.

Paiva não convidara os ex-colegas do *Planeta Diário* para a *TV Pirata*. Soubera que eles estavam em tratativas com Boni. Os três também não telefonaram para o ex-colega. Sabiam que ele estava na proa do projeto. Responderam a Boni que gostariam de estar no navio pirata, mas não na cabine do capitão. Foram embarcados na equipe de redatores.

Sem nem um gesto para se ajudar (ou para se atrapalhar), os criadores do jornal mais cafajeste do país estavam juntos novamente, num planeta bem maior.

Ao anunciar sua pulada de cerca para o *Wandergleyson Show*, Marcelo Madureira dissera aos colegas da *Casseta Popular* que estavam todos eles a um passo da TV. Pouco mais de seis meses depois, Cláudio Paiva, que não era *Casseta* nem *Wandergleyson*, se encarregava de fazer cumprir a profecia.

Na dupla com Guel Arraes, ficara decidido que montariam um seleto elenco de atores e autores capazes de espelhar o humor recém-nascido nos anos 80, o tal que ia mudar a forma de o brasileiro rir.

— Os caras da *Casseta* têm que estar nesse time — decretou Cláudio Paiva.

No telefonema que mudaria em um minuto as vidas de Bussunda, Helio de La Peña, Beto Silva e Claudio Manoel, Paiva marcou uma reunião no apartamento da Von Martius. Precisava ter logo uma boa amostra de como aquela usina de sarcasmo e grossura funcionaria na TV.

Tinha carta branca para montar o time que quisesse, mas, como redator final, era o seu pescoço que estava na reta dos cardeais da Globo. Tinha que apresentar a eles mais do que um texto muito bom. Precisava ser inovador e eficiente, provocante e surpreendente — qualquer coisa, enfim, capaz de arrebatar o público para o novo humor da emissora. À primeira vista.

Enquanto o pessoal da *Casseta* comemorava o convite redentor e arriscava as primeiras linhas sob céu azul, Cláudio Paiva já atravessava nuvens pesadas. A tentativa de motim na casa de Regina Casé fora só um chuvisco. Ao iniciar a apresentação dos esboços de texto para a cúpula da Globo, entenderia o que eram raios e trovões de verdade.

Na primeira leitura coordenada por Daniel Filho, havia na sala, além de diretores do primeiro escalão da emissora como Carlos Manga e Roberto Talma, outro peixe grande. Muito grande. Chico Anysio tinha sido chamado para participar do nascimento da *TV Pirata*. Lenda viva do humor brasileiro, Chico tinha mais de 15 anos de sucesso na casa. Com a saída de Jô, ficara sozinho no olimpo do humor global. Era referência obrigatória para qualquer decisão no departamento do riso.

A perícia que Cláudio Paiva tinha para escrever e para orquestrar talentos não se estendia ao terreno da leitura, da interpretação. Qualquer texto saído de sua boca ficava com a dramaticidade de uma bula de remédio. Era uma negação teatral. E quando começou a ler — mal — o texto proposto para a *TV Pirata*, não conseguiu emendar meia dúzia de frases. Enquanto tentava não tropeçar em si mesmo, a voz cortante de Chico Anysio jogava-o na lona.

— Isso aí vai ao ar de noite? A família está jantando e vai assistir isso? — interrompia Chico, denunciando o mau gosto das novas piadas desbocadas.

O redator pirata tentava engrenar, mas esbarrava em mais um corte do veterano: "Isso a gente já fez e não deu certo", ou "Ninguém vai entender. A minha empregada não vai rir disso". Cláudio Paiva engasgou. Terminou a leitura a duras penas e se calou.

Deixou para se manifestar em particular com Daniel Filho. E foi direto:

— Olha, desse jeito não vai dar. Estou fora.

Helio de La Peña leu a notícia no *Jornal do Brasil*, no dia seguinte ao seu pedido de demissão da Promon, e ficou catatônico. Nem haviam tido a chance de mostrar seus primeiros textos para a televisão. Tinham colocado todas as suas fichas no convite de Cláudio Paiva, um radical que abandonara o *Planeta* sumariamente e agora queimava a ponte com a TV Globo. Uma aposta arriscada, precipitada, e o problema já não era o que ia dizer para sua família. Era o que ia fazer da sua vida.

Enquanto os deserdados da *Casseta* tentavam assimilar a reviravolta inacreditável no seu "passo para a TV", uma reunião de alta tensão mexia com a política interna da Globo. José Bonifácio de Oliveira Sobrinho chamara Chico Anysio para conversar.

Boni tinha uma certeza em relação a Chico: era o maior gênio da televisão brasileira e queria ajudar a emissora no projeto de renovação do humor. Ao lado dela, tinha uma impressão: o humorista consagrado gostava do que os novos autores estavam trazendo e queria supervisionar a *TV Pirata*. De sobremesa, Boni tinha um feeling: Chico Anysio queria ser o pai da mudança e estava, levemente, enciumado.

— Chico, esse programa novo não pode ser seu, nem meu. Se a gente tutelar esses garotos eles vão perder a rebeldia. Vão perder a graça. Vamos deixar eles fazerem do jeito deles.

A sala de Boni era um lugar onde, frequentemente, assuntos entravam fervendo e saíam encerrados. Na reunião com Chico Anysio não foi diferente. O diretor de operações estava convicto de que se tratava de um embate político, uma questão de poder. Cortou-a pela raiz. Reafirmou o prestígio do veterano e devolveu o poder ao pirata. Cláudio Paiva estava de volta, mais forte do que nunca.

*   *   *

Na chegada para a reunião com o grupo da *Casseta Popular*, do outro lado da rua Von Martius, Paiva foi ao chão novamente. Não por um novo bombardeio, mas pela ausência absoluta de móveis. A "mesa de reuniões" era um colchonete velho encostado à parede da janela.

Espremeu-se naquele canto da sala com seus quatro novos redatores, que não disfarçaram o mal-estar. Não com a precariedade da recepção ao emissário da Globo, mas com o comportamento de Bussunda.

Antes que Cláudio Paiva pudesse querer usar o banheiro, foram logo informando que a faxineira não entrava ali havia quase um mês. Ela anunciara que era uma questão de honra.

Na parede sobre a privada, Bussunda colara um imenso pôster de mulher pelada. Diante das queixas, defendera fervorosamente o direito a manter o "nu artístico" — que estava muito mais para ginecológico — no local estratégico. A diarista então comunicara que a limpeza do banheiro não fazia mais parte do seu serviço. Ele continuara irredutível, e quando Cláudio Paiva chegou, Beto Silva e Claudio Manoel estavam possessos, exigindo que Bussunda resolvesse seu incidente diplomático com a faxineira.

O redator-chefe da *TV Pirata* concordou que o assunto era grave, mas propôs uma pausa nas negociações para que pudessem tratar do novo programa de humor da Globo. A proposta foi aceita, e a reunião no colchonete superaria todas que já tivera nas melhores mesas de mármore da emissora.

Cláudio Paiva atravessou de volta a Von Martius impressionado. Nos poucos dias que separaram o convite por telefone e a reunião, Helio, Beto, Bussunda e Claudio Manoel não tinham ficado mirando os novos horizontes. Escreveram sem descanso, praticamente 24 horas no ar, num ritmo alucinante. Como diria João Saldanha, foram na bola como quem vai num prato de comida — e a fome era grande.

— Vamos mostrar pra eles, pelo menos, que a gente tem raça — resumira Claudio Manoel na largada da maratona.

Paiva havia sentado no colchonete querendo munição para o programa de estreia, e alguma reserva para os seguintes. Ao levantar-se de lá, tinha material para meses de *TV Pirata*. Não escondeu dos colegas seu choque de entusiasmo, mas guardou para si um vaticínio: "Esses caras têm estilo popular, falam a língua da televisão. Vão dominar o programa."

Dominar o programa, no caso, seria como ganhar uma Copa do Mundo, considerando-se a constelação reunida para escrevê-lo: além dos colegas do *Planeta Diário*, estavam no time Luis Fernando Verissimo, Alexandre Machado, os quadrinistas Laerte, Glauco e Agner, Pedro Cardoso e Felipe Pinheiro, Miguel Falabella e Vicente Pereira (também do besteirol), Patrícia Travassos, do Asdrúbal, entre outros, incluindo Mauro Rasi — que não só fizera as pazes com Cláudio Paiva, como formaria uma dupla afiada com ele.

Os redatores da *Casseta* tinham começado bem, com fome de bola, mas o prato só estava cheio na metáfora. Na realidade, ninguém tinha falado nada sobre o dinheiro para enchê-lo. Paiva deixou com eles um número de telefone da Globo, recomendou que ligassem logo para discutir seu contrato e desejou-lhes boa sorte.

Antes mesmo de voltarem a tratar da crise do banheiro, telefonaram para a emissora e foram informados da data e hora em que seriam recebidos por um importante produtor da casa. Bussunda e Claudio Manoel foram escalados para a primeira aterrissagem na Globo. A escolha levara em conta algo que tinham mais do que os outros: tempo livre.

Helio cuidava de seus últimos compromissos na Promon, Marcelo continuava no BNDES e negociava com a emissora ao lado dos "planetas", Beto não pedira demissão da Price. Estava tendo uma existência um tanto fantasmagórica na empresa, aproveitando sua rotina de serviços externos nos escritórios dos clientes. Para o cliente A, Beto estava sempre no cliente B. Para o B, ele vivia no C. E para o seu chefe, ele se multiplicava entre A, B e C — com resultados concretos, que podiam ser conferidos na pasta de Cláudio Paiva e nas páginas da *Casseta Popular*.

Quanto a Globo iria pagar? Não tinham a menor ideia. Mas era bom saber, pelo menos, o mínimo que aceitariam receber. Beto deu a solução: um valor que o tirasse da Price Waterhouse. Esclareceu que a cifra não precisava ser maior que o seu salário na multinacional de consultoria. Continuou esclarecendo: por um pouquinho menos ele também pulava na nau pirata.

Claudio Manoel e Bussunda foram pontuais. O homem do dinheiro, um produtor experiente da Globo, recebeu-os de forma cordial e objetiva:

— Isso não é uma reunião de negociação. Vocês estão começando, e nós temos uma remuneração para iniciantes. Vou comunicar o valor a vocês e providenciar o contrato. Sejam bem-vindos.

Deu mais algumas explicações sobre a empresa e informou o tal valor-padrão. Bussunda e Claudio salivaram. A grana era linda para eles, mas estava ligeiramente abaixo da cotação Beto Silva, pactuada com os colegas. Respiraram fundo e se posicionaram:

— Não sabia que não podia negociar. Temos que discutir com o resto do grupo, não podemos fechar por esse valor agora — disse Claudio Manoel.

Era meia verdade. A outra metade era a certeza de que, se não houvesse mesmo nada para negociar, não estariam sendo recebidos por um mandachuva. Bastaria a secretária dele. O produtor percebeu o jogo e se irritou. Para a perplexidade de Claudio e Bussunda, tirou da gaveta um revólver calibre 38 e colocou-o sobre a mesa:

— É pra negociar? Então estou preparado. Todo mundo que vai fazer o primeiro contrato com a Globo acha que tirou a sorte grande, que vai encher o cu de grana. Vocês estão chegando agora, então é salário de iniciante, e ponto final.

O revólver era de verdade. A ameaça, nem tanto. Aquilo parecia mais bravata que violência, devia ser uma espécie de licença folclórica. Impassível, Bussunda repetiu o texto, quase como uma gravação:

— Desculpe, mas temos que consultar o grupo.

Jogando o jogo, o representante da Globo também não subiu o tom. E subiu a proposta. Em 15 minutos, chegou à cotação Beto Silva.

Os dois Cláudios explodiram por dentro, mantendo a fachada inalterada. Por coerência, repetiram que iriam levar a proposta aos parceiros, e que "fariam de tudo para assinar". Estavam no limite da imprudência. A raposa global entendeu que a proposta fora aceita e fez menção de tirar-lhes o doce da boca:

— Desse valor eu não passo nem por um caralho. Pensem direitinho, mas não pensem muito não.

Não pensaram nada. Saíram da Globo aos pulos, comunicaram imediatamente a vitória aos parceiros e ligaram para o produtor da emissora com o "sim" mais rápido do oeste.

Não dava para ir para casa. Ficar entre quatro paredes nem pensar. Bussunda e Claudio Manoel saíram perambulando pela cidade, olhando-a de outro jeito. A trilha sonora não seria mais o *Rap do 409*. A próxima parada não era mais Padre Miguel. Decidiram despedir-se das moedinhas de Beto traçando um frango assado na Praça Onze.

A padaria-botequim no quintal dos travestis anunciava "O segundo melhor frango assado do bairro". Tanta sinceridade abriu-lhes mais ainda o apetite. Entre outras atrações, o estabelecimento anunciava que a sobremesa, gelatina Royal, era grátis. Os dois "cassetas" acomodaram-se nas cadeiras enferrujadas e fizeram a refeição mais sublime de suas vidas.

Ao final, na hora da sobremesa gratuita, se olharam e tiveram o mesmo impulso. Ergueram as taças de gelatina e brindaram ao poder dos piratas. Como diria a vinheta global, o futuro já começou. Que vença o pior.

CAPÍTULO 7

O famoso Buzunga

O ator Ney Latorraca estava no meio da piada quando o som de risos gravados abafou sua fala. Ao terminar o texto, na hora que era para ser engraçado, não houve riso algum. O quadro prosseguiu, e de novo as gargalhadas de estúdio entraram no momento errado, quando Latorraca apenas começava a piada seguinte. A *TV Pirata* estreava com sérios problemas técnicos.

Tão sérios, que estavam no script. Aparentando constrangimento com aquelas reações fora de hora, o ator passava a brigar com a claque em cena, tentando sincronizar a graça de suas piadas com as risadas artificiais. Não dava. O jeito era amordaçar a claque.

Numa espécie de editorial cifrado, idealizado por Cláudio Paiva, o quadro nonsense com Ney Latorraca informava que, dali em diante, o telespectador não receberia mais senha para rir. Nem claque, nem bordão, nem mesmo uma careta providencial. Quem quisesse rir, que o fizesse por sua própria conta e risco.

Foi um início estranho. No dia 5 de abril de 1988, o novo programa de humor da Globo estreou com boa audiência, mas a emissora também captava sinais de rejeição do público à fórmula. Como alertara Chico Anysio, o brasileiro médio não ia ao teatro ver o besteirol, ou às bancas ler o *Planeta Diário*. A televisão ia muito além daquela esquina praiana.

Nos bastidores da *TV Pirata*, a excitação e o estranhamento se misturavam. Atores e autores se pegavam perplexos com as loucuras por eles próprios perpetradas. Ao final da gravação de uma cena para o primeiro programa, o ator Guilherme Karan soltou um grito.

Era um quadro em que ele formava um casal pacato com Regina Casé, assistindo TV no sofá e comendo pipoca. De repente, a porta do apartamento era violentamente arrombada por Luiz Fernando Guimarães e Diogo Vilela, armados e caracterizados como agentes da repressão. Sob tortura, Karan era interrogado aos berros sobre quais eram os afluentes do rio Amazonas. Respondia um por um suando frio, e era estapeado para informar também os da margem esquerda.

Depois de obterem a "informação" completa, os agentes se mandavam aos pinotes, para o alívio da personagem de Regina Casé: "Meu amor, eu não te falei que isso um dia ia te servir pra alguma coisa?" E voltavam a comer pipoca.

Ao ouvir o "ok" do diretor finalizando a gravação da cena, Karan desabafou com seu vozeirão e os olhos arregalados:

— Caralho, que negócio maluco!

Dentro do estúdio, vendo a perplexidade do ator acostumado aos textos mais absurdos do besteirol, o autor do esquete, Cláudio Paiva, teve a dimensão do risco que estavam correndo. Se era maluco para Guilherme Karan, podia imaginar o que seria para a empregada de Chico Anysio.

O mesmo casal de atores protagonizaria outro quadro bem mais indigesto para a família brasileira. Paiva alertara os redatores da *Casseta Popular* de que precisava de textos para as atrizes do elenco. Bussunda, Beto, Helio e Claudio Manoel confirmavam a aposta do redator final na sua produtividade, mas era difícil aparecer personagens femininos na lavra do Clube do Bolinha.

Decidiram então criar uma paródia da *TV Mulher*, programa que fizera sucesso na Globo com a sexóloga Marta Suplicy, a jornalista Marília Gabriela e o costureiro Clodovil.

Surgiu a "TV Macho", onde Guilherme Karan era o apresentador Zeca Bordoada, que cuspia no chão em cena (sem truques) e coçava as partes íntimas. O quadro foi crescendo no programa, com entrevistados como o dentista Narciso Incluso (Diogo Vilela), que fazia o "merchandisi" da pasta Crest Alho ("macho que é macho tem bafo"), e um costureiro violento vivido por Ney Latorraca, que terminava a entrevista quebrando uma garrafa de cerveja na cabeça do apresentador, acusado de duvidar da sua masculinidade. Como sempre, só não tinha mulher.

Zeca Bordoada abriu então uma exceção, convidando uma "mulé" para o seu programa: Edicleia Carabina, chefe de torcida organizada do Botafogo, interpretada por Regina Casé com um enorme hematoma no olho esquerdo. Ela começava a entrevista reclamando dos estádios esvaziados pela falta de violência no futebol:

— Quem é que vai querer sair do aconchego do seu lar pra não ver ninguém arrebentar ninguém?

Bordoada aplaudiu o comentário e quis saber de que jogo Edicleia saíra com o olho roxo, mas ela esclareceu que aquilo não tinha "nada a ver com esporte". A explicação do ocorrido era uma elegia à mulher brasileira — ao estilo *Casseta Popular*.

Edicleia contou que esbarrou na frigideira e levou um banho de óleo fervendo:

— Aí meu esposo vinha passando, me viu chorando e me sentou a mão, pra eu largar de ser fresca — concluiu convicta.

— Mas pera aí, foi o seu marido que te deixou com esse olho roxo? — questionou o apresentador. Regina Casé fez sua Edicleia ainda mais resoluta:

Guilherme Karan, o Zeca Bordoada, e Ney Latorraca na "TV Macho": sátira à programação feminina da Globo na TV Pirata.

— É, o Tadeu gosta de me dar esses toques. E eu acho muito importante. Afinal, minha porção mulher tá aqui pra isso mesmo, né? Pra apanhar.

— Tá aí um grande exemplo pra ser seguido em casa! — exultou Zeca Bordoada, encarando o telespectador.

Quando viu o quadro no ar, Cláudio Paiva sentiu um calafrio. Com toda a licença para ousar, a barra tinha pesado. Não se arrependia, inclusive gostava muito do quadro, mas disse aos seus botões: "É escroto demais. Vai dar problema." O chefe dos redatores começava a colocar em dúvida sua previsão de que a *Casseta* seria popular na TV. De alguma forma, o público ia rejeitar aquela grossura.

Dentro e fora da Globo, a salada de opiniões enfáticas, apontadas em todas as direções, gerava a dúvida sobre se a *TV Pirata* estava dando muito certo ou muito errado. A audiência inicial não era má — o que não significava muito, considerando a força que qualquer novidade da emissora tinha. Os atores do programa vibravam com a acidez do texto, mas às vezes davam um jeito de temperar os disparates. A imprensa falava do bólido sem saber bem o que achar dele.

A crítica de televisão da *Folha de S.Paulo* dava uma boa medida do impasse. "*TV Pirata* injeta algum ânimo no humor", dizia o título indeciso. O texto vinha com um elogio aqui, uma reprovação ali, e muita espuma. Um "espetáculo de altos e baixos", que "ainda não está no ponto quanto à capacidade de provocar gargalhadas, ainda que estimule muitos sorrisos", equilibrava-se a *Folha*.

E seguia com o equilibrismo: "O humor negro certamente não encontrou seu ápice de sutileza", ou "o casamento entre jogos de palavras, achados paródicos e maximização de detalhes faz toda a diferença entre um sapato ortopédico e um Chanel de salto 7,5".

As tentativas de conceituação da *TV Pirata* às vezes pareciam, com seu rebuscamento, saídas da boca de Agripina Inácia, a socióloga da Unicamp criada por Hubert, Reinaldo e Marcelo Madureira. O quadro "Piada em debate" passava um filme no qual uma aeromoça via uma passageira com ânsia de vômito e perguntava à mãe dela: "Foi comida?", ao que a mãe respondia: "Foi, mas casa amanhã." A debatedora Agripina (Regina Casé) pedia a palavra indignada:

— Eu gostaria de fazer uma colocação, a nível de crítica, enquanto alerta a nós mulheres: mais uma vez, nessa anedota, estamos sendo discriminadas, reduzidas a meros objetos de procriação, inclusive sem direito de influir, enquanto seres humanos que somos, na dinâmica do tecido social.

A nível de crítica, enquanto humor, a *TV Pirata* confundia a vida real — por se parecer com ela. Uma socióloga de verdade poderia se identificar com as palavras de Agripina Inácia, embora ela fosse tão absurda quanto a Edicleia Carabina. O discurso feminista da personagem de Regina Casé era tão sério quanto o do orador Bussunda para os grevistas da UFRJ — que o aplaudiram várias vezes até entender a piada (e enxotá-lo). Antes de irem ao ar, os piratas deveriam ter dado à crítica e ao público um telecurso de cinismo.

E à Globo também. Em meio a tanta subversão, era uma incógnita o quanto de provocação a emissora estaria disposta a tolerar, por exemplo, com seus anunciantes. A Souza Cruz estava investindo alto na sofisticação da propaganda tabagista, com destaque para a marca Free. A campanha aderia ao lema "viva a diferença", sugerindo a cumplicidade em torno de um cigarro suave, com o slogan "Pelo menos alguma coisa a gente tem em comum".

Na *TV Pirata*, Luiz Fernando Guimarães encarnava o homem livre e moderno, perguntando com charme despojado:

— Você gosta de romance? Aventura, emoção, perigo? Viver o prazer a cada minuto? Não?

Sentado numa cama, sem camisa, acendia um cigarro e continuava:

— Então você gosta de ganhar dinheiro? Viagens de negócios, mercado de capitais, ficar no escritório trabalhando até mais tarde...

Deitava-se ao lado de uma deleitada Cláudia Raia e concluía:

— Bem, pelo menos alguma coisa a gente tem em comum: a sua mulher.

Os anunciantes só não iam sofrer mais do que a própria Globo. Uma paródia da novela *Roda de Fogo*, transformada em "Fogo no Rabo", fazia um estrago nas fórmulas de sofrimento, emoção, maldade, sucesso e felicidade. Não sobrava clichê sobre clichê.

Escrita pelo núcleo "Wandergleyson", a novela pirata era protagonizada por Luiz Fernando Guimarães, o empresário bem-sucedido e galã inescrupuloso Reginaldo Nascimento. Ele "contracenava" com a sua música tema. A cada vez que alguém pronunciava o nome "Reginaldo", soava o refrão "Como uma deusa...", do sucesso brega *O Amor e o Poder*, cantado por Rosana — tema da novela *Mandala*. No que entrava a música, os personagens paravam para ouvi-la. Às vezes, Reginaldo olhava para cima, gritava "para com essa música insuportável!" e voltava ao texto.

Outra convenção que ia pelos ares era a do romantismo transocial — o enlace da moça pobre e pura com o homem rico e ardiloso. A cada vez que Reginaldo tratava a namorada Natália (Débora Bloch) como uma empregada doméstica, ela repetia: "Você é tão bom pra mim!" — esculachando um dos bordões preferidos dos novelistas.

Débora Bloch também atuava na demolição dos clichês jornalísticos da emissora. A repórter frenética aparecia na rua ao vivo, num "Boletim Urgente", para informar que ali não estava acontecendo "absolutamente nada". Enquanto a câmera passeava pelo local vazio e tranquilo, ela seguia sua narrativa vibrante:

— Como vocês podem ver, nada desse lado! E nada daquele lado também!

Ofegante e gesticulando a cada palavra, a repórter informava que poderia voltar a qualquer momento, em outro "Boletim Urgente" do local.

Se a Globo nunca tinha se visto num espelho tão cruel, ainda não vira tudo. Perseguindo os tais papéis femininos pedidos por Claudio Paiva, os redatores da *Casseta* finalmente ofereceram um quadro só de mulheres. Ou quase. Em "As Presidiárias", Bussunda, Helio, Claudio e Beto transformariam Cláudia Raia, símbolo sexual da emissora, em Tonhão, um sapatão tarado.

Ex-zagueira do Vasco da Gama, Tonhão tinha sido condenada por estuprar 460 alunas do Educandário das Carmelitas. Na prisão, viveria um caso de amor selvagem com a socialite Isabelle Duffont (Louise Cardoso), em cenas românticas nas quais convocava a companheira para "botar as canelas pra brigar".

Com pérolas como a "TV Macho" e sua "mensagem" de que mulher tem que apanhar, e "As Presidiárias", com o lesbianismo tosco em horário nobre, o estilo *Casseta Popular* saía do gueto para a televisão. Sem cortes. Cláudio Paiva nem precisaria ouvir os comentários à boca pequena dentro da emissora e do próprio elenco, indicando que a grossura passara dos limites. Ele ajudara a criar o monstro, sabia que era tarde para pensar em domá-lo. O futuro, brindado com gelatina por Bussunda e Claudio Manoel, prometia não durar muito tempo.

O silêncio da direção da Globo após os primeiros programas não era confortante. Boni desempatara o conflito com Chico Anysio em favor dos piratas, mas aquilo não era um salvo-conduto permanente. A gangorra indócil da TV estava lá mesmo para levar ao chão quem estava em alta, e vice-versa. O diretor de operações dissera a Chico que preferia deixar os jovens rebeldes "fazerem do jeito deles", mas não assumira esse compromisso com eles. O silêncio do chefe podia ser tolerância, e podia ser prenúncio de guilhotina.

Boni não chamou Cláudio Paiva e Guel Arraes para reuniões de avaliação. Continuou quieto e limitou-se a mandar um bilhete manuscrito para a equipe da *TV Pirata*. Não era uma advertência. Pedia, simplesmente, que "ousassem mais". Havia algo errado com as perspectivas de fracasso.

Em meio às dúvidas e estranhamentos do público, da crítica e de todo mundo, Boni estava adorando. Tornara-se fã número um do Barbosa, personagem de Ney Latorraca em "Fogo no Rabo", que viria a ser um fenômeno de audiência. O patriarca demente, que repetia sempre a última frase dos outros personagens, era um duplo escárnio à família e às novelas. O cacique da Globo não esperava menos dos assassinos da Garota do *Fantástico*. E queria mais.

Cláudia Raia, a "boazuda" de plantão, se revelaria uma comediante escrachada na pele do absurdo Tonhão — que Boni também avalizara: outro sucesso de público estava a caminho. Na intimidade, nem os redatores da *Casseta* esperavam tal aceitação. Estavam no seu papel, forçando os limites e esperando a grita — que não viria. Bussunda assumiria nos bastidores sua perplexidade com o fenômeno:

— A gente faz uma Cláudia Raia sapata, querendo comer todo mundo na prisão, um baixo nível completo, e ninguém reage? Não entendo mais nada...

Logo passaria a entender. A *TV Pirata* era tão diferente de tudo, tão malcriada com o status quo, tão abusada no esculacho às instituições e aos costumes, que bagunçara os padrões de julgamento. O machismo podia ser caricatura do machismo. A piada de português podia não estar ridicularizando o português, mas a própria piada. Como sempre ocorre quando o senso comum fica confuso, a *TV Pirata* ganhou o carimbo de "moderna".

Foi assim que, de modernidade em modernidade, passou a boiada inteira pelo crivo da Globo, da opinião pública, das autoridades. O país tinha só três anos de volta à democracia, o jogo era não censurar nada.

Com toda sua influência junto a Roberto Marinho, José Sarney teve que "se ver" na TV de bigode pintado e jaquetão — a caricatura pirata do presidente acidental, herdeiro da morte de Tancredo. O hospital de Brasília onde o presidente eleito contraíra sua infecção generalizada virou "minissérie".

Na tela do "Hospital Geral", médicos jogavam pôquer usando pacientes anestesiados como mesa, e comprimidos como fichas. O delegado Siqueira, de Marco Nanini, estourava o cassino no CTI, para liberá-lo de novo mediante os carinhos tórridos da enfermeira Vanda (Louise Cardoso). A ambulância estacionava num drive-in e o motorista mandava o doente parar de gemer, para não atrapalhar o filme. O enfermeiro Mandrix (Diogo Vilela), que faria história no programa, vendia muamba no centro cirúrgico e fazia transfusões com vinho falsificado Sangue de Boi.

Escrito por Cláudio Paiva e Helio de La Peña, o quadro sofreria uma das raras intervenções da Globo na *TV Pirata*. O título original, "Hospital de Base" (nome real da instituição onde Tancredo começara a morrer), fora vetado — uma gota no oceano de absurdos que a emissora deixava passar. Os autores não se incomodaram. Sua primeira dor de cabeça não viria da censura, mas da falta dela.

Num sequestro de avião no Oriente Médio, o mundo assistira ao frio assassinato de dois passageiros, cujos corpos seriam jogados na pista de pouso. As imagens chocantes foram parar na *TV Pirata*. Uma das inovações do programa era dublar cenas dos telejornais, mostrando que a realidade era meio caminho para a piada (às vezes mais que isso). Naquele caso, porém, não havia piada possível — e os piratas erraram feio.

O texto de Cláudio Paiva brincava com o arremesso dos mortos de dentro da aeronave, como uma nova solução das companhias para o overbooking. Pegou muito mal. No dia seguinte, Paiva, pela primeira vez, chegou à Globo com medo. Sentia a gravidade do que fizera, e os rumores dentro da emissora confirmavam seu sentimento. Restava esperar para ver de onde viria a primeira martelada.

Ia ter que esperar sentado. Não veio a primeira, nem a última. Apesar do mal-estar generalizado, o martelo pesado da emissora líder parecia programado para não cair sobre os rebeldes.

Na abertura do programa, o logotipo da *TV Pirata* trombava contra o símbolo da Globo, que saía de quadro e se espatifava no chão. Era uma experiência radical de autodeboche, que a emissora parecia disposta a levar às últimas consequências. Do mesmo jeito que Roberto Marinho dissera, na ditadura, "não mexam com meus comunistas", Boni estava dizendo "não mexam com meus piratas".

A decisão tinha suas razões artísticas/estéticas. "Não aguento mais essas risadas enlatadas", andava pensando o diretor de operações. De cara, bateu o martelo (o bom) com Daniel Filho, Guel Arraes e Cláudio Paiva para a retirada da claque no novo humorístico — desafiando uma tradição de quase trinta anos na TV. Sonhava com uma transfusão do humor que Dias Gomes desenvolvia nas novelas, o sublime sarcasmo de Odorico Paraguaçu, para os horários oficiais da alegria e sua tendência ao pastelão.

E havia as razões políticas na proteção aos piratas. Boni sabia o quanto a construção aguerrida do "padrão global" formara uma redoma, um ar de isolamento imperial em torno da emissora. Submeter uma novela, instituição sagrada da Globo, ao escárnio dentro do próprio canal, era uma ousada aceitação de vulnerabilidade — e uma demonstração de força.

Essa incursão planejada ao "liberou geral" poupara Cláudio Paiva da martelada. Notando que não receberia qualquer represão pelo avanço de sinal no caso dos reféns mortos, o redator final da *TV Pirata* deixou para trás o medo. Mas não a vergonha.

Errar a mão nos limites do humor negro era uma experiência desagradável. Às vezes o desconfiômetro salvava a tempo, como no caso da notícia "Tancredo já está cagando e andando" — a manchete do *Planeta Diário* que nunca saiu. Piratas com desconfiômetro em perfeito estado, porém, não seriam piratas. O jeito era catar os cacos quando a piada virava bala perdida.

Uma dessas atingiria uma nadadora brasileira que tentara atravessar o canal da Mancha, em agosto de 1988. Já com a *TV Pirata* em pleno sucesso, o acidente de trabalho dessa vez se consumaria no *Planeta*. No dia em que a morte da jovem paulista em plena travessia foi transformada em anedota, o telefone da redação do jornal tocou. Era o irmão da vítima.

Hubert atendeu e ouviu uma mensagem desconcertante:

— Sou seu leitor. Até hoje, eu gostava de você. Como você pôde fazer isso?

O redator se desculpou, desligou o telefone e caiu em si: achando que fazia graça, fizera pouco da vida de uma pessoa. E isso não era engraçado. Sentiu-se irresponsável e morreu de vergonha.

Três anos antes, uma manchete do *Planeta* sobre outra jovem morta já rendera a Hubert uma reação inesperada. Dentro de casa. Mônica Granuzzo caíra de uma janela de um prédio na Lagoa, provavelmente fugindo do assédio de um jovem modelo e lutador de jiu-jítsu, que lançaria seu corpo numa ribanceira com a ajuda de dois amigos. No auge da polêmica em torno do "Caso Mônica" e das especulações sobre a causa da tragédia, o *Planeta* publicou seu "furo":

Cebolinha empurrou Mônica pela janela.

Sob a reprodução de um quadrinho do personagem infantil de Maurício de Souza, vinha uma legenda com a versão do acusado: "Foi de *blincadeila*."

Regina, mulher de Hubert, entusiasta do *Planeta* e revisora das primeiras edições do jornal, não se conteve:

— Porra, essa foi demais! A menina morreu, sabia?

Hubert entendia a indignação de Regina, mas pensava diferente. Achava que naquele caso a piada não era com a tragédia em si, mas com o espetáculo mórbido do noticiário e sua profusão de especulações novelescas. Havia um ponto — nem sempre fácil de distinguir — em que o trágico se tornava caricatural, vizinho do cômico. Achar o ponto do riso podia ser uma forma de tirar os véus da tragédia, de esvaziar o tabu.

Essa era a lógica no front das piadas com as "minorias sociais" — nem sempre muito lógica para os atingidos por elas. Anões e deficientes físicos em geral eram alvos constantes do novo humor politicamente incorreto. No auge das greves pós-abertura, o *Planeta* publicava a manchete:

Paraplégicos acham que paralisação da categoria foi total.

Diante das acusações de insensibilidade e crueldade com o drama alheio, Hubert nunca levaria o debate para o plano pessoal. Se levasse, surpreenderia seus críticos.

Sua mãe, Dirce, sofrera uma grave trombose e ficara irreversivelmente tetraplégica. Perdera também a fala. Junto com a família, o humorista cuidava dela diariamente havia mais de dez anos, desenvolvendo um penoso método de comunicação pelo movimento das pálpebras. A pimenta, no caso, não ardia só nos olhos dos outros. Mas deixar de satirizar os absurdos da vida, aos olhos dele, não era refresco. Era hipocrisia.

* * *

Em 1988, a Aids começava a se revelar uma epidemia mortal. O alto índice de transmissão da doença entre homossexuais motivaria um "alerta" do *Planeta Diário*:

"O sexo seguro não é chato. Chato é o bafo no cangote e a unha no calcanhar."

Os gays estavam entre as minorias prediletas dos piratas. Com a chegada da Aids, eles podiam reunir humor negro e sexista na mesma piada. Seriam duramente questionados por insuflar o preconceito, mas fincariam pé em sua lógica: não se pode fingir que o diferente não é diferente.

Maior amante das piadas sobre gays no grupo, Marcelo Madureira alegava que o combate ao preconceito contra os homossexuais não podia eliminar o direito de rir deles:

— O viado é um homem que não é homem. Isso é engraçado. Ponto.

Num amplo salão no nono andar do prédio da Globo, Cláudio Paiva reunia seu numeroso e heterogêneo time de redatores. Ali, eram os gays que iam rir de Madureira. Notando o pouco jogo de cintura dos engenheiros-machos da *Casseta*, Vicente Pereira, gay assumido e endiabrado, se divertiria muito. Chegava às reuniões da *TV Pirata* vestido sempre de forma afetada, calculada para fustigar o preconceito dos colegas. Dava uma desfilada e se dirigia a eles:

— Rapazes! Gostaram dessa blusa? Comprei pensando em vocês...

Os bravos atiradores do Clube do Bolinha ficavam desconcertados, enquanto Cláudio Paiva morria de rir. O veneno de Vicente Pereira era música para os ouvidos do redator-chefe. Servia para quebrar um pouco o protocolo naquela floresta de talentos, que inevitavelmente competiam por cada minuto do novo programa.

Conviviam civilizadamente, na medida do possível, mas só Paiva sabia o trabalho que dava harmonizar as diversas igrejas que iam se formando — a do teatro, a da TV, a dos quadrinhos, a do humor de imprensa. Cada uma achava que as outras tinham mais espaço, ou que alguma piada sua muito boa tinha sido engavetada.

Surgiam subdivisões e brigadas de criação, como a Casa de Noca (Hubert, Reinaldo e Marcelo), ou a Tora Tora Tora (Vicente Pereira, Miguel Falabella e Patrícia Travassos). Foi Vicente quem anunciou, com estardalhaço, o nome da facção, ligado às suas preferências:

— Tora Tora Tora é porque a gente não gosta de escassez. Uma tora só é pouco.

Mais uma fisgada gay na turma da "TV Macho".

Entre as "minorias" atingidas sem piedade pela *TV Pirata* estava uma bem menos organizada, e sem nenhuma voz corajosa o suficiente para defendê-la: a dos cornos. Um dos quadros que levariam o programa a terminar 1988 como sucesso absoluto de audiência era o "Relacionamento, sublime relacionamento" — a vida de um jovem casal entre quatro paredes e seu dia a dia com o Ricardão, morador fixo do armário do quarto.

Todos os diálogos de Euclides (Guilherme Karan) e Shirley (Débora Bloch) começavam com ela dizendo "você está me sufocando" e terminavam, também com ela, decretando que "a gente precisa dar um tempo". Nessa hora, em geral, surgia de dentro do armário Ricardo (Luiz Fernando Guimarães), só com uma toalha amarrada na cintura e ar despreocupado. Euclides ficava com a sensação de que devia desconfiar de Shirley, mas não sabia bem por quê. Às vezes recebia conselhos do próprio Ricardo sobre a importância do amor.

Numa dessas, já emocionado e afrouxando a gravata, o marido estressado receberia um pedido de sua amada:

— Euclides, dá um pulo em São Paulo e compra umas cervejas pra gente.

Enquanto Shirley e Ricardo entravam abraçadinhos no armário-garçonnière, o marido ensimesmado faria a pergunta crucial:

— Brahma ou Antarctica?

O quadro surrealista era obra de Hubert, Reinaldo e Marcelo Madureira — autores, entre outros hits, da novela "Fogo no Rabo". Na comissão de frente do novo humorístico da Globo, Ricardão se juntava a Tonhão, das "Presidiárias", e Zeca Bordoada, da "TV Macho", entre outras criaturas de Bussunda, Claudio Manoel, Beto Silva e Helio de La Peña. Na gentil briga de foice do nono andar, o prognóstico de Cláudio Paiva se confirmara: a *TV Pirata* tinha sido dominada pela *Casseta* e pelo *Planeta*.

Politicamente, a situação não era simples para o redator final. Ele não se arrependera de reunir a constelação de autores, mas começava a ver que aquilo não tinha como dar certo. Toda semana, tinha nas mãos um material primoroso e totalmente irregular — no formato e no ritmo de produção de cada autor. Quebrava a cabeça para ver onde ia encaixar a piada genial do Verissimo, que não podia parecer um remendo.

Para os demais redatores, a hegemonia da *Casseta* e do *Planeta* tinha um certo cheiro de carta marcada. Cláudio Paiva estaria privilegiando a sua turma. O próprio Paiva não tinha ilusões de isenção. Os sete boquirrotos falavam o seu idioma, eram compatriotas. Mas até um marciano poderia constatar que, daquela pátria, saía a maior profusão de textos e os quadros mais marcantes.

Tonhão não brilhava sozinha entre as presidiárias. Para segurar a onda alucinada de Cristiane F. (Débora Bloch) e a histeria panfletária de Olga (Cristina Pereira), entre outras barras-pesadas, destacava-se a carcereira linha dura D. Solange (Regina Casé) — singela homenagem a Solange Hernandez, dama de ferro da censura no regime militar (assim como o corno Euclides era uma molecagem com o escritor Euclides da Cunha, traído pela mulher).

O ano de 1988 teria eleições municipais, e D. Solange resolvera aderir aos ventos democráticos, candidatando-se a vereadora. Sua plataforma trazia o "entulho autoritário" em versão reciclada. Em plena campanha no presídio, questionada ao vivo sobre a pena de morte, a agente durona mostraria toda a sua moderação:

— Acho a pena de morte muito radical. Precisamos encontrar um meio-termo. Por que não condenar o réu, por exemplo, a um estado de coma?

A flechada no debate caricatural entre direita e esquerda era típica da *Casseta*, típica de Bussunda. Muito antes de escrever sua primeira linha de humor, Cláudio Besserman já dava dribles desconcertantes nos dogmas. Tivera que aprender cedo, em casa. Afinal, no script familiar estava escrito que o comunismo devia salvar o mundo, e ele devia ser "o melhor homem". Só com muita ginga.

Tarado por televisão, o menino era proibido pela mãe de ver novelas e programas de auditório, considerados alienantes. Não podia ver, em nenhuma hipótese, "Amaral Netto, O Repórter" — apresentado pelo jornalista de direita que defendia a pena de morte.

O programa em si mergulhava em regiões remotas do Brasil, com imagens espetaculares dos índios do Xingu ou da pororoca do rio Amazonas. O pequeno Cláudio conviveu resignado com a proibição, até assistir, num documentário de Jacques Cousteau, o encontro colossal das águas amazônicas com o mar.

A psicanalista teve que ouvi-lo, então, anunciar sua descoberta: "Mãe, a pororoca não é de direita!" Olé.

Com o sucesso da *TV Pirata*, Helena Besserman reencontraria o drible da pororoca nas páginas do *Jornal do Brasil*. Em matéria destacada na revista "Domingo", Bussunda aparecia falando de sua vida como se estivesse na sala de casa. Contava tranquilamente ao repórter Mauro Ventura que sua mãe, a psicanalista conhecida por enfrentar a ditadura, o proibia de assistir ao Sílvio Santos.

Só que agora Cláudio Besserman Vianna não estava mais na sala, nem na praia, nem na ECO, nem numa revista underground. No dia 19 de junho de 1988, no suplemento dominical de um dos principais jornais do país na época, ele já não estava inventando notícia. Bussunda era a notícia.

O personagem que aparecia na foto de quase página inteira tinha as mesmas características do caçula-problema, diagnosticado como caso perdido. Dentões à mostra e barba vadia, risonho e desgrenhado, ele posava segurando uma moldura vazia na altura do seu rosto. Na foto de Sérgio Zalis, Bussunda mostrava ao público o quadro de si mesmo. Era notícia como o redator da *Casseta Popular* que conquistava um lugar ao sol na TV Globo, mas nenhum de seus colegas estava emoldurado daquela forma. Era notícia, principalmente, por ser Bussunda.

Ao jornalista Mauro Ventura interessavam os bastidores da ascensão de um pirata à TV, mas também seu pensamento, seus hábitos, enfim, o Bussunda *way of life*. Sem cortes. E o entrevistado não cortava. Dizia que acordava às quatro da tarde, ligava a televisão e passava horas diante dela. Explicava que era natural ter sido convidado para trabalhar na TV, depois de tantos anos esperando sentado em frente a ela.

A bagunça de seu quarto-caverna seria descrita em detalhes no jornal, incluindo a montanha de quase mil revistas pornográficas: "Outro dia tive que pedir à empregada que achasse a minha cama." Para o apelido peculiar que praticamente substituíra seu nome, ele tinha uma explicação lógica: "Eu tenho cara de Bussunda."

Uma cara, um nome, um estilo. A grande imprensa estava descobrindo Bussunda, e queria mais. Perfis, histórias, opiniões — o filho de Helena Besserman estava em todas. Não era o melhor homem, mas era a maior diversão. O caderno "Ideias" do *JB*, referência da intelectualida-

Em matéria na revista Domingo, *Cláudio Besserman declara: "Tenho cara de Bussunda." O gaiato começa a virar notícia.*

de, também queria ouvi-lo. E logo sobre psicanálise, base da reputação de sua mãe. A pauta era polêmica:

— A psicanálise cura? — indagava o jornal.

Pergunta complexa. Mas o repórter não esperou mais do que cinco segundos pela resposta de Bussunda:

— Eu acho que a psicanálise tem cura.

Antes de desligar o telefone, o entrevistado daria um esclarecimento adicional: no seu caso pessoal, a psicanálise tinha ajudado muito. O bom preço das consultas de sua mãe garantira a ele casa e comida por quase 25 anos.

Para a psicanalista reconhecida internacionalmente, as "revelações" do filho bem que poderiam ter ficado na censura ao Sílvio Santos e à pororoca.

O famoso Bussunda estava ficando famoso. Não mais nas esquinas e redutos da vida carioca. O ex-palhaço jovem da Kinderland começava a se tornar, de fato, uma pessoa pública. O motorista de táxi ou a manicure do salão podiam não saber quem ele era. Mas seus clientes saberiam ou, pelo menos, já teriam ouvido falar.

Esse era o problema. Na hora de ouvir falar, aquele nome esquisito era um chamariz; na hora de repeti-lo, era uma confusão. Foi assim que se espalhou a notícia da morte de Bussunda.

Ele mesmo só tomou conhecimento quando um amigo lhe contou que o filho estava inconsolável. O garoto ficara sabendo da triste novidade na escola, estava todo mundo comentando. Bussunda só descobriria sua causa mortis ao ligar a TV: a polícia invadira a Rocinha e matara Buzunga, o chefe do tráfico de drogas na favela.

Descontados o fuzil e a periculosidade, era quase um irmão gêmeo. Pelo menos em termos sonoros. A diferença era que a morte de Buzunga não comoveria tanta gente e acabaria virando galhofa em torno de Bussunda — cuja secretária eletrônica ficaria entupida de mensagens dos amigos para que descansasse em paz. Aproveitando uma entrevista ao vivo na TV Rio, Cláudio Besserman repetiria o escritor e humorista americano Mark Twain, declarando que as notícias sobre sua morte eram um tanto exageradas.

Ele não só estava vivo, como continuava parecendo estar em vários lugares ao mesmo tempo — agora mais do que nunca. Além da *Casseta Popular*, da *TV Pirata*, das notícias e dos boatos, Bussunda estrearia em agosto de 1988 na TV Educativa. Seria o apresentador do programa jovem *Cabeça Feita*, expressão que designava pessoas de bem com a vida (e, no paralelo, o estado de satisfação depois de um baseado). Um doidão ancorando um programa sério.

Bussunda compenetrou-se no trabalho. E foi demitido. Sua intenção era conduzir debates francos com a garotada, dando-lhes voz para tratar de assuntos tabus, abafados nas escolas e nas famílias. No ar, a fórmula teve repercussão imediata. Sua pinta de maluco beleza despertava cada vez mais identificação entre os jovens e adolescentes. Eles viam no redator da TV Globo uma figura ao mesmo tempo anticonvencional e respeitável — um cara inteligente que criticava o sistema de dentro do sistema.

A *Casseta Popular* acabara de publicar uma "reportagem" futurista sobre o governo de Gilberto Gil, no momento em que o compositor entrava para a política. Vestida de rosa, a polícia de Gil reprimiria os cidadãos que não fumavam maconha: "É proibido não fumar." Mais tarde, levariam a piada para a Globo. Não era apologia às drogas, nem propaganda. Era apenas mais um assunto sendo tirado do armário. A plateia juvenil delirava.

Um desses temas amordaçados foi parar no *Cabeça Feita*. À vontade diante de Bussunda, um garoto de programa e uma jovem prostituta falaram abertamente de sexo e das circunstâncias que os levaram a transformar o prazer em meio de vida. A emissora estatal tolerou a prostituta, mas não aceitou o prostituto. Desfez a cabeça e desistiu do âncora doidão.

Como é o Bussunda? Luis Fernando Verissimo ouviria muito essa pergunta, a partir de sua convivência com ele na *TV Pirata*. Sob a curiosidade quase zoológica, os amigos intelectuais do escritor gaúcho queriam os detalhes radicais do gordo aloprado.

Verissimo frustraria a todos. Bussunda era normal, respondia. Tranquilo, quieto, na dele. Tão econômico quanto o próprio Verissimo — que eventualmente chegava do Sul e voltava para o aeroporto tendo dito um par de frases. Eram os dois tímidos do alvoroçado nono andar. Tímidos e certeiros.

Bussunda sacava suas frases como um estilete. Prescrevera a cura da psicanálise em cinco segundos. As entrevistas, as reuniões familiares, as manchetes da *Casseta* e os esquetes da Globo eram pouco para a sua usina de petardos. Eles começariam a atingir o peito das pessoas na rua: as frases lapidares de Bussunda e seus parceiros estavam sendo impressas em camisetas. Não era onda de doidão. Era negócio.

A sala na Praça Onze, arranjada pelo pai de Claudio Manoel para ganharem a vida sem patrão, se desdobrara em confecção. O grupo resolvera seguir a moda cult das camisetas com dizeres emblemáticos. Uma delas reproduzia o círculo azul estrelado da bandeira nacional. Na faixa central branca, o lema "Ordem e Progresso" ganhava nova versão: "Ê, povinho bunda."

As vendas dispararam, logo chegando a cerca de 3 mil unidades por mês. A clientela queria mais filosofia da zona do meretrício. Foi atendida. Campanhas conscientes como "Vá ao teatro" recebiam a adesão pirata: "Vá ao teatro. Mas não me chame." Surgiria também a linha evangélica: "Jesus te ama. Mas eu te acho um bundão."

A diversificação se estenderia de cuecas temáticas à publicação da revista — que pulara de 5 mil para 80 mil exemplares, deixara a editora Núcleo 3 e agora saía por selo próprio. O aparelho da Praça Onze se transformara na sede da Toviassu. Hein? Todo Viado É Surdo.

A *Casseta* virara empresa com tudo que tinha direito, inclusive gerente. Mas não podia ser um administrador qualquer. Emanuel Jacobina trabalhara para Claudio Manoel no bandejão da PUC, lera Kafka aos 14 anos, se tornara comunista ainda na adolescência, queria salvar o mundo e achava tudo muito engraçado. Era o cara.

O único problema era o nome. Claudio Manoel foi logo avisando que Emanuel Jacobina soava verdadeiro demais. Era preciso algo mais postiço, mais vulgar. Virou Mané Jacó. Além de ter sido funcionário de Claudio, Emanuel era muito amigo de Bussunda. Fora seu colega no Princesa Isabel, onde o conhecera liderando um movimento pelo conserto do bebedouro.

No início do ano letivo de 1976, ainda sob o calor do verão (portanto com sede), o leitor de Kafka ouviu a convocação. Cláudio Besserman, aluno novo na escola, propunha que nenhum colega voltasse à sala depois do recreio. Ficariam no pátio até que houvesse água de beber no corredor. A causa teria forte adesão, pois juntava a sede com a vontade de não estudar.

A amizade atravessaria outras causas, como a da torcida Fla Diretas, que Emanuel ajudaria a fundar. Ele também seria o principal parceiro de Bussunda em outra missão — a de torrar o dinheiro da matrícula de inglês em partidas de sinuca. Rodariam juntos boa parte dos clubes de taco da cidade. Graças ao idioma britânico, viriam a ser os dois melhores jogadores da turma de Copacabana.

Mané Jacó fora aliciado pela *Casseta* para cuidar da produção da revista, quando Bussunda e Claudio Manoel se sentiram sobrecarregados. Mostrara bom expediente e capacidade de organização. Também escrevia bem. Na hora do nascimento da Toviassu, era o homem certo no lugar certo. O sexto casseta.

O sucesso da *TV Pirata* detonaria a revolução industrial do grupo. No jornal *O Globo*, Milton Abirached abriria uma de suas matérias sobre a nova locomotiva do humor com uma aposta: "Do jeito que as coisas andam, Bussunda ainda vira holding." A produtividade nos setores editorial, eletrônico, fabril e de relações públicas lembrava mesmo um conglomerado — e não lembrava em nada o "balanço" publicado no início de 1987 ("Srs. Acionistas... Nos fudemos").

Junto com a chegada à televisão, outra fronteira se abrira ao arrastão multimídia dos piratas. O produtor cultural Manfredo Garmatter Barretto, irmão mais novo de Marcelo Madureira, aparecera com um aviso ao grupo. Disse que precisava marcar uma reunião com todos os integrantes da *Casseta* e do *Planeta*. O produtor Paulinho Albuquerque, personagem importante da cena musical brasileira, queria conhecê-los.

Manfredo não trabalhava com o grupo do irmão, mas era amigo de todos os integrantes. Eles toparam a pausa no expediente para bater papo com o homem do show business.

O encontro na redação do *Planeta Diário*, no Centro do Rio, transcorria amistoso, até que Paulinho veio com uma conversa estranha. Curador de eventos como o Free Jazz Festival, entre outros espetáculos com as maiores estrelas da MPB, disse que tinha tido uma ideia: juntar os piratas do jornal e da revista em cima de um palco e montar um show com eles.

Os oito redatores cavernosos, que mal sabiam o que era um palco, ficaram em silêncio. A expressão do produtor era séria, mas todos ali conheciam bem a arte da pilhéria compenetrada. O primeiro que se arriscasse a responder poderia ser a vítima fatal da piada.

Só que não era piada.

CAPÍTULO 8

Cães neuróticos, vacas nervosas

O *Domingão do Faustão* ainda estava no ar quando a produção do programa recebeu a chamada urgente. No telefonema para o Teatro Fênix, uma voz de trovão pedia para falar com o Bussunda.

Naquele momento não era possível contatá-lo, informou a atendente. A voz ficou mais trovejante ainda e deixou um recado curto:

— Aqui é o Tim Maia. Avisa ao Bussunda que eu estou indo aí dar um tiro na cara dele.

* * *

A piada da *TV Pirata* terminou e ninguém riu. Dessa vez, nem claque, nem risada espontânea. Nos bastidores, Bussunda comentava que o público estava entrando na onda deles. "O cara em casa já descobriu que tem que prestar atenção, senão não vai entender", festejava nas conversas com o grupo. Mas no esquete "Três cachorros dividem um apartamento na Von Martius", quem prestou atenção não entendeu, e se alguém entendeu, não riu.

Cláudio Paiva não ficou preocupado. Ele mesmo era o autor do quadro, "interpretado" por três cachorros de verdade, dublados por seres humanos. Um dos cães reclamava que não estava encontrando seu jornal, até descobrir que um dos colegas o pegara primeiro, mas não lera. Usara como banheiro. A discussão não muito elevada prosseguia, só faltando contar quem vencera no final — a faxineira ou o pôster pornográfico.

Com seus milhões de espectadores, a tela da Globo tinha servido para Cláudio Paiva implicar com Beto Silva, Bussunda e Claudio Manoel. Era o troco por aquela reunião na pocilga da rua Von Martius, em que se sentara no chão e tivera que esperar o fim da discussão sobre a mulher pelada na parede da privada.

Quando o quadro surrealista foi ao ar, os quatro riram muito — sozinhos. Até porque, àquela altura, estavam rindo à toa, com o novo programa dominado pelos vira-latas da Von Martius e sua matilha. O que Cláudio Paiva e o resto do Brasil não sabiam era que, além do caminhão de textos para a *TV Pirata*, daquela casinha de cachorro saíam também composições musicais. Ou melhor, nunca tinham saído.

Paulinho Albuquerque quebrou o silêncio precavido na redação do *Planeta Diário* e disse aos juquinhas que não estava brincando:

— Gente, é sério. Tenho um horário às segundas-feiras no Jazzmania, e queria experimentar um show de humor. Vocês mesmos falariam o texto de vocês.

O produtor de espetáculos estava preparado para superar a inibição dos redatores para falar em cena, mas não sabia com quem estava lidando. Eles não queriam falar. Queriam cantar.

Claudio Manoel explicou a complexidade da questão:

— As nossas melhores piadas estão na *TV Pirata*. Se a gente fizer um show de piadas, vamos competir com a gente mesmo. Mas temos umas músicas aí... Quer ouvir?

Paulinho Albuquerque quis. E a primeira constatação foi segura: eles cantavam muito mal. Claudio Manoel até que segurava a afinação, mas Bussunda, para compensar, conseguia errar todas as notas. Em resumo, o resultado era horrível. Mas era ótimo.

O produtor de estrelas como Ivan Lins, Djavan e Guinga, doutor em música brasileira, certamente nunca tinha ouvido um samba-exumação. O ritmo mais alegre do mundo, cantado na cadência eufórica da avenida, embalava o réquiem de um babaca confesso. Inacreditável. *Eu*

Tô Tristão era um samba pirateando o samba. Paulinho entendeu de cara que pela primeira vez não ia "limpar" um espetáculo. A sujeira era a mensagem.

As canções da casinha de cachorro deixavam a juventude moderninha dos anos 80 em maus lençóis. Na febre das citações a Nietzsche em mesa de bar, a letra de Bussunda trazia outra visão do filósofo ("Quando você disse Nietzsche / Eu respondi 'saúde' / Fiz o que pude..."). O poeta lamentava não entender Lévy-Strauss, não discutir Foucault, não ter descoberto seu verdadeiro eu.

Subiram ao palco e prepararam o show. Numa das entrevistas de lançamento, questionado por Milton Abirached, de *O Globo*, sobre como se sentia em meio ao irracionalismo nietzschiano, Bussunda seria profundo:

— Acho que tem um quê de estar sempre retornando a mim mesmo.

Nos versos finais da canção, o compositor dos conflitos filosóficos mostrava todo seu lirismo: "Que coisa mais careta / Tu amas Debussy / Eu gosto é de buceta."

Num momento de insanidade, Paulinho Albuquerque imaginou o Jazzmania lotado cantando em coro aqueles versos. Como a insanidade era sempre boa conselheira em se tratando dos cães da Von Martius, o produtor acertou em cheio. De abril a junho, quase 3 mil pessoas passariam pela segunda-feira suja e desafinada do bar musical em Ipanema. Celebridades do show business se espremiam em filas para garantir o seu lugar — e o seu momento de fazer coro aos versos sublimes.

O sucesso do show *Eu Vou Tirar Você Desse Lugar* — homenagem ao romantismo de bordel — era, basicamente, a apoteose da cara de pau. Oito homens dançando sem saber dançar, cantando sem saber cantar, vestidos de qualquer jeito, desancando a tudo e a todos. Aí morava o segredo: eles desancavam muito bem.

Assim como o samba, o reggae também seria pirateado. No auge do culto a Bob Marley e da mitificação da Jamaica, só no Jazzmania era possível olhar para o lado tosco do ritmo praiano. "Um cara como eu no Brasil não tem vez / Tentei ir pra Lisboa, mas não sei português / E todo mundo me dizia: / Vê se vai pra Jamaica." Executado à perfeição, com todos os clichês instrumentais do gênero, o *Tributo a Bob Marley* dos piratas era um manifesto de indolência.

Mas até a indolência tinha seus limites: "Eu não vou! / Iô-iô-iô-iô-iô / Eu não vou! / Iô-iô-iô-iô-iô", declarava o refrão afro-surfista, querendo distância do paraíso do reggae. "Se o Brasil é assim, imagina a Jamaica / Se o Detran daqui é assim / Imagina o da Jamaica / Se o uísque paraguaio daqui é assim / Imagina o da Jamaica / Se os argentinos daqui são assim / Imagina os da Jamaica" — e seguia por aí, para deleite da plateia vip.

Desde o estouro do *Planeta Diário*, passando pelo lançamento da revista *Casseta Popular* até a chegada à *TV Pirata*, tinham sido três anos de ascensão e lua de mel com a mídia. A grande imprensa apanhava e gostava, a TV Globo tinha dado a cara a tapa. Agora o show business também ria das bofetadas que levava. Caetano Veloso chegaria a ir aos camarins do grupo para "aprimorar" uma sátira a ele.

O show idealizado por Paulinho Albuquerque unificara de fato os autores da *Casseta* e do *Planeta* — depois de todos os flertes, ciúmes, parcerias e interseções. Jogando juntos num time só, com todos os ventos a favor, os piratas mergulhavam na sensação do poder. Podiam tudo, até prova em contrário. E foram intensificando a artilharia, levando a público farpas contra personalidades diversas, como o rival Chico Anysio.

Depois do conflito nos bastidores da *TV Pirata*, que chegara a provocar sua saída do projeto, Cláudio Paiva nunca respondera às críticas de Chico sobre o elitismo do novo humor. Nem em público, nem internamente. O serviço sujo ficaria por conta da tropa. Na euforia da estreia nos palcos, em entrevista na capa do "Segundo Caderno" de *O Globo*, Hubert provocaria:

— Esse show é dedicado a uma pessoa que a gente queria muito conquistar. É a empregada do Chico Anysio. Ela e a Cora Rónai (crítica do *Jornal do Brasil*) nunca entendem a nossa mensagem. Aliás, a gente acha até que a Cora Rónai é a empregada do Chico Anysio.

Os piratas estavam na fronteira entre o sarcasmo e a arrogância. Quem lhes atravessasse o caminho era atropelado. Na mesma entrevista, Helio de La Peña completaria:

— A questão do humor tem que estar dividida como a reforma agrária. Por exemplo: a Rede Globo já é nossa. Jô Soares fica com o SBT e o Chico Anysio com o canal 13.

Estavam usando e abusando do salvo-conduto da tal "modernidade", que supostamente abençoava todo impropério como um ato de vanguarda. Mas nem sempre seria assim.

A Globo, como instituição, estava adorando o motim. Sentia cheiro de ibope naqueles arautos pirados e seu aviso de que todos os reis estavam nus. A Vênus também queria ser vista sem roupa.

Eventualmente mais discreto, Cláudio Paiva não faria barulho com isso, mas a emissora o equipara com uma velha máquina de escrever para redigir toda a *TV Pirata* — quando as empresas já estava informatizadas. Sempre menos discreto, Claudio Manoel esculacharia o chefe de Cláudio Paiva e Guel Arraes, numa entrevista à revista *Placar*, avacalhando os bastidores globais:

— O presidente da CBF deveria ser Daniel Filho *(diretor de programas da Rede Globo)*. Só ele para comandar o espetáculo de ressurreição do nosso futebol. Já pensou? *(imitando a voz e o jeito enérgico de Daniel Filho)* "Vamos ser criativos! Onde já se viu três gols de cabeça num jogo só? Nada disso, nada disso. Cada gol diferente do outro, cada gol uma história..."

No quadro "Campo Rural", da *TV Pirata*, o apresentador vivido por Guilherme Karan apareceu certa vez meio acelerado, com outra explicação "de bastidor": "Aqui na TV a gente só trabalha doidão." A metralhadora girava para todos os lados, e naturalmente não pouparia o público do Jazzmania.

Ao identificar o deputado Milton Temer, do PT, numa das mesas, Hubert interrompeu o show para um aviso:

— Tomem cuidado com seus pertences. Há um político na plateia.

Jornalista, Temer fora por acaso o editor da primeira matéria na grande imprensa sobre a *Casseta Popular*, em 1984 — época que ainda era citada como "C... Popular". Para poder publicá-la no Jornal de Bairros de *O Globo*, o editor tivera que se comprometer com a direção a não usar a palavra "Casseta". No texto de Marcus Barros Pinto, eles eram apresentados como "um grupo de criação muito louco".

Quatro anos depois de abrir-lhes o primeiro espaço nas Organizações Globo, Milton Temer tinha que aguentar mais de duzentas pessoas rindo da sua cara.

Ziraldo ia provar do mesmo veneno. Cerca de dez anos depois de colocar Hubert no *Pasquim* e dar o empurrão inicial em sua carreira, ao passar por um cargo público (presidente da Funarte), o velho cartunista seria alvo da maledicência do ex-pupilo. Mas não passaria recibo. Nas poucas declarações que daria sobre os ataques piratas, deixaria a bola com Sigmund Freud: "É normal. Eles têm que matar o pai."

A lista das vítimas ia crescendo — especialmente das que não achariam graça no jogo da esculhambação. A maior delas, pelo menos em termos corporais, era a principal atração do show *Eu Vou Tirar Você Desse Lugar*.

Num dos primeiros ensaios, ainda no apartamento da Von Martius, todos tiveram em dois minutos a certeza de qual seria o ponto alto do espetáculo. Estavam passando a música *Mãe É Mãe*, de Bussunda, a princípio encarregado de cantá-la — mesmo não sabendo cantar, como era do conhecimento geral. O autor/solista foi se concentrar no corredor e voltou para a sala transfigurado, como se tivesse recebido uma entidade.

Cantou um verso, parou no meio do segundo e começou a praguejar, com voz trovejante:

— Som! Cadê o som? Meu filho, cadê o retorno? Não estou ouvindo a minha voz. Assim não dá! Cadê o grave? Mais grave! Mais agudo! Mais tudo!

Bussunda tinha encarnado Tim Maia de forma endiabrada, e os outros suplicavam-lhe que parasse, já asfixiados de tanto rir. Cada vez mais obeso e excêntrico, Tim Maia desandara a faltar aos seus próprios shows. Quando aparecia, passava boa parte das músicas discutindo com a técnica e com a própria banda. Deixava a plateia cantando enquanto saía de cena várias vezes. Fazia exatamente o que Bussunda sabia fazer — tudo, menos cantar.

Como os demais, Paulinho Albuquerque também se acabou de rir com o número, mas seus olhos brilharam. Aquilo não era mais só humor. Era mise-en-scène, carisma teatral, dom de cativar o público. O diretor tinha ali o seu hit. E encontraria mais daquela substância preciosa no restante do grupo.

Entre outros achados, Hubert seria "o brasileiro que veio de Nova York para cantar *Garota de Ipanema*". Nada de Tom Jobim. O hino da Bossa Nova era interpretado por Paulo Francis — o banquinho e o violão em versão Lexotan. Definitiva. O homem dos espetáculos acertara no que não vira: sua invenção Casseta & Planeta tinha o showbiz na veia.

— Bem, a gente tá chegando ao fim do show, e queria pedir desculpas a vocês. Realmente anunciamos que ele vinha e, de tarde, estava tudo bem na passagem de som. Ele só ia dar uma passada no morro Dona Marta pra visitar uma tia. Pedimos a compreensão da plateia, não é culpa nossa...

O discurso cabisbaixo de Claudio Manoel seria interrompido pela aparição de uma figura bizarra entre as mesas do Jazzmania. Arrastando lentamente seu corpanzil (a gordura original mais um enchimento na barriga e nas costas), gigantescas olheiras pretas e manchas no rosto, camisa de cetim mais do que brilhante, a encarnação pirata de Tim Maia era de uma fidelidade cretina. Uma vez no palco, Bussunda recriaria até constrangimento — silenciando a banda para espinafrar a produção:

— Esse é o som do Jazzmania? Que beleza! Jazzmania nunca mais...

O clima péssimo se desenrolava deliciosamente e garantia casa cheia toda segunda-feira. O Tim Maia de Bussunda era um must da noite carioca e acabaria exportado para todo o Brasil. A plateia ia abaixo quando era convidada a participar, de forma não muito convencional. Depois de mais uns dois versos e meio, o "cantor" pedia à banda para "segurar o suingue" que ele já voltava:

— Eu vou pedir licença a vocês, que eu vou lá dentro fazer a barba. Alguém tem uma gilete na plateia?

Depois "Tim Maia" ia dar outra saidinha para pentear o cabelo ("alguém tem um espelho?"), e finalmente teria que se retirar:

— Tem um rapaz com um papel pra mim aí na porta, vou lá ver o que é.

A gilete, o espelho e o papel eram parte da mitologia do verdadeiro Tim Maia, com sua genial maneira de desmentir confirmando: "Não fumo, não bebo e não cheiro, só minto um pouquinho." Na segunda metade dos anos 80, Tim levara suas manias e idiossincrasias ao limite. Lidava com seu enorme público como lhe desse na telha. Era uma fera à solta, espalhando deleite e mal-estar. A caricatura de Bussunda era quase uma catarse, ao embrulhar para presente a figuraça indomável.

Bussunda tinha todos os discos e ia a todos os shows (e não shows) de Tim Maia. Sempre fora seu fã e continuava sendo. Adorava especialmente o humor afiado do cantor. Logo ficaria sabendo, porém, que o humor do seu ídolo andava péssimo — por sua causa. E não tinha a ver com as referências às drogas.

Mãe É Mãe era um funk bem tocado, com arranjos de sopro à la Tim Maia. Era o jeito pirata de fustigar e homenagear ao mesmo tempo. Mas ninguém se sentiria homenageado. Nem o cantor, nem as mães, nem as mulheres. Muitas delas iriam gritar, e dessa vez não era para fazer coro com o refrão poético de Bussunda:

Mãe é mãe
Paca é paca
Mas mulher, mulher não
Mulher é tudo vaca

Algumas das mais destacadas líderes feministas brasileiras iriam aos jornais protestar, indignadas com o ataque machista. Não ia ser fácil explicar, mas o autor da canção não estava declarando guerra ao sexo feminino. A guerra era, por assim dizer, à falta de sexo feminino. Bussunda levara um pé na bunda.

Desde o fim do seu longo namoro com Vania, a bela mineira da Kinderland, ele não se fixara em ninguém. Dos 21 aos 25 anos de idade, só uma pessoa chamara sua atenção de forma especial. E quando um tímido se vê diante de alguém especial, fica ainda mais tímido.

Os amigos eram testemunhas de seus esforços. Chegariam a vê-lo improvisando coreografias na pista do Circo Voador, tentando impressionar a moça. Não era fácil para ele. Bussunda subia tranquilamente num palco para imitar Tim Maia, mas Cláudio Besserman não saía dançando por aí na pele de Cláudio Besserman. Mais comum era vê-lo nas bordas do salão, olhando de esguelha.

Aí entrava também certa herança da Sociedade dos Solteiros de Sábado e Sempre. Era se soltar um pouco mais e ouvir na cabeça a voz metálica de Marcelo Madureira, com o enunciado constitucional:

— Homem que é homem não dança. A única possibilidade admissível de um homem dançar é com o intuito deliberado de comer alguém. Fora isso, é viado.

Contornando os dogmas da SSSS, Bussunda viajara de mochila pelo Nordeste ao lado da moça desejada, sem o intuito deliberado (ou pelo menos manifesto) de comê-la. O grupo que os acompanhava se dissipara, e os dois ficaram a sós na volta ao Rio de Janeiro. Divertiram-se como bons amigos, e a amizade foi se estreitando. Ela contava do alívio com o término de um longo namoro, ele entendia o sinal verde e ia se chegando.

Passaram a ir a festas e shows juntos, tinha até gente achando que já eram um par. Na hora de atravessar o sinal, porém, ele ficaria vermelho. Inexplicavelmente. Sem nem um verdinho de esperança, ou ao menos umas reticências, em nome de tantos momentos juntos... Nada. Frieza de mulher quando quer fechar a porta. Com a negativa da musa, restava voltar como cão sem dono ao apartamento da Von Martius, e jorrar os versos de *Mãe É Mãe*:

Se você quer namorar
Ela quer ser sua amiga
Se você telefona, aí é que ela nem te liga
Mas se você joga duro,
Quando cruza com ela finge que não vê
Aí ela fica de quatro
Te beija o sapato
Quer casar com você

Mãe é mãe
Paca é paca (x 2)
Mas mulher, mulher não
Mulher é tudo vaca
Vocês já saíram dez vezes
E até que foi bem legal
Mas ela não quer compromisso
Ela não quer ser casal
E quando você menos espera
Ela volta pro ex-namorado
Um cabra safado, um puto ordinário
De quem ela falava mal
Mãe é mãe...

Num ensaio para o show no Jazzmania, ela apareceu. E quando a banda da *Casseta* e do *Planeta* atacou a introdução do número do "Tim Maia", todos olharam para ela. Angélica ouviu o refrão e entendeu imediatamente quem era a vaca da música.

Parte da turma da Overdose se mantivera unida após o banimento da Escola de Comunicação da UFRJ. Angélica fora trabalhar no Circo Voador, produzindo shows no auge da efervescência "maldita". O Circo era quintal de Bussunda. Às vezes marcavam de ir juntos de ônibus ou táxi (ele não sabia dirigir; ela sabia, mas tinha medo), outras vezes não marcavam nada — e se encontravam assim mesmo. Ela se divertia com as evoluções da dupla. Por ele, teriam evoluído mais.

Não eram personalidades parecidas. Ao contrário de Bussunda, Angélica tirava boas notas na faculdade. Não era uma estudiosa — ninguém naquele Centro Acadêmico desvairado poderia ser —, mas tinha facilidade para aprender e um senso de responsabilidade férreo. Bem antes de ele ser jubilado da ECO, ela já tinha seu diploma de jornalista. Em todo o curso, só uma vez Bussunda conseguira uma nota melhor que a de Angélica. E ela se revoltara com isso.

Estavam no quarto período do ciclo básico e teriam uma prova de Teoria da Comunicação. Num de seus surtos virtuosos, Bussunda decidira tentar uma boa nota. Seu único problema era não ter assistido às aulas. Foi pedir a ajuda de Angélica.

Ela tinha tido frequência um pouco melhor do que a dele, embora tivesse atravessado algumas aulas em sono profundo, embalada pela fala monocórdia do professor. Mesmo assim tinha razoável noção da matéria e concordou com a única ajuda possível àquela altura, naturalmente fora da lei. Sentou-se à frente dele, fez toda a prova e inclinou o corpo para o lado, liberando a visão panorâmica das respostas.

Bussunda copiou tudo com perfeição e ainda fingiu estar revisando as questões, para não entregarem a prova ao mesmo tempo. A fraude foi um sucesso, desconfiança zero, e dois dias depois a dupla estava recebendo suas notas.

Angélica fora muito bem, conseguindo nota 8. Bussunda conseguira a melhor performance da história universal da cola: 8,5. Inconformada, a aluna ficou encarando o professor, um baixinho de óculos grossos, bigode fino e cara de Jânio Quadros, sem poder dizer-lhe que era um lunático. Notando a revolta da colega, Bussunda encorajou-a:

— Angélica, você precisa estudar um pouco mais Teoria da Comunicação.

Apesar do escárnio, ela não conseguia ter raiva de verdade do colega implicante. Desde o seu primeiro dia na ECO, tivera nele uma referência doce, confortante. Angélica vinha do interior, nascera e crescera em Paracambi, no Sul Fluminense. Sua chegada à universidade era o primeiro passo na capital. O mundo em ebulição da ECO não era propriamente uma recepção tranquilizadora.

Bussunda e Angélica entraram juntos na UFRJ, no segundo semestre de 1981, na mesma turma. No primeiro dia de aula, sentaram lado a lado na última fileira. Quando os veteranos irromperam confiscando os cigarros dos calouros, ela quis reagir. O dinheiro para viver no Rio de Janeiro era contado, a verba para o cigarro também. Até o trote chegar ao fundo da sala, ela teve tempo de jogar os seus dentro da bolsa, deixando só dois dentro do maço. Mas um veterano disfarçado viu sua manobra e a delatou.

Assustada com o cartão de visitas da cidade grande, ainda tinha a seu lado um selvagem. Perto de Bussunda, um mendigo de Paracambi era quase um almofadinha. Com dois minutos de conversa, porém, ela se sentiu em casa. O ogro parecia ser um cara legal. Se certificaria disso na primeira noite em que precisaria se desvencilhar de um veterano — interessado em algo mais do que os seus cigarros.

Na festinha cheia de calouros, alguns alunos mais velhos apareceram para a caçada. Depois do trote, chegara a hora do recreio. Em lugar da coação, entrava a sedução intelectual. As novatas deviam estar loucas para saber como era a visão do mundo depois dos 20 anos. Um dos jovens homens vividos se aproximou de Angélica, puxou um papo sobre o amor, e a certa altura disparou a flechada de sabedoria:

— Vinicius de Moraes era um machista. Um porco chauvinista. A poesia dele é toda sobre a beleza da mulher, não passa disso. Em Vinicius, a mulher não passa de um objeto apetitoso.

Acabara de se completar um ano da morte do poeta, o que tornava a "colocação" especialmente impactante. Impacto maior, só o da contestação da moçoila:

— Você tem mãe?

— Hein?!

— É, tem mãe? Tem empregada? Quem lava a sua roupa? É você?

— Não.

— Então você é tão machista quanto o Vinicius de Moraes.

Com toda a sua bagagem intelectual, o veterano não estava preparado para as questões profundas da área de serviço. Rosnou alguma coisa não muito erudita e se mandou. Possivelmente, sem entender que a menina estava se lixando para o suposto machismo de Vinicius, desde que se livrasse da cantada filosófica.

Aí veio o contraste. Angélica engrenou uma conversa fiada com Bussunda, e acabaram falando de amor. O colega se expressava bem, e suas ideias sobre relacionamentos — não à luz de Vinicius, mas dele mesmo — encaixavam-se totalmente com as dela. Havia lugar para a cumplicidade e a delicadeza no novo mundo.

Angélica Nascimento e Cláudio Besserman se tornariam cúmplices em uma profusão de jornadas, mais ou menos delicadas: na revolução da chapa Overdose — Esfaqueie Sua Mãe, no futebol feminino da ECO (as mais gostosas), nos dribles aos professores e às regras, na adesão às passeatas cívicas ("Também queremos"), no milagre de arrecadar dinheiro com números musicais para rodar o jornal *Imprenssão*, nas viagens pelo Brasil pendurados no ônibus do Brizola, na transformação do blá-blá-blá em palavra de ordem para sabotar palestra da UNE, nas noites malditas do Circo Voador.

Tanta cumplicidade formara um par que não era par, e Bussunda sentira que a amizade tinha passado do ponto de virar romance. *Mãe É Mãe* era a caricatura de um desencontro. Ao ouvi-la no ensaio da banda, porém, Angélica olharia para o amigo como nunca tinha olhado antes.

Reconheceu-se como a "vaca" da canção e enxergou pela primeira vez de fato o desejo de Bussunda por ela. Não imaginava todo aquele turbilhão no amigo sempre tão suave — e tão indireto (no departamento do flerte). Ainda se desembaraçava do antigo namorado, não era o momento de trocar a amizade certa por um novo romance duvidoso. E era duvidoso, entre outras coisas, pela falta de iniciativa do pretendente. Mas cantando a dor de cotovelo, ele dava, sem querer, sua primeira cantada.

Angélica achou graça tanto na letra da música, quanto nos olhares de todos sobre ela. E aí, esse casal vai ou não vai? — era o que os amigos pareciam perguntar-lhe em silêncio. Ela não disse nada. Só riu. E apareceu na estreia do show no Jazzmania.

Bateria ponto lá nas dez segundas-feiras da temporada. Só para assistir, mais nada. O ex-quase casal continuava se desencontrando com hora marcada. Alguém precisava fazer alguma coisa.

Bussunda fez. No dia 25 de maio, aniversário de Angélica, aproveitou que seus pais estavam viajando, comprou o silêncio da empregada e fez uma festa de arromba para ela na cobertura da Anita Garibaldi. A aniversariante delirou. E se divertiu até o sol raiar. Uma noite especial, inesquecível, e, por que não dizer, romântica. Mas não rolou nada.

O poeta voltava mais uma vez sozinho para casa, com inspiração suficiente para um *Mãe É Mãe 2* — em que a vaca talvez perdesse o lugar para algum animal menos simpático.

O aniversário dele, exatamente um mês depois, 25 de junho, seria celebrado com outro festão. Dessa vez, o pirata não subornaria ninguém nem invadiria propriedades. Receberia em grande estilo a legião de amigos e simpatizantes na Associação Scholem Aleichen (ASA), clube da comunidade judaica onde praticava sua religião (jogar bola toda santa quarta-feira).

Não seria um aniversário igual aos outros. Na comemoração de seus 26 anos de idade, o eterno desajustado era, de repente, redator da maior novidade da Globo e estrela do show mais cult da cidade, além de sócio da promissora Toviassu Produções Artísticas. Cláudio Besserman Vianna se sentia o mesmo de sempre. Mas a dimensão da entidade Bussunda já era outra. A festa estava ficando maior.

Personagem cada vez mais presente nos jornais, ele falava publicamente com a mesma desenvoltura das confusões dentro da Globo, dentro da sua casa ou dentro da sua cabeça. Uma semana antes do seu aniversário, disse ao *Jornal do Brasil* que só uma esposa poderia tentar botar sua vida em ordem:

— Acabei de pedir uma menina em casamento e estou esperando a resposta. Ofereci a ela um bom salário.

Não tinha havido pedido de casamento, claro. Era só mais uma cantada cifrada. Angélica não leu o *JB* aquele dia, mas foi à festa na ASA. O aniversariante estava cercado de gente e atenção por todos os lados. Seria fácil jogar duro e fingir que não a vira, como na letra da música. Antes que isso pudesse acontecer, ela foi até ele, sem beijar-lhe o sapato, e disse "sim".

* * *

A plateia lotada esperava a apresentação da maior atração da noite. Nos camarins, Beto Silva recebia a notícia-bomba: o astro desistira de fazer o show. Dessa vez não era Tim Maia, nem sua imitação, ou outra brincadeira ensaiada. O cano era real, e o público febril não estava com cara de que ia deixar barato.

Lobão era a estrela do show de encerramento da campanha do Macaco Tião a prefeito do Rio. Angélica engajara o Circo Voador no movimento criado por seu namorado, quase noivo, e o grupo da *Casseta Po-*

pular. A campanha fora um sucesso, mas agora, quatro meses depois do sim a Bussunda, o não de Lobão na última hora ia transformar a apoteose do macaco no mico do ano — diante de milhares de jovens ávidos e muito calibrados.

As eleições municipais de 1988 transcorriam no mais perfeito tédio. As Diretas tinham sido derrotadas em 1984, o intelectual Fernando Henrique Cardoso fora derrotado pelo arcaico Jânio Quadros para prefeito de São Paulo em 1985, o jornalista Fernando Gabeira fora superado pelo conservador Moreira Franco para governador do Rio em 1986. Depois de tanta mudança morrendo na praia, a campanha para prefeito do Rio parecia querer consagrar a mesmice. Até surgir o candidato do zoológico.

O Macaco Tião era um personagem irreverente da cena carioca, que jogava comida para os visitantes (e outras substâncias menos puras). Isto é: seria um candidato capaz de surpreender, segundo a ciência política da *Casseta*. A revista resolveu lançá-lo para prefeito, com sólida argumentação:

"Se o voto é obrigação, vote no Macaco Tião. Ele tem uma grande vantagem diante dos outros candidatos: já está preso."

Com o mote de "dar uma banana para a caduquice da política", a candidatura foi se espalhando pelo boca a boca das ruas. Na retaguarda, editoriais da revista fundamentavam a campanha de "Sebastião Alves Paranhos Paiva de Prata, 25, o popular Macaco Tião, o último preso político brasileiro". Ele não tinha vaidade mesquinha, apenas cedia aos apelos da sociedade civil, e tinha as mãos limpas (a sujeira era toda atirada no público).

O movimento cresceu e ganhou as páginas da grande imprensa. A esquerda ficou furiosa e partiu para o ataque aos humoristas.

Em artigo no *Jornal do Brasil*, a deputada estadual Heloneida Studart, do PT, relacionava a iniciativa do "bando de gaiatos" às "forças reacionárias" que queriam desestabilizar a Constituição. Pedia aos democratas que não tivessem "complacência com essas piadas de voto nulo". Um grupo de candidatos a vereadores liderado pelo professor Chico Alencar, também do PT, iniciaria uma campanha contra a anulação do voto.

Bussunda com o Macaco Tião, candidato da Casseta a prefeito: "A vantagem é que esse já está preso."

Bussunda entrou no debate público em defesa do PBB — Partido Bananista Brasileiro. Depois de sabotar o movimento estudantil na ECO, vinha espalhar o mesmo vírus letal na política partidária. A candidatura do Macaco Tião era descendente da Overdose. O anarquista encarou políticos, intelectuais e jornalistas em vários fóruns, mas não foi de terno. A seriedade, dessa vez, estava no discurso.

Num debate na faculdade Helio Alonso, surpreendeu professores e candidatos a vereador que o acusavam de brincar com a democracia:

— Tião é a melhor forma de se influir na situação do Rio. Ele representa a nossa recusa em aceitar os nomes apresentados pelos partidos. Democracia é eu poder resguardar meu direito de votar no Tião e, ao mesmo tempo, preservar meu voto para vereador.

A brincadeira era séria e foi conquistando adesões. Boa parte do elenco da *TV Pirata* posaria para fotos vestindo a camiseta da campanha (vendida aos milhares), que trazia uma foto do candidato em sua jaula e o slogan "Tudo pela evolução, vote Macaco Tião".

Nas páginas da *Casseta*, Débora Bloch aparecia caracterizada como a Natália de "Fogo no Rabo", falando da penetração do candidato no eleitorado jovem: "Realmente, a penetração é excelente. O chato é que ele não liga, não escreve, não procura... Mas ele é tão bom pra mim!"

No Circo Voador lotado, Angélica suava frio com o sumiço de Lobão. No ato final da campanha, estavam em jogo, além da candidatura em si, a imagem (e a pele) do bando de gaiatos. Beto Silva resolveu jogar na loteria.

A banda paulista Ultraje a Rigor, fenômeno do rock brasileiro no auge do sucesso, estava no Rio. Tinha sido convidada à tarde para o show no Circo, mas não confirmara presença. Às nove da noite, Beto ligou para um dos telefones da banda ultrarrequisitada. Ou seja, puro desespero. Mas Roger, o líder, atendeu. E disse que gostaria de apoiar o macaco:

— Pode anunciar o Ultraje. Estamos indo pra aí.

O público foi ao delírio (e os organizadores mais ainda) com a chegada da atração inesperada. O hit *A Gente Somos Inútil* parecia feito sob encomenda para o Partido Bananista. Ainda houve tempo para uma canja de *Mãe É Mãe*, com "Tim Maia" esculhambando o som do Circo Voador, produzido por sua musa. A apoteose veio com Celso Blues Boy, à la Jimmy Hendrix, tocando o Hino Nacional na guitarra vestido com a camiseta do "prefeito" Macaco Tião.

No dia 15 de novembro, Marcello Alencar seria eleito com 31% dos votos. Em terceiro lugar, com 9,5%, aparecia o vencedor (i)moral da eleição: Sebastião Alves Paranhos Paiva de Prata, o chimpanzé mais votado da história.

O ano terminaria com o Troféu Imprensa de melhor programa humorístico para a *TV Pirata*. Depois do início polêmico, as piadas sem claque e sem bordão tinham conquistado o filé-mignon da crítica e do público. Nas poltronas e nas plateias, cumpria-se a promessa de "tirar você desse lugar" — e levá-lo para as novas coordenadas do riso. Jornal, revista, TV, show... Faltava rir do disco.

Em menos de um ano, *Casseta* e *Planeta* tinham passado de ousadia marginal a marca confiável. O mercado aprendia rápido. E a gravadora Warner apareceu para comprar o passe do grupo, levando-o do palco para o estúdio. Ou para o ringue.

A polêmica em torno do Macaco Tião tinha sido só o aperitivo. Aquele jeito pirata de andar esbarrando em tudo e em todos ia aumentando a coleção de calos pisados. Matar o pai até que não estava sendo tão escandaloso, mas quando *Mãe É Mãe* começou a tocar no rádio, o barulho cresceu. Em toda a imprensa, bananas eram atiradas de volta à jaula:

"Esses garotos são uns idiotas. Tenho pena deles. Estão projetando nas mulheres todas as suas divisões internas", atacou a escritora Rose Marie Muraro, expoente do feminismo.

"Esta música introjeta nas mulheres a ideia de que elas são vacas, e que só se salvam disso quando se tornam mães, quando reproduzem a sociedade", protestou a deputada Benedita da Silva, do PT.

"Esse pessoal não difere dos velhos representantes da direita mais extremada", analisou a antropóloga Lélia Gonzáles.

"Esses garotos não devem ter mãe", declarou a atriz e comediante Berta Loran, pedindo a proibição da música.

As vacas também foram defendidas:

"A vaca não deveria ser uma coisa pejorativa, mas na nossa sociedade ela é. Por isso eu acho que essa música não contribui em nada", opinou a deputada Jandira Feghalli, do PC do B.

No meio do tiroteio, Bussunda teve que voltar à arena. Em cada debate público, tentava explicar que a música era uma piada sobre a dor de cotovelo, sobre o velho duelo dos sexos. "Mulher é tudo vaca" seria o equivalente ao bordão feminino "os homens são todos iguais". Nem sempre convencia.

Já cansado de suas próprias repetições, ao receber o microfone diante do auditório lotado da Faculdade da Cidade, numa mesa com cinco intelectuais convidados para questioná-lo, fez um discurso diferente:

— Eu gosto do debate. O que me dói, como humorista, é fazer uma piada e ter que sair de casa numa segunda-feira de manhã pra explicá-la.

Na foto publicada por *O Globo* no dia seguinte, Bussunda aparecia com as duas mãos coladas à cabeça, com os indicadores esticados para cima — colocando dois chifres em si mesmo. Valeria por mil palavras sobre sua polêmica composição.

Reacionário, idiota, machista, recalcado, sem mãe. O noticiário trazia uma chuva de adjetivos nada confortáveis ao mais conhecido dos piratas. Metralhado em praça pública, Bussunda continuava exatamente o mesmo. Nas entrevistas e no trabalho, em casa e na rua, não demonstrava uma gota a menos de suavidade e de petulância. O monge peralta não acusava o golpe.

Ao lado de Angélica, parecia mais tranquilo do que nunca. Ela também não parecia abalada com a confusão em torno da música em sua "homenagem". Em particular, ainda comentava: "Gente, essa mulher sai com o cara que tá a fim dela e fica fazendo mistério... É uma vaca, né?"

Uma vez uma amiga fez a pergunta crucial. Quis saber se Angélica gostava da letra de *Mãe É Mãe*. Ela foi franca:

— Bem, cada musa tem o poeta que merece.

A musa não queria compromisso, não queria ser casal. Mas se deixara enamorar. O poeta seguia o mandamento de sempre: ir levando a vida, e sendo levado por ela. Só que ela estava melhorando rápido, e as coisas não aconteciam mais no ritmo paquidérmico do 409. Logo, a questão não seria mais poder comprar seus próprios bifes e pagar em dia seu terço de aluguel a Beto. Com um ano de namoro, Angélica queria compromisso, Bussunda queria ser casal. Faltava encontrar a saída do seu querido Clube do Bolinha.

A vida de cachorro ali era dura, mas era boa. Mesmo sob o fogo cerrado das feministas. E a guerra estava só começando. A chamada "sociedade organizada" começava a responder os petardos dos piratas. O movimento negro entraria na briga — com munição mais pesada do que as mulheres e a esquerda.

A *Casseta*, o *Planeta* e a *TV Pirata* tinham um farto histórico de piadas sobre negros. Mais precisamente, piadas sobre o próprio racismo — mas aí era preciso contar com a sutileza do freguês. Numa cena que entraria no segundo show do grupo, Helio de La Peña aparecia sozinho no palco, iniciando um discurso solene. Era interrompido por um grito vindo da coxia:

— Cala a boca, negão!

O orador não se perturbava:

— Negão, sim! Foram os negros que fizeram deste país um...

— Cala a boca, crioulo!

— Crioulo, sim! Crioulo como Pelé, um grande brasileiro, que inclusive comeu a Xuxa e...

— Cala a boca, tiziu!

— Tiziu é a puta que o pariu!

A onda era satirizar o próprio preconceito e suas caricaturas, começando pela cor da pele do humorista que protagonizava a cena. Helio sabia o que era visitar um amigo em Ipanema e ser encaminhado para o elevador de serviço. Aprendeu a desarmar os preconceituosos mais sutis, como os que vinham festejar com ele "o Mengão", presumindo seu time. Botafoguense, Helio esclarecia: "Eu não sou Flamengo, sou só preto. Não acumulo."

Às vezes os piratas eram um pouco menos sutis na esculhambação do preconceito. Na campanha eleitoral de 1988, o *Planeta Diário* caprichara na cretinice em defesa do seu candidato: "Não ao Apartheid! No ano da Abolição, libertem o Macaco Tião!"

Mas foi no lançamento do disco da *Casseta* e do *Planeta*, em abril de 1989, que o movimento negro decidiu tirar satisfações com o grupo. A revolta era com o título: *Preto com Um Buraco no Meio*. O Instituto de Pesquisa da Cultura Negra (IPCN) entrou imediatamente com uma representação na Procuradoria de Justiça, pedindo a abertura de processo contra os humoristas por racismo.

Em declaração à *Folha de S.Paulo*, um dos coordenadores do Instituto, João Marcos Romão, explicou a perversidade do nome do disco:

— Aqui no Rio, todo mundo sabe que "preto com um buraco no meio" é a mesma coisa que "presunto", como são conhecidas as vítimas do Esquadrão da Morte.

A expressão seria um jargão racista da violência urbana, referindo-se aos corpos de negros pobres perfurados em execuções sumárias. Os militantes da causa negra tinham encontrado a ironia cruel, mas tinham se desencontrado da realidade.

O título surgira na fase das gravações, quando curiosos perguntavam aos redatores/compositores como ia ser o disco. Respondiam que ia ser preto com um buraco no meio — como era todo LP de vinil. No vasto repertório de piadas de preto do grupo, o movimento negro se indignara com a única que não lhe dizia respeito.

Ao saber que seriam processados, os autores do disco resolveram tentar um contato direto com o Instituto de Pesquisa da Cultura Negra. O presidente da entidade, Januário Garcia, disse que o movimento estava disposto a conversar. Marcou uma reunião para o dia seguinte, na sede do IPCN, na Lapa.

Era o primeiro embate ao vivo dos piratas com vítimas (ou supostas vítimas) de suas piadas sem limite. Hubert, Reinaldo e Cláudio Paiva já tinham ido parar na delegacia quando o *Planeta* anunciou que o Papa pusera um ovo na Missa do Galo — edição que trazia uma entrevista com a Virgem Maria, onde ela contava como não conseguira evitar aquele filho. Salvos do xadrez pelo advogado Técio Lins e Silva, não chegaram a duelar com nenhum representante da Igreja.

Agora estavam todos pessoalmente diante dos representantes do movimento negro. Helio de La Peña tomou logo a palavra:

— Gente, não é possível que eu queira ser racista contra mim mesmo! Vocês acham que eu poderia achar alguma graça nisso?

Mesmo com o sucesso crescente e a boa exposição pública, Helio continuava vivendo o lado sem graça de ser negro no Brasil. Alguns meses antes, passara por uma situação pesada.

Depois da temporada no Jazzmania, o show reestreara no segundo semestre, no Teatro Ipanema. Na saída de uma das sessões, Helio parara na praça Nossa Senhora da Paz para conversar com a mãe de Beto Silva, Ida, que assistira ao espetáculo. Recebeu os parabéns, trocou alguns comentários com ela e se despediu.

Mal deu três passos em direção ao seu carro, estacionado na praça, foi detido por um PM, que lhe ordenou rispidamente:

— Agora devolve o que tu roubou da mulher.

O policial tivera o cuidado de esperar a mãe de Beto afastar-se, para não colocá-la em risco ao prender o ladrão. Helio disse que não tinha nada para devolver:

— Eu conheço ela.

O PM se irritou:

— Que conhece o que, como é que tu conhece ela, rapaz?!

— É mãe de um amigo.

— Mãe de amigo é o cacete, onde é que tu vai ter amigo branco?

Sentindo que estava prestes a ser preso, ou a levar uns tapas, ou os dois, Helio poderia ter mostrado ao policial seu nome no cartaz do teatro, de onde saíam mais de duas centenas de pessoas. Mas continuou respondendo à dura, até que ela caísse no seu próprio ridículo.

A dura do movimento negro também tinha lá sua esquisitice. Nenhum dos humoristas jamais ouvira falar que preto com um buraco no meio era código para "presunto" na Baixada Fluminense. Mas o apelo inicial de Helio na reunião, com a carga da sua própria vivência do preconceito, transformou o embate em debate.

A certa altura, o presidente do IPCN concordou que o disco não era racista, mas criava uma boa oportunidade para se levantar a discussão. Aí Helio mudou o tom:

— Como assim? A gente está sendo bombardeado na mídia porque isso favorece a discussão? Viramos bucha de canhão? Porra, isso não é legal.

Os ânimos se acirraram, mas foram arrefecendo à medida que surgia um acordo no horizonte. Os militantes tinham gostado da abertura dos humoristas ao diálogo e pediram para contar com eles nos debates que promoviam. Diante da resposta positiva, decidiram desistir da ação judicial. Nesse momento, chegou à reunião o cartunista Jaguar, decano do *Pasquim*, disposto a tomar as dores dos piratas:

— Porra, vocês crioulos são foda! Os caras estão aí fazendo o trabalho deles, agora vocês vão cagar na saída?

Bussunda, que no encontro atuara mais uma vez como embaixador do bom senso, só pôs as mãos no rosto e murmurou: "Fudeu." A confusão recomeçou imediatamente e o bom senso virou farelo.

Quando parecia que o acordo iria para o espaço, porém, o próprio Jaguar, macaco velho, deu a senha para o armistício: nada ali devia ser levado tão a sério, nem ele mesmo.

— Gente, é só piada! Vamos parar com isso, vamos ter mais senso de humor — decretou o fundador do *Pasquim*.

O combustível para a polêmica já estava mesmo no final, e o jeito foi selar a paz. Até porque o negro mais invocado com o disco dos piratas não estava naquela sala.

Tim Maia ouvira falar da imitação dele no show e não gostara nada do script. Quando ouviu *Mãe É Mãe* no rádio, foi tirar satisfações com André Midani, o executivo da Warner que contratara o grupo. Saiu dizendo que não dava intimidade a Bussunda para ganhar dinheiro às custas dele, e que não se incomodaria se pelo menos a imitação fosse engraçada. O gigante estava furioso. E ficaria mais quando "se visse" na TV.

O apresentador Fausto Silva convidara o cantor para participar de seu novo programa, o *Domingão do Faustão*, na Globo. Tim Maia topou — e não foi. A participação seria ao vivo, e a ausência do cantor deixou um buraco no programa, que estava em fase de afirmação na emissora. Fausto não gostou. Na semana seguinte, voltou a anunciar a presença de Tim Maia no *Domingão*. Agora, sem convidá-lo.

Iniciado o programa, o apresentador confirmou ao vivo que, dessa vez, Tim estaria lá. Aliás, já estava no Teatro Fênix. Quando finalmente chamou o cantor ao palco, quem apareceu foi Bussunda e sua banda: "Alô rapaziada! Disseram que eu não vinha, mas eu cheguei batido..." Era a vingança do Faustão.

Tim Maia ficou fora de si diante da imagem do impostor. E sua ira tinha uma razão especial: os enchimentos usados por Bussunda sob a camisa cintilante. "Porra, o cara já é gordo pra caralho. Tá querendo dizer que é menos gordo que eu?", comentaria nos bastidores.

Ao sair de cena, Bussunda foi informado do telefonema ameaçador do cantor, avisando que ia até lá dar-lhe um tiro. Fez uma análise fria da situação:

— Ele avisou que vinha? Que bom, então já sei que ele não vai aparecer.

Por via das dúvidas, o falso Tim Maia trocou de roupa correndo e se mandou do Teatro Fênix.

Algum tempo depois, Claudio Manoel, Beto Silva e Helio de La Peña procuraram Tim Maia. Perguntaram se ele toparia recebê-los para uma entrevista. A *Casseta Popular* publicaria tudo o que ele dissesse. Era a bandeira branca dos piratas. O cantor apresentou uma condição:

— Recebo vocês, mas só se o Bussunda vier também.

Desistiram definitivamente da entrevista. Era a vez do Tim Maia cover não dar as caras. Nem amarrado. Ele precisava estar inteiro para o encontro que ia mudar sua vida.

CAPÍTULO 9

Um sol para sete (ou oito, ou nove...)

Helio viajou da Penha a Copacabana para buscar um lugar ao sol. O sol, em 1979, era *O Pasquim*, que completava dez anos como principal canhão da imprensa alternativa. Debaixo do braço do estudante de engenharia estavam alguns textos das primeiras safras da *Casseta Popular*. Para Helio, Beto e Marcelo, publicar seu humor no *Pasquim* seria meio caminho para a glória.

O editor que recebeu os textos de Helio se impressionou com o material. Considerou-o de extrema ousadia, talvez uma tentativa de zombar dos preconceitos, com piadas racistas que ridicularizavam o próprio racismo. O editor era Reinaldo Figueiredo, futuro criador do *Planeta Diário*.

Certo de que tinha em mãos um estilo de humor muito à frente de seu tempo, Reinaldo guardou com cuidado numa gaveta os textos da *Casseta*. Com cuidado para que não saíssem de lá. Não mostrou para ninguém, fingiu que não viu, tocou a vida em frente. A porta do *Pasquim* estava fechada para Helio e seus amigos.

Reinaldo barrou a *Casseta* a partir de um cálculo simples, que formulou consigo mesmo: "Isso vai dar merda." Homossexuais e negros eram objetos de piadas pesadas, cuja sofisticação estava na própria grossura. Quantos leitores entenderiam que a graça era ironizar as próprias piadas preconceituosas? A população baiana era uma imensa maioria negra, "com exceção das solas dos pés e das palmas das mãos". Quem imaginaria um negro entre os autores de uma provocação daquelas?

Melhor engavetar. Mas não era uma decisão fácil. Reinaldo tinha sentido na pele o pior tipo de veto, o da censura governamental. Todo o material do *Pasquim* era enviado a Brasília para o crivo dos censores. Jaguar, Ziraldo e companhia enviavam mais do que a edição completa do jornal: enxertavam um monte de textos e desenhos exóticos, para confundir a tesoura dos militares e tentar preservar o material verdadeiro. Não adiantava muito, a censura era paciente.

E o veto não era só um veto. Era uma espécie de atentado. O material proibido voltava de Brasília riscado grosseiramente com pincel atômico — o que no caso dos desenhos, enviados no original, significava a destruição do trabalho. Reinaldo conheceu a carnificina quando menos esperava. Num cartum que não estava entre os seus mais críticos, desenhou uma televisão e diante dela um cocô, que exclamava: "Oba! Vai começar o meu programa." Os militares não aceitaram a insinuação de que a TV tinha uma programação de merda.

O cartunista recebeu de volta seu desenho rabiscado com um enorme "x", como se não bastasse a palavra "vetado" escrita logo abaixo das fezes falantes. Quando recebeu o material da *Casseta*, esse tipo de veto não ocorria mais. Com o início da abertura política, a censura ia ficando para trás. Reinaldo viveu seu dilema sozinho, sem nem um general de plantão para anestesiar sua consciência. Não rabiscou os textos levados por Helio, mas também não os devolveu, nem lhe disse nada.

Helio lhe disse — dez anos depois, quando o lugar ao sol era o mesmo para os dois. Ou pelo menos tinha que ser:

— Reinaldo, você engavetou o nosso texto. Você cagou na nossa cabeça.

O percurso bancas de jornal-TV-palco costurara as almas gêmeas da *Casseta Popular* e do *Planeta Diário*. A partir do chamado de Paulinho Albuquerque, todos ali sentiram que o bonde para o sucesso era um só. *Casseta* e *Planeta*. Uma única entidade, numerosa e coesa. A amizade e a afinidade passavam a ser governadas pelo senso de oportunidade.

A cobrança de Helio tinha carga de uma década. Mas a eventual tensão contida nela faria o mesmo caminho de todas as outras que brotassem naquele circuito fechado: explosão, absorção e resfriamento, sem contato com o meio externo. Um organismo ia se formando — com sua própria temperatura, pressão e anticorpos.

Reinaldo concordou. Tinha cagado na cabeça dos estudantes de engenharia. Sentia-se especialmente injusto no aspecto geográfico: enquanto Helio atravessara a cidade da Penha até Copacabana para chegar ao *Pasquim*, ele tivera que dar só uma caminhada da Rainha Elizabeth até a Saint Roman. Era mesmo uma iniquidade.

Uma possível tensão entre Reinaldo e Helio tinha enormes chances de terminar numa prosaica contagem de esquinas entre a Penha e Copacabana. Com Bussunda, eles formavam o trio "zen" do grupo, quase inaudíveis na hora das gritarias. Com os outros, a chapa esquentava até onde a civilização permitisse. Às vezes, um pouco além. E chegaria o dia em que os anticorpos dariam lugar aos tapas.

Do Jazzmania para o Teatro Ipanema, de lá para o Canecão. O show *Eu Vou Tirar Você Desse Lugar* chegara, em outubro de 1988, ao mais tradicional palco carioca, para uma plateia de 3 mil pessoas. O sucesso seria tanto, que o mesmo espetáculo voltaria à casa para nova temporada em junho de 1989. A fama ia crescendo sem alterar o estilo desleixado do grupo — salvo algumas manias novas, como a de tomarem remédio para emagrecer.

Não duraria muito o surto coletivo de elegância, mas seria suficiente para alterar um pouco os humores. A anfetamina presente na medicação deixara os artistas mais nervosos do que magros. Durante uma passagem de som no Canecão, pouco antes do show, Marcelo fez no microfone uma gracinha com Hubert. Era apenas o conhecido jeito Madureira de constranger o próximo, realçando-lhe algum defeito ou sotaque. O próximo, no entanto, não estava a fim da brincadeira. Nem de bate-boca.

Hubert partiu para cima de Marcelo no palco do Canecão. Enquanto o público formava a fila para rolar de rir, os palhaços lá dentro rolavam no ringue. A sessão de sopapos só não evoluiu porque os dois irados foram contidos pelo resto do grupo, com atraso de alguns segundos necessários para assimilar que Marcelo e Hubert estavam realmente se esbofeteando. Só Bussunda não intercedeu.

Ele estava sozinho no camarim, ocupado com outra atividade. Conseguira uma pequena televisão para assistir ao jogo da seleção brasileira pela Copa América. "Tim Maia" só apareceria no palco na hora do show.

E apareceria chateado. O Brasil não saíra do zero a zero com a Colômbia, jogando em casa. Vexame. Antes do início do espetáculo, ainda com a tensão da briga entre Hubert e Marcelo no ar, o diretor Paulinho Albuquerque reuniu o grupo para uma conversa. Apelou a todos para que fossem profissionais. Era um show de humor, o público não poderia sentir o abatimento deles com o acontecido.

Bussunda recebeu bem a mensagem. Superou o baixo-astral e entrou em cena mais engraçado do que nunca.

Angélica ficou orgulhosa do profissionalismo do namorado. Era um artista de verdade. Enquanto ele se livrava das olheiras e gorduras extras do seu Tim Maia, no concorrido camarim do Canecão, ela lhe dava os parabéns especiais. Atuação perfeita, nenhum sinal de abalo com a briga entre Marcelo e Hubert. Bussunda interrompeu-a:

— Que briga?

Angélica riu da brincadeira e continuou os comentários sobre o mal-estar nos bastidores. Mas o único mal-estar vivido por Bussunda tinha sido o da péssima atuação da seleção brasileira. E lhe fizera todo sentido o apelo de Paulinho Albuquerque para que o grupo superasse o abatimento: um empate do time medíocre de Sebastião Lazaroni não podia prejudicar um show profissional. Angélica lembrou-se de que estava no planeta Bussunda.

Hubert e Marcelo Madureira compunham a ala dos "pilhados". Adrenalina pouca era bobagem. Mas o conflito nunca chegara àquele ponto. Não eram mais garotos, já tinham 30 anos de idade, e agressão física a essa altura perde a licença da molecagem. Os dois ficaram brigados. Até a manhã seguinte.

A explosão cumprira seu ciclo veloz no tal circuito fechado. Afetara a todos no grupo — e a mais ninguém. Nem dissimulação interna, nem vazamento externo. Cada vez mais, o que estava dentro não saía e o que estava fora não entrava. O organismo tinha seu próprio metabolismo. Depois de se estapearem, Marcelo e Hubert estavam mais unidos do que nunca. A rigor, tinham se tornado uma pessoa só.

O nome da pessoa era Agamenon Mendes Pedreira. Tratava-se de um velho homem de imprensa, lenda viva do jornalismo marrom. Escrevia de acordo com quem melhor lhe subornasse, e mesmo assim não tinha onde cair morto. Seu caráter era duvidoso só para os que não o liam com atenção. O leitor atento não tinha dúvidas: era um mau-caráter assumido, ainda que fracassado.

A coluna de Agamenon no jornal *O Globo* descendia do texto de um chimpanzé. Entre o *Planeta*, a *Casseta*, a *TV Pirata* e o show, o grupo procurava o que fazer com suas outras ideias. Uma delas era uma crítica à última peça de Gerald Thomas, "o maior ilusionista do mundo", assinada pelo Macaco Tião. *O Globo* publicou o texto e convidou o intelectual do zoológico para ser colunista do jornal.

O grupo não quis se comprometer com a redação de uma coluna semanal. Mas Hubert e Marcelo quiseram. Agamenon Mendes Pedreira estreou no "Segundo Caderno" de *O Globo* no dia 17 de maio de 1988, apresentando-se como crítico de televisão ("que defende algum por fora como cambista no Canecão"). No jornal que sempre promovia a programação da TV Globo, surgia o petardo inédito: "A novela *Mandala* e a minha paciência chegam ao fim."

O texto de Agamenon misturava os clichês das novelas com os da própria crítica e as fofocas da vida real. "Felipe Camargo construiu com garra um Édipo atormentado e convincente, mas foi tudo em vão, pois nem assim conseguiu levar sua mãe para a cama", analisava o colunista, parabenizando a censura por vetar em horário nobre o romance entre o jovem ator e a veterana Vera Fischer, o babado do momento. Para completar, Agamenon ainda tomava as dores do ex-marido da atriz, Perry Salles. Um cínico.

E pedante, como convinha a um crítico com o seu "cabedal intelectual":

Enquanto crítico que sou, não posso me furtar ao penoso ofício de criticar impiedosamente as arestas de uma obra de arte, naquilo que me parece estar mal colocado e prejudicando, numa leitura globalizante, o totum estético em questão, como, por exemplo, o exagero dos penteados e topetes usados pelos atores Édipo, Lúcia Veríssimo e Raul Cortez.

O exagero do penteado de Raul Cortez (que era careca) soava tão verdadeiro quanto a insistência no uso da palavra "convincente", outro clichê da crítica. Agamenon ia fundo:

Descendo um pouco mais na escala social dos personagens, nos deparamos com um convincente Grande Otelo, o Wilson Gray negro, que estranhamente não terminou a novela casado com Gianfrancesco Guarnieri, uma união que simbolizaria a aliança entre o negro oprimido e a intelectualidade de esquerda.

O novo "crítico" conseguia, em uma frase, unir a cultura popular, a retórica socialista e as fórmulas da teledramaturgia numa mesma excreção cínica. Com a coluna de Agamenon Mendes Pedreira em *O Globo*, os piratas fincavam sua espada também na grande imprensa.

O que o leitor daqueles absurdos não poderia imaginar era o prestígio de Agamenon dentro da empresa. Quando ia à sede do jornal, abria-se para ele a mais nobre das portas — a do todo-poderoso Evandro Carlos de Andrade. O lendário diretor de redação de *O Globo*, mandachuva do jornal havia quase vinte anos, fazia questão de receber Hubert e Marcelo Madureira em sua sala.

Evandro Carlos de Andrade não recebia qualquer um. Era um chefe mão de ferro, figura cercada de temor e respeito, sem a menor preocupação de ser agradável ou ecumênico. Evandro abria sua sala a Marcelo e Hubert porque os respeitava. Não só como autores criativos, mas como interlocutores sólidos. O chefão de um dos maiores jornais do país se sentia à vontade com os dois piratas para falar de cultura, de esporte, até de política. Descobrira que eles eram bem mais do que dois piratas.

Ao final do ano de estreia, uma das metades do Agamenon entrou na sala de Evandro com um assunto incômodo: Marcelo Madureira estava pedindo demissão. O acúmulo de tarefas entre TV, revista, show e jornal ainda tinha que ser conciliado com o trabalho no BNDES, e Marcelo estava com gastrite, à beira de uma estafa. O diretor de redação ouviu as explicações e respondeu que a escolha estava errada:

— É do BNDES que você tem que pedir demissão.

O engenheiro que se especializara em modelos econométricos não abandonara a carreira, nem com o sucesso da *TV Pirata*. Era o último remanescente fora da fronteira do humor. A insistência não tinha a ver só com segurança. Continha ainda algo de ambição. Marcelo Garmatter Barretto já desistira de ser um líder político, mas não de ser um comandante. O destino talvez o quisesse na presidência do BNDES.

A Evandro, respondeu apenas que não achava correto abandonar o banco que tanto investira nele. O cacique devolveu que se o problema era político, ele mesmo resolveria. Pegou o telefone e ligou para o presidente do BNDES, Márcio Fortes:

— Márcio, temos um problema. Você tem um funcionário que é meu também. Acho que ele precisa de uma licença sem vencimentos aí no banco.

Márcio Fortes respondeu que não havia problema, concederia imediatamente a licença. O funcionário estava liberado por dois anos. Seu dilema de uma vida fora resolvido por Evandro Carlos de Andrade em dois minutos.

Marcelo não estava renunciando às suas ambições: apenas constatava, no gesto arrojado do mandachuva global, que agora fazia parte de um outro projeto de poder.

A relação com Evandro não tinha nada a ver com aliciamento. Ao lado de Hubert, Marcelo Madureira era certamente um dos poucos sujeitos que não entravam na sala do diretor para dizer-lhe o que ele queria ouvir. A independência intelectual era a primeira das regras não escritas daquele jogo. Os dois lados sabiam que, sem ela, a parceria instantaneamente viraria pó. Um Agamenon condescendente seria o mesmo que uma *TV Pirata* chapa branca. Impossível.

Mas o sistema queria os piratas, e os piratas queriam o sistema. No alto escalão das Organizações Globo, logo se espalhou que o bando de anarquistas era gente culta e preparada. Piratas civilizados, que sabiam bem o que queriam. E o que eles queriam não era ser underground na vida. Uma coisa era falar besteira. Outra coisa era ser uma indústria de falar besteira.

Evandro intercedeu por Marcelo, que fez as pazes com Hubert, que foi ser Agamenon sem Reinaldo, o velho parceiro de criação, que não se sentiu traído e foi perdoado por Helio pelo veto no *Pasquim*. O circuito fechado metabolizava tudo. E se plugava nas tomadas certas: Cláudio Paiva, Guel Arraes, Daniel Filho, Boni, Paulinho Albuquerque, André Midani, Evandro Carlos de Andrade. O big business Casseta & Planeta.

No auge da polêmica em torno da música *Mãe É Mãe*, em junho de 1989, *O Globo* entraria no tema publicando uma matéria destacada no "Segundo Caderno". Com o título "Humor discriminado", o jornal claramente tomava o partido de Bussunda na guerra com feministas e intelectuais. O texto levemente editorializado chegava a ironizar alguns críticos do humorista. O sistema adotara o pirata.

Bussunda, Beto Silva, Claudio Manoel, Helio de La Peña, Marcelo Madureira, Hubert, Reinaldo, Mané Jacó. A entidade só se movia em bloco. Para dominar a *TV Pirata*, para subir ao palco, para falar com a imprensa — o monstro de oito cabeças era unificado pela mesma gana por um lugar ao sol. Ou quase a mesma.

Quando tudo começou a dar certo e a nave embicou para a estratosfera, uma das cabeças sentiu vertigem. Mané Jacó encaixara-se bem como gerente, editor e redator. A exposição pessoal no show business, porém, lhe era indigesta. No que o humor cerebral foi incorporando holofote, rebolado, caras e bocas, o jovem esquerdista decidiu desembarcar.

Bussunda conhecia Emanuel Jacobina de perto. Sabia de sua timidez crônica, soma de uma personalidade introvertida com um histórico familiar difícil. O pai, César Barretto Jacobina, era militar, pracinha da FEB, do vitorioso Regimento Sampaio que fizera história na Segunda Guerra Mundial. O único irmão morrera precocemente aos 35 anos, quando Emanuel tinha apenas 11. Em 1973, o temporão virava filho único. E iniciava uma travessia de conflitos domésticos pela adolescência e a juventude afora.

César Jacobina apoiava a ditadura militar de 1964. Mané Jacó, no movimento estudantil desde os 15 anos, mal tolerava ouvir o pai chamando o golpe de "revolução". A rotina de atritos cada vez mais febris levou o garoto a procurar trabalho. Tendo dinheiro poderia ter opinião. Um preço alto para ser ele mesmo em casa, o que saía de graça numa família comunista e libertária como a dos Besserman Vianna.

Mais tarde, a *Casseta Popular* se tornaria sua segunda família. O samba-exumação *Eu Tô Tristão* nasceria de um desabafo dele — devidamente jogado na máquina de moer seriedades. Quando pôs um pé fora do bonde, porém, sabia que um grupo obstinado não carregaria um desistente.

Mas Bussunda segurou-o pela mão. Não eram amigos inseparáveis, nem parceiros ideológicos. Por algum motivo, o colega captou seu acanhamento, não aceitou sua renúncia, comprou sua briga consigo mesmo.

Já despontando como estrela da companhia com seu "Tim Maia", Bussunda sugeriu números que pudesse fazer com Mané Jacó, convenceu o diretor, passou a ensaiar até mais tarde com o colega. E quando ia ficando claro que estar em cena era um parto para Mané, Bussunda só ria e repetia:

— O Manéu tem que estar no show.

Emanuel Jacobina ficou no show, não saiu do grupo e se tornou o solista da música *Tributo a Bob Marley*, um dos hits do repertório. No palco, ao apresentar a banda, "Tim Maia" voltaria ao passado:

— No cubo mágico, Mané Jacó!

A referência ao "instrumento" que Bussunda (não) tocava nos shows de O Nome do Grupo, nos tempos da Overdose, era uma singela homenagem de tímido para tímido. Só Mané Jacó, de mãos abanando, poderia ser tão bom naquele instrumento quanto o seu inventor.

Quem apareceu na plateia do Canecão foi o velho César Jacobina. Aplaudiu de pé e foi ao camarim dar um abraço orgulhoso no filho. Contendo um pouco a emoção, o ex-combatente do Exército Brasileiro não bateu em retirada sem exercer sua voz de comando:

— Emanuel: agora que você canta, você deveria aprender a tocar um violão...

O entusiasta da "revolução" de 64 estava feliz. E já nem lhe importaria que o filho tivesse subido ao palco graças à ação de um ex-comunista.

Mané Jacó não aprendeu violão, mas estourou no rádio em 1989 com o hit (anti) jamaicano, e as oito cabeças continuaram sendo oito. Ou, mais precisamente, nove. Parceiro em várias composições, multi-instrumentista, arranjador e ligado na mesma tomada cômica, Murilo Chebabi era o quinto beatle dos piratas. A rigor, o único ser musical da banda.

Mu, como era chamado, frequentava o apartamento da Von Martius, em frente à Globo. Foi em seu violão que a veia poética de Beto Silva, Bussunda e Claudio Manoel virou repertório musical. O imóvel que tinha o chão como assento, e geladeira abastecida de ovos, água e pilhas, era um ponto de encontro aconchegante. Pelo menos, a julgar pela quantidade de amigos que batiam ponto lá nos fins de tarde, e entravam pela noite falando besteira — que Mu Chebabi musicava na hora.

Os integrantes da Casseta Popular *e do* Planeta Diário *com Mané Jacó (em pé, à esquerda) e Mu Chebabi (ao lado de Claudio Manoel), em 1989: show selou a união entre os dois grupos.*

Na rua Von Martius, Mu encontrara sua praia. Identificava-se com a estudantada da PUC, onde participava dos shows nos pilotis no início dos anos 80, mas sempre se sentia um pouco deslocado. Ali quase todo mundo era comunista, petista, socialista. Ele era surfista. Um dia, circulando pelo bar Creptomania, no subsolo da universidade, mostraram-lhe uma revista com o ditador chileno na capa, e a manchete: "Abaixo o Pinochet. Acima, o Pinochet." O surfista viu a luz.

Seguiu a pista e chegou a Claudio Manoel, figura conhecida na PUC — descrito como "um cara genial" por sua irmã Maysa Chebabi, que estudara com Claudio no curso de comunicação. Maysa era só dois anos mais velha que Mu, mas ele a ouvia como uma mãe. Conseguiu aproximar-se do redator da *Casseta Popular*, não exatamente do jeito que imaginara. Foi empregado por ele no bandejão da PUC. E demitido não muito tempo depois, por descumprimento de horário.

Claudio não aprovara Mu como gerente de bandejão, mas gostara da sua música. Achava que ela tinha humor. Mu vira musicalidade no humorista, que chegara a lhe mostrar algumas composições suas. Chegaram a trocar ideias sobre um projeto de show juntos, mas nada aconteceu. O surfista estava convicto de que a *Casseta* era sua turma. Só faltava um detalhe: se enturmar. Um dia ele deu de cara com Bussunda numa esquina de Copacabana. Ou achou que deu.

Não o conhecia. Mas era fã dele. Dos textos, da fotonovela, das lendas, da foto travestido de Vanessa de Oliveira, modelo "Mijon" da *Casseta*, recém-publicada naquele ano de 1986. Bussunda estava no balcão de uma loja de sucos na rua Figueiredo de Magalhães. Mu tinha quase certeza de que era ele. Resolveu abordá-lo:

— Mano, tu não é o Bussunda?

A resposta foi seca:

— Não.

O músico ficou em dúvida. Queria muito que fosse ele. Resolveu insistir:

— Porra, não é possível. Você é a cara do Bussunda.

— Eu sei, pareço muito com ele. Sou irmão do Bussunda.

A resposta foi séria, e Mu ficou na sinuca: ou não era ele mesmo, ou era, e não estava a fim de papo. Insistiu um pouco mais:

— Cara, sou seu fã. Sou seu fã pra caralho! Acho muito bom o que você faz...

— Meu irmão, eu também acho maneiro o trabalho do Bussunda. Só que eu não sou ele.

Mu não podia dizer mais nada. Mas também não foi embora. Ficou olhando para o outro, sorrindo meio amarelo. Resolveu arriscar uma última observação:

— Você tá me sacaneando.

A réplica, mais uma vez, foi séria:

— Tô.

Os dois riram muito e depois conversaram muito. Tinham várias afinidades, algumas bem peculiares. Assim como Bussunda, Mu era filho de psicanalista de prestígio, o doutor Wilson Chebabi — referência intelectual no meio, conhecido também como analista da atriz Leila Diniz, símbolo dos libertários anos 60. Em casa, Wilson nem sempre pôde ser tão libertário: descobriu que o filho Murilo, aos 14 anos, não aparecia na escola havia um mês. Ficava vagando pelas ruas até terminar o horário da aula, ao estilo Bussunda (que preferia dormir nas ruas, para não ter o trabalho de vagar).

Mu passou a merecer vigilância total do pai, que também tinha, assim como a colega Helena Besserman com seu caçula, sérias dúvidas quanto ao futuro do filho. Mais tarde, a opção profissional pela música não seria levada a sério por Wilson Chebabi. Repetia que o filho tinha que arranjar um emprego sério, e martelava seu bordão sobre a necessidade de melhor sempre:

— Não pensa que você é bom. Você não é bom não.

Mu ficou amigo de Bussunda e se enturmou com o pessoal da *Casseta*. Tornou-se a base musical do show *Eu Vou Tirar Você Desse Lugar*, que selou a união com o *Planeta*. Subiu ao palco, gravou o disco, entrou no grupo. O quinto beatle. Mas seu pai continuou dizendo que ele não era bom. E haveria mais gente em seu caminho exigindo-lhe esse atestado.

Na fase da montagem da banda, estava difícil arranjar um baterista. Os bons músicos não entendiam bem o que fariam num palco com aquele bando de desafinados. Mu conseguiu um baterista jovem, que vinha se destacando numa banda de reggae. No primeiro ensaio, ele não mostrou muita intimidade com a batida do samba. Logo acertaria o passo, mas antes disso teria que ouvir o diagnóstico de Marcelo Madureira:

— Esse cara é uma merda.

Mu não gostou da cena. Achou a atitude de Marcelo cruel, agressiva além da conta. O grupo não encampou a reprovação dura, até reagiu a ela. Mas não houve retratação. Mu achou estranho. O baterista foi mantido, e a agressão, também.

Com o sucesso das duas primeiras temporadas, a banda caiu na estrada. Compositor e arranjador de várias músicas, Murilo Chebabi tocava guitarra e cantava alguns números. Chegou a substituir Claudio Manoel um par de vezes no vocal da famosa *Mãe É Mãe*, fazendo duo com Bussunda. Estava no coração do grupo. E não estava.

Quando olhava para Bussunda, se sentia dentro. Assim como acontecera com Mané Jacó, o pirata mais gordo e mais conhecido era para Mu quem dizia, sem dizer, que estavam no mesmo barco. Quando olhava para Marcelo Madureira, sentia-se fora. O pirata mais ácido não chegaria a lhe dizer "esse cara é uma merda". Mas parecia dizer-lhe o tempo todo: "Não pensa que você é bom, não."

Com o passar do tempo e a convivência estreita, Mu Chebabi criaria uma tese sobre o estilo Madureira no funcionamento do grupo. Para ele, Marcelo representava o componente faroeste do organismo: não faço nada por ninguém, não façam nada por mim.

Correta ou não, a tese certamente era influenciada por dois fatores que dominavam as reuniões do grupo: muito grito e pouca complacência. Escrevendo, ensaiando, jogando bola ou pôquer, o pau comia solto. Cada um defendia a si mesmo com unhas e dentes. No final, se era trabalho, todos defendiam o consenso. Se era brincadeira, todos defendiam a falta de consenso. E seguiam unidos, como se não tivessem acabado de esfolar uns aos outros.

As rodas de pôquer eram uma febre nas turnês do show. A gritaria e o estresse na jogatina não permitiriam supor a harmonia que regia as viagens. A equipe dividia quartos de hotel, repartia armários, fazia fila para banho — e se divertia muito. O assédio feminino gerava certa ansiedade nos momentos de lazer, e cada um que entrasse debaixo do chuveiro ouviria lá de fora o bordão impaciente: "Lava só o necessário!"

Em 1989, com o disco *Preto com Um Buraco no Meio* tocando nas rádios, cada cidade era uma festa para a banda da *Casseta* e do *Planeta*. O tempo de escassez ia chegando ao fim para os guerreiros do Clube do Bolinha. A cada parada, aparecia um alegre contingente de candidatas a provar que mulher não era tudo vaca. Mas estavam atrasadas.

Os novos popstars estavam na contramão da história, logo naquele capítulo tão esperado. Todos eles decolaram para o sucesso atados em namoros firmes ou casamentos. A rigor, isso não impediria um acerto de contas com a seca do passado. Mas os faunos incompreendidos de outrora eram fiéis — às suas parceiras e, não menos importante, à sua terra de Marlboro. Lá estavam eles de novo em volta de uma mesa de jogo, com a mulherada do lado de fora.

Salvo as exceções à regra, o grupo ia cumprindo sua sina de desencontros com o sexo oposto. Agora, não mais por falta de oferta. Na verdade, a maioria deles não fazia o tipo franco-atirador. O varejo do amor, em vez de excitar, podia encabular. E não eram só as moças que ficavam aflitas.

Os músicos também sofriam. Ao final de cada apresentação, o camarim ficava florido. As tietes locais tinham sempre uma festa, uma boate, um bar legal para apresentar aos astros do show. "É que eu não posso perder a van", respondia um deles, senha para outro gritar que a van já ia sair, e davam todos no pé. A operação ficaria conhecida como "van filosofia". Numa apresentação em Goiânia, o baterista implorou a Helio de La Peña:

— Cara, vai até a boate comigo. Só pra elas me verem com você. Depois tu pode ir embora...

Helio deu essa força ao colega. De vez em quando, alguém do grupo topava servir de isca. Bussunda fingia levar bronca de um dos rapazes do staff, que ganhava cartaz imediato com a mulherada. Mas nem sempre as fãs se conformavam com o segundo escalão.

Num show em Curitiba, após a fuga na van filosofia, Claudio Manoel ouviu gritos na calçada em frente ao hotel. Pouco abaixo da janela de seu quarto no segundo andar, uma jovem urrava o nome de Bussunda. Ele não tinha como ouvir, estava num quarto de fundos. A moça não desistia. E achou que teria sucesso se fosse mais específica:

— Bussunda, desce aqui! Eu tenho uma coisa pra te dar!

Pelo texto, Claudio Manoel viu que a gritaria ia longe. Nem fechando a janela conseguia se livrar do chamado sôfrego. Resolveu agir. Ligou para o quarto de Bussunda e relatou-lhe o que estava acontecendo. Já não podia mais torcer-lhe o braço, como na colônia Kinderland, e obrigá-lo a pegar a fã. Só queria saber se ele pretendia tomar alguma providência. Bussunda foi didático:

— Diz a ela que sexo pra mim é que nem videogame, muito complicado. Eu nunca passei da fase um.

No mercado das lendas sobre façanhas sexuais, Bussunda se divertia com o desdém. Pegadores eram os outros. Subia e descia do palco sempre com a mesma simplicidade, não havia chamado feminino que mudasse sua rota. A não ser uma vez.

Um subproduto bastante rentável do sucesso na mídia e em casas famosas como o Canecão, no Rio, e o Palace, em São Paulo, eram os shows nos subúrbios. Bastavam três integrantes do grupo, fingindo que cantavam três músicas, tocadas em playback — e a companhia faturava três shows numa noite só. Percorreram os clubes mais remotos da Baixada Fluminense, saindo de cada um deles com um bolo de dinheiro na mão e um bocado de suor frio na testa.

Numa dessas gincanas, enfileiraram shows demais numa mesma noite de domingo. Quando chegaram para a última apresentação, no Lote 15, em Duque de Caxias, estavam mais de três horas atrasados. Já era madrugada e o público ainda lotava o local, mas estava revoltado. Ao entrarem no clube, todas as luzes se acenderam, e o apresentador do evento foi ao microfone com uma introdução pouco simpática:

— E aí, pessoal? Vocês querem ouvir o *Casseta* e *Planeta* ou querem o dinheiro de volta?

A plateia rugiu de todas as formas, e a única mensagem identificável era uma vaia pesada. O "empresário" contratante sussurrou-lhes que, na dúvida, o melhor era subir no palco.

Bussunda, Beto Silva, Mané Jacó e Mu Chebabi, os enviados do grupo ao Lote 15, obedeceram. Os quatro mal cabiam no palco, mas a mira do público era boa. Nenhum deles escapou da chuva de latinhas de cerveja, moedas e outros objetos. O operador de som soltou rapidamente a gravação de *Mãe É Mãe*, os piratas iniciaram a coreografia do funk e a plateia caiu na dança. "Tim Maia" soltou o vozeirão, tentando cantar junto com o disco:

— Alô, rapaziada! Disseram que eu não vinha. Mas eu cheguei batidrrrrrrrrr...

Uma última lata de cerveja sobrevoara o palco e atingira em cheio o braço da vitrola. A ira se espalhou novamente pela plateia, e a artilharia metálica contra a banda recomeçou mais forte. Sem saber o que fazer, os quatro começaram a devolver os petardos contra o público. No meio da guerra, o DJ conseguiu recolocar a música, e a banda retomou o show, já sem a menor ideia de como aquilo podia acabar.

Entre gritos de hostilidade e excitação, Bussunda recebeu no palco o recado feminino. Angélica ficara do lado de fora dentro de um táxi trancado, com ordem expressa ao motorista para sumir com ela dali se a chapa esquentasse. Mas a informação que chegava ao palco era de que o táxi estava cercado, e um bando ensandecido tentava virá-lo.

Bussunda não viu mais nada em sua frente e voou para fora do clube. Não quis saber se o ataque era de meia dúzia ou da Baixada Fluminense inteira. O palhaço suave e ruminante dera lugar a um ser possesso. Partiu para o tudo ou nada.

A chapa estava mesmo quente, mas o táxi da namorada não estava sendo atacado. O alarme tinha sido mais uma provocação. Os quatro aproveitaram o ensejo, pularam dentro do carro e se mandaram dali. Estavam salvos, mas algo muito raro acontecera: Bussunda ficara zangado.

E não era com os vândalos do Lote 15, nem com a gincana maluca de shows no subúrbio. Estava zangado com Mané Jacó. Ao chegar ao tal clube, o colega fizera algo, em sua opinião, imperdoável. Havia um anão parado bem na entrada, e Mané fizera-lhe um rápido afago antes de seguir para o palco. Teve que ouvir a indignação de Bussunda no caminho de volta:

— Porra, Manéu! Como é que tu me passa a mão na cabeça de um anão?! Tu não sabe que isso dá um azar filho da puta? Tu é um inconsequente, Manéu!

Bussunda também poderia ser acusado de inconsequente por levar a namorada para um buraco daqueles. Mas Angélica não estava no trem fantasma a passeio. A vida do casal se expandia, era cada vez mais difícil ver um sem o outro. Bussunda não era mais um cão sem dono. E agora o amor entrava no território antes inexpugnável do trabalho. Angélica se tornara produtora do grupo.

Na decolagem de 1988, quando tudo aconteceu ao mesmo tempo, a vida sacudida a bordo do 409 iniciou seu polimento. Entre os saltos de status estava a contratação da poderosa Dueto, a empresa de Sílvia e Monique Gardenberg, criadora do Free Jazz Festival. Com ela, o show *Eu Vou Tirar Você Desse Lugar* passou das centenas para os milhares de espectadores por sessão. Em 1989, o grupo não queria mais a produtora das estrelas. Queria uma produtora só da *Casseta* e do *Planeta*.

Dos embalos da Overdose e do rock 'n' roll, Angélica saíra com diploma e emprego. Formada pela ECO em 1985, foi trabalhar na rádio MEC, que tocava música clássica e MPB. Abriu espaço para o primeiro programa de rock da emissora, "Alta Voltagem", criado e apresentado por ela. Convidada pelo jornalista João Luiz Bernardo, foi produzir shows no Circo Voador. Na lona mágica da Lapa, a efervescência e o delírio não eram muito amigos da contabilidade. Mas João e Angélica entraram na contramão: seus shows eram quase sempre lucrativos.

Mesmo assim, ela foi parar na Justiça. Contra a rádio MEC e contra o Circo Voador. A emissora pública mandou-a embora por não ter prestado concurso, num período em que os concursos estavam suspensos. O Circo começou a não pagar os dividendos dos shows lucrativos. A jovem produtora ganhou os dois processos. E criou sua própria empresa com João Luiz.

Bussunda acompanhara de perto o embate de Angélica com o Circo Voador. Os dois tinham histórias de rebeldia e rupturas, mas não eram capazes de furar uma fila. Irritavam-se com a esperteza predatória, com os adeptos da Lei de Gérson. Comemoraram a vitória na ação contra o Circo de um jeito peculiar.

Filha de professor, Angélica achava patético um dizer que circulava em adesivos de carros (sempre caindo aos pedaços): "Hei de vencer, mesmo sendo professor." Quando veio a notícia de que receberia o dinheiro devido a ela, saiu-se com uma mutação da frase:

— Hei de vencer... Mesmo sendo legal.

Bussunda adorou e assinou embaixo imediatamente. Viraria um bordão do casal, repetido sempre que a vida viesse, como quem não quer nada, testar os seus princípios.

E lá vinha ela aplicar mais um teste. O grupo procurava uma produtora no momento em que Angélica abrira sua firma de produção. Era uma solução natural, pela proximidade, e antinatural, pelo mesmo motivo. A musa de *Mãe É Mãe* estava noiva de seu poeta. Era proximidade demais.

"Onde se ganha o pão não se come a carne", alertava, sem muita sutileza, uma amiga de Angélica que se associara a ela e a João na produtora. Lícia fazia o alerta do alto de seus 40 anos de idade. Do alto de seus 26, Angélica achava que ia dar tudo certo. Bastava ser legal.

Bussunda também confiava na solução "doméstica". Tinha certeza de que o casal saberia separar as coisas. Eram sólidos e afinados no campo dos valores. Eram legais. Havia, no entanto, um ponto frágil. Um lugar onde a ética dele incomodava Angélica: o gol de mão. Bussunda achava legítimo, perfeitamente meritório, um jogo ganho com o atropelo das regras — se o acidente ético ocorresse a favor do Flamengo.

Ela achava que não tinha a menor graça ganhar assim. Ele achava até mais gostoso. Ela dizia que isso era feio. Ele dizia que enganar o juiz fazia parte do jogo. Ela o chamava de xiita. Ele gritava "Mengo!" O futebol era a Faixa de Gaza do casal.

Para agravar a situação, Angélica era Botafogo. Convicta. Filha única de Eunice e Clébio — ex-jogador da terceira divisão estadual, atacante, professor de matemática e, acima de tudo, alvinegro doente. Ali Bussunda logo viu que não caberia sua catequese vermelha e preta. A moça que discutia futebol "de homem pra homem" era leal à sua estirpe e sabia o que estava fazendo. Na Faixa de Gaza, não havia conciliação possível.

O conflito opunha e unia o casal. Eram ambos fluentes no idioma da bola, e isso era quase um mundo à parte. Ter a seu lado uma mulher que entendia de futebol era uma prenda valiosa para Bussunda. Mesmo se tratando de uma botafoguense.

Certa vez, quando ainda não namoravam, Angélica cravou o prognóstico para um Flamengo e Vasco: um a zero Fla, gol de Bebeto. Com a confirmação exata da profecia, ela passaria a noite de domingo recebendo telefonemas eufóricos dele. Bêbado num bar, Bussunda ligava para Angélica a cada novo amigo rubro-negro que encontrava, para que todos os felizardos pudessem agradecer-lhe pessoalmente. Ela não ficou exatamente comovida:

— Legal, Bussunda. Agora me deixa dormir, que já tá de madrugada e amanhã eu trabalho.

Mas o campeonato carioca de 1989 parecia querer botar o casal de novo no ringue futebolístico. Flamengo e Botafogo se destacavam na competição, e tudo indicava a finalíssima entre os dois. Bussunda marcou sua festa de aniversário para 21 de junho, "coincidentemente" o dia da grande final. Ele era do dia 25, mas ia comemorar numa data intermediária junto com Helio de La Peña, que era do dia 18. E era botafoguense.

Seria barbada. O Flamengo tinha Zico, Bebeto, Aldair, Leonardo, entre outras estrelas de seleção brasileira. O craque do Botafogo era Paulinho Criciúma, e o clube não era campeão havia 21 anos. A faixa rubro-negra já estava encomendada. E a paciência de Angélica para aturar o aniversariante também.

O alvinegro, aliás, era homenageado no show, no *Tributo a Bob Marley* ("Se o Botafogo daqui é assim, imagina o da Jamaica..."). Essa parte, a nova produtora do grupo fingia que não ouvia. Angélica fora aprovada para empresariar o *Casseta* e *Planeta* em lugar da Dueto, e ali não havia motivos para discórdia. O sucesso só crescia, e o show ia emplacar sua segunda temporada no Canecão em pouco mais de seis meses — fato raro na programação da casa de espetáculos.

Na produção do grupo, a noiva de Bussunda se juntara à futura sra. Claudio Manoel, Leila — que iniciara o trabalho exclusivo depois da Dueto. Os dois piratas tinham decidido, quase ao mesmo tempo, abandonar a casa dos cachorros. Ambos estavam de casamento marcado — Claudio para julho, Bussunda para setembro. A placa "menina não entra" estava enfim sendo arrancada do Clube do Bolinha.

A estreia no Canecão, na primeira semana de junho, mudaria a vida de Bussunda. Na plateia lotada, havia duas pessoas cruciais. Uma delas era Helena Besserman Vianna.

O filho que mais lhe dera preocupação na vida era destaque do espetáculo mais concorrido do momento — cujo grande hit era *Mãe É Mãe*. Lá estava a mãe do autor, que diferenciava as mulheres das vacas, para ver o que o caçula estava aprontando agora. Ele estava aprontando o segundo ano de sucesso da *TV Pirata* na Globo, a música mais tocada nas rádios, o show mais badalado da cidade, a revista de grossura cult que chegava aos 100 mil exemplares. Para muita gente, o Besserman imundo era o melhor homem.

Aos olhos de Helena, ele continuava sendo o filho rebelde, imprevisível, capaz de perder um piano. E lá estava ele no palco, agora apresentando um número em que aparecia vestido de mulher. A mãe teve uma sensação estranha. Algo naquela figura travestida de Bussunda lhe era muito familiar. Continuou observando, até ter certeza plena: o vestido que o filho estava usando era seu.

No meio da cena, o olhar dele encontrou o dela. Instantaneamente, Bussunda viu que ela reconhecera o vestido roubado. Helena também logo viu que ele sabia ter sido descoberto. Os dois começaram a rir, em pleno show. Depois de tantos desencontros, diante de 3 mil pessoas, mãe e filho se reencontravam a sós. E se reconheciam profundamente.

Numa mesa próxima, outro olhar não desgrudava de Bussunda. O espectador não conhecia a origem do vestido, mas também não parava de rir. No número de encerramento, o samba-exumação *Eu Tô Tristão*, José Bonifácio de Oliveira Sobrinho gargalhava, e de repente ficou sério. Parou de se divertir e começou a trabalhar.

Olhando para Bussunda, Boni teve uma ideia diabólica.

CAPÍTULO 10

Quarenta mil havaianas

A festa estava pronta no African Bar, o point da moda na noite carioca. Os 27 anos de Bussunda e os 30 de Helio de La Peña iam ser celebrados em grande estilo com música ao vivo, dança, bebida farta e uma multidão de amigos embalados pelo sucesso no Canecão. Para Bussunda, particularmente, a celebração que importava mesmo na noite de 21 de junho, quarta-feira, na efervescente casa noturna de Nelson Motta, era o título de campeão do Flamengo.

O timaço rubro-negro conquistara a Taça Guanabara e deixara escapar a Taça Rio para o Botafogo por dois pontos. O tropeço levara a esquadra de Zico, Bebeto e companhia a ter que disputar uma final contra o timinho alvinegro. Timinho enjoado. Sem estrelas, não perdera um só jogo até ali. E a primeira partida da final terminara empatada em zero a zero. Agora era a hora de o Flamengo cumprir a lei da física e despachar os perdedores diplomados.

Angélica foi assistir ao segundo jogo no território do inimigo. No apartamento dos cachorros, Bussunda e Claudio Manoel (quase tão xiita quanto ele, e um pouco mais barulhento) tinham convocado os amigos e transformado a sala em arquibancada rubro-negra. Exceto Beto Silva, que consentira a invasão bárbara porque seu Fluminense não estava em campo, a moça era a única estrangeira no pedaço. A estrela solitária — ou suicida.

Terminado o primeiro tempo, a lei da física continuava sendo descumprida. Zero a zero. No alvoroçado camarote dos piratas, a ansiedade crescia — não exatamente com o resultado, mas com a demora em saber afinal qual dos astros do Mengão faria história aquela noite: Zico? Bebeto? Aldair? Jorginho? Leonardo? Zinho?

Nenhum deles. O herói do título seria Maurício. Quem?!

Maurício tinha duas diferenças básicas para os outros craques. A primeira: passava longe da seleção brasileira e ninguém o conhecia. A segunda: jogava no time adversário.

Na noite da festa de aniversário de Bussunda, o Botafogo voltava a ser campeão depois de 21 anos, vencendo o Flamengo por um a zero. Campeão invicto. Na arquibancada doméstica do aniversariante, os súditos de Zico continuavam estáticos diante da TV, como se esperassem o terceiro tempo do jogo. Deus não podia estar fazendo aquilo com eles. Quem os trouxe de volta à Terra foi a estrela solitária do apartamento. Angélica tirou de sua bolsa a carteirinha de sócia do Botafogo e quebrou o silêncio tumular:

— Bussunda, vou sair só com esse documento, tá? Não vou nem levar carteira. Vamos pra festa?

Ele não achou a menor graça. Mas ela estava falando sério. Chegou ao African Bar de carteirinha do Botafogo em punho: "Essa é a minha identidade hoje", esclarecia, mesmo que não lhe perguntassem. Logo na entrada, a validade do documento foi reconhecida por Paulinho Albuquerque, o diretor do show, botafoguense radiante. Ao lado dele, Helio de La Peña celebrava o histórico triunfo alvinegro recebendo seu melhor presente de 30 anos: ter o flamenguista Bussunda a seu lado a noite inteira naquele momento sublime.

Um ano antes, Bussunda tivera Angélica a noite inteira a seu lado pela primeira vez. Agora, no aniversário seguinte, estavam em plena Faixa de Gaza. A quebra do jejum de 21 anos do Botafogo em cima do Flamengo a três meses das núpcias do casal era um bom teste. E a noiva não aliviou. Celebrou a conquista até a última gota, mesmo sabendo-se no centro de um problema religioso.

Bussunda não desistiu do casamento, nem de aproveitar cada minuto da sua festa no African Bar. A dor de corno com a derrota inesperada estava lá, não tinha jeito. Ou melhor, tinha: aceitar a derrota, a gozação, a própria dor. Não era simples para um flamenguista doente como ele. Mas quem estranhasse sua resignação com as provocações de Angélica, Helio, Paulinho e botafoguenses ilimitados, ouviria uma das pérolas do zen-bussundismo:

— As pessoas precisam conjugar mais o verbo "me fudi".

Perder o campeonato para um time mais fraco, levar um soco de um cara mais forte, se recolher no quarto quando está dando tudo errado, abrir mão da própria opinião ao ser vencido numa discussão. Para Bussunda, o fim da linha era o fim da linha.

Seus colegas de absolutismo rubro-negro dificilmente o acompanhariam nessa gramática. Seus parceiros de trabalho também esbarravam nela. Nas reuniões do grupo, quando o tiroteio entre os senhores da razão apontava para o infinito, surgia a voz grave e solitária de Bussunda:

— Vamos ouvir.

O tiroteio cessava, e cada um se lembrava de que podia ser sua vez de conjugar o verbo mágico.

Na sua Faixa de Gaza com Angélica, havia lugar para os ganhadores e os perdedores. Ganhar não era tudo, e perder não podia ser tão ruim assim, por um motivo simples: nada era tão sério quanto parecia — no futebol e na vida. Talvez por isso, escolheu um lugar simbólico para o seu casamento: defronte ao Museu da Babaquice.

* * *

— Amor tem quatro letras. Vocês dois se amam. Amor mais amor tem oito letras. Vejam essas alianças uma sobre a outra: formam o número oito! Agora, vejam-nas lado a lado: formam o símbolo do infinito. Isso quer dizer que o amor de vocês será infinito!

No dia 28 de setembro de 1989, Angélica e Bussunda casavam-se num cartório em Copacabana. O discurso da juíza muito maquiada, exaltando a geometria romântica das alianças diante de um escrivão sonolento, fazia o casal sentir-se num programa de auditório. Por alguns instantes, a repartição e seus personagens de plástico correram o risco de ser fuzilados pela irreverência punk do noivo (ou da noiva). O enredo pedia, implorava um esculacho letal.

Mas Bussunda e Angélica apenas colocaram as alianças e assinaram a certidão. Não estavam conformados como pombinhos em tarde dominical na TV. Estavam felizes.

Dois dias depois, numa tarde de sábado, cerca de 150 convidados — só família e amigos mais chegados — compareciam à celebração nas cercanias do Museu da Babaquice. A festa de casamento acontecia nos domínios do Casseta Shopping Show, em Botafogo, mais uma frente do business pirata. Videobar, mesas forradas com piadas, butique com as camisetas filosóficas ("Ê, povinho bunda" etc.) e agora também vestidos, cangas e até cuecas da grife *Casseta*. Na ala cultural do shopping, o tal museu expunha um acervo de coisas idiotas da vida moderna, criteriosamente selecionadas.

"Aqui temos tudo o que um babaca precisa para viver. Inclusive o autosselo", declarara Bussunda ao *Jornal do Brasil*.

Tudo podia ser transformado em dinheiro. Até o Selo do Babaca vendia bem. A imprensa começava a mudar o jeito de tratar o palhaço. "Um anarquista muito bem pago", dizia o título da matéria do *JB*. A família, que comparecia em massa ao casamento no shopping, também já não olhava para ele do mesmo jeito.

O sorriso cúmplice de Helena Besserman Vianna era um símbolo dos novos tempos. Depois de frustrados todos os projetos de salvação do caçula-problema, ele começava a dobrar a mãe judia — entidade não dobrável. Seu pai, Luiz Guilherme, iniciara discretamente uma coleção de recortes de jornais sobre o filho (o mesmo que um dia lhe dera o desgosto de aparecer em casa com fantasia de animador de festa infantil). A romaria ao Canecão para vê-lo incluía os que já tinham virado o rosto para não vê-lo.

O tio Marcos Vianna, que já fingira não conhecer Bussunda no Maracanã, quando o sobrinho esfarrapado gritara seu nome da geral do estádio, foi aplaudi-lo na ribalta. E fez mais. Levou ao show sua mãe,

Maria Madalena, avó paterna de Bussunda — basicamente, quem decidira o rumo da família.

Graças a ela, os Vianna deixaram o Espírito Santo e iniciaram sua história no Rio de Janeiro. Ary Siqueira Vianna, avô de Bussunda, destacara-se como secretário de Fazenda do governo capixaba nos anos 40. Recebeu então um convite do PSD, partido de centro, para candidatar-se a deputado federal. Mas recusou. Considerava-se tímido demais para ser político. Maria Madalena fechou o tempo. Ao contrário de nove entre dez mulheres, queria que o marido entrasse na política. Praticamente forçou-o a se candidatar. E mergulhou na campanha.

Ary tornou-se o deputado mais votado da história do Espírito Santo. E a família migrou para o Rio, então capital da República. O novo político logo se destacaria pela ética legalista. Em pleno início da Guerra Fria, em 1947, seria um dos raros votos no Congresso contra a cassação do Partido Comunista — mesmo não sendo aliado de Luiz Carlos Prestes. Mais tarde, o contador tímido se elegeria senador. Ninguém mais duvidaria da antena de Maria Madalena.

Ela estava adorando o show no Canecão. De repente, sua expressão se contraiu. Marcos logo quis saber o que era. Podia ser só uma hipersensibilidade da antena, como às vezes ocorria. Certa vez, num jantar de Natal, com a família toda reunida e feliz, ela fechou a cara. Os filhos foram lhe perguntar o que havia de errado, já que estavam todos tão bem. Ela explicou:

— É exatamente isso. Não há bem que sempre dure...

Se o marido tímido virara senador, agora o mais tímido dos netos virava artista — e até aí estava tudo ótimo. O problema foi quando Cláudio Besserman Vianna surgiu no palco vestido de mulher. Maria Madalena não disfarçou seu desespero. Quis ir embora. Pelo menos para a matriarca, Bussunda continuava sendo um caso perdido.

Para outra geração da família, que rira dele travestido de Vanessa de Oliveira três anos antes, as coisas iam mudando de feição. Patrícia Vianna, que um dia se encolhera dentro de um ônibus para evitar o primo, estava na plateia do Canecão. Não só veria o show várias vezes, como levaria os amigos, já sem nenhuma vontade de esconder o parentesco.

Continuava sendo a prima "burguesa", esportista, economista, apontando a carreira para o mercado financeiro, casada, uma jovem mãe. Mas suficientemente sincera para reconhecer o preconceito de outrora, e se permitir, com a mesma naturalidade, aproximar-se de Bussunda. Com esse ânimo, depois de vários anos sem falar com ele, foi ao casamento no Casseta Shopping Show.

Pela primeira vez viu o primo vestindo um blazer — obviamente sem gravata, que só usava em ocasiões muito especiais, como trotes na faculdade. Angélica estava de vestido longo, estilo anos 20, em tom bege (o branco é para as noivas puras, esclareceria). À sua maneira, um casal elegante. No momento apropriado, Patrícia aproximou-se para cumprimentá-los e selar o reencontro:

— Oi, Bussunda! Parabéns!

— Oi. Obrigado.

A frieza dele não a desconcertou. Afinal, a enorme distância tinha sido cavada por ela. Patrícia buscou cumplicidade, puxando conversa. A cara dele não mudou. Ela se deu conta de que poderia não ser frieza. Emendou rápido, para evitar constrangimento:

— Acho que você não está se lembrando de mim... Eu sou a Patrícia, sua prima!

Bussunda sorriu:

— Bem que eu me lembro que tenho uma prima Patrícia. É isso mesmo! Eu tenho uma prima Patrícia sim!

Patrícia Vianna fora vítima da mais casual das crueldades. Bussunda devolvia-lhe o desdém com juros e sem maldade (ou quase sem). Realmente não a reconhecera — por uma soma de tempo e distração —, e não fizera a menor questão de dourar a pílula. Ela engoliu o sapo, digeriu rápido e foi curtir a festa.

Apesar do mau jeito, se iniciava ali, de fato, um reencontro entre os primos. Não só pelo movimento dela. O "anarquista bem pago" andava com umas ideias não muito anárquicas. Família, orçamento, poupança, filhos — o dicionário do pirata começava a incorporar essas palavras estranhas. Uma das primeiras decisões do casal era que o gasto com aluguel nunca poderia exceder a 25% da renda total. Papo de executivo.

A vida estava melhorando, mas Bussunda e Angélica não queriam dar um passo maior do que as pernas. Mesmo despojados, gostavam de conforto. E não queriam cair na armadilha de morar bem e viver mal. Foi assim que Bussunda se afastou da praia.

Alugaram um apartamento de dois quartos na rua Bambina, em Botafogo (nome que não trazia a ele boas recordações). Cabia nos 25%, mas não permitia abrir a porta de casa e ir andando até o mar. Uma concessão gigantesca para o nativo de Copacabana (e adotivo de Ipanema). Concessão feita com toda tranquilidade. Ele estava onde queria estar — ao lado de Angélica.

Menos de um ano e meio depois de lançar seu hit-desabafo e fazer o Brasil cantar que as mulheres são vacas, Bussunda transformava sua vida por causa de uma delas. Casou e mudou, trouxe sua cara-metade para a linha de frente do seu trabalho, abriu-se para a ideia de ir ao dentista (entre outros ritos do mundo higienizado).

Alguns desafios se revelariam mais complexos, como o de servir feijão sem sacrificar a toalha de mesa. O rastro negro entre a travessa e o prato parecia inevitável. Angélica interveio:

— Bussunda, por que você sempre deixa essa trilha de pontinhos pretos na toalha? É pra saber o caminho de volta?

Diante do insucesso, sentindo que o problema era crônico, ela recorreria a Helena:

— Desculpe, mas você não ensinou seu filho a servir feijão?

A psicanalista não pareceu culpada:

— Fiz o que pude. O Sérgio e o Marcos não derramam. Talvez eu tenha relaxado com o terceiro...

Ela não teria por que estranhar a pergunta, nem a crescente influência de Angélica na vida de Bussunda. Assim como Maria Madalena conduzira o marido à carreira política, Helena Besserman inspirara escolhas cruciais de Luiz Guilherme Vianna. Por causa dela, o pai de Bussunda se converteria ao judaísmo. E consumaria sua adesão às causas comunistas. Já era um cirurgião dedicado à clínica pública, mas viver a política pelo lado de dentro, estar na resistência à ditadura com filiação ideológica, era um caminho que tinha as pegadas de Helena.

Tanto os Besserman quanto os Vianna tinham histórias de forte influência feminina nos rumos familiares. Bussunda tinha uma história de não ser influenciado por ninguém. Ainda bebê, ignorou os repetitivos "papai" e "mamãe", e foi dizer sua primeira palavra no jardim zoológico: "arara". Era um não influenciável radical.

Mas respeitava as forças da natureza e buscava sincronizar-se com elas: o mar de ressaca, uma onda de azar (ou de sorte), uma derrota do Flamengo, um sortilégio feminino. Achava que as coisas que Angélica dizia aconteciam (além do gol de Bebeto contra o Vasco). Achava que ela sabia o que queria (e conseguia). Atribuía-lhe, enfim, certos poderes ocultos:

— Angélica, você é bruxa — decretou logo.

Podia até não ser. Mas, como produtora do grupo, ela andara aprontando umas bruxarias. Depois de saírem sem um arranhão do pesadelo no Lote 15, quando Mané Jacó passara a mão na cabeça do anão e o tempo fechara sobre eles, tiveram que se safar da Rocinha. Os chefes locais não gostaram nada daquela história de show-relâmpago. Quando os artistas deram adeus ao fim da terceira música em playback, a chapa ferveu. Angélica recebeu o recado: ninguém mais estava autorizado a descer o morro.

Conseguiram mais uma escapada cinematográfica, combinando jeitinho e sorte, fora as forças ocultas. Iam precisar delas de novo numa feira agropecuária em Contagem (MG) — e aí não ia adiantar mais um par de músicas fingidas ou um dedo de prosa fiada. O produtor do evento tinha sido roubado pelo sócio e queria pegar de volta o pagamento feito ao *Casseta* e *Planeta*.

A mochila cheia de dinheiro estava nas costas de Angélica, quando ela foi avisada do triste fim da sociedade. A informação relevante, trazida pelo intermediário que contratara o grupo, era de que havia um capanga percorrendo a feira à caça dela:

— Não desgruda desse dinheiro e some com ele daqui.

A bruxa sumiu.

O sucesso da *TV Pirata* na Globo levava o underground, limpinho e cheiroso, aos lares civilizados. O público não podia imaginar que, na vida real, os autores do humorístico andavam arriscando a pele no underground incivilizado dos subúrbios. Mas podia imaginar o dinheiro entrando no baú dos piratas. Dois anos depois do brinde de Bussunda e Claudio Manoel com gelatina Royal grátis, celebrando no pé-sujo da Praça Onze o contrato com a Globo, o futuro se revelava melhor do que a encomenda.

— Bussunda, se a gente ficar rico, qual sonho de consumo você vai realizar primeiro? — quis saber Claudio Manoel.

O parceiro já se planejara:

— Eu quero ter 40 mil pares de sandália Havaiana.

Com um puxado expediente diário de trabalho, Bussunda se mantinha ideologicamente leal à vagabundagem. Desde a primeira formação da *Casseta Popular*, ele e Claudio Manoel eram os sem-carreira, recrutados no Posto 9. Claudio fizera de tudo um pouco, Bussunda fizera nada (muito), mas a dupla tinha uma irmandade clara: eram os não engenheiros, os não intelectuais, os plantonistas de praia e Maracanã rubro-negro, parceiros de viagens doidas, de colônia Kinderland, de moradia tosca, de ônibus 409, de vida. A irmandade só sumia quando o assunto era política.

Ambos se casaram em meio a uma das campanhas eleitorais mais quentes da história brasileira. Em 15 de novembro de 1989, o país ia votar para presidente pela primeira vez depois da ditadura militar. Fernando Collor de Mello, jovem governador de Alagoas que caçava marajás do serviço público, era a promessa de renovação — abraçada pelas forças da continuação. A nova cara da direita.

No campo da esquerda, o carismático Leonel Brizola e o moderado Mário Covas eram ultrapassados por Luiz Inácio Lula da Silva, o ex-operário que conquistara a elite intelectual e artística. Bussunda amava Lula. Claudio Manoel desconfiava da esquerda.

O embate Lula x Collor no segundo turno da eleição encarnava, para a sociedade mais esclarecida, a luta do bem contra o mal. Claudio Manoel duvidava dessa dicotomia. Mesmo não sendo eleitor de Collor, achava que havia certa distância entre o sonho de virtude e solidariedade da esquerda e a sua conduta real. No dia a dia do ambiente universitá-

rio, por exemplo, não via tanta grandeza nos projetos políticos "progressistas":

— A esquerda é o seguinte: se você der dois convites e dois chopes, os caras ficam seus amigos pro resto da vida.

Com a autoridade de quem ajudara a sepultar o movimento estudantil na ECO, Bussunda achava que Lula era diferente. Via nele uma possibilidade real de sacudir o Brasil arcaico. Aderiu à campanha. Encontrou-se com o candidato do PT na casa da atriz Letícia Sabatella, escreveu textos para os atores da *TV Pirata* gravarem na propaganda política — o que a Globo acabaria vetando.

Junto com Angélica, participou de atos públicos e passeatas. Vestiu-se de Papai Noel de barba preta (Lula ainda não tinha fios brancos),

Angélica e Bussunda na orla da Zona Sul do Rio, em campanha por Lula, o "Papai Noel de barba preta", contra Collor em 1989.

prometendo aos passantes um Natal mais democrático. Numa das manifestações na orla de Ipanema, moradores da Vieira Souto com propaganda de Collor na fachada vaiaram a campanha adversária. Aí a tentação da molecagem suplantou a causa.

No meio de um grupo mais animado, o casal parou em frente a um edifício de eleitores ricos de Collor e puxou uma palavra de ordem nova:

— Nós vamos morar aí! Nós vamos morar aí!

Sorveteiros, vendedores de mate, banhistas, flanelinhas e mendigos encantaram-se com a ideia revolucionária e engrossaram o brado socialista. Logo se formou uma multidão de candidatos a tomar posse do seu metro quadrado com vista para o mar. Moradores assustados fechavam suas janelas às pressas. O clima de terror era péssimo para Lula. Mas a piada era ótima. Bussunda estava sendo fiel à sua ideologia.

No ano da queda do Muro de Berlim, a primeira eleição direta no Brasil pós-ditadura ainda margeava o muro entre capitalismo e comunismo. Lula era a esperança/ameaça vermelha, o expoente do operariado que ia igualar todo mundo. O fenômeno do retirante que vinha enfrentar a propriedade privada era objeto de inúmeras reportagens. O *Planeta Diário* dava detalhes sobre as origens do mito:

"Em 1947, aos 3 anos, Lula tenta fazer uma reforma agrária no quintal do vizinho, mas é atacado por galinhas reacionárias, ligadas ao grande latifúndio."

Do outro lado do muro, o capitalista Collor era desnudado (literalmente) pela *Casseta Popular*, na ruidosa reportagem sobre "O caçador de maracujás". Aliados do candidato do PRN chegaram a declarar que processariam os editores da *Casseta*. Exposto numa fotomontagem com as nádegas de fora, Collor se renderia ao sucesso da edição, com cerca de 100 mil exemplares vendidos:

— Desautorizo qualquer pessoa a prosseguir com alguma ação contra a revista.

Fizera seu cálculo político. A capa da *Casseta* também entraria nas contas de Lula. Ele usaria a expressão "caçador de maracujás" para encerrar o último debate na TV. Perdeu a eleição, mas não perdeu a piada.

Os piratas também tinham seu muro. Enquanto Bussunda se vestia de vermelho com Lula e revivia suas raízes comunistas, Claudio Manoel fazia profissão de fé no capitalismo. Em pleno desbunde geral com a emocionante campanha petista "sem medo de ser feliz", ele simpatizava com o liberalismo conservador de Guilherme Afif Domingos. E dava seu voto no primeiro turno ao tucano Mário Covas. Claudio não acreditava em Papai Noel de barba preta, nem em felicidade estatal.

Já votara em Fernando Gabeira, um dos maiores desafiadores do sistema, e em Roberto Campos, o sistema em pessoa. Definia-se como um anarcocapitalista. Em política, não era aconselhável convidar para a mesma mesa Claudio Manoel e Bussunda.

Terminada a campanha presidencial, os dois parceiros veriam outro muro atravessar sua irmandade. E não tinha mais nada a ver com direita e esquerda. Era bem no centro do grupo, na confluência entre trabalho e vida pessoal.

Eram agora dois homens casados, e suas esposas eram também suas produtoras. Angélica e Leila estavam substituindo com êxito a Dueto, e uma de suas missões era ampliar a divulgação do disco *Preto com Um Buraco no Meio*, cujas vendas estavam abaixo do esperado. No trabalho de articulação com a Warner, após um acidente de percurso, as duas produtoras divergiram.

A produção do grupo cometera um erro com a gravadora. Houve um conflito de versões sobre quem tinha errado e o clima entre as duas azedou. Leila acabou se desligando da produção.

Angélica estava decidida a desembarcar também. Sem saber disso, o grupo se reuniu para discutir se devia continuar com a produtora dela. Bussunda não foi chamado para a reunião. Seus colegas queriam ter uma primeira rodada de avaliações sem constrangê-lo. Mas ele ficou sabendo. E se sentiu traído. Como havia o conflito com Leila, Bussunda achou que podia ser retaliação de Claudio Manoel. Ficou magoado com ele.

Continuaram sócios. O organismo pirata metabolizava tudo. Mas os cachorros que tinham dividido o mesmo teto, agora não passavam na porta um do outro.

Angélica estava fora. Para Bussunda, a vida e o trabalho iam deixando de ser uma coisa só. Mesmo sendo legal.

* * *

No final de 1989, os integrantes da *Casseta Popular* e do *Planeta Diário* foram chamados para conversar com Luiz Gleiser, diretor executivo de entretenimento da TV Globo. O assunto não era a *TV Pirata*.

Gleiser queria encomendar a eles um projeto para o Carnaval de 1990. Seria um camarote na Marquês de Sapucaí onde foliões, musas, sambistas e personalidades carnavalescas em geral seriam entrevistados de um jeito diferente. Em lugar do tradicional "E aí, muita emoção?", perguntas esculachadas e comentários absurdos.

Os piratas toparam fazer o roteiro. E quiseram saber quem ia fazer o papel de repórter gaiato na avenida. Gleiser esclareceu:

— Vocês.

Boni saíra do Canecão decidido a ver Bussunda e seus amigos na tela da Globo.

CAPÍTULO 11

Sambando no pântano

Domingo de carnaval, alta madrugada. A transmissão da Globo na Marquês de Sapucaí chama ao vivo o Camarote da Casseta. Na tela está Claudio Manoel, microfone em punho, pronto para avacalhar um entrevistado. Ou quase pronto. Depois de algumas palavras sem nexo, um brado inusitado:

— Uuuuaaaaahhh!

O "repórter" se enrolara com o próprio texto, entrara em parafuso no ar e soltara um grito de desistência — uma espécie de "foda-se tudo". Corte rápido, segue o show. Ninguém viu nada.

Depois de quase 12 horas de plantão no Sambódromo, passando das quatro da manhã, Claudio Manoel tinha uma convicção: nunca na vida estivera tão exausto. Física e mentalmente. Os piratas tinham chegado bem antes do sol se pôr e estavam prestes a vê-lo nascer de novo, praticamente o tempo todo de pé. E podendo aparecer ao vivo para o Brasil a qualquer momento.

A tensão se agravava com um detalhe: se no momento exato em que a emissora os chamava para entrar no ar eles não estivessem em ponto de bala, no lugar certo e com o entrevistado certo a tiracolo, adeus. Só na próxima passagem do cometa — depois que ele atravessasse mais uma galáxia de passistas, carros alegóricos, barracões, bicheiros, colunáveis e comerciais de cerveja. E não era muito fácil manter o entrevistado certo a tiracolo no meio daquele alvoroço, com todo mundo parecendo ligado a uma tomada de 220 volts.

Ainda mais se o entrevistado fosse, por exemplo, uma Luma de Oliveira seminua, no auge da sua forma. Claudio Manoel segurou o quanto pôde a modelo deslumbrante a seu lado, torcendo para que o cometa da transmissão global passasse por ele. Teve sorte. Mas quando a luz se acendeu, não era muito fácil ser engraçado sob a mira dos mais belos seios da avenida, ao natural.

O comediante foi comedido, a modelo foi inteligente, e a graça brotou mais da esperteza dela do que da dele. Vivendo e aprendendo. Na entrevista, Luma saiu por cima — mas não teria a mesma sorte em outro quesito. O Camarote da Casseta estava promovendo um concurso. Improvisando um júri de foliões, elegeriam o melhor lombo do carnaval. Essa, a modelo escultural ia perder.

O nome original do concurso era outro. No projeto apresentado à Globo para o Carnaval 1990, os redatores da *Casseta Popular* e do *Planeta Diário* propunham uma eleição da melhor bunda do Sambódromo. A direção da emissora informou que a palavra bunda não podia ser pronunciada na programação. Os autores decidiram fazer o concurso assim mesmo, com nome postiço.

Na segunda noite do desfile das escolas de samba, o grupo estava mais confiante. Apesar do estresse e dos sustos na véspera, o Camarote da Casseta era um sucesso. Do anonimato no domingo, os piratas tinham passado a queridinhos na segunda-feira. Sentiam pela primeira vez na pele a potência da televisão — e o que era ter seus rostos enquadrados nela. Parecia que o mundo inteiro tinha assistido à estreia do humor no Sambódromo, 24 horas antes. Tudo ficara mais fácil, até o acesso a determinadas personalidades. Foi aí que Bussunda travou.

Com a chegada da estrela ao Camarote da Casseta, ele ficou aturdido. Não era uma das concorrentes ao melhor lombo — palavra que os "repórteres" usavam cada vez mais contrariados, à medida que o concurso esquentava. A estrela era o deus de Bussunda na Terra, ninguém menos que Arthur Antunes Coimbra. O Zico.

No topo da vida de Cláudio Besserman Vianna estava o futebol. No topo do futebol estava o Flamengo. No topo do Flamengo estava Zico. Desde os 12 anos de idade até aquele momento, Bussunda tivera o Galinho de Quintino no seu altar — 15 anos de gols e devoção. Sua grande referência emocional. Encontrava-o ao vivo exatamente após o derradeiro campeonato carioca disputado por Zico (infelizmente perdido para o Botafogo). E tinha mais: seu ídolo agora sabia quem ele era. Aquilo era mais paralisante que os seios de Luma.

O craque entrou no camarote sem saber o tamanho da veneração de seu súdito. Na saída, continuaria não sabendo.

A comoção parecia ter ressuscitado a timidez crônica da adolescência, que vinha sendo domada pela prática da exposição pública. Não conseguiu trocar uma palavra com seu ídolo. Quem o entrevistou foi Beto Silva, torcedor do Fluminense, que acabou ouvindo o que não queria:

— Ah, é tricolor? Tá conseguindo dormir, agora que eu parei de jogar?

Zico mais uma vez pegava na veia, onde a coruja dorme. Beto foi buscar a bola no fundo da rede. Bussunda também. No dia seguinte comentaria com Angélica:

— O Zico foi ao meu camarote.

História mal contada. Ou não era o Zico, ou não era o Bussunda. O relato estava econômico demais para o encontro transcendental do marido.

— E aí?! Como foi isso? Sobre o que vocês conversaram?

— Não consegui falar com ele.

— Como assim? Os seguranças não deixaram?

— Não, eu é que não consegui falar nada.

A voz não tinha saído. Ou melhor, balbuciara um "sou seu fã", provavelmente inaudível, sem repercussão alguma. O êxtase contido diante do messias prometia um efeito colateral amargo. Mas não houve tempo para a fossa.

Quando a última escola de samba aproximou-se da Praça da Apoteose, Bussunda resolveu descer ao asfalto e sumir no meio dos foliões.

Foi o sumiço mais fracassado da história. O povo que se aglomerava no fim da avenida reconheceu-o imediatamente. "Olha o Bussunda!", "É o Bussunda!", "Grande Bussunda!", saudavam os populares, com a enorme intimidade gerada por duas noites de plantão na tela da Globo.

As saudações foram se transformando em apertos de mão, que foram se transformando em abraços, até que seus pés se distanciaram do chão. O pirata peso pesado estava levitando (sem LSD), carregado nos braços do povo. O famoso Bussunda aprendia, em 48 horas, o que era fama de verdade.

A excitação no Camarote da Casseta era total. O grupo sentia o gosto inconfundível da vitória. O concurso do melhor lombo entrava em sua reta final, e os falsos repórteres não aguentavam mais aquela palavra. Nos bastidores, colhe-

Bussunda e Marcelo Madureira no Camarote da Casseta, comandando o concurso de melhor bunda da Sapucaí na tela da Globo.

ram indícios de que a vigilância da direção afrouxava depois de uma da manhã. Claudio Manoel decidiu ser sincero com os telespectadores:

— Daqui a pouco anunciaremos o melhor lombo do Carnaval! É importante esclarecer que estamos falando "lombo" porque não pode falar "bunda" a essa hora. Mas assim que puder, nós falaremos "bunda".

De novo, as autoridades globais se pegavam sendo docemente roubadas pelos piratas. Depois da enésima repetição da palavra proibida — sempre para esclarecer que ainda não podiam pronunciá-la —, chegou ao camarote o sinal verde da direção, imediatamente repassado ao público em casa:

— Agora é oficial: liberou a bunda!

O resultado final do concurso podia, enfim, ser anunciado sem meias palavras. Na disputa acirrada entre madrinhas de bateria, modelos, destaques e mulatas estonteantes, a bunda consagrada como a melhor do Carnaval era a de Jorge Lafond. A Casseta não resistira ao transformista.

* * *

Pouco mais de dois anos depois do susto com a saída de Jô Soares para o SBT, a ferida da Rede Globo cicatrizava muito bem. De projeto experimental montado às pressas, a *TV Pirata* ia para seu terceiro ano de existência, firmando-se na programação da emissora líder com excelentes índices de audiência. Depois do sucesso no Carnaval, Claudio Manoel foi passear com Leila em Nova York. Concedeu-se essa licença antes do início da nova temporada da *TV Pirata*. A fórmula tinha emplacado, era só botar o time em campo e correr para o abraço.

Chegou de viagem em cima do laço, e no que pisou em casa deu logo um telefonema para Beto Silva.

— E aí, Beto? Tudo normal?

— É, mais ou menos. Tem uma novela na TV Manchete arrebentando.

Claudio Manoel riu da piada. Novela da Manchete soava como Scotch Whisky do Paraguai. "Arrebentando" era o requinte da maldade. Mas Beto não estava rindo.

A novela "paraguaia", com a qual a emissora de apenas 7 anos de idade se metia a encarar a maior fábrica de telenovelas do mundo, chamava-se *Pantanal*. Atores novos, como Cristiana Oliveira, Marcos Winter e Paulo Gorgulho, contracenavam com rostos conhecidos da Globo, como Cláudio Marzo e Marcos Palmeira — que tinham bancado a aventura de servir à concorrência.

À luz do consagrado padrão global de narrativa, o jovem diretor Jayme Monjardim fazia tudo errado: cenas longas e lentas, pouca estética urbana, vastos takes sem texto. E se dava bem. Muito bem.

A trama escrita por Benedito Ruy Barbosa (e recusada pela Globo) entrava no ar às 21h30. Ou, mais precisamente, no momento exato em que terminasse a novela das oito na concorrente. Numa dessas mágicas inexplicáveis da televisão, *Pantanal* virou mania. Como nunca ocorrera em seu longo reinado, a emissora de Roberto Marinho começou a ser batida no horário nobre.

E perdeu o rebolado logo de saída. Passando recibo à tática de guerrilha da Manchete, que condicionava sua programação à da líder, a Globo passou a prolongar os capítulos da sua novela, *Rainha da Sucata*. O público sentiu a manobra, e a saga pantaneira de Juma Marruá, a mulher-onça, ganhou ainda mais atenção. Como toda programação global das 21h30, a *TV Pirata* não tinha mais hora certa para entrar no ar.

Era só o começo da confusão. À medida que o estrago aumentava, a Globo passava recibos mais altos. Exibia sucessos do cinema para enfrentar *Pantanal*, deslocando seus próprios programas. Os redatores começaram a ter que ligar para a emissora para saber em que dia a *TV Pirata* iria ao ar. Ou se haveria *TV Pirata* naquela semana.

Apesar do pulso firme de Guel Arraes e Cláudio Paiva, a crise não demorou a se espalhar entre autores e atores do humorístico. Estavam todos sendo expulsos do paraíso sem aviso prévio. O diretor-geral e o redator final faziam reuniões com a equipe para tentar segurar o ânimo da tropa. Numa dessas, surgiu o sinal sombrio. Sempre positivo e ligado em tudo, Bussunda passara a reunião inteira de cabeça baixa, sem encarar ninguém, parecendo alheio ao esforço dos colegas.

A imagem do abatimento de Bussunda chamou a atenção de todos. Era o indício inequívoco de que a coisa estava preta. Estava fechado em si, e não houve quem arriscasse uma aproximação. Se alguém tivesse se aproximado, teria compreendido melhor o que se passava com ele.

No seu colo havia uma minúscula TV portátil, ligada e sem som. Na tela, transcorria uma partida do Clube de Regatas Flamengo. De cabeça baixa e olhar fixo, Bussunda não perdera um só lance do jogo.

* * *

Às vésperas de completar 28 anos, Cláudio Besserman Vianna recebia um presente de grego. Dessa vez, o Botafogo não tinha nada com isso. A festejada e revolucionária *TV Pirata* estava cortada da programação da Globo para o segundo semestre de 1990. O sonho afundara no Pantanal.

A emissora do Jardim Botânico estava novamente perdida no departamento do riso. O Humor Novo morrera antes de envelhecer. Os redatores da *Casseta* e do *Planeta* tinham conquistado bravamente o seu espaço, mas a TV tinha sua teoria evolutiva: quem não foi ao ar, perdeu o lugar.

Não era um bom momento para perder um lugar daqueles. O show já dera o que tinha que dar, o disco não dera o que prometia dar. O Casseta Shopping revelara-se mais um ponto de encontro do que uma máquina de vendas. A revista e o jornal continuavam sendo um sucesso mais capaz de encher os olhos do que a barriga. E agora, com todos casados, a vida não cabia mais numa casa de cachorros.

Bussunda e Angélica estavam gostando de morar em Botafogo. Ou melhor, estavam gostando de morar juntos. O bairro em si parecia um pouco esquisito ao casal. Longe do mar (sendo a praia de Botafogo imprópria ao banho), à beira dos desfiladeiros de prédios e ônibus, se sentiam morando no meio do caminho, vendo aquela gente toda que passava, e não chegava. No Carnaval, veio o choque antropológico.

Foi demais para eles ver uma banda carnavalesca se arrastando no asfalto quente, sem nem uma brisa, sem nem um biquíni, espremida entre os paredões de concreto e alumínio. Parecia uma euforia um pouco neurótica.

Também não deveria estar no seu pleno juízo o gavião que toda noite tentava atacá-los no sétimo andar. O bicho vinha voando em alta velocidade e dava uma violenta cabeçada contra a janela da sala — que não podia mais ser aberta, sob pena de virarem personagens de Hitchcock. Era melhor ficar com o estrondo e sem a (pouca) brisa. Mas o melhor mesmo era ir embora.

Se viesse um filho, gostariam de apresentá-lo ao mundo mais perto do mar. Aí a *TV Pirata* acabou. E os 25% da cota orçamentária passaram a apontar mais para Padre Miguel do que para Ipanema. Bussunda preparava-se para conjugar novamente o verbo "me fudi".

O tombo do novo humorístico da Globo foi um strike na vanguarda da comédia. Na frente e atrás das câmeras, um numeroso time de talentos emergentes ia subitamente à lona. Um deles, porém, por pura teimosia, recusava-se a conjugar o verbo zen-bussundista. Com a nau indo a pique, o pirata José Lavigne avisou que não ia entregar o ouro.

Ele tinha sido o último a embarcar. A *TV Pirata* já estava no ar, quando Lavigne subiu a rua Lopes Quintas para assinar sua demissão da Globo. Era diretor-assistente do programa jovem *Armação Ilimitada*, criado por Guel Arraes. Indicado para diretor, com a saída de Guel, recebeu o comunicado sumário da direção da emissora: "Você não pode dirigir esse programa."

Na subida da rua, cruzou com um boy da empresa e comentou que estava saindo da Globo. Foi surpreendido:

— Não tá, não.

O rapaz pegara no ar a informação de que o diretor da *TV Pirata* queria José Lavigne. Era fato. Entrou na sede da Globo, assinou sua demissão, e no dia seguinte estava na mesma sala, assinando sua contratação. Com um salário melhor.

O humorístico estava ainda em suas primeiras edições, na fase do estranhamento geral. Chamado para ser um segundo diretor, Lavigne foi ganhando a confiança de Guel e foi subindo. Logo receberia carta branca dele para dirigir alguns programas sozinho. Agarrou a chance à unha. Sabia que, se tropeçasse de novo na emissora, desceria a Lopes Quintas para não subir mais.

Sua estreia na Globo, dois anos antes, tinha sido peculiar. Conhecido no meio teatral por seu trabalho no extinto grupo Manhas e Manias, José Lavigne estava sobrevivendo de bicos na direção de pequenos shows, quando foi alçado à TV. Roberto Talma, prestigiado diretor da Globo, mandou chamá-lo. Pensara nele para dirigir um *Teletema*, pequena série de dramaturgia experimental. O convite era para uma adaptação do *Rei Lear*.

Lavigne não sabia nem que Talma o conhecia, nem que seria capaz de dirigir algo na TV, muito menos Shakespeare. Sabia menos ainda como recusar um convite daqueles. Topou.

No primeiro dia de gravação, quando deu a ordem de início dos trabalhos, foi interrompido por um cinegrafista experiente, bastante gordo, de bigode espesso:

— Você é o diretor novo aqui?

— Sou.

— Então é o seguinte: não subo em árvore, não repito take e se gritar comigo eu encho de porrada.

Lavigne engoliu em seco. Mas tinha que responder, sob pena de perder o comando antes de assumi-lo:

— Tudo bem, cara. Gritar com você eu não vou, subir em árvore dá pra evitar. Mas não repetir take... Isso não dá, não.

Renato Laranjeira, o cinegrafista desafiador, respondeu placidamente:

— Eu tava só testando a sua reação.

O mundo da televisão era um pouco mais estranho do que ele imaginara. Quanto às demais expectativas, acertaria em cheio: não sabia fazer aquilo, e o programa foi um fracasso.

Arrependido de ter se metido onde não devia, Lavigne se deprimiu e se mandou. Foi procurar seus bicos, para ver se eles ainda o queriam. Mas quem insistia em querê-lo era o mundo estranho. Alguns meses depois, receberia novo chamado de um desconhecido. Guel Arraes queria convidá-lo para ser seu assistente em *Armação Ilimitada*.

Escaldado, sem saber por que diabos estava sendo convidado de novo, e já tendo cruzado com Guel em uma ou outra situação social, Lavigne dessa vez foi logo abrindo o jogo:

— Olha, eu não sei fazer isso não.

Guel estava casado com a atriz Andréa Beltrão, protagonista de *Armação* e ex-colega de Lavigne no Manhas e Manias — o primo menos famoso do Asdrúbal Trouxe o Trombone. Ali estava a raiz do convite. E a recusa falhou de novo, ante as palavras decididas de Guel:

— Não tem problema você não saber. Eu vou te ensinar.

Parecia delírio aquela ideia de aprender a pilotar o avião em plena decolagem. Mas o comandante conectou o aprendiz aos livros certos, às orientações mais precisas, às melhores técnicas, muitas vezes exercitadas aos sábados em sua própria casa. Em tempo recorde, Guel transformou Lavigne no diretor de televisão que ia brilhar a seu lado, um tropeço depois, no revolucionário *TV Pirata*.

Mas o obstáculo seguinte era um pântano. Como sobreviver a um afundamento da própria Globo ante a nanica TV Manchete? No dia da última gravação da *TV Pirata*, já com o estúdio vazio, José Lavigne lembrou-se do *Rei Lear* — que lhe parecia o fim de tudo, e era só o começo. Tinha que haver um próximo passo.

O diretor notou então que não estava sozinho no estúdio. Helio de La Peña também ficara por ali, com o mesmo olhar parado. Helio era o único redator do grupo que ia regularmente aos sets de gravação, o que o aproximara de Lavigne. Ficara conhecendo melhor esse lado da linha de montagem, as fofocas entre os atores, cada um sempre achando que ganhava menos cenas que os outros. Viu de perto os humores oscilantes no estúdio, o malabarismo do diretor para harmonizar isso tudo, o medo que ele tinha de Marco Nanini.

Lavigne sabia que Nanini, o mais consagrado ator do elenco, era um obsessivo capaz de enxergar tudo o que um diretor enxerga e mais alguma coisa. Era um ator com enorme peso moral no set, e não era nada confortável vê-lo insatisfeito. Numa das gravações que iam noite adentro, o diretor queria repassar com o ator sua marca na cena:

— Nanini, agora você levanta da cadeira, caminha até aquela mesa e...

Foi suavemente interrompido pelo ator:

— Olha, já passou de meia-noite, não quero levantar.

— Claro! Não levanta não. Não tem a menor necessidade de você levantar...

Helio conhecera por dentro aquele bastidor confuso e empolgante. Viu seu próprio texto sendo objeto de vibração e, às vezes, rejeição dos atores (quando a grossura passava de certo ponto). Captou os truques de escrever para TV, passou a colaborar com Cláudio Paiva na redação final. Terminada a gravação do último *TV Pirata*, ele e José Lavigne se olharam no estúdio vazio como dois cachorros perdidos na mudança.

Lavigne quis mostrar que não estava perdido:

— Bicho, vamos marcar uma reunião?

— Vamos. Vou falar com a galera e te ligo.

— Fechado.

— Qual é a tua ideia?

— Não sei.

— Ah, tá.

— A gente pensa uma parada aí.

— Beleza então.

Dois dias depois, Lavigne estava reunido com o grupo da *Casseta Popular* e do *Planeta Diário* no escritório deles — aberto na rua Voluntários da Pátria, em Botafogo, no auge do show. Apesar do trauma, havia um impulso no ar. Tinham feito história na TV, era só uma questão de pensar no próximo projeto. O diretor não falara com mais ninguém da numerosa equipe da *TV Pirata*. Essa era a primeira "parada" que ele tinha pensado:

— Agora é a gente. Vamos fazer um projeto nosso.

Na direção do humorístico atropelado por *Pantanal*, ele sentira a força vinda dos núcleos da *Casseta* e do *Planeta*. Via ali o possível embrião de um novo programa, um mergulho direto na fonte — transpor, de alguma forma, a revista e o jornal para a TV.

Todos acharam interessante. Mas a reunião empacou ali. Não havia sinal de entusiasmo na sala. Estavam se dando conta de que não tinham a menor ideia sobre como montar e apresentar um projeto daqueles. Cada um tinha um diabinho com a cara de Daniel Filho, ou de Boni, gritando-lhe no ouvido: "Isso não funciona!", "Esse formato não emplaca!", "Não é isso que o cara quer ver depois do jantar!"...

A dúvida não era mais apenas sobre o que fazer. Era se havia cacife, naquela salinha em Botafogo, para decidir o que fazer.

A Globo resolveu dar a Guel Arraes uma espécie de casa de criação, um espaço (e um tempo) fora da sede da emissora para pesquisa e desenvolvimento de um novo projeto. Outros jovens talentos, como Cláudio Paiva e Pedro Cardoso, também foram abrigados lá. Dessa vez, José Lavigne não foi demitido. Sem paradeiro certo, ficaria por ali, para ser encaixado em algum lugar.

Ele não queria. Foi à direção da emissora e arriscou:

— Vocês não deviam me tratar como mestre de obras. Eu sou engenheiro. Também quero ganhar uma temporada pra pensar.

Em bom português, Lavigne estava pedindo um canto na casinha de Guel. O pedinte não era mais um forasteiro de teletema, nem um coadjuvante de armação. Era um diretor da *TV Pirata*. Conseguiu seis meses de estadia no cafofo dos criadores.

Correu para avisar aos comparsas que não estavam mais à deriva. Tinham agora, oficialmente, a missão de propor um novo programa de humor para a Globo. E contariam com a supervisão de Guel para encontrar a embocadura.

O grupo, como era do seu feitio, avançou no prato de comida que lhe colocaram na frente. O apetite aumentaria com a divulgação de uma diretriz da emissora, não muito saborosa, gerada pelo Efeito Pantanal: "Tenha uma ideia ou perca seu emprego."

Era o que faltava para compreenderem que tinham descido do altar da *TV Pirata* diretamente para a vala comum.

A informação preliminar era de que a Globo queria um humorístico para as quintas-feiras. Em menos de um mês estava rascunhado o projeto do grupo. Chamava-se *Sábado Urgente*. De tão urgente, ia ao ar quinta-feira. Tratava-se de uma mistura de humor e notícias, seguindo a linha do falso jornalismo do *Planeta* e da *Casseta*. Faltava encontrar o elenco.

A solução natural eram os atores da *TV Pirata*. Foram a campo, excitados com a oportunidade de oferecer às estrelas um novo espaço no horário nobre da Globo. Ouviram de todos a mesma resposta: não.

Pensando em incríveis possibilidades de texto, como num *Fantástico* de paródias e piadas em cima da atualidade, os redatores não tinham se dado conta de um detalhe. Estavam convidando atores altamente criativos e versáteis para fazerem, basicamente, um papel só — o de repórter. Voltaram para a toca de mãos abanando, convencidos de que tinham criado um projeto inviável. Afinal, grandes atores não topariam aquela mesmice. E um programa realmente impactante só seria possível com atores muito bons.

Ou muito ruins.

— Se repórter é um papel tão merda, por que a gente mesmo não faz? — disparou Claudio Manoel, no seu estilo de ir falando e pensando ao mesmo tempo.

O grupo não era totalmente virgem na abordagem da questão. Nos primórdios da *TV Pirata*, numa reunião com Guel Arraes, Cláudio Paiva e equipe, Marcelo Madureira soltara uma de suas declarações *sincericidas*:

— Eu acho que o nosso destino é ir pra frente das câmeras.

Em pleno trabalho com Marco Nanini, Ney Latorraca e companhia, aquilo só podia ser piada. Mas Marcelo não riu. Guel sorriu amarelo, Claudio Manoel olhou para ontem e todo mundo torceu para o assunto mudar. Madureira não deixou:

— Acho mesmo. A gente em cena funciona. Funciona no palco, vai funcionar na televisão. Não tem jeito.

Constrangimentos provocados por Marcelo não eram novidade, mas ali ele tinha caprichado. Novo silêncio de uma tonelada, até que alguém mandou um "vamos agilizar a reunião", e a profecia de Madureira foi devidamente embalsamada.

Agora, por pura necessidade, vinha a exumação. Com uma diferença importante: eles tinham estado diante das câmeras. O Camarote da Casseta no Carnaval era uma brincadeira. Mas era televisão, e eles faziam papel de repórteres. Lavigne, que era do ramo, entrou na pilha. Anexou o ovo de Colombo ao projeto e levou-o para a casa de criação. Estavam escolhidos os oito atores do *Sábado Urgente*.

A essa altura, o núcleo já tinha três projetos em fase adiantada de maturação. Lavigne disse a Guel ter encontrado o elemento que faltava para arrematar o seu. E expôs a ele a solução heterodoxa.

O mestre não dourou a pílula. Disse-lhe que, com um elenco daqueles, talvez fosse melhor nem apresentar o projeto à direção da emissora:

— Lavigne, isso aí não vai dar em nada.

Antes mesmo de avistar a quinta-feira prometida, o *Sábado Urgente* entrava em apuros. E não havia mais tempo para construir uma nova proposta. Isto é, para não perder o emprego.

A vida tinha parado no pantanal. Agora parecia decidida a andar. Para trás.

CAPÍTULO 12

Beleza e tapa na cara

José Lavigne, Helio de La Peña e Bussunda subiram a Lopes Quintas devagar. Não só pelo calor carioca, que começava a chegar forte em novembro. Levavam nas costas o trabalho de todo o semestre, desde o fim da *TV Pirata*. Quando parassem de andar, iam conhecer o seu destino dali para a frente.

Lavigne teimara com Guel Arraes. Insistia que os redatores da *Casseta* e do *Planeta* podiam funcionar como elenco do novo programa. Guel rebatia com o óbvio:

— Zé, os caras são feios, desconhecidos, você não tem uma atração. Quem vai ser a atração desse programa?

— A atração são as notícias. O público conhece as notícias. Eles entram fazendo o humor deles em cima da realidade.

— Não vai dar certo.

A casa de criação já conseguira emplacar um projeto para a temporada 1991. Era o *Programa Legal*, com Luiz Fernando Guimarães e Regina Casé, sob direção de Guel e Belisário Franca. A dupla de atores ia viajar pelo Brasil e pelo exterior, criando quadros de humor de acordo com cada situação encontrada. Na programação, ocuparia a *Terça Nobre*, se revezando mensalmente com um programa popular (da dupla sertaneja Leandro e Leonardo), um enlatado americano e outro programa de humor — o que faltava escolher.

Os projetos considerados em ponto de bala eram do tipo sitcom (comédia de situação), programas com personagens fixos roteirizados por Cláudio Paiva, Luis Fernando Verissimo e Pedro Cardoso, entre outros. O projeto de José Lavigne não era considerado, na casa de criação, maduro para ser proposto à direção da Globo.

Ao lado de Bussunda e Helio, o diretor subia a rua da emissora movido por uma mistura de fé e teimosia. Era o dia da apresentação dos projetos a Daniel Filho. Ele queria pelo menos ouvir o "não" ao vivo.

Na sala de Daniel, as ideias dos programas foram sendo apresentadas em detalhes. O Efeito Pantanal tinha feito o grau de exigência bater no teto. Com a aprovação anterior do *Programa Legal*, um segundo filho dos piratas tinha que sair muito bonito para ser aceito. E o tempo parecia estar fechado na fisionomia do diretor de programas da emissora.

Daniel Filho não gostou de nada. Ao final de cada proposta, apenas pronunciava um "não quero" e passava à seguinte. O clima estava um pouco mais do que azedo quando ele se dirigiu a Lavigne, já querendo encerrar a reunião:

— Fala aí, Lavigne.

— A ideia da gente é tentar filmar a revista deles (Bussunda e Helio). Jornalismo mentira, humorismo verdade.

Mais uma vez, Daniel foi conciso:

— Eu quero isso. Filma.

Bussunda, Helio, Lavigne, Guel, Pedro Cardoso e Cláudio Paiva saíram juntos da emissora. Todos quietos. Bussunda perguntou aos três últimos para que lado eles estavam indo. Diante da resposta, apontou imediatamente para o lado oposto:

— Nós estamos indo pra lá. Tchau.

Assim que viraram a esquina e sumiram do campo de visão dos outros, Helio, Bussunda e Lavigne explodiram. Por algum tempo, o ruidoso abraço triplo no meio da rua desafiaria a curiosidade dos passantes. "Gol de quem?", perguntavam os rostos na calçada. Gol dos pangarés. Aos 45 minutos do segundo tempo.

* * *

Se entrasse mais um na sala, virava time de futebol. Os dez homens estavam reunidos para se transformarem num programa de TV. Diante de José Lavigne, os velhos parceiros Beto Silva, Bussunda, Claudio Manoel, Helio de La Peña, Hubert, Mané Jacó, Marcelo Madureira, Mu Chebabi e Reinaldo eram a redação e o elenco do novo humorístico da TV Globo. Ou do possível humorístico. Primeiro, era preciso tirar o projeto azarão do papel e gravar alguma coisa para apresentar a Daniel Filho — e convencê-lo de que ele estava certo.

O roteiro não era uma grande preocupação de Lavigne. Acreditava mesmo na transformação do noticiário em atração principal, com o talento dos autores em piratear o mundo da mídia. Faltava confirmar a intuição de que o texto sobreviveria na boca deles próprios, diante das câmeras.

O diretor pediu socorro às suas raízes teatrais. Decidiu submeter o grupo a exercícios básicos de interpretação — não propriamente para prepará-los, que não dava tempo, mas para descobrir o que poderia extrair de cada um em cena. Aí veio o mal-estar.

Lavigne vinha se incomodando com a postura de Mané Jacó. Sentia-se sem acesso a ele. Todos no grupo tinham personalidade forte, com algo de cético, de indomável. Não era uma trupe de teatro. O diretor já sabia que jamais teria inteiramente nas mãos um Claudio Manoel, ou um Marcelo Madureira. Mané Jacó, porém, lhe parecia crítico demais. Volta e meia vinha com uma ressalva política, como se houvesse sempre algo mais importante na vida lá fora do que o que estavam fazendo ali.

Lavigne achava que não havia nada mais importante no mundo do que o que estavam fazendo ali. E o caldo entornou.

Aos 28 anos, Emanuel Jacobina de fato via a realidade com um rigoroso filtro ideológico, conforme sua formação de esquerda. Se o noticiário ia protagonizar o programa, era preciso cuidado com a piada. Agora estavam na TV, deviam refletir sobre a mensagem que iam passar para milhões de brasileiros. Antes disso, porém, Mané Jacó precisava lidar com uma questão bem menos ideológica: estava em pânico.

Se subir num palco tinha sido um parto para ele, passar para diante das câmeras era como caminhar para o abatedouro. Contava, mais uma vez, com o companheirismo de Bussunda para segurar o tranco.

O coração grande do amigo não o salvara só de desistir do show e sair do grupo. Antes do sucesso, já fora socorrido por ele em situações mais prosaicas. Na época da febre da sinuca, que ambos praticavam religiosamente desde a adolescência, se viram certo dia numa situação tensa. Os dois já trabalhavam, e Mané Jacó, mais competitivo, resolveu propor que apostassem o salário do mês. Com algumas garrafas de cerveja na cabeça, partiram para o duelo no Clube do Taco, em Copacabana.

Os dois se nivelavam. Jogavam muito bem, na maioria das vezes só os dois. Ninguém era freguês de ninguém. Mesmo assim não tinha tempo ruim, qualquer que fosse o resultado. Ganhavam e perdiam se divertindo. Disputavam sempre uma melhor de sete partidas — o vencedor tinha que ganhar quatro. Tempo não lhes faltava.

Iniciado o desafio, Mané faturou a primeira. Bussunda empatou. Aí já não estavam brincando. O peso da aposta tornara o jogo, pela primeira vez, silencioso. Dois jogadores compenetrados, tensos, focados em aniquilar o adversário. O nível etílico potencializava a adrenalina. A dura perspectiva de entregar o salário inteiro para o outro fizera entrar uma nuvem estranha no meio da amizade.

Mané Jacó ganhou mais duas e ficou com a partida na mão. Três a um. Teria três oportunidades para liquidar a fatura. Os dois erravam mais do que o normal, afetados pelo nervosismo. Sem brincar, eram piores.

Bussunda ganhou a seguinte, achando um fio de esperança. Mané passou a errar mais. E veio o empate. Três a três. A essa altura, a incrível reação de Bussunda o enchia de moral. Mané estava psicologicamente derrotado. Já sofria pensando como ia se virar para pagar o aluguel. A partida decisiva tinha um favorito claro. E ele surpreendeu seu adversário.

Quando iam iniciar a finalíssima, Bussunda encostou seu taco na parede. Virou-se para Mané Jacó e disparou no tom que o amigo conhecia bem:

— Porra, Manéu! Que babaquice! Vamos acabar com essa merda?

Meio desconcertado, mas acima de tudo tomado por um alívio que ia até o dedão do pé, o ex-adversário alinhou-se imediatamente à melhor tacada da noite:

— Porra, graças a Deus...

Suspensa a aposta, decidiram disputar a partida final. Voltaram a jogar excepcionalmente bem. Bussunda venceu.

Mané Jacó via no amigo algo diferente de solidariedade. Bussunda era um cara aconchegante. Uma espécie de exterminador de conflitos. Não tinha nada de anjo, era um devoto do sarcasmo, mas seu gene do egoísmo parecia ter vindo com defeito. No trabalho, contornara inúmeros atritos e atropelamentos com seu poder agregador. O problema era que agora o trem estava andando rápido demais.

José Lavigne estava trabalhando com a faca entre os dentes. Já conhecia bem a máquina de moer gente que era a televisão. Sabia que a Globo, ao levar sua primeira chicotada da concorrência, poderia ser tudo, menos um lugar confortável. Quem piscasse era um homem morto — ou um grupo morto.

Um grupo vivo tinha que ter união, mas tinha que fugir da sua irmã bastarda, a complacência. Aprendera isso na própria carne, no Asdrúbal Trouxe o Trombone. O alerta era simples: se tinha alguém mancando, o grupo ia mancar. O diretor Hamilton Vaz Pereira promovia reuniões periódicas em que o Asdrúbal fazia uma espécie de jogo da verdade consigo mesmo. Ou, numa leitura mais crua, um paredão.

Lavigne tinha batalhado para entrar no grupo de Luiz Fernando Guimarães e Regina Casé. Estudava no Tablado e soubera que colegas seus tinham sido chamados para um teste do espetáculo *Aquela Coisa Toda*. Foi tocar a campainha da casa de Hamilton Vaz Pereira. O diretor abriu a porta e ouviu a pergunta desconcertante:

— Por que você não me convidou pro teste?

— Não te convidei não? Então tá convidado.

Não só foi aprovado, como depois sobreviveria a todos os jogos da verdade. Às vésperas da estreia da peça, após meses de ensaio, o grupo fez uma última reunião. Luiz Fernando, uma das estrelas da companhia, pegou a palavra e listou os colegas com quem gostaria de continuar trabalhando. Era o derradeiro paredão. Na hora da decolagem, José Lavigne teve que descer do avião.

Dez anos depois, dirigiria Luiz Fernando Guimarães na *TV Pirata*. Um reencontro sem ressentimentos. No instante em que o Asdrúbal o vira como prescindível, ele já não poderia fazer bem ao Asdrúbal. Era simples assim. E na hora da decolagem do grupo Casseta e Planeta na TV, Lavigne não admitia ninguém mancando.

— Emanuel, se você tivesse que criar um alterego pra você na televisão, como seria essa pessoa?

— Seria o cara que não é ninguém. O cara de lugar nenhum.

O diretor se irritou com a resposta. Lavrou no ato a sua sentença e levou-a a Guel Arraes e Claudio Manoel:

— Esse cara não tem lugar no programa.

Guel já tinha feito o mesmo diagnóstico. Claudio submeteu a questão ao grupo, que não se opôs. Lavigne abriu o jogo com Mané Jacó:

— Meu irmão, não quero mais trabalhar contigo.

Os colegas chancelaram a execução sumária. Bussunda inclusive. Emanuel Jacobina estava fora do grupo. O organismo mastigou, deglutiu, metabolizou e seguiu em frente. O sol não podia esperar.

* * *

No período das festas de fim de ano, José Lavigne pescou a informação de que José Bonifácio de Oliveira Sobrinho estava para bater o martelo a qualquer momento. O grupo tinha gravado um programa-piloto que reunia entrevistas surrealistas ao estilo do Camarote da Casseta no Carnaval. Havia também imagens de telejornais com textos pirateados, a partir de um take aéreo do prédio da Globo, em que a câmera ia se aproximando até o corte para a sala de trabalho dos jornalistas marrons. A sede da emissora virara a redação do grupo Casseta e Planeta.

A informação extraoficial era de que Boni estava em Angra dos Reis com uma fita do piloto. Assistiria por lá mesmo e na volta daria seu parecer sobre o projeto. Ou, mais precisamente, anunciaria se os ex-redatores da *TV Pirata* continuariam na Globo.

Apesar do sinal verde de Daniel Filho, que colocara o desacreditado projeto trazido por Lavigne no grid de largada para 1991, nada estava ganho. O humor do grupo precisava superar o mau humor da direção da emissora, que na busca por ibope contratara a deslumbrante jornalista Dóris Giesse, capa da *Playboy* em novembro de 90. A loura inteligente e nua viera a pedido de Boni, e os rumores eram alarmantes: ele cogitava dar a ela um programa na *Terça Nobre*. Na última vaga disponível.

Os homens feios e gaiatos tremeram com a concorrência desleal. Mas agora não havia mais nada a fazer. Só torcer para que a beleza fosse derrotada pela canalhice.

Bussunda resolveu passar uns dias em Búzios com Angélica. Já que não havia nada a fazer, foi fazer nada — sua antiga especialidade, da qual andava drasticamente afastado. Claudio Manoel e Leila também quiseram ir. Cerca de um ano depois do racha na produção do grupo, os laços não tinham se restabelecido inteiramente. Mas o deus Casseta a tudo abençoava. Menos à falta de obstinação.

Mané Jacó fora excomungado em sua segunda hesitação. Logo em seguida, outro não obstinado tomaria o mesmo rumo. Mu Chebabi achava que passaria de beatle reserva a titular, no salto do grupo para a frente das câmeras. Mas estava dividido, cuidando também de sua carreira solo, que ganhava visibilidade na MPB. Quando a onda veio, o surfista viu-a passar por ele. O organismo expelia mais um.

E blindava os que ficavam — fortalecidos pela seleção natural. Bussunda também ficara sentido com Beto, no episódio da reunião que o excluíra. Mas se o grupo tentara preservá-lo de um tema delicado, ou se o traíra ao reunir-se sem ele, parecia não fazer diferença dentro do circuito fechado. Explosão, absorção, resfriamento. O metabolismo do ente multicéfalo triturava tensões e mágoas. Beto também foi para Búzios.

Viajou com Sandra, por quem se apaixonara no turbilhão de 1988, o ano em que tudo acontecera. Como convinha a um pirata, o cenário romântico para o enlace fora a campanha eleitoral do Macaco Tião. Dois anos depois estavam casados. E na chegada ao balneário, o horizonte dos três ex-cachorros da Von Martius era de novo um grande ponto de interrogação. O contrato com a TV Globo, base monetária dos casamentos, era agora só uma mensagem na garrafa, boiando muitos quilômetros ao sul, no mar de Angra dos Reis.

Não tinham ido a Búzios atrás de notícias. Mas as notícias foram atrás deles. No primeiro passeio pela fervilhante rua das Pedras, toparam com o mensageiro inesperado.

A mensagem na garrafa fora recebida.

Quem trazia a informação quente de Angra era ninguém menos que Boninho, jovem diretor de TV — o filho do homem. E ele foi logo dizendo:

— Papai já viu o material de vocês.

Os três ficaram estáticos. O assunto era grave demais para ser tratado numa viela praiana. Qualquer palavra a mais sobre a receptividade de Boni ao piloto, para o bem ou para o mal, cairia ali como uma bomba. Mas Boninho prosseguiu. E resumiu a reação do pai:

— Ele riu pra caralho!

Bussunda, Claudio e Beto não caminharam mais. Flutuaram sobre a rua das Pedras. Era bom demais para ser verdade. Não levaram muito tempo, no entanto, para retornar ao chão. Boninho podia ter sido apenas simpático. Talvez tivesse destacado um gesto positivo de Boni apenas por cordialidade, já que dera de cara com os três na multidão. Por outro lado, o mensageiro parecia sinceramente vibrante. Decolaram de novo. Entre subidas e descidas, voltaram do descanso em Búzios exaustos.

Janeiro de 1991 era o mês da verdade. E o grupo foi ao encontro dela na sede da Globo, junto com José Lavigne. Para o diretor, parecia uma reedição dos paredões do Asdrúbal: você, você e você ficam; você, você e você saem. Antes de chegarem à sala de Daniel Filho, a rádio corredor fez o serviço sujo, arremessando-lhes na testa a notícia: a cobiçada *Terça Nobre* fora entregue a Dóris Giesse.

Tinham sonhado alto demais, ao imaginar que o núcleo duro da *TV Pirata* (redatores principais e diretor revelação) poderia ter um programa só para si. Bem que Guel tinha alertado. A decisão da emissora observara exatamente a lacuna apontada por ele: faltava uma atração.

Mas ainda não era a hora de voltar para casa. A beleza ia flertar com a canalhice. No projeto do programa *Dóris para Maiores*, estava inscrita uma "participação especial: *Casseta & Planeta*". Direção: Guel Arraes e José Lavigne.

Na primeira chamada após a tempestade global, eles estavam dentro.

* * *

Fernando Collor de Mello pregara uma peça nos brasileiros. Na campanha eleitoral, explorara — com sucesso — o receio geral ante a ameaça socialista de Lula, o candidato que atacaria a propriedade privada. Eleito presidente, sua primeira medida seria um ataque frontal à propriedade privada.

Não abrira os apartamentos da Vieira Souto aos populares, como pedia Bussunda na passeata-deboche. Mas invadira as contas bancárias dos cidadãos e lhes confiscara o dinheiro. Com a decretação do Plano Collor, em março de 90, todos os saldos acima de 50 mil cruzados novos (o que não chegava a 5 mil dólares) passavam automaticamente para o controle do governo. Os piores pesadelos comunistas da classe média e da elite não tinham ido tão longe.

Um ano depois da medida que deveria dar o golpe fatal na inflação, os preços recomeçavam seu galope. O país era refém de mais um desastroso erro de cálculo dos economistas. Numa rua do Rio de Janeiro, o repórter de TV perguntava ao passante:

— O que você faria se tivesse um filho economista?

— Prendia em casa e pendurava de cabeça pra baixo!

A resposta era um desabafo. A pergunta era uma provocação. O repórter era Bussunda.

Dóris para Maiores entrava no ar com a apresentadora exuberante, musa da *Playboy*, trazendo clipes internacionais inéditos, notícias quentes do mundo da cultura, sacadas inteligentes de economia. E ainda esquetes com Pedro Cardoso e Diogo Vilela, além de quadros coordenados por Cláudio Paiva, com roteiristas como Marcelo Tas e Jorge Furtado. Os jornalistas Paulo Francis e Ana Maria Bahiana também estavam lá. *Dóris* era uma antena para a modernidade.

No meio disso tudo, sem pedir licença, entravam os spots do jornalismo mentira.

A ruína econômica pós-Plano Collor receberia cobertura de gala. Numa matéria de serviço, Hubert ensinava como aumentar o peso do salário-mínimo em 3.700%. Bastava levar o dinheiro ao banco e trocar todas as notas por moedas. O salário ficava bem mais pesado.

O saco de moedas servia até para Reinaldo, esquálido, fazer ginástica, ficar mais forte e melhorar a autoestima. Isso o levaria a uma concessionária de automóveis, para dar entrada no seu carro zero. Sairia de lá com dois pneus, um triângulo e três fitinhas do Bonfim para pendurar no seu futuro retrovisor. Já era um começo.

Sentado à mesa com um garçom ao lado, Bussunda mostrava que era possível comer em restaurante mesmo com os salários corroídos. Abria o cardápio, fazia sua escolha, e o garçom voltava com o prato dividido em trinta quentinhas — uma para cada dia do mês.

Na vida real, o grupo também sofrera com o ataque bolchevique do presidente de direita. O belo cachê da participação no Carnaval ficara bloqueado pelo confisco de Collor. Logo depois viera a crise da *TV Pirata*, anunciando a seca prolongada. No final de 1990, o fantasma do exílio em Padre Miguel voltara a assustar.

Com a enorme repercussão do Camarote da Casseta, Bussunda passara a ser ainda mais assediado pela imprensa nacional — agora ultrapassando em definitivo a aldeia carioca, pelo alcance da TV. Com a nave pirata em chamas, em plena labuta para não ser ejetado da Globo, ele foi procurado pela *Folha de S.Paulo*. O jornal propunha um pingue-pongue daqueles que expõem a pessoa do entrevistado, mistura de perfil do consumidor com advogado do diabo.

Bussunda topou responder às perguntas da "Revista d", suplemento do diário paulista. Atravessou as espetadas sobre inveja, arrependimentos e hábitos proibidos com a perícia de sempre. Mas a pauta da *Folha* era apresentá-lo como "o bárbaro", e aí não podia faltar a pergunta crucial:

— Qual o lugar mais estranho em que você já fez amor?

Bussunda não precisou pensar:

— São Paulo.

Não era um bom momento para espetar o bárbaro.

A carona no *Dóris para Maiores* salvara o grupo da bancarrota. E os colocara em privilegiada posição de tiro para acertar as contas com o caçador de maracujás. Collor e seu plano trapalhão eram um prato feito, com um ingrediente especialmente apetitoso: Zélia Cardoso de Mello, ministra da Economia e da confusão.

Depois de avançar no bolso dos brasileiros de forma algo abrupta e ruidosa, Zélia fora de vez para a berlinda no final de 1990, quando o plano começou a fazer água. E no momento em que era a mais exposta mulher brasileira, apaixonou-se pelo ministro da Justiça, o galante Bernardo Cabral, vinte anos mais velho e casado. A reportagem *Casseta e Planeta* foi às ruas ouvir a voz do povo:

— A senhora acha que a ministra Zélia deu certo? — indagou o repórter Marcelo Madureira, em tom grave, a uma passante de meia-idade.

— Não, ela deu errado! — respondeu a mulher com um sorriso maroto, entrando no jogo.

— Você namoraria o ministro Bernardo Cabral? — perguntou Claudio Manoel a uma jovem.

— Namoraria.

— O quê?! Mesmo ele sendo feio, barrigudo e careca?

— Ah, depois a gente vê o resto...

Os anônimos eram o elemento surpresa do humorismo verdade. Uma graça que não estava no roteiro, mas que brotava de graça na rua. A ideia arriscada de falsos repórteres abordando gente comum, com perguntas esquisitas, parecia dar liga. Os indicadores de audiência logo acusariam: o povo, quem diria, era uma grande atração.

E com Zélia e Collor em cena, o trabalho ficava mais fácil. Sobrava munição para a TV, a revista e o jornal. No *Planeta Diário*, a notícia sobre o caso Zélia-Cabral ganhava enfoque um pouco menos sutil:

Ministro da Justiça se mete na Economia

Esplanada dos Adultérios

— O ministro Pedro Álvares Cabral, depois de uma longa viagem, chegou ao seu apartamento funcional, puxou o lençol e descobriu a ministra da Economia aberta ao entendimento nacional.

Vendo que naquela terra tudo dava, Cabral pensou em dar-lhe o nome de Zélia de Vera Cruz. Mais tarde chamou-a de Zélia de Santa Cruz, mas ela lhe disse que preferia ser chamada de 'Fofucha'.

Preocupados com a excessiva abertura da economia e da mulher brasileira, os repórteres investigativos do *Dóris para Maiores* voltaram às ruas para denunciar a extinção das virgens. Em tom dramático, pirateando o *Fantástico*, anunciavam a caçada à "última virgem brasileira".

— Você é virgem? — perguntou Marcelo Madureira, com seu sofisticado método de investigação, a uma jovem.

— Não. Sou Áries.

Mostrando bravura, o repórter avisava que não ia desistir, e saía fazendo a pergunta não muito cordial a todas as mulheres que passavam. Até que anunciava um chamado urgente do repórter Beto Silva. Ele parecia estar próximo da descoberta:

— Estamos aqui na porta de saída do motel Le Boquete! Aí dentro pode estar a última virgem brasileira! — vibrava Beto, acreditando que o nome do estabelecimento o colocava na pista certa.

O primeiro carro a sair seria devidamente filmado, enquanto o repórter corria para a porta da passageira, perguntando-lhe aos gritos através do vidro:

— E aí, minha senhora? A senhora é virgem?

O parceiro dela arrancava com o carro em alta velocidade, frustrando o furo de reportagem.

Os spots de barbaridade e nonsense apareciam em meio a matérias jornalísticas verdadeiras. Dóris Giesse podia estar falando do fim da reserva de mercado para informática no Brasil, ou apresentando uma matéria sobre a exportação de jovens modelos para a Europa — e de repente tinha que anunciar o desaparecimento da virgindade. Começou a sentir-se mal na foto.

Dona do programa, que afinal levava seu nome, a jornalista passou a argumentar que aquela salada podia lhe tirar credibilidade profissional. Estava posta a saia justa. Com menos de seis meses no ar, a emissora já entendera que teria problemas com sua nova estrela se mantivesse as inserções do jornalismo mentira.

Não vinham sinais visíveis da direção de que a guilhotina estava sendo afiada. O formato "povo fala" agradava, e o grupo conseguira inclusive aprovar uma viagem a Lisboa — para uma reportagem científica sobre como surgem as piadas de português. Em outro caso, porém, tiveram que pegar carona com a equipe do *Programa Legal* para gravar um quadro em Nova York.

E quase ficam sem a carona de volta. Bussunda e Hubert perderam a hora sambando em frente à Estátua da Liberdade e tiveram que sair correndo da gravação diretamente para o aeroporto. No caminho até o avião, e também depois, durante o voo, notariam estar chamando a atenção geral. Não era fama (ainda mais em Nova York). Era só vexame. Não tinham tirado os bizarros ternos coloridos dos repórteres de Dóris.

Alguns dias depois de o quadro ter ido ao ar, Bussunda subia a rua Lopes Quintas ao lado de José Lavigne quando foi abordado por um adolescente:

— Adorei você em Nova York! Poxa, eu nunca tinha visto a Estátua da Liberdade tão de perto...

O humorista agradeceu e foi em frente, sem entender direito aquele comentário. Lavigne captou a mensagem. A identificação do menino com Bussunda o transportara para Nova York, ao pé do monumento. Ele se sentira íntimo da estátua, sambando com ela.

As aparições na TV não tinham transformado o grupo em atração, mas a figura peculiar de Bussunda começava a destacá-lo publicamente. Como toda notoriedade, era uma faca de dois gumes. No caminho para uma entrevista da *Casseta Popular* com o museólogo Clóvis Bornay, famoso como carnavalesco e símbolo homossexual, ele se veria numa situação embaraçosa.

O apartamento de Clóvis Bornay era na avenida Prado Júnior, em Copacabana, tradicional reduto do sexo pago na noite carioca. Lá chegando, Bussunda resolveu dar uma passada na Farmácia do Leme. Tinha distendido a perna jogando futebol e precisava de vaselina para uma massagem que faria logo após a entrevista. Enquanto comprava o produto, lembrou-se de que não anotara o endereço do entrevistado. Pediu ajuda ao farmacêutico, certamente um bom conhecedor do local:

— Amigo, qual é mesmo o prédio do Clóvis Bornay?

O cidadão olhou para Bussunda, olhou para o tubo de vaselina líquida e disfarçou o riso:

— Não sei dizer não...

Quando o humorista se deu conta da sua inocência, já não dava mais para consertar. Saiu voando da farmácia, torcendo para que o farmacêutico não fosse amigo de algum colunista social.

À medida que se tornava um rosto mais conhecido, Bussunda conseguia entrevistas melhores para o *Dóris para Maiores*. As pessoas na rua iam entrando mais facilmente no jogo das perguntas desconcertantes. "É aquele doido da televisão", diziam logo, e vinham de lá com as suas doideiras também. A fórmula estava funcionando, e a participação do *Casseta e Planeta* no programa começou a crescer.

No segundo semestre de 1991, o grupo ultrapassaria bastante sua cota no latifúndio da musa — inicialmente, entre 10% e 20% do tempo. Isso era bom e ruim. As reportagens postiças esculachavam não apenas o Collor, a Zélia e o noticiário em geral. Fustigavam o próprio jornalismo, pirateando seus clichês. A salada entre verdade e falsidade começou a incomodar gente graúda na emissora.

O premiado repórter Geneton Moraes Neto era a estrela jornalística do *Dóris*. De saída, produzira na Europa um punhado de reportagens fora de série, como era o seu padrão. Mostrou a vida do coveiro do cemitério onde estava enterrado Karl Marx, que ganhava um bom dinheiro cobrando pela visitação ao túmulo do pai do comunismo. Descobriu um grande assaltante do trem pagador que virara florista, entrevistou Pete Best, o baterista que saiu dos Beatles na última curva antes do sucesso planetário.

Com o andamento do programa e a salada com o jornalismo mentira, a Globo foi tendendo a concentrar no *Fantástico* as grandes reportagens. O *Dóris* foi ficando com a xepa, e Geneton começou a sofrer certa asfixia.

Posto avançado do programa em Londres, o repórter foi ficando a pão e água. Só lhe faltava negociar a verba do cafezinho. Na Central Globo de Jornalismo, crescia o mal-estar com os efeitos do "departamento" de reportagem pirata.

O final da temporada de 1991 trazia uma única certeza: 1992 era uma incógnita. O *Dóris para Maiores* trouxera uma série de inovações e uma série de confusões. Da salada de experimentalismos, surpresas positivas e reações negativas não resultava uma cara, um padrão. O programa estava ferido de morte. No meio dessa nuvem, Claudio Manoel foi parar em Londres — logo Londres.

Viajara com Leila para encontrarem a irmã dela, que se mudara para a capital britânica. Cemitério das reportagens de Geneton para o *Dóris*, Londres sediava o mais ativo escritório internacional da Globo — em plena cobertura do fim da União Soviética. Chefiado por Sílio Boccanera, reunia um time de jornalistas um tanto contrariados com as macaquices do *Casseta e Planeta* envolvendo sua profissão. A equipe seria anfitriã da festa de réveillon londrina da emissora. Claudio Manoel resolveu ir lá conferir.

Isto é, foi botar a mão no vespeiro. Ou o corpo inteiro.

Diante do representante da pirataria noticiosa, os jornalistas questionaram-no de todas as formas. Alertaram-no para a irresponsabilidade de misturar, por exemplo, imagens de fatos reais com textos absurdos. Não percebia que estava induzindo o público a uma relação confusa com a verdade? Uma jornalista mais sentida expressou a gravidade da questão:

— O jornalismo é um sacerdócio. A base dele é a verdade, e isso é uma fé. Vocês estão desmoralizando essa fé.

— Por mim, tudo bem — respondeu Claudio Manoel. — Eu sou ateu. Não tenho compromisso com a fé. Minha brincadeira é exatamente essa: chutar, dar tapa na cara, tirar as coisas do lugar...

Era o jeito pirata de avisar que o jornalismo mentira também tinha algo a dizer sobre a realidade e suas vacas sagradas.

O problema era saber quem estaria disposto a ouvir. Os sacerdotes londrinos escutaram o herege, mas no Rio de Janeiro 1992 raiava com trombetas apocalípticas. Dóris Giesse anunciara que estava fora de uma nova aventura com o *Casseta e Planeta*. E a direção da Globo informava ao grupo que, sem ela, não havia como sustentá-los no ar.

CAPÍTULO 13

Subversivos no 9º andar

Agora não havia mais nem o mandamento "tenha uma ideia ou perca seu emprego". As cartas estavam na mesa, restava esperar a Globo fazer o seu jogo para 1992. Mesmo assim, órfão de sua âncora, o grupo Casseta & Planeta teve uma ideia. Sugeriu a contratação do jornalista Boris Casoy, que fazia sucesso como âncora no SBT.

Essa era a proposta do novo programa: "Boris para maiores." Um pequeno transplante na fórmula original.

A piada não fez o menor sucesso na emissora. E veio a esperada decisão da direção: o grupo não estava no olho da rua, mas tinha descido uns dez andares. Seu novo papel era escrever o roteiro de um programa noturno para Fausto Silva. A missão tinha seu valor. Mas o sonho do estrelato tinha ido parar na penumbra.

Como sempre, os sete parceiros encararam a tarefa com dedicação. Pela primeira vez, porém, a torneira estava seca. Quebraram as cabeças, mas não conseguiram criar nada para o Faustão. Assumiram a derrota e comunicaram-na à emissora.

Aí o elevador da Globo endoidou. Em vez de levá-los ao poço, disparou como um foguete em direção à cobertura.

Boni estivera discutindo asperamente com seus botões sobre a situação. Fazia quatro anos que assistira ao *Wandergleyson Show*, o programa de Hubert, Reinaldo e Marcelo. Fazia dois anos e meio que assistira ao espetáculo *Eu Vou Tirar Você Desse Lugar*, no Canecão. Tivera certeza de que naquela combinação estava o novo humor da Globo. Depois da *TV Pirata*, do Camarote da Casseta e do *Dóris*, a emissora líder continuava andando feito cabra-cega no departamento do riso. Havia algo errado naquele trajeto.

Nas suas conversas com diretores de primeiro escalão como Daniel Filho e Mário Lúcio Vaz, a avaliação geral era de que o grupo estava aprovado como redator. Já a experiência dos sete como humoristas, na pele dos falsos repórteres que apareciam dizendo seus próprios textos, era controversa. Funcionara, mas não imprimira um padrão. Talvez viesse a imprimir, mas naquele momento era apenas um possível acessório para alguma atração de primeira grandeza.

E havia ainda as ressalvas sobre a grosseria. Boni discordava. Achava que o estilo Casseta e Planeta tinha eventualmente a grossura como meio, mas o produto final era outro, poderoso: inteligência. Numa conversa com Mário Lúcio, bateu nessa tecla:

— O texto dos caras é tão inteligente que parece gozação de rua, parece que tá saindo na hora. De repente vem a porrada, o fecho que ninguém espera. Humor é surpresa.

Foi aí que os botões sussurraram a Boni a constatação evidente. Inteligência aguda vestida de molecagem de rua não era um improviso, era uma fórmula. No humor irresistível, falsamente casual, estava o poder de transformar aqueles sujeitos com cara de gente comum em padrão. As antiestrelas seriam a atração.

No final de janeiro, na contagem regressiva para o início da nova programação global, o grupo que atolara na cozinha do Faustão recebia o sinal verde para desenterrar seu *Sábado Urgente*. Sem Dóris nem Boris. A hora deles tinha chegado.

Mais do que nunca, era preciso correr. Jorrar ideias, escrever, gravar. Dessa vez não deu branco. A excitação fizera o giro mental disparar. De cara surgiu o nome do programa: *Casseta & Planeta Urgente*. Com ele, fincavam sua bandeira de protagonistas. E a "urgência", naturalmente, era o sobrenome do jornalismo mentira. A oficialização do tapa na cara.

Já no programa-piloto, José Lavigne, agora diretor geral, radicalizava. Os sacerdotes da notícia não perdiam por esperar. As entrevistas nas ruas ganhavam mais um componente de pirataria: além das perguntas desconcertantes para pessoas desavisadas, as respostas agora sofriam montagens na edição do programa. As reportagens picaretas iam adulterar o sentido dos depoimentos reais. A fé jornalística estava sendo mandada, tranquilamente, para o inferno.

— Quando você vai a um restaurante e come uma coisa nojenta, você engole ou cospe?

Esse tipo de armadilha surgira na época do show *Eu Vou Tirar Você Desse Lugar*, em vídeos com montagem caseira. O "padrão" agora ascendia à TV Globo. No caso, a pergunta era editada (ficava apenas "Você engole ou cospe?") e colada à resposta inocente de uma moça simpática ou de uma senhora categórica. Um furo de reportagem do jornalismo mentira sobre os hábitos sexuais das brasileiras.

A banda Titãs ia abrir um show de Eric Clapton na Praça da Apoteose, e a equipe dirigida por Lavigne foi lá cobrir para o piloto. Nas entrevistas, as fãs se derramavam em elogios aos sete rapazes charmosos e talentosos da banda de rock. Na montagem, com a substituição das perguntas, a exaltação era desviada para os sete rapazes do *Casseta & Planeta*.

A atriz Vera Fischer também seria vítima do grupo na gravação do piloto. Uma vítima voluntária. Ela concordara em forjar uma filmagem de *Riacho Doce*, que protagonizara no ano anterior. A minissérie fora uma resposta da Globo a *Pantanal*, portanto com muitas cenas de natureza e de nudez.

Na versão pirata, Fernando de Noronha (locação original) ficava no Arpoador, e Vera não ficava nua, mas muito pouco vestida. E a excitação que o programa provocara na audiência seria devidamente representada, ao estilo do grupo. Enquanto a musa passava à beira-mar, o rosto de Hubert surgia ao fundo, por trás de uma moita, numa sutil e poética sugestão de sexo manual selvagem.

Boni sabia que aquilo ia dar problema com Roberto Marinho. O dono da Globo andava preocupado com alguns excessos da emissora no terreno da moral. Durante a apresentação da novela *Vale Tudo*, de Gilberto Braga, dois anos antes, ocorrera um incidente grave. A personagem Maria de Fátima, uma oportunista infiel vivida por Glória Pires, marcara seu casamento religioso. Boni recebeu um telefonema áspero do doutor Roberto:

— Aquela mulher não vale nada. É uma galinha, e galinha não pode se casar na Igreja. Não quero esse casamento!

Quem chamara a atenção de Roberto Marinho para a trama da novela fora ninguém menos que dom Eugênio Salles. O cardeal arcebispo telefonara para ele dizendo que aquele casamento era um escândalo. E na emissora, a voz de dom Eugênio era a voz de Deus. Doutor Roberto estava possesso.

Boni nem discutiu. Contatou imediatamente Daniel Filho e avisou que o casamento tinha que ser cortado do roteiro. Daniel informou-lhe que era tarde demais. A cena acabara de ir ao ar.

Sem saber o que fazer para apagar o incêndio, Boni resolveu tentar dialogar com o chefe, à luz dos princípios da própria Igreja Católica. Lembrou a Roberto Marinho que ele mesmo não pudera se casar com dona Lilly, sua companheira:

— O senhor poderia argumentar com o cardeal que a Igreja faz restrição a quem já se casou uma vez, mas não julga o caráter. Se a questão é essa, o senhor tem o direito de se casar, porque é bom caráter.

Doutor Roberto não rechaçou a tese. Ficou pensativo e interrompeu a conversa. No dia seguinte, chamou Boni à sua sala.

Tinha voltado a conversar com o cardeal. E não havia problema algum com o casamento de Maria de Fátima. Dom Eugênio não tinha se referido a ela. O que o indignara fora a cena de uma galinha de verdade, cacarejando e soltando penas, levada ao altar por um camponês apaixonado — não em *Vale Tudo*, mas na *TV Pirata*.

O presidente das Organizações Globo tinha os dois pés atrás com o tal humor boquirroto, quando veio a hora de apresentar-lhe o *Casseta & Planeta Urgente*, nova atração da casa. E ainda tinha a esculhambação de uma minissérie da própria emissora, com aquela insinuação masturbatória.

Dessa vez Boni não tinha argumentos suficientes contra as restrições do chefe. Resolveu seguir em frente por sua conta e risco, apostando que Roberto Marinho ia terminar lhe dando razão. Deixou-lhe só uma pista de que a situação não estava fora de controle:

— Doutor Roberto, vou examinar esse novo programa. Garanto ao senhor que não vai ter ninguém botando o pau pra fora.

A garantia não pareceu comovê-lo. Talvez tivesse sido insuficiente. Boni resolveu ampliar o compromisso:

— Nem bunda, doutor Roberto. Nem bunda.

* * *

A noite de quarta-feira, 29 de abril de 1992, encerrava um dia de glória. A Central de Atendimento ao Telespectador não registrara uma queixa sequer contra o *Casseta & Planeta Urgente*, a estreia da véspera. Era um placar raro — para qualquer gênero de programa. Boni tinha seu primeiro troféu para mostrar a Roberto Marinho.

Os bárbaros tinham tomado o poder. A primeira imagem da abertura do programa dizia tudo: Helio de La Peña sem camisa, todo pintado, com um osso atravessado no cabelo, batendo enormes tambores num cenário selvagem. A câmera abria e mostrava, a seu lado, Claudio Manoel e Reinaldo nos mesmos trajes tribais, batucando violentamente duas máquinas de escrever. Era o cartão de visitas à redação dos antropófagos.

O grupo exultava com o nascimento do bebê botocudo. Já era esperada a boa audiência de toda estreia da Globo, mas a receptividade geral, interna e externa, superava claramente a da *TV Pirata* e a do *Dóris*. Após anos de briga de foice, o mundo parecia dizer-lhes, docemente, que a *Terça Nobre* era deles.

Partiram eufóricos para a produção do segundo programa, devidamente empossados no horário vip da televisão brasileira. Era cedo, no entanto, para sentirem-se donos da bola.

Para o primeiro programa, tinham reaproveitado quadros do piloto, mesclando com algumas novas incursões de jornalismo mentira e imagens clipadas com música em cima. Para o gosto de Boni, os tais clipes já tinham batido na trave. O cardápio do segundo *Casseta & Planeta Urgente* trazia uma extensa reportagem na favela da Rocinha. Em mais de vinte minutos de imagens e entrevistas, o grupo deixava em segundo plano os textos de humor implacável. Ali, apareciam um pouco mais "informativos", usando a irreverência para expor uma realidade social.

Boni explodiu. Chamou o grupo à sua sala e fez tremer o prédio da Globo:

— Quero dizer uma coisa a vocês: videoclipe é a puta que o pariu! Rocinha é o cacete! Que merda é essa? Vocês acham que estão aqui pra quê?

O feiticeiro estava inconformado com a recaída de jornalismo verdade dos piratas, com pitadas de modernidade pop. Não queria saber de sotaque sociológico no *Casseta & Planeta Urgente*. Tomou uma decisão radical: tirou o programa do ar. Para o seu lugar, na *Terça Nobre* seguinte, programou o seriado americano *The Flash*.

Parecia um pesadelo. Seria o fracasso mais rápido da história da TV. Ao final de sua explosão, o diretor de operações da Globo indicou que o destino do programa estava nas mãos do próprio grupo:

— O cara que chega em casa e tá com a TV ligada depois das nove da noite não quer se informar. Quer se divertir. O que eu quero de vocês são três coisas: piada, piada e piada. Mais nada.

Um mês depois do susto, o *Casseta & Planeta Urgente* estava no ar de novo. Obediente à doutrina do mandachuva e ao seu próprio DNA: não se afastar da canalhice jamais.

O repórter Bussunda apareceria dentro do autódromo de Interlagos, de figurino xadrez combinando com a bandeira de chegada, dando a notícia quente: o circuito teria que ser reformado. A vizinhança estava reclamando do excesso de velocidade dos carros. Uma das medidas em estudo era a colocação de quebra-molas na pista de corrida.

O programa logo seria dominado, no entanto, por um tema nem tão ameno: o governo Fernando Collor de Mello. Depois do confisco e demais façanhas econômico-amorosas de Zélia, emergia com força outro personagem marcante. O ex-tesoureiro eleitoral de Collor, o alagoano Paulo César Farias, não tinha cargo em Brasília. Mas falava em nome do presidente pelo Brasil afora. E o que corria entre os empresários procurados por PC era que conversar com ele custava caro.

O gordinho careca de bigode parecia ser um agente privado do presidente. E numa entrevista bombástica à revista *Veja* em maio, isso seria afirmado, com todas as letras, por Pedro Collor de Mello, irmão de Fernando. As suspeitas de corrupção envolvendo o presidente da República estouravam nas manchetes.

O *Casseta & Planeta Urgente* divulgaria imediatamente uma pesquisa exclusiva sobre o tema — na voz da jornalista Kátia Maranhão, também musa da *Playboy*, contratada para apresentar o programa. O resultado era o seguinte:

"70% dos brasileiros acham que todo mundo é corrupto;

20% acham que a pesquisa foi comprada;

10% receberam uma grana para não abrir o bico."

A apresentadora lia em seguida um pequeno editorial, que terminava com uma declaração de responsabilidade e prudência do programa:

— Ressalvamos que o assunto é delicado e não podemos ser levianos. Afinal, tem muita gente boa e honesta envolvida na corrupção.

A dupla Collor-PC saíra melhor do que a encomenda ao grupo e seu estilo de forçar os limites. Enquanto a imprensa abordava cheia de dedos as primeiras suspeitas, o *Casseta & Planeta* produzia um programa inteiro com "revelações" sobre a quadrilha alagoana do presidente "Mauricinho". E caía do cavalo.

Com a fita já pronta e editada, José Lavigne traria a decisão fulminante do departamento jurídico da emissora: o programa estava vetado. A carta branca de Boni não era totalmente branca. Atordoados com a proibição sumária, os censurados foram à sala do diretor Mário Lúcio Vaz. E foram informados de que não era bem assim que a banda tocava.

— Vocês não estão aqui para denunciar nada. Não é papel de vocês chamar de ladrão quem o senso comum não sabe se é ladrão — advertiu Mário Lúcio.

A televisão não era o *Planeta Diário* ou a *Casseta Popular*. Com seu canhão para milhões de lares, ela podia criar o fato. E se a piada não era sobre o fato consumado, virava denúncia. Os selvagens recebiam sua primeira lição de boas maneiras.

Mas não iam ficar com o gosto amargo na boca. Menos de dois meses depois, com o volume de acusações ao presidente e a abertura formal de investigações, o senso comum já enxergava Collor como figura suspeita. O programa censurado estava liberado em tempo recorde.

Aí a Globo ia se expor ao veneno caseiro. Dentre os mísseis do *Casseta & Planeta* em direção ao Planalto estava uma paródia da novela *Irmãos Coragem*, um clássico da emissora. Na versão "Irmãos Bobagem", com as imagens originais dubladas, Tarcísio Meira e Cláudio Cavalcanti eram Fernando e Pedro Collor. A estética faroeste da novela, cheia de cavalos e revólveres, passava a representar Alagoas, onde o presidente defendia bravamente a reputação de seu "amigo careca".

Foragido, PC aparecia no gramado do Maracanã, de peruca e com a camisa 10 do Flamengo. As imagens de arquivo mostravam o estádio lotado para a "final da CPI". Um repórter descobria o sócio de Collor em campo e desferia a pergunta:

— PC, é verdade que você ganhou uma bolada?

— É mentira. Eu sou camisa 10, mas a minha comissão é só de 30%.

Uma cena de luta entre Tarcísio Meira e Cláudio Cavalcanti era narrada como o momento em que, cansado das denúncias de seu irmão, "Maurício Bobagem de Mello perde a paciência e a popularidade".

O amigo do presidente era gente boa. Exemplo de bom filho, PC decidira levantar uma verba para as compras de Natal vendendo a mãe. Recebera o pagamento, mas não entregara a mercadoria. Já Rosane Collor, a primeira-dama (na vida real, pivô de um escândalo na LBA), não aceitara a separação do marido por divergências na partilha: ela ficaria com Alagoas, ele com o resto do Brasil.

O talento para o tapa na cara colocava o jornalismo mentira na proa da sátira política — no momento de uma das maiores crises institucionais da história brasileira. As bofetadas em horário nobre atingiam o presidente, a Globo, a moral, os bons costumes e o que mais aparecesse pela frente. O sucesso do *Casseta & Planeta Urgente* consumava o assalto ao sistema — de dentro do sistema.

Os arapongas que invadiam o Colégio de Aplicação nos anos 70, perseguindo os alunos agitadores, tinham deixado escapar o bando mais subversivo.

* * *

Em agosto de 1992, após mais de vinte anos de desmobilização, os estudantes brasileiros voltavam às ruas. Tinham estado presente em manifestações de massa como as Diretas Já, em1984, e a campanha de Lula em 1989. Mas desde 1968 não se via uma ofensiva estudantil puro-sangue como aquela: o movimento nacional dos caras pintadas pela queda de Collor.

Nas capitais, os manifestantes se concentravam em frente às maiores escolas e iam convergindo pelas ruas da cidade, como afluentes, até se transformarem num rio caudaloso em algum ponto central. O *Casseta & Planeta Urgente* foi conferir o movimento de perto, cobrindo uma passeata carioca que tomava a avenida Rio Branco.

A abertura da reportagem refletia o momento épico:

"Os estudantes voltaram às ruas. Estão unidos para derrubar o presidente, matar aula e descolar uns brotos — não necessariamente nessa ordem."

Os subversivos não poupavam nem a subversão. Assim tinham chegado ao coração da Globo. Aquele ataque ao sistema — sem partido, ideologia, direita ou esquerda — fisgara a emissora. Ela precisava se renovar, se aproximar mais das pessoas. A impiedosa crítica giratória dos piratas podia ser uma revolução segura. A Globo era cúmplice do golpe.

— Você tá aqui pra tirar o presidente ou o atraso?

O estudante empolgado respondeu a Claudio Manoel com consciência:

— O presidente! E o atraso também!

O repórter Helio de La Peña testava o engajamento das estudantes mais belas:

— Você não quer ir lá em casa ver um vídeo das maiores sacanagens da gangue do PC?

— Quero!

Sem deixar de mostrar o vigor do movimento, o *Casseta & Planeta* encarnava no aspecto ameno e festivo do protesto. Tinha clima até para um editorial reclamando da polícia, que não batia em ninguém:

"Os estudantes de hoje, muito individualistas, fazem das passeatas uma coisa só deles, deixando os policiais de fora com o cassetete na mão."

Às vésperas da votação para abertura do processo de impeachment de Collor, o programa entrou com enviados especiais a Brasília. De plantão em frente ao Palácio do Planalto, os repórteres Beto Silva e Bussunda apareciam vestidos por Lavigne de tomara que caia — "em homenagem ao presidente".

Dali seguiram para a Câmara dos Deputados, dispostos a cobrir uma reunião da oposição. Mas foram barrados pela segurança. Enquanto tentavam driblar o esquema, receberam uma dica do deputado Roberto Freire, do PCB: os líderes tinham sumido e estariam no apartamento de Orestes Quércia, presidente do PMDB, para um encontro reservado. Os enviados especiais conseguiram o endereço e correram para lá.

A portaria estava desguarnecida, e Bussunda e Beto foram entrando. Pegaram o elevador e bateram na porta de Quércia. O ex-governador de São Paulo abriu, a dupla agradeceu e adentrou o recinto. Sentaram-se ao lado de Lula e Ulysses Guimarães. De tomara que caia.

A cúpula da oposição no Brasil não acreditava no que via. Foragidos da grande imprensa, os líderes estavam imprensados pelo jornalismo falso. Alvo das primeiras perguntas, Lula virou estátua. Não emitia um som, não movia um músculo. Os outros o acompanhariam na paralisia. A derrubada de Collor ia sofrer um pequeno atraso — até a roda da história se livrar da saia justa (e do tomara que caia).

No dia da votação do processo de impeachment, Bussunda e Claudio Manoel estavam gravando nos Estados Unidos. Tinham ido a Boston se infiltrar entre os brasileiros ilegais. Ficariam na clandestinidade disfarçados de bananas. Pelo roteiro do programa, acabariam descobertos pelas autoridades americanas e presos para deportação. Aí a coisa complicou.

Num intervalo da gravação, os dois humoristas se viram sozinhos num bote, no meio da baía de Boston, imobilizados pela "banana" de espuma e algemados. O frágil bote começou a balançar, e os dois se olharam:

— Bussunda, você tem a chave das algemas?

— Não. Achei que estivessem contigo.

No dia 29 de setembro, a Câmara dos Deputados aprovava, em votação histórica, a abertura do processo de impeachment. Enquanto o Brasil festejava a chegada de Collor ao fundo do poço, Bussunda e Claudio Manoel rezavam para não ir para o fundo do mar.

* * *

— Meu amigo, você ama o Flamengo?

— Mengoooo!

— Essa paixão toda não é falta de mulher, não?

A pergunta arriscada era feita pela reportagem do *Casseta & Planeta Urgente* na entrada do Maracanã, no meio de uma multidão rubro-negra. Flamengo e Botafogo iam disputar a final do Campeonato Brasileiro de 1992. A Aids acabara de ser reconhecida como epidemia pelo Ministério da Saúde, e os "repórteres" resolveram testar a consciência do povo: foram oferecer aos flamenguistas camisinhas timbradas com o escudo do Botafogo.

Dispostas numa espécie de bandeja de baleiro, as camisinhas foram todas recusadas. Dez entre dez torcedores do Flamengo declararam que preferiam a Aids.

Os piratas, no entanto, não descuidavam da epidemia. Desde antes da morte de Cazuza, em 1990, que tornara a doença mais conhecida, a *Casseta Popular* alertava para os sintomas — que começavam com "um bafo quente na nuca". Esse grau de cafajestagem não chegaria à TV. Mas o *Planeta Diário* manteria o nível, com um anúncio de "utilidade pública" sobre a Aids. A garota-propaganda involuntária era Zélia Cardoso de Mello, que se casara com Chico Anysio naquele ano de 1992.

Em torno de uma grande foto de Zélia, o jornal espalhava os rostos dos vários personagens de Chico. Vinha então o apelo contra a promiscuidade: "Reduza o número de parceiros." E uma legenda para a ex-ministra: "Ela está atacando todo mundo."

Numa só molecagem, eles embrulhavam a Aids, a dama do confisco e o humorista rival.

Na TV, depois do veto inicial do departamento jurídico da Globo, tinha passado toda sorte de barbaridades sobre Collor, Rosane, PC e companhia. A certa altura, um diretor graúdo da emissora perguntou a José Lavigne se ele não achava que a galhofa com Collor e sua turma estava demais. Lavigne achava. Com uma ressalva:

— Foram eles que começaram. A gente só aderiu...

Na baía de Boston, antes que o bote virasse, Bussunda e Claudio Manoel foram salvos do naufrágio. Collor não teve tanta sorte: naufragou no dia 2 de outubro, afastado da presidência com a abertura do processo de impeachment. O *Casseta & Planeta Urgente* perdia seu grande "padrinho". Mas não ficaria totalmente órfão. O Palácio do Planalto continuaria colaborando com o programa.

A ascensão do vice Itamar Franco à presidência prometia um período de seca para o humor. O país estava aliviado com a deposição de Collor, e anunciava-se um tempo de conciliação nacional, moderação, reconstrução. Enfim, uma chatice — do ponto de vista dos antropófagos.

Depois do trauma da expulsão do grupo, Mané Jacó faria uma autocrítica madura. Seu desejo de que as coisas dessem certo — como o espírito geral que emergia no pós-Collor — era mais forte do que seu olhar demolidor. Ou seja: não era mesmo um *Casseta*. Faltava-lhe, nas suas palavras, "o instinto assassino" do humor, a centelha do "foda-se tudo" que deflagrava a crítica impiedosa. Seu sarcasmo era constrangido por sua esperança.

Dois anos depois da trombada com José Lavigne, que o desembarcou do bonde na hora da partida, Mané Jacó recebera uma ligação da Globo. Era o próprio Lavigne, convidando-o para ser redator dos *Trapalhões*. Bandeira branca hasteada, contrato assinado. Por pouco tempo. Logo Renato Aragão decidiria interromper o programa. Emanuel Jacobina e o humor tinham um desencontro marcado.

O grupo Casseta & Planeta não era partidário do "quanto pior, melhor". Todos tinham suas convicções políticas, suas preocupações com os rumos do país. Mas alguém precisava avisar à professora primária de Marcelo Madureira que não existe a felicidade plena. Alguém precisava desafinar o falso coro dos contentes. Alguém precisava desconfiar do topete ornamental de Itamar Franco.

Mas Itamar não fazia nada que rendesse boa piada. Não fazia nada muito errado, não fazia nada muito certo... Aí estava o tesouro escondido dos piratas: Itamar não fazia nada.

Tímido simpatizante do Clube dos Machões de Juiz de Fora, solteiro meio sedutor, meio desajeitado, sem grandes iniciativas — um desconcertado símbolo da concertação nacional. Nascia o personagem Devagar Franco, entregue por José Lavigne a Reinaldo.

O diretor tinha um desafio cabeludo. Botar em cena falsos repórteres gaiatos era uma coisa; caracterizar uma figura pública era outra conversa. Nos primeiros ensaios para compor o personagem do novo presidente do Brasil, Reinaldo veio com um sotaque carregado, cheio de "uai", "sô" e outras mineirices. Itamar não falava assim.

Nascido em Vila Isabel, na Zona Norte do Rio, filho de comerciante, Reinaldo se metera no mundo das letras e das artes por incompatibilidade com as carreiras convencionais. Seus pais eram amantes de música e literatura, e ele se fixou nessa parte mais doce do legado. A mudança para Copacabana completaria o serviço, com uma vizinhança cheia de discos, livros e jornais, especialmente o *Pasquim* de Ziraldo, Jaguar e Millôr. Reinaldo se tornaria cartunista e contrabaixista. Mas de ator não tinha nada.

Lavigne viu que aquele Itamar Franco cheio de sotaque caipira não reproduzia o original. E adorou. Entendeu no ato o que Reinaldo lhe oferecia: não era imitação, era cartum. Entrou no jogo e aplicou-lhe um topete exagerado, de desenho animado. Estava pronta a caricatura — e o novo campeão de audiência.

Devagar Franco tinha um bicho de estimação: uma tartaruga, que só passeava de coleira, para não fugir do dono. Seu nome era The Flash. O personagem de Reinaldo recebera a faixa presidencial e não a tirara mais, nem para passear com a tartaruga. Quando a reportagem do *Casseta & Planeta* se aproximava para entrevistar o "presidente", ele perguntava excitado:

— É pro *Fantástico*?!

A crueldade da caricatura se completava com os conflitos entre Devagar Franco e seu animalzinho. Segurando firme a coleira, ele protestava com a tartaruga:

— Calma, Flash! Esse bicho é arisco demais, sô!

O presidente Itamar Franco ficaria profundamente irritado com a sátira. E transmitiria seu incômodo à direção da TV Globo. Por essa, Boni não esperava.

Não a reclamação em si, que entrou por um ouvido e saiu pelo outro. Boni não esperava que os sete piratas, uma vez diante das câmeras, pudessem ir além da representação circense deles mesmos. Levou um susto com a aparição de Devagar Franco. Se o grupo fosse capaz, ainda por cima, de criar e interpretar personagens, a coisa ia mais longe do que o feiticeiro enxergara.

O *Casseta & Planeta Urgente* começava a desafiar o prazo de validade dos seus antecessores — festejados e breves.

Outros tipos, como os imigrantes brasileiros disfarçados de banana, também já ultrapassavam o limite dos repórteres picaretas. E o grupo tinha voltado ao palco, numa paródia do show *A Noite dos Leopardos* — clássico pornô da Galeria Alaska. Em tanguinhas tigradas e corpos seminus, os humoristas viravam prostitutos (que não comiam ninguém) no espetáculo *A Noite dos Leopoldos*.

Sucesso no Teatro Ipanema, o show afiava ainda mais o grupo em cena, com esquetes esculachando a música baiana, as igrejas evangélicas e a ecologia, entre outras epidemias. Marcava o reencontro com os palavrões que a TV não suportava. Quem também reaparecia era o Tim Maia de Bussunda, cantando "mulher é tudo vaca" de aliança no dedo. E tinha lugar para o ex-quinto beatle, e oitavo Leopoldo, Mu Chebabi.

Depois de perder seu assento na hora da decolagem, Mu fora aproveitado na redação dos *Trapalhões*. Tinha aprendido a escrever humor nas composições do primeiro show, e chegara a colaborar com o *Planeta Diário* e a *Casseta Popular*. Quando o grupo estreou seu próprio programa, ele foi contratado pela Globo como músico.

Bussunda evolui em cena na sátira pornô A Noite dos Leopoldos.

Com o novo show, Mu voltava a ser protagonista. Reassumia o lugar que levara à conjunção do *Casseta & Planeta* — ele era o "&". Viria o projeto do segundo disco, com participação central sua. Havia até uma sarcástica referência autobiográfica, na composição *Surfista*:

Eu não entendi
Me dá uma pista
Explica de novo
Que eu sou surfista
Aquela piada que você contou
Foi radical
Eu só não entendi o lance engraçado
Que tinha no final
(...)

De velas abertas e estufadas na TV, o grupo mantinha sua encarnação como banda. Era uma espécie de segunda identidade, que tinha lá sua função estratégica — nunca se sabia quando viria a próxima *Pantanal*. A entidade *Casseta & Planeta*, no entanto, era cada vez mais a que o Brasil inteiro assistia na televisão: "os sete rapazes de Liverpool", como eles mesmos passavam a se intitular. Foi aí que um deles se assustou.

No final de 1992, o grupo receberia um extenso fax assinado por José Bonifácio de Oliveira Sobrinho. Beto, Bussunda, Claudio, Helio, Hubert, Marcelo e Reinaldo debruçaram-se sobre o documento crucial em seu novo escritório — uma confortável casa alugada na rua Goethe, em Botafogo, que enterrava o passado de vizinhança com o baixo meretrício, na Praça Onze.

A carta de Boni, em seu estilo direto, contundente, às vezes rude, era uma radiografia completa do *Casseta & Planeta Urgente*. Continha elogios fundamentados, apontava o que deveria ser consolidado e o que precisava ser descartado do programa. Seguia-se então uma análise a sangue-frio da performance individual de cada membro do grupo.

Essa era a parte da leitura em que cada um esperava sua hora de ouvir com a respiração presa. E veio o mal-estar.

Depois de citar nominalmente seis dos integrantes, com a respectiva exposição dos prós e contras de cada um, Boni não mencionava o nome de Beto Silva. Referia-se a ele como "o ruivo", e avaliava-o com uma única frase, displicente e irritada: "Aquela barba não dá."

Constrangidos, paralisados ante o abatimento visível de Beto, os sócios iam encerrar a reunião quando Marcelo Madureira tomou a palavra:

— Roberto, tenho que te dizer aqui algo que os outros já sabem — introduziu consternado, preparando o colega para a gravidade da situação. — Concordo inteiramente com o teor da carta.

E concluiu rapidamente, para abreviar o momento de angústia:

— Não tenho como discordar. Até porque quem a escreveu fui eu!

A gargalhada geral foi audível até pelos pedestres da rua Goethe. Beto Silva permaneceu petrificado, entre o choque com a delinquência de Marcelo e o alívio de se sentir a salvo da implicância de Boni. Como se não tivesse mais o que fazer na vida, Madureira engendrara um crime perfeito.

Valendo-se de sua camaradagem com a secretária do diretor de operações da Globo, conseguira entrar na sala dele, no nono andar do prédio da emissora, e furtar uma folha de papel timbrado do chefão. Redigiu um texto incorporando sutilezas do estilo de comunicação de Boni, e lembrou-se até da praxe de grafar as iniciais da datilógrafa ao final do documento. Depois invadiu novamente a sala, para transmitir de lá o fax para a Toviassu — não deixando dúvidas sobre a sua procedência.

As quadrilhas de falsários tinham perdido um grande talento para a indústria do humor.

Beto conhecia a peça havia quase 15 anos. Um sujeito capaz de perguntar a um estagiário seu no BNDES, no local de trabalho, se curtia sexo anal era capaz de tudo. Mas pacto de sangue era pacto de sangue. A criatura multicéfala seguia em frente intacta, com suas sete cabeças pensando em mais uma temporada de absurdos: O *Casseta & Planeta Urgente* estava aprovado pela Globo para a programação de 1993.

Beto Silva não só estaria em cena, como se destacaria fora dela — propondo diretrizes para a organização interna do grupo, especialmente quanto à partilha do (bom) dinheiro que estava entrando.

Bussunda ainda não comprara seus 40 mil pares de sandálias Havaianas. Mas estava se despedindo de Botafogo e do gavião neurótico que atacava sua janela. Alugara com Angélica uma cobertura em Ipanema, na rua Nascimento Silva. Era de novo vizinho do mar.

E o Carnaval de 1993 seria especialmente alegre. Ao final da folia, Angélica avisava ao marido que, em vez do gavião, quem ia visitá-los na nova casa era a cegonha.

Depois da "Gravidez polêmica de Bussunda", capa científica da *Casseta Popular* pouco mais de um ano antes, agora o ventre rotundo do humorista não tinha nada com isso. O bebê estava na barriga certa. Cláudio Besserman Vianna, o terror das convenções, ia ser pai de família.

CAPÍTULO 14

Brasil, ouça este palhaço

"Já que é para ser grosso, o negócio é o seguinte: o Bussunda é muito feio, sem graça e inconveniente."

O torpedo foi disparado pela *Folha de S.Paulo*, em crítica assinada pelo jornalista Luiz Caversan, diretor da sucursal do Rio. Era julho de 1993, e o *Casseta & Planeta Urgente* vivia seu momento decisivo. Aproximava-se do prazo de validade médio daquela safra experimental de humor na TV Globo. Depois dos dois anos e meio de *TV Pirata* e um ano de *Dóris para Maiores*, o *Programa Legal*, com Luiz Fernando Guimarães e Regina Casé, acabara de ser sepultado com dois anos de idade.

Todos eles tinham um traço em comum: bastante sucesso e existência breve, descartados pela emissora no instante em que se esgotaram como novidade.

Com um ano e meio no ar, o *Casseta & Planeta* já não tinha o fator surpresa cem por cento a seu lado, como no início. O efeito "pé na porta", que favorecia a aceitação de barbaridades — como as da presidiária sapatão de Cláudia Raia na *TV Pirata* —, já não protegia o humor de calçada dos "cassetas". Pelo histórico recente da *Terça Nobre*, era a hora de mais uma fórmula irreverente expor seus sinais de fadiga.

Alguma rejeição ao estilo juquinha-boquirroto sempre houvera, mesmo dentro da Globo. Captando o desgaste daquele esculacho contínuo e sem freio, o crítico da *Folha* anunciou a fase agonizante do programa:

Grosseria repetitiva começa a tirar a graça de Casseta & Planeta.

O título anunciava um texto agressivo, quase um troco às malcriações impunes de Bussunda e seus amigos. Caversan argumentava que nas cenas de rua, por exemplo, "a insistência na agressão ao público vira apenas escada para a baixaria. Além do que é uma saída bem preguiçosa. Afinal, bastam apenas dois atores tipo Bussunda e Beto Silva fantasiados de idiotas, perguntando besteira e humilhando as pessoas, que lá se vão dez minutos de programa".

O jornalista reconhecia o talento e a criatividade nos textos do grupo e no ritmo da direção de José Lavigne. Era o que ainda garantia "algum riso", e acabava conquistando "a atenção do telemaníaco".

Encerrando a crítica, uma pergunta não exatamente construtiva: "Será que para conseguir humor inteligente tem que se fazer papel de imbecil?"

A aspereza de Luiz Caversan tinha sotaque passional, mas não era gratuita. Para quem assumia o tapa na cara como filosofia, até que o grupo tinha apanhado pouco. Depois de tentar entrevistar "a última virgem brasileira" na porta de um motel, Beto quase levara uns sopapos de uma velhinha em Copacabana. Dirigido por Márcio Trigo (assistente de Lavigne), vestido de sadomasoquista na rua Figueiredo Magalhães, com seus 100 kg de peso e 1,83 m de altura, se viu acuado — e envergonhado:

— Seu tarado! Quem você está pensando que eu sou? Me respeite!

Dentro de uma sunga minúscula, com chicote, braceletes e o corpo peludo à mostra, Beto sofreu com a pequena senhora que não entendera a piada. Com o rosto razoavelmente difundido pela TV, ele estava numa fase em que o entrevistado muitas vezes já ria ao vê-lo se aproximar. A velhinha estava na cota dos humilhados.

O tricampeão mundial de Fórmula 1 Ayrton Senna também. Ou quase. Usando seu boné do Banco Nacional, patrocinador responsável pelo famoso slogan "Acelera, Ayrton!", o piloto aceitou receber Bussunda para uma rápida entrevista. Senna evitava falar de sua vida pessoal, desde que o rival Nelson Piquet espalhara que ele não gostava de mulher. Bussunda foi na veia:

— Alguma vez uma namorada sua já te disse "acelera, Ayrton"?

O piloto olhou para o chão, para os lados, ajeitou o boné. Em alguns segundos de pausa, parecia estar escolhendo o melhor impropério. Até que encarou Bussunda e respondeu:

— Já.

Os dois caíram na gargalhada. Senna tivera que entender o jogo do *Casseta & Planeta* em tempo recorde. Não entrar para a ala dos ofendidos — essa era a senha mágica.

Quem se ofendesse, ou se irritasse com o humorístico da Globo, diria que Bussunda era muito feio, sem graça e inconveniente. Quem adorasse o programa, diria que Bussunda era impagável. Ou pagável. Uma campanha contra a privatização da Petrobras escolheria Cláudio Besserman Vianna como garoto-propaganda, oferecendo-lhe um cachê de 10 mil dólares. Cada vez mais, para o bem ou para o mal, *Casseta & Planeta* era Bussunda e companhia.

O grupo sabia disso. Os sete não tinham dúvidas de que um deles — o caçula — simbolizava a imagem de todos. A posição de destaque era evidente, desafiando a unidade igualitária. As circunstâncias convidavam Bussunda a liderar, a capitalizar seu papel de solista.

Ele agradeceu o convite das circunstâncias, olhou de esguelha para o bilhete premiado e o ignorou.

Em vez de lhe subir à cabeça, a fama desceu-lhe à barriga. Aos jornalistas que lhe perguntavam por que ele se destacava no grupo, revelava:

— Porque eu sou o mais gordo.

Mesmo assim, era de se esperar que a liderança branca de Bussunda gerasse ciúmes nos outros. O mais gordo era o mais conhecido, fato que contribuía para ser eleito o mais engraçado, com a ajuda de um contrabando involuntário: parte do público acreditava que as piadas brotavam todas da cabeça dele. Todos os demais integrantes já tinham ouvido uma ideia sua citada como "aquela piada do Bussunda".

Mas organismo era organismo. E o possível ciúme também não subiria à cabeça dos seis "coadjuvantes". Mais do que vaidosos, eram pragmáticos. Logo resolveriam a equação: Bussunda não ofuscava o grupo — era o outdoor do grupo.

O líder que não era líder aceitou o convite para estrelar a campanha pró-Petrobras. Sem olhar de esguelha, embolsou os 10 mil dólares. Outros convites para comerciais não demorariam a aparecer. A cerveja Antarctica queria o grupo todo em sua nova campanha.

Os convites individuais, porém, iriam predominar — destacando Helio de La Peña como o segundo mais requisitado. Caso continuassem na tela da Globo, o horizonte prometia uma corrida ao ouro publicitário. Beto Silva enxergou de longe, numa conversa com Claudio Manoel, o que aquilo significava para a unidade do grupo:

— No dia em que tocar o telefone com uma proposta de mil dólares, e pra você mil dólares for uma festa e pra mim for nada, a gente não se encontra nunca mais. Vamos estar em planetas diferentes.

O perigo não estava na desigualdade da fama, estava na desigualdade da grana. Beto resolveu trabalhar numa espécie de Constituição interna. Entre as cláusulas pétreas, destacava-se uma facada nas ambições pessoais: em qualquer cachê individual, 40% do valor seriam destinados ao grupo. O pacto federativo dos piratas determinava também que os sete contratos com a TV Globo fossem negociados em bloco, em termos absolutamente iguais. Com suas próprias leis, os cassetas atavam-se ao mesmo planeta.

As garantias para o futuro só não podiam garantir o próprio futuro. Cada virada de ano na Globo era uma caixinha de surpresas. Com sua doce selvageria, o jornalismo mentira/humorismo verdade ia abrindo caminho e feridas. Eram hilariantes, idiotas, inteligentes, imbecis, cativantes, inconvenientes. Numa medida de cautela, a emissora anunciaria uma restrição ao *Casseta & Planeta Urgente*: estavam proibidas as paródias de comerciais. O argumento da casa era que, mesmo sob ironia, a referência a determinado produto ajudava a divulgá-lo.

O grupo perdia um importante filão, que gerara pérolas como o anúncio pirata dos cigarros Free: "Pelo menos uma coisa a gente tem em comum: a sua mulher." Uma grande porta se fechava — e as besteiras tinham que sair por algum lugar.

Não abriram outra porta. Abriram uma empresa. Ou mais que isso: um império, fundado da noite para o dia. Se não podiam falar dos produtos dos outros, falariam dos seus próprios. A gigante do varejo vagabundo e inútil chamava-se Organizações Tabajara, nome proposto por Hubert e Marcelo em homenagem ao Brasil fajuto.

A associação direta com as Organizações Globo era inevitável. Mas não era essa a raiz da piada, por incrível que pudesse parecer. A ideia das Organizações Tabajara nascera de um comercial da Refrigeração Cascadura, que excitara a imaginação do grupo. Precisavam produzir algo no ramo da precariedade engenhosa, um império de fundo de quintal.

O primeiro produto apresentado no *Casseta & Planeta* vinha com ampla descrição de sua finalidade. Cabelos grudados de gel, óculos de armação grossa, camisa social bem abotoada e gravata ultraestampada, Hubert era um vendedor vibrante por trás de um balcão minúsculo. Pontuava cada frase com um dedo indicador canastrão apontado para o telespectador:

"Você está cansado desse mundo injusto, onde alguns poucos têm tudo e a grande maioria não tem nada?

"Você acha que as grandes potências exploram os países do terceiro mundo e deixam a gente na miséria?

"Você acha que o ser humano é um fracasso, e nada faz o menor sentido?

"Calma! Nós temos a solução para o seu problema.

"Chegou o Kit Bomba Atômica Tabajara!"

(Câmera mostrando os itens do Kit.)

"É muito fácil montar a sua própria bomba atômica em casa.

"Com apenas um quilo de plutônio enriquecido, dois litros de nitroglicerina pura, um pavio, um isqueiro e um grampo de cabelo, você terá um poderoso artefato nuclear.

"Observe nesta animação o que o seu Kit Bomba Atômica Tabajara pode fazer."

(Imagem de um míssil explodindo o planeta Terra.)

"Ligue agora para dois-meia-meia-meia-mole-meia-dura e receba em sua casa um Kit Bomba Atômica Tabajara.

"Caso não fique satisfeito com o produto, nós estamos pouco ligando, porque o mundo vai acabar mesmo, e eu quero mais é que você se exploda!"

O comercial "Televendas Casseta & Planeta" era encerrado com a marca das Organizações Tabajara girando pelo espaço sideral, acompanhada por estrelinhas e fachos de luz — uma caricatura cruel da modernidade high-tech, inaugurada pelas vinhetas ornamentais da Globo.

A emissora não implicou com a prima brega das Organizações Globo — assim como não barrara nenhuma outra sátira à sua programação. Seguia firme na sua política de abertura e experimentação. O principal mentor dela, porém, andava silencioso. E com a temporada de 1993 chegando ao fim, era hora da nova avaliação de Boni sobre o *Casseta & Planeta Urgente*.

Ela viria com o impacto de mil bombas Tabajara. E dessa vez não fora escrita por Marcelo Madureira.

* * *

Júlia estava demorando a chegar. O tempo máximo da gestação já tinha se completado, e Angélica não tinha nem sinal de contrações. A gravidez correra saudável, sob a brisa atlântica da cobertura alugada em Ipanema, mas agora a futura mãe começava a ficar aflita. Entre outras coisas, não queria fazer cesariana. Tinha medo.

No dia 30 de outubro, quase uma semana além do último prazo previsto para o parto, a avó materna de Angélica, a quem ela era muito ligada, faleceu. Não bastasse o turbilhão emocional de toda grávida, as circunstâncias vinham inflamar o quadro. Para completar, aproximava-se o Dia de Finados, e Angélica temeu que Júlia escolhesse logo aquela data para vir ao mundo.

Esperando pelo grande momento como um cão de guarda, Bussunda achava que estava tudo bem. Ele quase sempre achava que estava tudo bem. Sendo filha de quem era, Júlia devia estar no seu tempo, sem a menor pressa, talvez achando engraçado esculhambar as previsões. A marcha das coisas afligia a mãe e tranquilizava o pai.

O casal era assim. A prudência de Angélica e o otimismo de Bussunda podiam fazê-los ler a mesma realidade de maneiras opostas. Certa vez, decidiram sair de casa tarde da noite para jantar. No que puseram os pés na rua viram um táxi vazio passando rápido, sem tempo para que fizessem sinal. Ela praguejou:

— Droga. Perdemos o táxi.

Quase ao mesmo tempo, ele comemorou:

— Oba! Está passando táxi.

A expectativa nas duas famílias era grande para a chegada de Júlia. Os Besserman Vianna, que tinham cortado um dobrado com a vida errante de Bussunda, mal podiam esperar para vê-lo no papel de pai. Os Souza iam ganhar seu primeiro neto, da filha única que deixara a cidade natal havia mais de dez anos.

Angélica tivera uma infância protegida, com uma mãe zelosa só para ela e estudando numa escola em que o pai era professor. A família mudara-se de Paracambi para Nova Iguaçu, na Baixada Fluminense, quando Clébio ficara sem trabalho.

Angélica, grávida, e Bussunda, à espera de Júlia.

Quando a filha entrou na pré-adolescência, Eunice decidiu colocá-la num colégio de freiras. Queria que ela visse a vida por fora do escudo protetor dos pais. Mas Angélica já estava vendo a vida bem mais distante disso.

Ainda menina, tinha a intuição, ou mais que isso, a certeza de que seu destino era o Rio de Janeiro. Essa perspectiva potencializava sua personalidade inquieta.

Frequentemente era expulsa de sala, embora tirasse as melhores notas. Num desses episódios, acabou levando uma surra. Já fora advertida diversas vezes por mau comportamento, e seu caderno tinha páginas e páginas com uma mesma frase escrita dezenas de vezes: "Não devo falar em sala de aula, não devo falar em sala de aula..." A gota-d'água foi a organização de um amigo-oculto fora de época.

— Eu vou bater na sua filha — avisou a professora de classe a Tita, como Eunice era chamada. — Ela não para de falar, sobe nas carteiras, e inventou um amigo-oculto que todo mundo vai participar, sendo que estamos em maio. Eu já avisei que amigo-oculto é em dezembro.

Tita ficou abalada com a repreensão. Liberou a professora da medida extrema, levou Angélica para casa e aplicou o castigo ela mesma, com a ajuda de um chinelo. A futura simpatizante da chapa estudantil Overdose — Esfaqueie Sua Mãe fazia sua estreia contra as forças da repressão.

Mas Tita não era tão brava assim. Fora só uma blitz mais dura. Em geral, fechava com a filha. Como no episódio seguinte, em que foi novamente chamada à escola. No projeto de enquadrar a aluna geniosa, a professora viera com uma advertência prévia:

— Angélica, seu pai está passando lá embaixo e eu não vou deixar você ver.

— Não precisa. Ele é meu pai, eu vejo ele todo dia.

A resposta custou-lhe nova expulsão de sala. Ao chegar ao colégio e receber a queixa da mestra, Tita reagiu:

— Minha filha estava no lugar dela. Você foi provocá-la.

Bussunda se dava bem com a sogra e tinha afinidade espiritual com o sogro — na religião do futebol. Aos 31 anos, descobrira um parceiro de pelada de quase 60. E bom de bola.

Na juventude, Clébio disputara competições oficiais pelo Tupy e pelo Brasil Industrial — clube que revelara Ely do Amparo, o carrasco do Uruguai. Depois da derrota brasileira na final da Copa de 50, a seleção voltara a enfrentar os uruguaios no Pan-Americano do Chile, com Ely em campo. O craque de Paracambi não só anularia Ghiggia, autor do trágico gol da virada em 50, como daria umas bofetadas em Obdulio Varela, o capitão que erguera a taça Jules Rimet ante um Maracanã catatônico.

O sogro de Bussunda jogara no mesmo clube que esse herói nacional. Uma estirpe valiosa, que superava até a indesejável genética botafoguense.

Se a barriga de Angélica parecia que não ia mais parar de crescer, a do marido seguia a mesma linha (ou curva). Em outubro de 1993, Bussunda chegava aos 120 kg — sua "polêmica gravidez" agora devia ser de gêmeos, dada a circunferência. Continuava jogando bola, contrariando as leis da física com belos dribles, passes e gols.

Além do peso descomunal (com 1,73 m de altura), sofria de asma crônica. No melhor estilo punk, deixava à beira do campo do ASA sua bombinha de inalação, um broncodilatador que sobrecarrega a atividade cardíaca. Quando o ar lhe faltava, ia até a lateral e voltava voando, após algumas borrifadas. A pelada era soberana.

Futebol para Bussunda não era exercício, nem esporte. Era arte. A vitória não lhe interessava tanto quanto um belo lançamento em profundidade. O esforço físico ali estava a serviço da estética e da emoção. Fora dali, nada de suar à toa.

Numa viagem à Ilha do Mel, litoral paranaense — na época em que o trabalho ainda não tinha lhe cerceado a vadiagem —, estava largado na areia quando recebeu um pedido de ajuda. Um windsurfista precisava de uma força para arrastar sua prancha até o mar.

— Não vai dar não — respondeu Bussunda.

Indignado, o rapaz atlético vociferou contra o preguiçoso:

— Por isso que tu é gordo!

Bussunda concordou, completando:

— E por isso que tu é magro.

Nem os "gêmeos" de Bussunda nem Júlia nasceram no Dia de Finados. Alguém comentou com Angélica que o dia seguinte, 3 de novembro, era aniversário de Herbert de Souza, o Betinho, que conseguira naquele ano dar dimensão nacional à sua campanha contra a fome. Com poucos meios, muito coração e cabeça, Betinho simbolizava bem o "hei de vencer, mesmo sendo legal" do casal. Angélica concordou com a indução do parto no dia 3.

Pouco antes do início do processo de indução, Bussunda ligou para seu irmão Marcos. Médico destacado no setor de saúde pública, pediatra do Instituto Fernandes Figueira, Marcos Besserman estava sendo solicitado para integrar a equipe do parto de Júlia. Mas o irmão caçula não o encontrou.

Marcos não estava em casa, e a ligação para o trabalho não se completava. Bussunda correu até o Fernandes Figueira para tentar buscar o irmão. Chegou esbaforido pedindo à secretária que chamasse com urgência o doutor Marcos Besserman Vianna. Na hora de anunciar ao médico a chegada do irmão, a moça se enrolou.

Na família, a mãe e o irmão mais velho, Sérgio, já tinham aderido ao apelido Bussunda. O pai e Marcos continuavam chamando-o de Cláudio. Acostumada a ver Bussunda na TV, a secretária não lembrava seu nome real de jeito nenhum:

— Doutor Marcos, está aí o...

Meio encabulada, desempacou como pôde, tentando ser o mais respeitosa possível:

— O senhor Bussunda está na recepção.

O pediatra fez um enorme esforço para não rir. "Senhor Bussunda" era demais.

A fama do irmão gaiato vinha lhe proporcionando situações exóticas. Costumava dar carona a ele para irem ao supermercado. Apanhavam seus carrinhos de compras, e quando Marcos já estava se dirigindo de volta ao caixa para pagar, Bussunda ainda não tinha passado da entrada — ilhado pela multidão de fãs. Na sua simplicidade, demoraria um pouco a entender que não podia mais ir ao supermercado.

Marcos sentiria o efeito também no trabalho. Certa vez, um paciente lhe perguntou:

— Desculpe, mas você é irmão...

Encurtando a conversa repetida, Marcos cortou logo:

— Sou.

O fã se permitiu mais um comentário:

— Pra mim, é a figura mais bonita da TV.

Aí o pediatra se chocou. Não esperava que a idolatria ao irmão pudesse chegar àquele nível de cegueira. Deixou a conversa prosseguir, até entender melhor o fenômeno.

O paciente falava, na verdade, da atriz Malu Mader — cujo irmão, Felipe, também trabalhava no Fernandes Figueira. Para todos os efeitos, Bussunda anexou ao currículo o dia em que foi confundido com Malu Mader.

Marcos chegou a tempo, a cesariana não foi necessária, e Júlia nasceu saudável no dia que sua mãe queria. De Paracambi a Copacabana, a família trocava a ansiedade pela celebração. Era a vez de Bussunda achar que não estava tudo bem. Em estado de graça com o nascimento da filha, vendo o mundo de sopetão pelo prisma da paternidade, começou a realizar, a sério, que tinha que cuidar da sua saúde.

Com Júlia, Bussunda passava a ver a vida de outro jeito.

Levara um susto seis meses antes, ao internar-se numa clínica com crise renal. Submetera-se a um exame por meio de contraste, tivera forte reação alérgica e acabara sofrendo um choque anafilático — com bloqueio das vias respiratórias e desmaio. Fora salvo pela rapidez e perícia da equipe que o atendia.

Agora não dava mais para ignorar o mundo dos cuidados médicos. E meios para isso não iam faltar. O anúncio da agonia do *Casseta & Planeta Urgente* tinha vindo cedo demais. Na sua aguardada avaliação anual, Boni se mostrava exultante com sua aposta. A Globo queria a turma do pai de Júlia na sua tela em 1994.

Queria mais. No ibope da temporada, o programa atingira a média formidável de 42 pontos de audiência. Daniel Filho achava que era hora de afundar o pé no acelerador.

Desde a reunião com a casa de criação pós-*TV Pirata*, quando bancara o projeto azarão de José Lavigne e descartara os demais, Daniel era grande apostador do jornalismo mentira, humorismo verdade. Não quisera, assim como Guel Arraes, queimá-los no vídeo antes da hora. Em 92, com a cartada ousada do *Casseta & Planeta* sem Dóris nem Boris, foram para o tudo ou nada. No final de 1993, Daniel estava convicto de que tinham tudo.

E tinham tudo para transformar o *Casseta & Planeta Urgente* em dono da *Terça Nobre*. Defendeu na emissora a mudança do programa mensal para semanal. Ganhou a parada.

Daniel Filho chamou o grupo à sua sala e fez o convite consagrador. Os sete piratas, já famosos na emissora pela fome com que se lançavam a cada prato, tinham agora diante de si um banquete. O grupo agradeceu o convite, e o diretor quase caiu da cadeira com a resposta: não.

* * *

Nos anos 90, as páginas amarelas da *Veja* tinham se firmado como o principal espaço de entrevistas da imprensa brasileira. Assim como o *Jornal Nacional* era o grande canhão das notícias diárias, as amarelas abriam as edições da revista líder dizendo ao Brasil quem era importante, quem dizia as coisas que o país tinha que saber.

No dia 16 de fevereiro de 1994, o entrevistado da *Veja* nas páginas amarelas era o Besserman imundo. Não para um número de palhaçadas. O mais influente veículo da imprensa abria sua tribuna de honra para o pensamento de Cláudio Besserman Vianna. Sobre televisão, sobre cultura, sobre humor, sobre política — sobre tudo.

Afiado e sincero, irônico e sério, Bussunda mostrava ao Brasil bem-pensante que, visto de perto, deixava de ser só uma caricatura engraçada.

A revista queria saber como o humorista lidava, na vida privada, com a expectativa sobre as suas piadas nas rodas sociais. Resposta franca, quase azeda:

"É um saco. Eu não sou um anedoteiro, simplesmente escrevo piadas e vou para a televisão interpretar. Quando vêm me pedir para contar uma, eu pergunto logo a profissão do cara. Se for dentista, por exemplo, peço para fazer uma obturação no meu dente."

A franqueza não poupava nem quem lhe garantia o pão (e o caviar) de cada dia. Falando sobre a programação da TV, disse o que achava das atrações infantis da Globo e do SBT:

"A Xuxa e a Angélica são bonitinhas e inofensivas. Gostaria que fossem babás da minha filha. Mas os programas são de lascar."

Já as novelas, marca registrada da Globo e vistas com nariz torcido pelos cultos, eram exaltadas. Bussunda não se esforçava para parecer culto (mesmo sendo). Citou *O Bem Amado* e *Saramandaia* como seus clássicos, sem deixar de alfinetar Helena e Luiz Guilherme, agora diante de muito mais gente:

"Eu sou noveleiro desde criança, embora meus pais me proibissem de ver novela. Eles eram do Partido Comunista e novela era coisa 'de alienado'. Aí eu via escondido. Foi minha primeira rebeldia."

Trinta anos depois de se destacar na resistência ao golpe militar, a respeitada doutora Helena Besserman Vianna começava a se tornar a mãe do Bussunda. Por essa traquinagem ela não esperava. Àquela altura, porém, o jogo tinha virado.

Da fonte de preocupação passara a brotar orgulho. A molecagem do caçula era assunto nacional — assunto sério. A mãe exigente, que preparava os filhos para serem no mínimo o máximo, recebia de Cláudio o mesmo olhar de esguelha de sempre. Agora, do topo.

E ele trazia, à sua maneira, os genes maternos do desassombro. A Rede Globo ia ter que ouvir sua mais nova atração torpedear, no órgão concorrente do Grupo Abril, a safra recente de novelas das oito:

"São um ótimo exemplo de que a teledramaturgia brasileira está burocrática. Elas se dividem em dois tipos: com sotaque baiano e sem sotaque baiano. Quando está no ar uma novela sem sotaque, o espectador pode esperar que a próxima vai ter sotaque. É o refúgio dos canastrões."

E qual era a fórmula do sucesso do *Casseta & Planeta Urgente*? Era o tipo da pergunta que todo mundo responde com um "é uma conjunção de fatores", ou "nosso segredo é muito trabalho" etc. Mas Bussunda não era todo mundo. E deu a fórmula:

"A gente faz a paródia do jornalismo, uma coisa que funciona muito bem. Todos os outros programas de humor, como vêm da época do rádio, já têm um formato muito conhecido e brincam só com os costumes. É muito raro pegarem pela atualidade. Temos a pauta do mês, e a agilidade é importante. Às vezes, fazemos matérias dois dias antes de o programa ir ao ar. Essas matérias fazem muito sucesso. O segredo está aí."

E ainda vinha o requinte de sinceridade, admitindo abertamente que a criação era condicionada pela audiência:

"Só fazemos piada com o que deu no *Jornal Nacional*."

Não havia assunto tabu para Bussunda. Nem a briga com Chico Anysio, que desclassificara a *TV Pirata* dizendo que sua empregada não ia entender. O entrevistado respondia que, considerando a ótima audiência alcançada pelo programa, as outras empregadas deviam ter entendido:

"Mas o Chico é um excelente comediante. Não temos nada contra ele e ele não tem nada contra o grupo. Estamos de bem. Já fomos uma classe mais desunida. Hoje, o movimento humorístico brasileiro está unido, com um corporativismo forte, e até pretendemos fazer a primeira greve dos humoristas a qualquer momento. Às vezes, fazemos alguma brincadeira com a Zélia, mulher do Chico, mas ela é uma pessoa pública. Ele tem todo o direito de não gostar, mas não podemos esquecer uma mulher que passou a mão na poupança de todo mundo."

Listando as fontes de inspiração para a decolagem do *Casseta & Planeta*, rendia homenagem a outro destaque da era Collor:

"O PC Farias ajudou bastante, porque além de ser ladrão é careca."

A *Veja* queria saber se Bussunda gravara o anúncio contra a privatização da Petrobras por convicção ou pelo bom cachê. Ele aproveitou para fazer outro comercial — de Luiz Inácio Lula da Silva, então favorito na eleição daquele ano para a sucessão de Itamar Franco:

"Eu me defini quanto a isso há muito pouco tempo. Primeiro, achava que o Estado só devia preocupar-se com saúde e educação. Mas o Lula falou um negócio que me balançou: os Estados Unidos invadiram o Iraque e quase se provocou uma guerra mundial por causa do petróleo. Por que motivo o Brasil vai abrir mão do petróleo? Esse argumento foi o que me definiu."

Se o *Casseta & Planeta* era Bussunda e companhia, a companhia nesse caso não assinaria embaixo da declaração política. Pelo menos, não em bloco. Duas semanas depois o Brasil teria uma guinada econômica, com o início do Plano Real. Era o nascimento da candidatura presidencial do ministro da Fazenda, Fernando Henrique Cardoso — e de novo antagonismo eleitoral entre Bussunda e Claudio Manoel.

A plataforma de Fernando Henrique trazia, além da moeda estável, a quebra do monopólio estatal em setores como telefonia, energia elétrica e petróleo. O candidato de Claudio Manoel propunha, portanto, exatamente o oposto do que Bussunda estava defendendo publicamente, fechado com Lula.

O leitor da *Veja* não imaginaria o quanto aquele tema sisudo sacudia os bastidores do *Casseta & Planeta*. A não ser que passasse em frente a uma certa casa na rua Goethe e prestasse atenção à gritaria. Hubert e Marcelo Madureira também se oporiam a Bussunda no Fla-Flu entre Lula e Fernando Henrique. Quando se extremava o debate com as ideias ultraliberais de Claudio Manoel, crítico feroz do gigantismo estatal, Bussunda evocava seus tempos de UFRJ e apelava:

— Se não fosse o Estado brasileiro eu não teria conhecido a Angélica.

Em política, como em futebol, os sete não abriam mão do sagrado direito de se estapear. E o mais gostoso era não precisarem concordar no final — ao contrário da discussão das piadas, que também passava pelos tapas mas tinha que terminar em consenso.

Não desperdiçar uma chance de sacanear o próximo — como na "carta do Boni" escrita por Marcelo — era outro mandamento sagrado que dispensava o consenso. Com um pé na fama e outro no anonimato, Claudio Manoel passava certa noite pela entrada do morro Dona Marta, endereço de tradicional boca de fumo em Botafogo, quando foi saudado por um garotão:

— E aí, Madureira! Vai pegar do preto ou do branco?

Claudio Manoel resolveu dar uma força à reputação de Madureira:

— Do branco!

Bussunda era adepto fervoroso desse mandamento. E não desperdiçou a entrevista à *Veja*. Perguntado se incomodava ao grupo já ter sido chamado de racista, machista e fascista, por causa do humor politicamente incorreto, respondeu que isso era uma injustiça. Argumentou que ficava à vontade para falar das minorias, porque havia integrantes delas entre os sete humoristas:

"Há no grupo dois judeus, dois negros e até um homossexual, que não posso dizer quem é."

* * *

As decisões do monstro multicéfalo nunca eram tomadas por votação. O caminho para as sete cabeças chegarem a uma só sentença era sempre o mesmo: discussão até a morte. "Votação emburrece", costumavam dizer. Mas quando a Globo quis promover o *Casseta & Planeta Urgente* a programa semanal, não foi preciso discutir até a morte. Nenhum deles queria.

As justificativas apresentadas a Daniel Filho para a recusa não soaram muito consistentes. Chegaram a dizer que, como trabalhavam sobre a atualidade e fechavam os quadros em cima da hora, uma chuva no dia da gravação poderia pôr o programa em risco. Era um outro jeito de dizer "é muita areia pro nosso caminhão".

Daniel respeitou a decisão do grupo. Mas não tirou o pé do acelerador. E se a área de jornalismo da emissora tinha tido calafrios com a invasão dos repórteres piratas, ainda não tinha visto nada. A Globo decidira enviar o *Casseta & Planeta* para a cobertura da Copa dos Estados Unidos. Com boletins regulares no *Jornal Nacional*...

Seria o primeiro grupo de humor já credenciado para uma Copa do Mundo. O jornalismo mentira tinha ido longe. Bussunda ia ter que ficar um mês distante da pequena Júlia. Padecendo no paraíso.

CAPÍTULO 15

Romário e você

A jovem e bela apresentadora não tinha posado para a *Playboy*. A princípio, essa era a diferença básica da nova âncora feminina do *Casseta & Planeta* para suas antecessoras, Dóris Giesse e Kátia Maranhão. Após dois anos com o grupo, Kátia estava fora da temporada 1994, também desgastada pela mistura de jornalismo e esculacho. Dessa vez, o grupo queria a seu lado uma saia menos justa.

Aos 23 anos, a ex-apresentadora da MTV adentrou simpática a sede da Toviassu, em março. Os sete humoristas se preparavam para uma reunião sobre a nova temporada do programa, à qual a estreante assistiria, para começar a se entrosar.

A rigor, o grupo não estava com muita paciência para lidar com a questão da figura feminina no *Casseta & Planeta*. A fórmula tinha sido mantida pelo inevitável contraponto ao excesso de testosterona. Mas se tornara de fato, machismos à parte, um acessório — um item enguiçado em plena disparada do sucesso.

Mostrando-se interessada e participativa, a jovem brasiliense logo sentiu a parede invisível que circundava o grupo. Quando o trabalho ia começar para valer, foi posta delicadamente de lado:

— Agora senta ali e faz um desenho pros tios — orientaram-lhe.

Ela obedeceu. Apanhou uma folha de papel e uma caneta, afastou-se do grupo e começou a desenhar. Logo em seguida, porém, reaproximou-se com a folha na mão. Sem dizer nada, posou-a no centro da mesa de reunião. Sob seus narizes, os tios viam surgir o desenho de um enorme pênis ereto.

A moça explicou sua obra:

— Se é pra botar o pau na mesa, tá aí.

O grupo começava a desconfiar que tinha escolhido a pessoa certa. E a entender como Maria Paula tinha chegado até ali.

Antes de estourar aos 19 anos como VJ da nascente MTV Brasil, a temporã de quatro irmãos era estudante de psicologia. Ou, mais precisamente, aventureira. Depois de ser expulsa de um colégio de freiras, por soltar uma bombinha de São João no banheiro, passara no vestibular aos 16 anos para a Universidade de Brasília. O fato gerou um conflito familiar.

O pai de Maria Paula Fidalgo prometera um carro a cada filho que entrasse na universidade. O trato foi cumprido com o filho homem, mas não com as duas filhas mais velhas. Na sua vez, a caçula disse que não ia abrir mão do direito. Informada de que não era permitido dirigir aos 16 anos, retrucou que não era permitido descumprir promessas. Transformou a casa num pandemônio, e o jeito foi motorizá-la.

Sabia que em Brasília nenhum motorista menor de idade era parado pela polícia, pois todos eram filhos de "alguém". Ela não era filha de "ninguém", mas ia no vácuo. Seis meses depois, porém, quis brincar de outra coisa. Trancou a matrícula na UnB para fazer um intercâmbio numa cidadezinha próxima a Londres. Wilson, seu pai, inscreveu-a num curso de inglês local e lhe deu verba para um ano de sobrevivência. Na semana seguinte à chegada à Inglaterra, Maria Paula já tinha alugado um apartamento em Londres, de onde ligou para a família:

— Alô, pai? Me mudei! Tá tudo bem por aqui...

Recebeu a ordem para que voltasse imediatamente ao Brasil. Naturalmente, não voltou. Uma de suas irmãs foi então enviada a Londres para uma blitz. Voltou de lá sozinha, atestando que estava tudo bem.

Estava tudo muito bem. A pós-adolescente se apaixonara por um homem de 30 anos, o jornalista de TV Augusto Xavier, que conhecera ainda em Brasília. Passariam juntos momentos inesquecíveis, inclusive o do resgate dela de helicóptero numa montanha suíça de difícil acesso.

Esquiando sem saber esquiar numa estação em Zermatt, Maria Paula arrebentara o joelho. Voltaria ao Brasil engessada, para operar os ligamentos e se casar, aos 18 anos, de vestido de noiva e véu negro até o chão. Wilson Fidalgo teve que deixar seu cardiologista de prontidão, esperando o próximo passo da caçula.

O próximo passo era São Paulo, onde o marido trabalhava e ela foi continuar a faculdade de psicologia. A psicóloga do futuro, porém, tinha o presente a lhe acossar. Bastou a moça pôr os pés na capital paulista para a Music Television, vanguarda da indústria pop, anunciar sua chegada ao Brasil. E abrir testes em São Paulo.

Maria Paula se inscreveu junto com outros 6 mil candidatos a cinco vagas. Nunca tinha olhado para uma câmera de TV. Tampouco se preparou. Achava que tinha o estilo da MTV. Saiu de casa para o teste levando seu currículo — pós-graduada em aventura. Voltou dizendo a Augusto que seria contratada. Apresentador experiente da TV Globo, ele riu.

Ela crescera acreditando que certas coisas estavam marcadas para acontecer. Se era caçula de quatro, sua mãe era caçula de 11. Não conhecera o pai, Manuel, morto pouco antes do nascimento dela. Espírita, Manuel batizara os outros dez filhos com nomes exóticos, ligados ao espiritismo. Com seu falecimento, a esposa grávida, Augusta, avó de Maria Paula, decidiu que daria um nome normal ao último filho.

Pouco antes do parto, um amigo da família informou que recebera uma mensagem psicografada de Manuel. Ele avisava que nasceria uma menina, e ela deveria se chamar Gilka. Dava um detalhe: o bebê teria uma grande pinta na perna esquerda, abaixo do joelho.

Ao dar à luz e constatar que era uma menina, Augusta foi logo conferir a perna esquerda da caçula. Lá estava a pinta, conforme descrita pelo marido morto. Não tinha escolha: registrou-a como Gilka.

Quando a câmera da MTV foi ligada para o teste, a filha de Gilka virou uma apresentadora experiente. A cada palavra que pronunciava, ia acrescentando fluência, estilo, graça, improviso. Estava em casa. O lugar era dela, estava marcado.

Trabalhando sete dias por semana na tela da novíssima MTV, Maria Paula viu um mundo se abrir diante dela. Artistas e personalidades que só conhecia da televisão agora vinham cumprimentá-la nas festas mais badaladas. Foi pela primeira vez a um show de Caetano Veloso, em São Paulo, e no final resolveu dar um pulo no camarim. As portas se abriram para ela, e ninguém precisou apresentá-la ao artista. Caetano saudou-a efusivo, abraçou-a e queixou-se na cadência baiana:

— Maria Paula, minha televisão quebrou. Faz uma semana que eu não lhe vejo.

A garota que precisava gritar em casa para ser ouvida era, de repente, uma mulher importante. Deslumbrou-se — e esborrachou-se.

Separada, autônoma, requisitada, ela estava experimentando tudo que a vida podia dar, ao lado de uma turma febril. Os amigos mais chegados, também estrelas da MTV, iam toda noite às últimas consequências. Alguns estavam na antessala da internação, ou de algo pior. Depois de um show apoteótico de Naná Vasconcelos, Maria Paula chegou em casa de madrugada e ouviu um recado em sua secretária eletrônica. Seus amigos estavam numa vibrante balada particular e faziam questão da sua presença. Às três da manhã.

Casaco rosa choque, meia-calça e minissaia muito curta, cabeça bem calibrada, ela estava pronta para tudo — e saiu como um bólido rumo à nova apoteose. Acelerou seu Uno Mille pela avenida Brasil e decolou. Depois de três capotagens, o carro era uma folha de papel triturada com quatro rodas apontadas para o céu.

Logo uma multidão de curiosos cercava as ferragens, tentando ver o que sobrara lá dentro. Sobrara Maria Paula, sem um arranhão. O acidente brutal sequer desfiara sua meia-calça. Sobrara também uma abertura de pouco mais de um palmo de altura pela janela comprimida, espaço suficiente para um bêbado apalpá-la e informar-lhe que ia "desvirar o seu carro". Era o fim da linha.

A aventureira pisou no freio — freada que não evitou nova derrapagem: após uma divergência no trabalho, bateu de frente com a direção da MTV. Foi demitida. No final de 1992, isolada em casa, corroída pelos remorsos, não acreditava como conseguira ter jogado tudo fora, e se apavorava com seu novo destino: voltar para a monotonia de Brasília.

Aí seu telefone começou a tocar. Primeiro a TV Bandeirantes, depois a Record e o SBT. Todos a queriam e vinham com boas propostas. Ela respirou fundo, tomou coragem e recusou todas. Queria a Globo. Mas a Globo não ligou.

O remorso se agravou. Maria Paula chorava sem parar, oprimida pelo isolamento que ela mesma cavara. Adiava a volta a Brasília por pura teimosia. No fundo, a filha de Gilka não queria acreditar que sua intuição falhara quanto à TV Globo. A cada dia que sua saída da MTV ficava mais para trás, suas chances diminuíam, e suas unhas também. A VJ revelação ia se apagando. Caetano ia esquecê-la. E a Globo também.

Os amigos continuavam arrepiando na balada. Ex-amigos. Ela torcia para o telefone não tocar com aquelas vozes vibrantes do outro lado. Preferia não atender. Quando ele tocou com uma voz suave e formal, seu coração disparou. Depois, quase saiu pela boca:

— Alô, Maria Paula? Quem fala é a secretária do Sr. Boni. Você poderia vir ao Rio amanhã conversar com ele?

O destino a torturara, mas caprichara na bênção. Não estava sendo procurada por alguém da Globo. Estava sendo procurada pelo Boni. Com o peito pegando fogo, Maria Paula foi Maria Paula:

— Deixa eu olhar minha agenda... Amanhã não dá.

Depois de amanhã dava. Amanhã ela precisava se recuperar da comemoração noite a dentro.

* * *

— Gostosa! Piranha! Desce aqui, tesuda!

Numa pequena plataforma de madeira encaixada numa armação de ferro, pouco acima de um mar de gente espremida em frente ao palco do Hollywood Rock, na Praça da Apoteose, Maria Paula tinha seu batismo de fogo na TV Globo em janeiro de 1993.

Prestes a ser chamada para entrar ao vivo em mais um flash do festival, ela tinha que se livrar das mãos dos marmanjos que conseguiam alcançar sua canela e tentavam puxá-la. Em meio aos brados não muito românticos sobre a sua feminilidade, um dos objetos que voavam em sua direção, uma lata de cerveja, atingiu-a no supercílio. Com o ferimento aberto, a preocupação da apresentadora era estancar rapidamente o sangue, que não ia combinar muito com a transmissão alegre do evento.

A gritaria à sua volta ia aumentando, e logo ela não conseguia mais escutar as orientações do diretor, Roberto Talma, pelo ponto eletrônico. O sinal para entrar ao vivo viria do cinegrafista, no esquema "3, 2, 1... Se vira".

Ela se virou, improvisou, driblou com humor as informações que não lhe chegavam. Debaixo do bombardeio, tirou charme e carisma da medula. Segurou a onda ao vivo. Nos intervalos, caía em prantos. Roberto Talma via tudo de seu monitor. E entendia o que Boni enxergara em Maria Paula.

Do front no Hollywood Rock ela voltaria à sala de Boni e sairia de lá com um programa só seu.

A combatente da Apoteose era a cara da Radical Chic, personagem do cartunista Miguel Paiva. Ele mesmo seria o autor do programa, com esquetes interpretados por Andréa Beltrão e debatidos por adolescentes, num game show comandado por Maria Paula. O *Radical Chic* estreou em abril e naufragou.

Fora Andréa Beltrão, que se safou com elogios à sua interpretação, o restante não funcionou. As questões de comportamento sexual trazidas pela Radical Chic, uma mulher liberada de seus 30 anos, encalhavam no debate entre adolescentes de 15. No estúdio com a garotada, nem a inventividade de Maria Paula deu jeito no constrangimento. Exagerando um pouco no mau humor, a *Veja Rio* descreveria o programa como "um dos mais debiloides da história da televisão brasileira".

Apesar da ressaca, a apresentadora ficou conhecida nacionalmente, pela força da exposição diária na tela da Globo. E deixou, entre mortos e feridos, a marca da sua personalidade. Foi o que chamou a atenção de Helio de La Peña, num encontro casual numa padaria da Zona Sul do Rio. Os dois nunca tinham se visto, se reconheceram por causa dos respectivos programas, e ficaram amigos em 15 minutos.

O jornal *Planeta Diário* e a revista *Casseta Popular* tinham chegado ao fim. O grupo estava preparando o lançamento da *Revista Casseta & Planeta*, que ia substituí-los com orçamento maior e acabamento melhor. Estavam procurando a pauta central do primeiro número, e Helio achou que a moça da padaria daria uma boa capa.

— Quer fazer umas fotos com a gente?

Dessa vez ela não pediu para olhar a agenda. Tinha ido com a cara de Helio, queria desencarnar um pouco da Radical Chic e foi informada de que poderia escolher várias encarnações: as mulheres que fantasiava ser. Decidiu posar como mulher de bicheiro e neurocirurgiã amadora, entre as opções oferecidas pelos editores. Quando chegou para a sessão de fotos, lhe pediram para segurar no colo uma galinha preta.

O bicho estava inquieto e fedia muito. Era preciso abraçá-lo com força para que não escapasse. Seu figurino, um saiote mínimo e um bustiê (ambos de penas brancas), ampliava os contatos carnais com a galinha gordurosa. Mas a foto da capa número um da nova revista fez todo o sentido, com a manchete que a acompanhava:

Maria Paula vai soltar a franga.

A edição colorida com 80 mil exemplares, lançada em agosto de 1993, mostrava o lado escrachado da VJ moderna. E começava a sepultar a Radical Chic.

No fim do ano, a Globo oficializaria o que estava na cara: fim de carreira para o game show apresentado por Maria Paula. A aventureira iniciaria 1994 com o pé esquerdo, sem saber qual o plano da emissora para ela — se é que havia um. Ao mesmo tempo, o grupo Casseta & Planeta saía de férias acalentando a ideia de não colocar ninguém no lugar de Kátia Maranhão. Assumiriam de vez a Terra de Marlboro.

Maria Paula fora fazer game shows no subúrbio, aproveitando a fama na TV. Ganhava pouco e se arriscava muito, perambulando pela periferia sozinha com a produtora Bianca Costa, que a empresariava. Depois da apresentação num clube na Baixada Fluminense, um pretendente mais arrojado decidiu que a estrela ia ser sua. Enlaçou-a ali mesmo. No meio do sufoco, Bianca conseguiu empurrá-la para dentro do carro e tirá-la da cena medieval.

Na sequência de convites para programas de índio, em fevereiro Bianca recebeu um telefonema diferente. Os índios queriam marcar um encontro com ela na rua Goethe. O assunto era um programa selvagem que dava quarenta pontos no ibope.

Não queriam uma apresentadora. José Lavigne não cogitava dirigir nem mais um minuto um rosto bonito atrás de uma bancada. Bussunda resumiu a filosofia da proposta:

— A gente quer que a Maria Paula pague mico com a gente.

Bianca transmitiu a proposta à ex-Radical Chic. Sendo duas mulheres falando de sete homens, não faltou veneno quanto à falta de sex appeal do "material":

— Eles são inteligentes, engraçados, maneiros... Tem até um *grunge* lá que talvez você goste!

O *grunge* era Hubert, que usava bermuda longa e roupas folgadas. Maria Paula foi conferir — não propriamente o *grunge*, mas a nova proposta de trabalho. Fechou com o grupo, disposta a soltar as frangas e pagar os micos que fossem necessários entre os mestres da grossura.

Logo na entrada, porém, percebeu que fora contratada para um espaço que não existia. Corria o risco de virar mais uma âncora-objeto para ser descartada ao fim da temporada. Recorreu à tática doméstica da adolescência em Brasília: gritou. Sua única chance ali era ser mais grossa do que os homens.

Com seu falo ornamental atirado no centro da mesa de reunião, começava a ser levada a sério e a fazer jus ao apelido que logo ganharia nas ruas: Dona Casseta.

* * *

Sócrates driblou dois, entrou na área, passou pelo goleiro e parou. Em vez de chutar para o gol, pôs-se a refletir: "Isso não é uma bola. Isso é apenas uma representação, idealizada na sua mente, de uma esfera de couro que não faz sentido."

Com Hubert em campo vestido de filósofo grego, começava a Copa do Mundo do *Casseta & Planeta Urgente*. Para o grupo — escalado para a principal cobertura da Globo no ano, com participações previstas no

Jornal Nacional e remuneradas à parte —, a chance de se firmar na elite da emissora. Para Bussunda, a maior diversão.

Cláudio Besserman Vianna ainda era o famoso torcedor esfarrapado da geral do Maracanã. Tudo o que acontecera em sua vida depois disso, incluindo a projeção nacional pela TV, não alterava essa condição essencial: continuava sendo, mais do que qualquer coisa, um fanático por futebol. Ir pessoalmente assistir a uma Copa do Mundo era uma espécie de transcendência para o garoto da geral, que subornava um funcionário do Maracanã para se infiltrar na arquibancada.

Era sempre o mesmo velho funcionário, finalmente apelidado por Bussunda e seus amigos de "Seu Suborno". Bem antes de se tornar diretor do BNDES, Sérgio Besserman era sócio do delito. E de outras fraudes. Numa delas, a vítima seria seu próprio irmão caçula.

O Maracanã era uma extensão da casa deles. Chegavam cedo e ficavam vagando pelo maior estádio do mundo. Um copo de iogurte poderia ser a bola de uma partida preliminar na planície da geral. Certa vez, Bussunda avistou a "bola" à sua feição e correu para o pontapé inicial. Só que o iogurte estava cheio, e o potente chute de canhota fez o bólido explodir no peito de um negão indigesto. Com a vítima irada e lambuzada no seu encalço, o craque balofo deu a volta olímpica mais veloz de sua carreira. Escapou.

Mas não escapou de Sérgio. Entraram juntos no banheiro, e o irmão mais velho posicionou-se bem a seu lado no mictório. De repente, saltou para trás e deu um grito de horror:

— Chupar o quê?! Que porra é essa, sua bichona?! Vai procurar teu macho!

Sérgio berrava e ia se afastando para fora do banheiro, seguido pelos demais ocupantes, preocupados. Quem ia entrar desistia diante da debandada e dos rumores de que tinha "um viado lá dentro". Bussunda só sairia muito depois, quase intoxicado pelo aroma local, com as imediações desertas e o jogo já rolando. Prudente como o último soldado japonês.

A guerra dos Besserman no planeta do futebol começara cedo — mais precisamente, quando se entenderam por gente. O pai, Luiz Guilherme, torcia para o América. Sérgio então escolheu o Flamengo. Para se opor a ele, Marcos optou pelo Fluminense. Cláudio ficou com o Botafogo, para contrariar todo mundo. E acabou contrariando o próprio Botafogo.

Quando o alvinegro tinha um dos melhores times da sua história, com Gerson, Jairzinho e Paulo César, que levantariam o bicampeonato carioca de 1968, Bussunda se encantou com Fio Maravilha. O crioulo dentuço e desengonçado do Flamengo era, para o menino de 6 anos, mais do que toda a constelação botafoguense.

Fio seria o primeiro herói de Bussunda na vida, antes do aparecimento de Zico. Sua reverência ao artilheiro rubro-negro era tal que, em seu time de botão, Fio quase não fazia gol. A mão do menino tremia na hora do chute. Mesmo quando Bussunda estava jogando contra ele mesmo.

"Dono" de vários times, chegava a organizar e disputar campeonatos inteiros de botão sozinho. Com Marcos, o rival tricolor, as disputas ganhavam mais emoção. Aguerrido em tudo que fazia, o irmão do meio lhe trazia também as primeiras lições de rebeldia radical.

Aos 9 anos de idade, Marcos Besserman pediu ao pai para ir ao Maracanã ver a estreia do novo ídolo do Fluminense, Flávio. Suas chances não eram grandes, com um pai torcedor do América e dois irmãos flamenguistas. Para piorar, num Fla-Flu a que os quatro haviam assistido juntos, Marcos flagrara o pai comemorando discretamente um gol do Flamengo. Estava isolado.

Diante do pedido negado, o menino declarou que iria ao jogo assim mesmo. Sozinho. Luiz Guilherme e Helena, naturalmente, não deixaram. Marcos correu até a porta de casa e sumiu rua afora, para a perplexidade da família.

Seriam quatro horas de aflição até o garoto reaparecer são, salvo e eufórico. Flávio fizera três gols, na goleada de Marcos sobre seus pais.

Diante do final feliz, Helena e Luiz, justos, lhe dariam o passe livre. Logo o flamenguista Bussunda começaria a frequentar também os jogos do Fluminense — encaixando-se no bonde do irmão "responsável". E tinha mais lição de rebeldia pela frente.

Aos 13 anos, Marcos quis forçar mais um limite na marra. Como convinha a um pequeno caubói, começou a fumar. Foi um escândalo na família. Luiz Guilherme e Helena chamaram o filho do meio para uma conversa séria. Avisaram-lhe que não iam tolerar aquilo, e não tinha discussão. Para deixar as coisas claras, Luiz baixou um decreto:

— No dia em que você puder comprar cigarro com seu próprio dinheiro, você pode fumar à vontade.

Foi o seu erro. No dia seguinte, o garoto estava oferecendo seus serviços de boy aos psicanalistas colegas de sua mãe. Por uma módica quantia, poderia entregar documentos, pagar contas, ajudá-los nas pequenas tarefas cotidianas. Logo conquistou uma clientela fiel e o direito legítimo de continuar dando suas baforadas.

Se o assunto fosse futebol, a radicalidade tendia ao extremo. Certa vez, Marcos saiu de uma pelada na praia de Copacabana — das que jogava diariamente com Sérgio, Bussunda e os moleques da favela vizinha — sentindo dores alucinantes no tornozelo. Engoliu o sufoco e não falou nada para os pais, porque médico era sinônimo de afastamento da bola.

No dia seguinte, Luiz Guilherme viu o filho engatinhando do quarto até a cozinha, sem conseguir encostar o pé no chão. Levou-o imediatamente ao pronto-socorro. Marcos tivera uma grave fratura por infecção óssea (osteomielite), e a primeira indicação era amputação.

A segunda também. O pai não se conformou e continuou a busca por um parecer que o livrasse do pesadelo. Encontrou um ortopedista que acabara de pesquisar sobre um tratamento novo. Consistia na injeção diária de antibióticos que precisavam ser importados dos Estados Unidos. Marcos precisaria passar seis meses engessado, sem encostar o pé no chão.

A família apostou todas as fichas no tratamento experimental. Um ano depois, Marcos estava jogando pelada em Copacabana de novo. Se tivesse conseguido ocultar a fratura por mais tempo, o garoto que não queria ficar sem a bola teria, possivelmente, ficado sem o pé.

Tudo pelo futebol. Herdeiros do comunismo e do judaísmo, os irmãos Besserman Vianna tinham sua missão de fé na concretude de uma esfera de couro: sua santidade, a bola. Milhares de metros acima das areias de Copacabana, da mesa de botão e do Seu Suborno, o voo de Bussunda para a Copa do Mundo era a própria subida ao Nirvana. Em estado de graça dentro do avião, caiu em sono profundo. E começou a roncar muito.

Ele, Claudio Manoel, Marcelo Madureira e Reinaldo, os escalados por José Lavigne para a cobertura nos Estados Unidos, viajavam no setor de não fumantes — quando o cigarro ainda era permitido a bordo. Quanto mais relaxava, mais alto Bussunda roncava, rasgando o silêncio noturno da aeronave.

Velho conhecedor do fenômeno, Claudio Manoel sabia que a sinfonia para britadeira em dó muito maior não tinha hora para terminar. Num avião cheio de gente tentando dormir, aquilo ia dar problema. Não demorou.

Um senhor levantou-se alvoroçado, marchou até a poltrona de Bussunda e sacudiu-o:

— Companheiro, assim fica difícil!

Voltando das profundezas de seu doce desmaio, o humorista não entendia o que aquele passageiro indignado fazia em pé diante dele. O reclamante foi mais explícito, informando-lhe que estava roncando alto demais. Bussunda pediu um esclarecimento:

— Mas aqui é o setor de não roncantes?

O diálogo evidentemente não prosperou. Enquanto o incomodado assimilava o surrealismo da situação, o incomodante voltou a dormir. E a roncar.

Bussunda desembarcou em Los Angeles novo em folha, pronto para viver a Copa do Mundo — o clímax da existência. Mas começou a achar que pegara o avião errado. Onde estava a Copa do Mundo?

Os Estados Unidos não estavam nem aí para o clímax da existência. Nas ruas, nos bares, nos jornais, não havia o menor sinal de Copa do Mundo. O paraíso estava às moscas. Tentando assuntar com os californianos, Bussunda indagava sobre a competição internacional e apresentava-se como brasileiro. Os dois primeiros interlocutores lhe fizeram a mesma pergunta: se ele era jogador de futebol.

Olhando para sua própria barriga esférica do alto de seus quase 130 kg, o humorista teve a certeza de que aterrissara em outro planeta.

De Los Angeles, a equipe do *Casseta & Planeta* foi levada para Los Gatos, cidade onde estava concentrada a seleção brasileira. Aí o cenário piorou um pouco. O hotel reservado a eles ficava precisamente no meio do nada. Chegando lá, a algumas dezenas de quilômetros do próximo vestígio urbano, à beira de uma highway, Claudio Manoel resumiu as perspectivas de vida no local:

— Sair daqui, só pra ser atropelado.

Fuçando aflitivamente o noticiário, Bussunda finalmente encontrou, perdido num jornal de pouca expressão, um artigo sobre a Copa do

Bussunda e Claudio Manoel cobrindo a Copa dos Estados Unidos: jornalismo mentira confundindo os americanos.

Mundo. O autor questionava a tese de que o futebol nasceu na Inglaterra. Argumentava que antes disso "os aborígenes brasileiros chutavam melões para os macacos defenderem".

Na coluna que estava assinando no *Estadão*, no suplemento jovem "Zap", Bussunda comentou a tese:

"A fantasia com os 'aborígenes brasileiros' e os macacos, vá lá. Mas de onde o cara tirou que o Brasil é o país dos melões?"

Observou ainda que o ato de chutar um melão só tem duas consequências possíveis: ou quebrar o pé, ou quebrar o melão.

Chegando à concentração da seleção brasileira, Bussunda finalmente encontrou-se com a Copa do Mundo. Ao dar de cara com estrelas como Bebeto, Romário, Parreira e Zagallo no campo de treinamento, o humorista sentiu pela primeira vez o arrepio do momento histórico. Ia circular pessoalmente pelos bastidores místicos das famosas crônicas de João Saldanha. E deixar os americanos um pouco mais confusos sobre o futebol.

Os integrantes do *Casseta & Planeta Urgente* tinham sido credenciados como jornalistas (mais uma afronta ao sacerdócio). Para entrar nas áreas restritas da competição, usavam crachá de repórter. Frequentemente estavam vestidos de jogador. Era complexo demais para a segurança norte-americana.

— *Who are you*? — ouviam a toda hora dos parrudos agentes da organização, que os abordavam desconfiados.

Explicavam que eram contratados de um canal de TV do Brasil, mas não parecia adiantar. Os seguranças não podiam aceitar um indivíduo que circulava com crachá de imprensa, calção e chuteira — e para completar, saía do banheiro com uma roupa diferente da que tinha entrado. Altamente suspeito.

Antes que a CIA entrasse na jogada, os meganhas californianos mataram a charada. Alguém sem mais o que inventar (Boni e Daniel Filho) tinha infiltrado um grupo de comediantes na cobertura da Copa do Mundo. O circo do futebol, armado a cada quatro anos desde a década de 1930, nunca tinha tido palhaços. E esses estavam lá para pôr fogo na lona — como podia atestar o craque Diego Armando Maradona.

Ou, mais precisamente, Diego Armando Uma Parada Maradona. O polêmico ídolo argentino tinha seu duplo nos Estados Unidos. O personagem de Bussunda fazia indiscreta referência ao conhecido gosto do jogador pela cocaína. E aí aconteceu de Maradona, o verdadeiro, ser pego no exame antidoping por ingestão do estimulante efedrina. Alegou que a substância estava presente num descongestionante nasal. Mas foi banido da Copa. No jogo seguinte, a Argentina seria desclassificada do mundial.

Só sobraria um Maradona na Copa — o de Bussunda. E ele passaria a ser procurado para entrevistas por repórteres de várias nacionalidades. A avacalhação do jornalismo verdade não tinha limites.

No *Casseta & Planeta Urgente*, a tragédia dos grandes rivais da seleção brasileira seria representada no quadro "Não cheire por mim, Argentina" — uma dublagem cinematográfica tosca:

— E aí, Maradona, qual é a tática?

— Na hora da falta, o Caniggia bate e eu cheiro.

— Maradona, é verdade que você usou efedrina?

— Usei porque era líquido. Se fosse pó, eu cheirava.

Diego Armando Uma Parada Maradona estava em estado de graça. Ser testemunha ocular do desastre argentino e porta-voz oficial do esculacho aos rivais era, para Bussunda, quase uma razão de viver. Melhor seria se não estivesse convivendo com uma preocupação crescente, que o deixava, no íntimo, bastante sério.

O que afetava o sono e o ronco de Cláudio Besserman Vianna era o fantasma da covardia. Não a dele próprio. O assombrado era o guia máximo da seleção brasileira — Carlos Alberto Parreira, o técnico.

Os leitores de sua coluna no *Estadão* já tinham percebido desde antes da Copa que, quando falava de Parreira, Bussunda perdia a graça. De propósito. Mais ainda em sua coluna no popular *O Dia*. Na seção de esportes do jornal carioca, o humorista se tornara quase um técnico. Eventualmente, mal-humorado.

Em sua opinião, não daria para ganhar uma Copa com tanta cautela. O time escalado por Parreira era excessivamente defensivo, preocupado em não levar gols. O técnico cometera um pecado mortal contra o futebol-arte, colocando pela primeira vez no meio-campo, setor de criação, dois jogadores de destruição — Dunga e Mauro Silva, "cabeças de área" que o colunista chamava de "cabeças de bagre". Para Bussunda, Parreira era o Itamar Franco do futebol.

A obsessão com o estilo de jogo retrancado daria origem a um novo personagem, Carlos Alberto Barreira — vivido na TV por Claudio Manoel. Nos bastidores, o grupo cultivava uma preocupação não exatamente patriótica. Se o Brasil perdesse, não ia dar para rir.

— Derrota da seleção é como se morresse a mãe de todo mundo. Fazer piada numa hora dessas é entrar de bobo na história — avaliava Claudio Manoel.

Aquele tipo de receio estava à flor da pele, com a tragédia que abalara o país um mês e meio antes da Copa. A morte de Ayrton Senna num violento acidente em Ímola, na Itália, silenciara os comediantes. Como nunca acontecera antes na carreira do grupo, o arrastão demolidor que não poupava nada encontrou seu muro. Não se atreveriam a tocar em Senna.

A conta-gotas, com os gols salvadores de Romário e Bebeto, o ferrolho feioso de Parreira ia avançando na competição. Oitavas, quartas, semifinais. Numa partida travada contra a Suécia, a cabeçada solitária de Romário, ganhando dos vikings com seu 1,69 m de estatura, levava o Brasil de novo a uma final de Copa do Mundo — após 24 anos de espera.

O trabalho do *Casseta & Planeta* ia ficando um pouco mais difícil. Com a segurança estava tudo bem, mas o acesso aos jogadores da seleção brasileira se complicara. Em parte pela tensão com a aproximação da finalíssima. Em parte porque as famílias dos atletas no Brasil tinham-lhes avisado que estavam sendo avacalhados na TV. Aos poucos, o time de entrevistados do programa ia ficando só com os reservas de Parreira.

A equipe no Brasil jogava junto. Ao lado de Beto, Helio e Hubert, Maria Paula cumpria a metamorfose de apresentadora de estúdio para Dona Casseta — pagando mico na rua com os rapazes, conforme prescrito por Bussunda. A filha mais levada de Gilka, fugitiva do tédio de Brasília, sem nem meia aula de teatro no currículo, de novo parecia nascida para aquilo.

Nos dias de jogos do Brasil, no meio das multidões que paravam suas vidas diante de um aparelho de TV na esquina, vinham os flashes vibrantes:

— Estamos aqui celebrando aquele momento mágico em que todos os brasileiros se juntam em torno do mesmo ideal: matar o trabalho.

Na alta temporada do futebol, em pleno festival da testosterona, o novo rabo de saia da *Casseta* passava no vestibular para cara de pau. A placa "menina não entra" na porta do clube caía de vez. Maria Paula estava dentro.

Com a franga solta e o pé quente. No estádio Rose Bowl, em Los Angeles, o time clínico de Carlos Alberto Barreira partia Bussunda ao meio — o colunista contrariado e o torcedor extasiado. Depois do zero a zero sufocante contra a Itália (mesmo adversário da decisão de 24 anos antes), a Copa do Mundo ia pela primeira vez para a disputa de pênaltis.

A disputa só terminaria dois anos depois. Pelo menos, no tempo particular de Cláudio Besserman Vianna. A cada cobrança de pênalti, ele se sentia envelhecendo uns dois meses. Teria certeza de que seu primeiro cabelo branco nascera no instante em que a bola chutada por Romário explodiu na trave — um requinte de tortura antes de tomar seu rumo para dentro do gol.

Com Roberto Baggio, o craque italiano, chutando seu pênalti na Lua, o Brasil era tetracampeão do mundo. Deslocando-se de Los Angeles para São Francisco, uma das sedes da Copa e capital do mundo hippie, os correspondentes do *Casseta & Planeta Urgente* anunciariam o início da Nova Era. O furo de reportagem/videoclipe, com a melodia da canção *Aquarius*, tinha cenas inéditas do musical *Hair* — vividas por Bussunda, Claudio Manoel, Marcelo Madureira e Reinaldo. De fitinhas na cabeça, batas e sinais de paz e amor:

O Brasil
Tava de baixo-astral
Em pleno inferno
Zodiacal.
Até Saturno
Ficou muito Plutão

Com dois cabeças de área
Na seleção.
Mas já chegou a Nova Era
De Romarius
Era de Romarius
Romarius!
Romarius!

Na volta triunfal ao Brasil, os guerreiros de Carlos Alberto Parreira desfilariam em solo nacional como deuses. Ao mesmo tempo, as ruas consagravam, ao lado da seleção, outro time campeão.

Percorrendo a orla de Ipanema, colhendo acenos e saudações como se tivesse a taça nas mãos, Bussunda foi chamado por um senhor bastante frágil. Parou e esperou o homem caminhar até ele, amparado por um enfermeiro. Sorridente, o velhinho apertou sua mão e deixou-lhe um recado curto:

— As duas pessoas que mais me deram alegria nesse meu fim de vida foram o Romário e você. Obrigado.

Depois de 15 anos de eliminatórias suadas, Bussunda e companhia tinham vencido sua Copa do Mundo.

* * *

Com a explosão de popularidade na campanha do tetra, o grupo *Casseta & Planeta* marchou sobre tapete vermelho no retorno à TV Globo. "Os sete rapazes de Liverpool" (e de São Francisco, Los Angeles, Los Gatos...) eram finalmente uma atração inquestionável. Uma grande atração. A direção da emissora voltou à carga na proposta do programa semanal. Recebeu novo não. Com as velhas evasivas: podia chover no dia da gravação etc. etc.

Mas havia um plano B — com ousadia, impacto e contracheque dos melhores planos A: fincar a bandeira pirata no *Fantástico*, o topo da programação global. Dessa vez, sem medo da chuva, a resposta foi sim. Com o *Plantão Casseta* no programa dominical, o grupo subia de vez ao altar dos campeões de audiência.

O fantasma do exílio em Padre Miguel sumia na poeira da estrada. Helio, o engenheiro da Penha que não podia errar, saía de férias para a Disney e o Caribe. Levava a mulher, Bel, e o filho Joaquim, de dois anos e meio. Deixava esperando-os no Rio de Janeiro uma Parati preta zero quilômetro e uma casa ampla alugada no bairro nobre de São Conrado.

Acompanhando a família De La Peña no tour, Bussunda e Angélica davam a Júlia, de um ano e dois meses, seu segundo passeio internacional (já fora a Nova York, pouco antes). No Brasil, a família Besserman Vianna sofria uma reviravolta.

Sérgio decidira convocar Luiz Guilherme, Helena e Marcos para uma reunião. O assunto, novamente, era o caçula — e o acordo de socorro familiar, em que os dois mais velhos responsabilizavam-se pela sobrevivência de Cláudio, quando ele não pudesse mais contar com os pais. Pouco mais de uma década depois de firmado o pacto vitalício, o primogênito vinha pedir uma revisão dele.

Diante dos rumos que a vida tinha tomado, o bem-sucedido economista queria uma redefinição dos compromissos:

— Gostaria de propor que o Bussunda assuma a responsabilidade pela minha sobrevivência.

Fazia sentido. E Sérgio Besserman Vianna não ia perder aquela chance preciosa de gozar os pais, depois do olé que tinham levado do destino.

CAPÍTULO 16

Quitinete na Prado Júnior

O Ibirapuera lotado esperava a final do mundial feminino de vôlei entre Brasil e Cuba. De repente, alvoroço na arquibancada. Inconfundível em sua farda, espessa barba grisalha e boné de comandante, Fidel Castro adentrava o estádio para assistir ao jogo.

Enquanto crescia o zum-zum-zum excitado do público, os repórteres desprevenidos corriam para arrancar uma declaração do presidente cubano — sempre surpreendente em suas aparições. O líder da revolução atendeu a imprensa. E foi logo dizendo que esse negócio de comunismo era muito relativo.

Envergonhados, os repórteres se afastaram. Fidel Castro era Bussunda.

No Ibirapuera para gravar o *Casseta & Planeta Urgente*, em outubro de 1994, ele colocara cedo sua fantasia de Fidel e resolvera dar uma volta pelas arquibancadas. Os jornalistas que desistiram da entrevista com o "líder cubano" não sabiam o que estavam perdendo. Ele vinha construindo toda uma filosofia nova, reunindo em livro pensamentos revolucionários sobre temas universais, como a questão da felicidade:

"Não tenho tudo que amo, mas um muambeiro de Miami ficou de me arrumar."

A pílula de sabedoria encontrava-se na publicação *O Grande Livro dos Pensamentos de Casseta & Planeta*, mais um artigo da Toviassu Produções. A empresa do grupo não parava de crescer, capitalizando o sucesso na TV. As Organizações Tabajara que se cuidassem.

No mesmo ano de 94, sairiam também os livros *Manual do Sexo Manual*, *Agamenon Mendes Pedreira: Ajuda-te a Mim Mesmo* e *Bussunda na Copa*, no qual o "comentarista esportivo" explicava a conquista do tetra. Entre outros produtos, a fornada trazia ainda o disco *Para Comer Alguém*, baseado no repertório do show *A Noite dos Leopoldos* — que acabou saindo pela pequena gravadora Velas, após a desistência da Som Livre diante do palavreado das canções.

Nos bastidores da empresa, e da profusão de lançamentos, havia uma novidade. Em 1993, o grupo passara a perseguir um sonho de consumo que o muambeiro de Miami dificilmente poderia providenciar: um empresário capaz de gerir o business *Casseta & Planeta*.

Não podia mais ser só alguém que tivesse lido Kafka aos 14 anos e achasse tudo muito engraçado. Os tempos não eram mais os da aventura anárquica com Mané Jacó. Agora era preciso um profissional que soubesse circular na casa do milhão de dólares, fosse confiável e se encaixasse com perfeição na entidade impenetrável das sete cabeças. Talvez a pessoa certa ainda estivesse para nascer.

Consolidado o sucesso na Globo, o grupo saíra à caça do seu agente imaginário. Não dava para procurar nos classificados. Era preciso tatear com cuidado, pelo caminho seguro das pessoas próximas e confiáveis — que nunca são muitas. Claudio Manoel achou que poderia conseguir uma dica com o produtor cultural Manfredo Garmatter Barretto, amigo antigo e bem relacionado. Ligou para ele.

Manfredo fizera o link decisivo para a união da *Casseta* com o *Planeta*, apresentando o diretor Paulinho Albuquerque ao grupo. Dali nascera o show *Eu Vou Tirar Você Desse Lugar*, embrião do *Casseta & Planeta*. Irmão caçula de Marcelo Madureira, "da galera" desde os tempos do Colégio de Aplicação, Manfredo entenderia o perfil desejado pelo grupo.

— Estamos procurando alguém pra cuidar da gente — explicou Claudio Manoel. — Será que você conhece alguém?

— Conheço — respondeu Manfredo, na bucha.

— É mesmo? Quem?

— Eu.

Claudio ficou em silêncio. Manfredo sentiu o constrangimento do amigo. Arriscara tudo ao se oferecer daquela maneira radical. Mas não podia ser diferente. Sonhava ser o produtor do grupo *Casseta & Planeta* havia alguns anos. Um sonho secreto. No que a bola quicou na sua frente, ele chutou. Aparentemente, para fora. Claudio desconversou, disse que a panela estava no fogo e desligou.

O tempo ia passando sem que um nome viável aparecesse para o cargo. Manfredo não foi mais procurado para dar dicas. Resolveu ir ao ataque. Ligou para Claudio:

— Porra, por que não eu?

Antes de se destacar como produtor de shows e de teatro, Manfredo era estudante de economia na UFRJ. Fora o próprio Claudio Manoel quem o tirara do rumo — ou o colocara no rumo.

Na virada para os anos 80, Claudio estava tentando inventar alguma coisa para sobreviver e ligou para Manfredo. Com o know-how de organizador de shows colegiais e campeonatos de vôlei, queria produzir um grande festival de música no Rio de Janeiro. Como seu forte não era pensar pequeno, começariam importando o movimento de vanguarda paulista liderado por Arrigo Barnabé e Itamar Assumpção.

No que Manfredo se encantou com a ideia, Claudio Manoel já estava em outra, maquinando o próximo projeto. Mas o festival que nunca houve fisgou o estudante de economia.

Ao saber de uma abertura de estágio na Funarte, teve certeza de que a vaga única seria dele. Viu, venceu e foi trabalhar com cultura — tornando-se um especialista na Lei Sarney (de incentivo cultural). Entre outros êxitos, produziria o sucesso *Orlando*, dirigido por Bia Lessa. Por que não ele?

Claudio desconversou de novo. Achando estranha aquela falta de resposta, Manfredo perturbou seus amigos até extrair a pista do que estava acontecendo: seu nome estava descartado por ele ser irmão de Marcelo Madureira.

Após a crise que levara à saída de Angélica e Leila da produção do grupo, Bussunda dissera que não aceitaria mais parentescos no negócio. O protesto se transformara em lei. Manfredo pediu uma reunião para tentar burlá-la. Tinha uma carta na manga. Beto, Helio, Claudio e Bussunda receberam-no na rua Goethe.

Os cinco velhos companheiros de praia, agitos, peladas às quartas, falta de mulher aos sábados e Maracanã aos domingos (o produtor também era devoto do vermelho e preto) tinham sua saia justa. Manfredo se valera da amizade para insinuar-se no território profissional. Bussunda não dourou a pílula:

— O que garante que você não vai privilegiar o Marcelo Madureira?

O candidato sabia que a questão da igualdade absoluta no grupo era quase religiosa. E o quanto ele teria que ser contundente na resposta. Disparou:

— A garantia é a minha amizade com você. Sou mais amigo seu, e de qualquer um aqui, do que do meu irmão. Se fosse privilegiar alguém, não seria ele.

A declaração era forte. Manfredo se expunha pessoalmente com ela. E não soava retórica. Ao contrário, remetia os colegas a passagens ácidas dos irmãos Garmatter Barretto.

Em 1980, quando Marcelo, Helio e Beto decidiram expandir a *Casseta Popular*, chamaram Bussunda e Claudio Manoel para conversar. Reuniram-se todos na casa de Marcelo, na rua Jangadeiros, para tentar montar o novo time de redatores do jornal. Manfredo estava em casa, e Claudio automaticamente convidou-o para aderir:

— Pô, Manfredo, vem pra reunião também!

Marcelo levantou-se e reagiu:

— De jeito nenhum! Se o Manfredo entrar, eu saio. Ou ele, ou eu.

Com três anos de diferença de idade, a relação entre os dois mais novos de quatro irmãos era bem conflituosa. Manfredo era mais esportivo, Marcelo era mais intelectual — o que renderia um capítulo à parte na crônica futebolística do Aplicação. O time da turma de Manfredo era forte e encarava de igual para igual o da turma de Marcelo, Claudio Manoel e Marcos Besserman. Num dos confrontos, os mais velhos vieram com uma arma secreta.

Perna de pau, Marcelo entraria em campo com a missão de anular Manfredo psicologicamente. Nisso ele era bom. Em alguns minutos, o irmão mais novo já tinha perdido a cabeça. Mandou um pontapé no seu marcador psicológico e foi expulso. Missão cumprida.

Os integrantes da *Casseta* já tinham ouvido a classificação que Manfredo fazia dos quatro irmãos, por patentes:

— O Márcio é o primogênito, a Beth é a única mulher, eu sou o caçula e o Marcelo não é porra nenhuma.

Muito se poderia dizer sobre aqueles dois, menos que havia ali alguma possibilidade de complacência. Bussunda tinha condições de ver que a confissão do candidato a manager não era da boca para fora. Baixou a guarda:

— Tá certo, isso é verdade. Então, por mim tudo bem.

Os outros o acompanharam. Com habilidade, Manfredo conseguira dar a volta na lei do parentesco. Entendia de leis. E de gente. Faltava driblar a lei do parentesco inverso — o veto do irmão.

Aos 32 e 35 anos de idade, os dois tinham ultrapassado a fase das picuinhas. Pontapé, só por motivo nobre. E o histórico de conflitos servia também como vacina. Se quisessem, os irmãos sabiam exatamente como não se bicar. Manfredo podia ser para Marcelo o produtor que não ia encher o seu saco. E que ia liberá-lo de carregar piano — sem deixar o piano cair.

Com seus argumentos precisos e ótimo senso de colocação em campo, Manfredo Barretto estava dentro. Seu sonho de gerenciar o *Casseta & Planeta* se realizava junto com a afirmação do grupo na TV — no melhor momento.

Logo entenderia que, naquele posto, melhor poderia ser sinônimo de pior. Dependia da perícia do negociador. E da sua versatilidade entre a lei do homem e a do cão.

* * *

Enquanto o falso Fidel Castro transformava comunismo em piada no Ibirapuera, Fernando Henrique Cardoso fazia do liberalismo uma realidade no Brasil. Eleito em primeiro turno nas asas do Plano Real, o novo presidente apresentava sua agenda de reformas constitucionais: a onda da quebra de monopólios estatais.

Nos primeiros meses de 1995, Brasília fervilhava com as novas ideias privatizantes — e com os lobbies das empresas elétricas, telefônicas, petrolíferas e demais interessadas na abertura dos setores monopolizados pelo Estado. Subitamente, surgiu no parlamento um lobby na contramão.

Ternos bem cortados, óculos escuros, cabelos brilhando de gel, pastas executivas de grife, dois lobistas decididos adentraram o Congresso Nacional para articular a criação de uma grande estatal: a Piadobrás.

Ao melhor estilo sussurrado dos conchavos políticos, Hubert e Marcelo Madureira explicavam o projeto ao senador Eduardo Suplicy, do PT:

— É um sistema simples: cada um que contar uma piada no Brasil passará a pagar um imposto, que vai custear o fundo de manutenção do asilo para piadas velhas.

Além do ISA (Imposto Sobre Anedotas) e do slogan "A piada é nossa", o projeto de criação do novo monopólio nacional previa reformas urgentes. A piada do elefante e da formiguinha, por exemplo, precisaria ser modificada:

— Ao invés do elefante, que é animal importado, por que não o tamanduá, que além de ser brasileiro é quem come a formiguinha?

Suplicy ouviu a proposta e ficou de avaliar o calhamaço de oitocentas páginas que instituía a Piadobrás. Os dois lobistas estatizantes prosseguiram com a invasão, e só não foram parar dentro do plenário porque o presidente da Câmara dos Deputados, Luiz Eduardo Magalhães, mandou a segurança enxotá-los de lá. O neoliberalismo era mesmo insensível.

Longe das câmeras, Marcelo e Hubert eram eleitores de Fernando Henrique. Estavam, portanto, na ala "neoliberal" do grupo. Acima de tudo, estavam aplicando a fórmula que Bussunda "confidenciara" à revista *Veja*: paródia do jornalismo, a partir de uma leitura afiada da realidade. Entendiam do assunto que estavam avacalhando. Pegavam na veia os clichês da rinha direita x esquerda. Sob a fachada da molecagem, iam se firmando como a melhor sátira política da televisão brasileira.

Devagar Franco deixara a tartaruga The Flash fugir e perdera o posto para Ficando Henrique Nervoso — o presidente impaciente vivido por Hubert.

Era um personagem menos caricaturável que o antecessor, e o humorista partiu para o desafio da imitação direta. Dentre os sete, Hubert era o que revelara talento teatral para isso. Mimetizou a fala veloz e articulada de FHC, cujo timbre grave oscilava para o agudo, conforme a indignação levemente afetada do intelectual presidente. Achou o bordão "Assim não pode! Assim não dá!", e emplacou o novo sucesso do *Casseta & Planeta Urgente*.

Sucesso não só com o grande público. Hubert teria a chance de encontrar-se com a primeira-dama, Ruth Cardoso, e ouvir a mais abalizada das opiniões:

— É igualzinho ao Fernando.

Bem distante do frenesi de Brasília, o criador do Devagar Franco preparava-se para enfrentar um bicho um pouco mais arisco que sua tartaruga indócil. Ao lado de Bussunda, Reinaldo desembarcava em Fernando de Noronha para uma reportagem radical. Os dois integrantes da "ala zen" do grupo tinham sido escalados por José Lavigne para "entrevistar" um tubarão. De verdade.

O mais novo e o mais velho dos cassetas (então com 33 e 43 anos de idade) não formavam uma dupla de criação. Bussunda escrevia com Beto e Helio. Hubert e Marcelo compunham outro núcleo. Reinaldo e Claudio Manoel formavam o terceiro, responsável pela redação final. Mas quando Bussunda e Reinaldo se juntavam, tudo sempre dava certo. Eram os reis do tempo bom.

E o tempo em Fernando de Noronha estava ótimo. Paisagem deslumbrante, nenhum casseta nervoso no horizonte para estressar o ambiente. Mas debaixo d'água havia um tubarão esperando por eles.

Aprenderam as técnicas de mergulho submarino, receberam o equipamento completo — que incluía modernos microfones adaptados à máscara — e partiram para o encontro com Elvis, como fora batizado o predador marinho. O roteiro do programa previa que se aproximassem ao máximo do bicho, para simular a tal entrevista. Não tinham mais o que inventar.

Submergiram acompanhados de biólogos e mergulhadores profissionais, encarregados da segurança da missão. Mas o inesperado aconteceu.

Elvis não queria dar entrevista. Parecia alheio a tudo, estático em sua toca. Um dos mergulhadores deu-lhe um puxão no rabo, para desespero dos humoristas. O bicho então se moveu lentamente na direção deles, que dispararam o mais rápido possível o texto ensaiado. Eram perguntas ácidas, piadas eróticas sobre a irmã do tubarão, entre outras provocações.

Mas Elvis não ligou. Deu uma voltinha e retornou ao seu retiro. O tubarão era mais zen que Bussunda e Reinaldo juntos.

Depois da Copa do Mundo, com os flashes ao vivo e as aparições no *Jornal Nacional*, o grupo era reconhecido e festejado em qualquer canto de Brasil onde fosse gravar. No exterior a conversa era outra. Bussunda já tinha tido até a experiência, em Nova York, de colocar a mão no ombro de um passante, para uma das pegadinhas de rua, e ser afastado com rispidez. Ao chegar ao Uruguai, Reinaldo viveria uma situação insólita.

O *Casseta & Planeta Urgente* tinha ido ao país vizinho cobrir a Copa América de 1995. Outro personagem pirata que vinha se destacando era a caricatura da jornalista Fátima Bernardes, então âncora do *Fantástico*. No *Plantão Casseta* dentro do programa dominical, a apresentadora virava Ótima Bernardes, na pele de Reinaldo. No que o humorista pisou em solo uruguaio, uma funcionária da aduana o abordou, incisiva:

— *Usted es la Ótima Bernardes.*

Ele não acreditou no que ouvia. Jamais esperava ser reconhecido em outro país, ainda mais como transformista. A moça assistia ao *Fantástico* pela antena parabólica. Era hora, também no exterior, das facilidades da fama: ser bem atendido, dar autógrafo, receber elogios... Ou nem tanto. Depois de Reinaldo confirmar que era ele, sim, a Ótima Bernardes, a funcionária fechou a cara e encerrou a conversa:

— *Pero sin maquillaje, usted no es nadie.*

(Mas sem maquiagem, você não é ninguém.)

O transformista teve que se conformar com o tratamento burocrático dispensado aos ordinários. No Uruguai, só a sua porção mulher era vip.

José Lavigne estava se divertindo com a evolução dos seus não atores. Dirigi-los era como montar uma história em quadrinhos. O Michael Jackson de Helio de La Peña era, naturalmente, o negro pintado de branco, com voz em falsete. Mas faltava alguma coisa. O diretor teve o estalo:

— Helio, experimenta entrar em cena andando de costas.

Com o passo *moon walk* mais tosco da história, estava pronto o personagem.

Já Bussunda era indirigível. Não assimilava qualquer dica de interpretação, sequer decorava os textos. Escrevia deixas nas mãos, rabiscava colas em papeizinhos espalhados pelo cenário. Um dia Lavigne cobrou dele um mínimo de memorização das falas. Em vão:

— Se o Marlon Brando não decora texto, por que eu tenho que decorar?

No set, Bussunda era Bussunda. Inclusive na hora de perturbar os outros. Uma de suas diversões prediletas era tirar a concentração de Maria Paula na hora das filmagens. Colocava-se atrás do diretor, e no que ele dizia "ação", começava a fazer caretas para a colega. Ela se segurava o quanto podia, mas acabava soltando a gargalhada. A segunda parte da diversão era ver Lavigne exigir seriedade de Maria Paula e dar razão a ele.

Claudio Manoel era o contrário. Incorporava os personagens, sempre achava boas soluções cênicas. Um não ator que era quase ator. Lavigne decidiu escalá-lo para um personagem promissor.

Na expansão de seu império, as Organizações Tabajara iam criar um time de futebol. O Tabajara Futebol Clube, pior time do mundo, teria como grande estrela o jogador Marrentinho Carioca — mistura de Marcelinho Carioca, craque do Corinthians revelado pelo Flamengo, e Romário, herói do tetra recém-contratado pelo Flamengo ao Barcelona.

Com o dever de casa feito, Claudio chegou para a gravação no estádio do Tabajara FC — um campo de pelada próximo ao Projac, a cidade cenográfica da Globo — com várias ideias para o seu personagem. Na última hora, foi surpreendido pelo diretor:

— Vamos fazer diferente. Bussunda faz o Marrentinho.

Ninguém entendeu nada. O clima no grupo ficou péssimo. Claudio protestou contra a mudança intempestiva de Lavigne. Era um atropelo. Mas o diretor manteve sua decisão.

Pernas arqueadas sustentando a barriga que transformava as listras verticais em ondas, peruca de cachos louros oxigenados, fala mansa de malandro, o Marrentinho Carioca de Bussunda espalharia pelo Brasil o bordão "Fala sério!" — a esculhambação da seriedade. Expulso de campo, Claudio Manoel viraria o dono do time. E se destacaria como o Dr. Barrosinho, sátira cruel da

Bussunda (como Marrentinho Carioca) e os outros cassetas com Manfredo, o novo integrante do "time".

cartolagem picareta. Conseguiria o patrocínio da lavanderia Lava Môney, e chegaria a lucrar até com as inevitáveis derrotas do Tabajara FC, vendidas pelo sistema *pay-per-deu*.

O organismo metabolizava mais um conflito. E seguia em frente, como se nada tivesse acontecido. O grupo sabia fechar os olhos para o que o desagrupava.

Beto Silva, o capitão Wantuirson do Tabajara FC, não lia a coluna de Agamenon Mendes Pedreira — escrita por Hubert e Marcelo Madureira. Não manifestava isso, mas, basicamente, não queria encontrar ideia sua lá. Agamenon não precisava, naturalmente, piratear o *Casseta*. O jornalista vendido que morava num Dodge Dart 73 enferrujado, estacionado na porta de *O Globo*, tinha sua própria cafajestice — oito anos de jornalismo marrom bem-sucedido. Ainda assim, era uma representação do grupo fora do grupo. Uma fronteira sutil.

Marcelo e Hubert destinavam 10% do salário do Agamenon para a Toviassu. Não eram os 40% da partilha da publicidade, mas carimbavam a não independência da dupla. Os outros cinco costumavam dizer que era só uma indenização pela chatice de ficar explicando que não, não eram eles o Agamenon. O que acabaria, involuntariamente, gerando uma mística em torno do personagem.

Numa roda social, um desses tipos influentes que trazem informações de bastidor veio com a revelação quente, diante de Marcelo Madureira:

— Vocês sabem quem é o Agamenon? É o próprio Roberto Marinho.

Madureira deu corda:

— É mesmo? Nunca imaginei...

— Pois é. Ali ele diz tudo que não pode dizer no jornal. Mas é segredo de Estado.

A tese do faroleiro até fazia algum sentido. Para escrever tanta barbaridade num jornal de perfil conservador, talvez só mesmo o dono. E passava por aí o cálculo de Evandro Carlos de Andrade, o editor-chefe: Agamenon era uma de suas armas para mudar o perfil conservador de *O Globo*.

Com a existência paralela de Agamenon em relação ao *Casseta & Planeta*, Evandro não era conhecido do resto do grupo. Aí começava o pesadelo. Em 1995, os piratas tinham decidido preparar sua volta aos palcos, depois do sucesso consolidado na TV. Evandro trocara o jornal pela televisão, assumindo a direção da Central Globo de Jornalismo. E queria estar na estreia do novo espetáculo, na primeira fila.

Mesclando números musicais com esquetes, o show *Unfucked*, agora com a direção de José Lavigne, levava o programa da TV para o palco. Manfredo montara uma superprodução para o Metropolitan, imponente casa de shows de Ricardo Amaral na Barra da Tijuca. Depois dos lançamentos em série na área editorial, o novo agente levava a tacada ao showbiz.

Em junho de 1996, o *Unfucked* estreava no Metropolitan lotado para ver as estrelas da TV. Os sete surgiam em cena como gêmeos siameses, com seus figurinos costurados uns aos outros. Explicavam que "ser irmãos xifópagos era muito maneiro, o único problema era sentar no banheiro".

Logo se transmutariam no grupo de pagode Meganhas Assassinas, formado só por PMs. Em dado momento desciam do palco e descobriam entre os espectadores o deputado Fumando Gabeira, dando-lhe uma dura. A plateia não ia ficar impune.

Gilberto Gil aparecia na pele de Claudio Manoel, anunciando o Tributo a Tom Jobim (morto um ano e meio antes) organizado pelos baianos:

— Tom é o maior nome da cultura brasileira. Depois de mim, de Caetano, de Carlinhos Brown, de Dorival Caymmi e de Daniela Mercury.

Depois do *Samba do Avião* ("Cristo Redentor / Braços pro alto, isto é um assalto"), num vultoso telão, o cantor Roberto Carlos aparecia sendo flagrado no banheiro.

Era Hubert, cuja imitação do rei se aproximava de uma mutação. No palco, o Roberto Carlos impostor fazia humor negro com um número de sapateado — referência maldosa à perna mecânica do personagem real. Hubert também interpretava o rei devotado às mulheres de

40: "Um bom amante aprecia uma fina iguaria / Uma porção de pelanca / Com uma boa pitada de estria."

O show tinha mais homenagens às coroas. Num esquete das Televendas Tabajara, era apresentado um revolucionário produto contra seios caídos. O kit Up-Peitos consistia em dois balões de gás suspensos no ar, amarrados por cordinhas ao sutiã. E Bussunda iria escolher na plateia uma felizarda para receber o kit inteiramente grátis. A hora do terror para o público feminino.

A primeira vítima foi rapidamente escolhida, entre as que a câmera do show expunha num telão. Seria então inspecionada para merecer ou não o produto. Em nome das Organizações Tabajara, Beto Silva supervisionava os trabalhos:

— E aí, Bussunda? Que tal o material?

— Olha, vendo de perto, a madame até que tem uns belos peitos. Acho que ela não precisa do Up-Peitos...

— Então uma salva de palmas para o peito da moça! — puxou Beto, obedecido pelo público. — Aproveita e dá uma olhada nos coxões, Bussunda.

— Vejo que as coxas dela também são muito boas.

— Uma salva de palmas para os coxões da moça! Pra terminar, Bussunda: e o bundão?

Aí Bussunda apontou o marido da vítima:

— O bundão tá do lado dela!

Em meio à estrondosa gargalhada do Metropolitan, Helio comentou na coxia com Claudio Manoel:

— Porra, o Bussunda é corajoso mesmo.

O "bundão" escolhido por ele era Evandro Carlos de Andrade.

Escolhido sem querer. O humorista não sabia com quem estava falando. Não conhecia a fisionomia do diretor da Globo. E não tinha ideia do tamanho da crise que estava provocando. Na mesma mesa estavam, entre outros figurões, João Roberto Marinho, vice-presidente das Organizações Globo, e Ricardo Amaral, dono do Metropolitan. Exposto com sua mulher Teresa diante deles e de milhares de pessoas, Evandro ficou furioso.

No dia seguinte, o grupo seria entrevistado às sete da manhã no *Bom Dia, Brasil* sobre o novo show. Pela primeira vez havia um veto esperando pelo *Casseta & Planeta* na Globo. O diretor de jornalismo estava decidido a barrar Bussunda no estúdio. Mas quem apareceu para a entrevista foram os Agamenons Hubert e Marcelo Madureira — de pijama e touca, em homenagem ao horário da gravação.

Foram recebidos com grande tensão pelos jornalistas Miriam Leitão e Ricardo Boechat. Ninguém na redação conseguia entender como os humoristas tinham ido tão longe na ridicularização do temido Evandro Carlos de Andrade. Informado pelo telefone de que os cassetas presentes ao estúdio eram Marcelo e Hubert, o diretor liberou a matéria. Depois voou no pescoço dos dois.

— Porra, eu sempre dei força a vocês! Como vocês podem me sacanear assim, em público?!

Marcelo procurou acalmá-lo:

— Evandro, o Bussunda não sabia que era você...

A emenda piorou o soneto. O chefão ficou mais furioso ainda. Agora era o homem influente indignado com a hipótese de passar despercebido num evento social. Os dois humoristas acharam melhor não passar ao argumento seguinte: para qualquer pessoa, ser chamado de bundão não devia ter tanta importância.

Uma das chaves do triunfo do *Casseta & Planeta* estava exatamente ali: na contramão da cultura de exaltação do sucesso pessoal, surgiam uns caras comuns dizendo, de cara lavada, "eu sou um babaca" — o subtexto básico do grupo. As pessoas se identificavam com aqueles sujeitos bem-sucedidos por não se levarem a sério.

Nas ruas, homens sisudos podiam topar filiar-se ao Partido dos Cornos, diante das câmeras. E tinha troco. Num passeio com Regina, grávida de Isabel, primeira filha do casal, Hubert teve que ouvir a saudação do passante diante da barriga de sua mulher:

— Aí, hein? Finalmente comeu alguém!

Cláudia, mulher de Marcelo, também ia ter que exercitar sua cara de paisagem. Numa caminhada matinal em torno da Lagoa Rodrigo de Freitas, uma senhora diria a ele sorrindo, ao cruzar com o casal:

— A *Casseta* ontem à noite estava ótima!

A própria TV Globo vinha aprendendo com os anti-heróis a rir de si mesma. Mas Evandro não estava achando a menor graça.

A irreverência/distração de Bussunda deixaria a ferida aberta por um bom tempo. Até o acesso às imagens de arquivo da Globo, muito usadas pelo *Casseta & Planeta Urgente*, ficaria problemático nos meses seguintes. Na escalada do sucesso, era hora de Bussunda descobrir que a escada da fama tinha mão dupla.

* * *

— Você tem uma cantada infalível?

— Tenho. Sempre falo: "Durante anos tive problema para encontrar a minha verdadeira sexualidade e encontrei. Está aqui embaixo da minha barriga. Quer ver?"

A revista *Amiga*, precursora na cobertura de bastidores da TV, foi entrevistar Bussunda e não gostou. O texto de apresentação do humorista não era nada divertido:

"Cláudio Besserman é daqueles artistas que se acham na obrigação de representar o tempo todo. Ele faz o que pode para ser Bussunda as 24 horas do dia. Ao receber *Amiga* não foi diferente, mas todas as suas tentativas de provocar o riso deram em nada. Filho de psicanalista, Bussunda deve saber como enfrentar frustrações desse tipo."

Ser ele mesmo em público ia ficando mais complicado. Como todo estilingue famoso, seus dias de vidraça iam chegando. E os textos agressivos da imprensa podiam não ser as experiências mais azedas. Uma tarde no Maracanã com Júlia lhe mostraria que os tempos eram outros.

Bussunda estava ensinando a filha de 3 anos a amar o Flamengo acima de todas as coisas. Assim como sua mãe o ninava com fábulas comunistas sobre os irmãos Fidel e Raúl, ele criava contos de fadas rubro-negros para Júlia dormir. Descrevia o Maracanã como seu templo sagrado, e um dia foi mostrá-lo ao vivo à menina, num domingo de Flamengo e Vasco.

Chegaram às cadeiras especiais, no mesmo nível das arquibancadas, e encontraram seus lugares numa área mais próxima da torcida vascaína.

Foi reconhecido a distância, e ouviu crescer um coro ensurdecedor no estádio lotado:

"Bussunda / Viado! Bussunda / Viado!"

Júlia não conhecia essa parte da fábula. Não deixava de ser um reconhecimento do pai como símbolo flamenguista. Mas era demais para uma criança de 3 anos. E para um homem de 34 também.

Em sua coluna no jornal *O Dia*, continuava elogiando e criticando quem bem entendia. Um francoatirador sendo ele mesmo. Nem todos os alvos, porém, seriam tão amistosos quanto o técnico Carlos Alberto "Barreira". Um deles, o zagueiro Júnior Baiano, era um dos jogadores menos amistosos em atividade no futebol mundial. Bussunda teria o azar de cruzar com ele na entrada da sede do Flamengo. E de ser cobrado, com dedo na cara, pelo atleta indigesto.

Cláudio Besserman Vianna não era de briga. Era ideologicamente contra a adrenalina. Mas não se intimidava intelectualmente. Continuou com as críticas.

Começara a evitar os jogos no Maracanã, mas quando o Flamengo jogava em seu campo na Gávea, ia conferir. Na saída de um desses jogos, ouviu o grito "Bussunda filho da puta!" — dessa vez não da arquibancada inteira. Era uma pessoa só, que ele não teve tempo de conhecer. Levou um soco no olho e desabou no chão, vendo estrelas sobre fundo preto. Um lado da vida estava ficando sem graça.

Além de conjugar o verbo "me fudi" e de compreender que a rua não era mais um território livre para ele, Bussunda reagiu à agressão com a arma de sempre: piada. O grupo preparara para a temporada de 1997 uma homenagem aos jovens broncos, preocupados em malhar o corpo e bater em todo mundo. O pitboy Carlos Maçaranduba, encarnado por Claudio Manoel, se tornaria imediatamente um campeão de audiência.

Em sua primeira encarnação, no *Planeta Diário*, Maçaranduba era "o fodão do Bairro Peixoto". Entre as inspirações para a criação do personagem televisivo estava uma crônica de Bussunda, publicada na *Casseta Popular*, com o título *O Diário de um Macho* (paródia a *O Diário de um Mago*, de Paulo Coelho) — mais tarde aproveitado nos versos do *Rap do Maçaranduba*.

A estranha masculinidade embutida na filosofia da porrada ganhava o seu sopapo:

Um balde de açaí pra dar disposição
E levantar muito ferro na musculação
Anabolizante pra fortalecer
E um supositório só pra rebater
(Supositório todo dia, olha que vicia)

Com texto desenvolvido por Beto Silva e Marcelo Madureira, José Lavigne e Claudio Manoel compuseram um quadro quase de desenho animado: caras e bocas estilizadas, movimentos de bonecos e onomato-

Maria Paula "domina" Maçaranduba (Claudio) e Montanha (Bussunda): duvidando de tanta masculinidade.

peias coloridas na tela. Ocupado com seu cão pitbull Saddam e o colega de maromba Montanha (Bussunda), Maçaranduba não entendia por que as mulheres não se aproximavam.

A caricatura pegou na veia. Ou quase. Nas ruas, alguns pitboys cumprimentavam Claudio Manoel pelo quadro. Achavam que a sátira era sobre a gangue rival...

Entre as beldades que passariam em branco por Maçaranduba e Montanha, Maria Paula era uma prima assanhada do interior hospedada no apartamento da dupla. Enquanto eles cuidavam de dar porrada, ela dava outras coisas para outros rapazes no quarto ao lado. Quebrando o estereótipo da gostosa que fazia escada para o humor, a apresentadora ia virando atriz e fazendo rir também.

Um dia Bussunda apareceu de sutiã, brincos e cabelo chanel apresentando o programa. Maria Paula tinha sumido. Perdera-se no sertão procurando suas raízes (mandioca, supôs o substituto). Beto e Hubert foram escalados para procurá-la no Brasil profundo. A primeira pista, no agreste, era uma prancha de surfe com um esqueleto do lado.

— A Maria Paula passou por aqui! Olha só esse surfista devorado até o osso. Ela devia estar com fome, coitadinha...

Era também uma piada interna. Na vida real, o grupo se divertia com o repertório de garotões sarados na agenda da moça. Segundo Bussunda, no Alto da Boavista, bairro onde ela morava, distante da praia, louros musculosos vinham sendo encontrados vagando desorientados pela floresta. Eram surfistas do "viveiro" de Maria Paula, descartados após o uso.

Entre os impropérios que ela ouvia dos sete rapazes, esse estava no nível light. Havia literatura mais contundente. A moça segurava a onda. E se divertia com aquela coleção de absurdos que iam parar no texto do programa — incluindo o bordão sobre a sexualidade deles. Encontrada por Hubert e Beto no sertão com nova identidade (a cangaceira Maria Gostosa, sucessora de Maria Bonita), ela seria cobrada rispidamente por Lampião:

— Quem são esses homens aí falando com você?!

Maria Gostosa tranquilizou o marido cabra da peste:

— Não é homem não, meu bem. São só aqueles caras do *Casseta &*
Planeta.

Longe das câmeras, Maria Paula desenvolveria uma afeição especial
por Bussunda. Era o único do grupo com quem ela trocava carinhos,
sentava no colo, fazia confidências. Afora os disparates, descobriria nele
um conselheiro maduro, equilibrado — sério. Um homem de bem com
a vida. Mas não tão relaxado quanto parecia.

Em meio à roda-viva profissional, a ex-VJ arranjara tempo para se
formar em psicologia, e mantivera seu interesse em terapia corporal.
Abrira uma clínica de massoterapia (ou *amassoterapia*, segundo os cassetas), que conciliava com o trabalho na TV. Num feito extraordinário,
conseguiu arrastar Bussunda para uma sessão. Era bem verdade que,
tendo Romário entre seus clientes, o convencimento ficara um tanto fa-
cilitado. Mas o colega cético e resistente aderiu ao tratamento.

Suas crises de asma e de psoríase eram o alvo principal da terapia.
Maria Paula via nesses sintomas a manifestação da tensão que Bussunda
não transparecia. Conseguiria aplacar várias dessas crises com as massagens corporais. Começava a decifrar, no tato, o enigma daqueles 120 kg
que podiam ser tão leves num campo de futebol, ou numa pista de
dança.

Bussunda gostava de festa, formava um par animado com Angélica.
Gostava também de ver Maria Paula em ação na noite, quando ela estava em temporada de caça. Às vezes não se limitava a assistir.

A amizade dos dois tinha o lado sério e o lado moleque. Resolveram
desenvolver um golpe juntos. Era o "Banzai". Ela escolhia o cara mais
bonito da festa e dava mole para ele. Bussunda analisava os movimentos
a distância. Quando via que o príncipe estava devidamente fisgado, após
vários drinques e sussurros ao pé do ouvido, fazia para ela o sinal do
"Banzai" com a cabeça.

Aí Maria Paula pedia licença ao gato para ir ao banheiro. E ia embora para casa. Bussunda então passava a cronometrar o tempo que o
macho enlouquecido passaria procurando sua musa pela festa. Depois
telefonava para ela com o placar. Se passasse de meia hora, ela ganhava
nota dez do "juiz".

Ele se divertia no papel de anticupido. Ela se divertiria no de cupido. Não com Bussunda, que fingia não ver os acenos femininos em sua direção — e não eram poucos. Na turnê nacional do *Unfucked*, uma fã seria mais objetiva do que a média. No camarim do show em Goiânia, depois de uma rápida tietagem, a morena escultural decretou:

— Bussunda, hoje você vai comer alguém.

Ela estava prestes a conhecer o primeiro pirata careta da história. Para não ter muito trabalho, ele só esticou um dedo para cima — não o fálico, o da aliança — e virou-se para Ana Deák, assistente do grupo, perguntando se a van já estava na porta.

Dona Casseta conhecia uma fã encantada por outro pirata comportado. A fotógrafa de arte Ana Quintella era amiga de longa data de Maria Paula. Fora quem lhe avisara sobre os testes para a MTV, e acompanhava de perto sua carreira. Quando a amiga entrou para o *Casseta & Planeta*, Ana foi logo lhe dizendo: era apaixonada (a distância) por Helio de La Peña.

Como Helio era casado e Ana não tinha o estilo da morena de Goiânia, as duas amigas ficaram com esse segredo — que aflorava pelo menos uma terça-feira por mês, com os suspiros da fotógrafa diante da TV. Maria Paula era bem próxima de Helio, desde o encontro-relâmpago na padaria Biruta que iniciara tudo. Mas não eram companheiros de balada. Em geral, quando ela estava vestindo a minissaia, ele estava botando o pijama. Num fim de tarde comum de 1997, quando o telefone dela começava a tocar para a programação noturna, Helio ligou.

Estava triste, querendo sair para conversar. Seu casamento acabara de terminar. Maria Paula se arrepiou. Estava se arrumando para a festa de aniversário de Ana Quintella.

— Helio, onde você tá? Estou indo te buscar agora.

Desligou e ligou imediatamente para a aniversariante:

— Estou te levando um presentão. Mas é surpresa.

Quando Ana abriu a porta de sua casa para Maria Paula, ficou sem fôlego. Imaginara presentes incríveis da amiga, menos aquele.

Era a vez de Helio se encantar. Os dois não se desgrudariam a noite toda. Nos dias seguintes também não. Nem nos anos seguintes.

Para Bussunda, Maria Paula nem transmitia as batidas de coração que ouvia por ele. Percebia-o inteiramente focado no casamento com Angélica. E um tanto distraído do mercado das vaidades. Ela nunca conhecera ninguém tão pouco afetado pelo próprio ego. Talvez por isso ele merecesse a definição — tão simples quanto rara — dada por Manfredo, o administrador de sete egos:

— Bussunda é um cara justo.

Na posição de celebridade em que estava, porém, era inevitável que se visse de vez em quando na vitrine do sexo. Ia se safando como dava, como ao responder à *Folha* que o lugar mais estranho onde já fizera amor fora São Paulo. Ou ao dizer à revista *Interview*, em 1993, que seu símbolo sexual era Romário. Sem achar graça nas evasivas, a revista *Amiga* o encostara na parede:

— Afinal, qual é a importância do sexo na sua vida?

Bussunda confessou:

— Um orgasmo é sensacional. Mas ganhar do Vasco numa decisão com três gols do Romário é melhor.

Longe da imprensa o papo era diferente. Mas não muito. Numa conversa com Claudio Manoel sobre o crescente assédio feminino, acabaram divagando sobre sonhos de transgressão sexual. Bussunda tinha um:

— O meu é alugar uma quitinete na Prado Júnior pra trair a Angélica comendo torta de chocolate. Eu ia ter uma geladeira cheia de torta, e ia pra lá me empanturrar sem ela saber.

Se imaginando na avenida das boates eróticas comendo tortas em vez de mulheres, ele esculhambava os clichês do sexo — com uma ponta de desabafo. O embargo do chocolate era real. Angélica ainda não conseguira ensiná-lo a servir feijão sem deixar rastros, mas já conseguira fazê-lo pisar num consultório médico. E aceitar que os seus 120 kg não estavam bem na foto.

Bussunda ia começar a emagrecer. E em lugar da quitinete alugada, compraria uma das mais belas paisagens do Rio de Janeiro.

CAPÍTULO 17

O feiticeiro aceita cheque

O nono andar estava pegando fogo. Após algumas tentativas inúteis de combatê-lo, o incêndio tornou-se incontrolável. As altas labaredas saíam das ventas de José Bonifácio de Oliveira Sobrinho.

Boni queria a cabeça dos piratas. Fora desrespeitado pelo *Casseta & Planeta*. Não tinha mais conversa. José Lavigne apelou ao diretor artístico Mário Lúcio Vaz, talvez o único cardeal da Globo que pudesse ser ouvido pelo chefão numa situação daquelas.

Mário Lúcio sugeriu a Lavigne outra alternativa:

— Você conhece o Papa? Não conhece? Que pena. Do jeito que estão as coisas, meu caro, talvez se o Papa pedisse, o Boni pudesse mudar de ideia...

* * *

O tombo não machucou Bussunda. Ele se levantou, sacudiu a poeira e seguiu em frente. Só reclamou um pouco da avestruz em que estava montado. O bicho era mais veloz do que ele imaginara. A vida também parecia estar andando rápido demais.

O safári na África do Sul em janeiro de 1997 não era uma gravação do *Casseta & Planeta Urgente*. Roma, Nova York, Londres, Lisboa, Los Angeles, Buenos Aires, Amazônia, sertão — o programa já fora até à

Antártica, onde Helio de La Peña entrevistou um leão-marinho, dizendo-lhe que trabalhava para parentes seus, na emissora da família Marinho. Num intervalo da roda-viva, Bussunda fora passear na África.

Além de Angélica e Júlia, levara com ele Helena Besserman Vianna. Com a morte de seu pai por enfarte, pouco mais de um ano antes, o caçula passara a dar especial atenção à mãe. Ela já dera sinais de que não valia a pena viver sem o marido. A postura desistente de Helena abatia Bussunda. Ele praticamente não viajaria mais sem ela.

O cirurgião Luiz Guilherme Vianna vivera o suficiente para ver seu filho destrambelhado vencer na vida. Morrera seu fã, talvez o maior colecionador de suas piadas impressas, gravadas e televisadas. O jovem maltrapilho que ele já tivera que arrastar até a sala de aula, agora levava toda a família para um luxuoso hotel seis estrelas.

Na chegada à África do Sul, Helena se animou. O país estava em pleno governo Nelson Mandela, que pusera fim ao regime racista do Apartheid. Ali, a combatente dos gorilas da ditadura brasileira se sentia em casa. Mas não deveria.

A família chegara à cidade de Durban para o Ano-Novo. Mal pisaram no hotel, foram alertados pela gerência para que não saíssem à rua na noite de 31 de dezembro. Não entenderam nada. Foram então informados de que, desde o fim da segregação, os negros ocupavam em massa os locais antes proibidos a eles. Helena achou graça.

Viu logo que aquilo era uma recomendação padrão para turistas burgueses. Intelectual comunista, defensora dos direitos humanos, prestes a lançar na França seu livro *Não Conte a Ninguém...*, sobre a tortura no Brasil, e ainda vacinada pelo bangue-bangue carioca, ela não tinha o que temer diante de uma manifestação de negros libertos. Amante da jogatina, a psicanalista saiu sozinha na noite do Réveillon à procura de um cassino.

Retornou logo ao hotel. Parecia um pouco tensa, mas não disse nada. Júlia queria uma pizza. Angélica perguntou a Helena se o clima estava tranquilo para caminharem até uma pizzaria. Claro que sim, por que não estaria?

No que puseram os pés na rua, Helena constatou que a multidão de sul-africanos negros, já expressiva uma hora antes, se multiplicara algumas vezes. A psicanalista (muito) branca de 65 anos tomou a frente do grupo. Só não teve tempo de explicar sua biografia aos irmãos oprimidos da África.

A massa hostil começou a acuar os únicos caras-pálidas no horizonte negro e a vociferar contra eles. Para Júlia, um rugido bem mais assustador que o da torcida do Vasco. Angélica pegou a filha de 3 anos no colo, enquanto as ameaças ficavam mais próximas e raivosas: *"White people, go home! White people, go home!"*

Os brancos estavam muito distantes de casa. E a pizzaria estava muito bem fechada, assim como todas as portas do caminho. Miraram o trajeto de recuo ao hotel e rezaram para conseguir cumpri-lo, de preferência inteiros. Quando a porta se abriu com os quatro brasileiros de olhos arregalados, o gerente ainda pôde ouvir os últimos insultos vindos da rua. Não se comoveu:

— Eu avisei.

Depois de um mês na África do Sul vendo as cinzas do Apartheid, Bussunda não voltaria mais para Ipanema.

Voltaria para o Leblon. À espera dele, de Angélica e de Júlia estava uma cobertura duplex com terraço e piscina, debruçada sobre a Lagoa Rodrigo de Freitas, comprada à vista. Não fora fácil encontrá-la.

Os tempos de aluguel tomando 25% do orçamento tinham ficado para trás. Agora o casal podia pagar aluguel zero. Foi atrás da sua cobertura própria em Ipanema. Havia várias interessantes, todas com o mesmo problema. Não seriam muito devassadas para um morador comum. Para a figura famosa, peculiar e enorme de Bussunda, qualquer uma delas ia virar tela de TV para a vizinhança. Aí ele foi sozinho ver um apartamento no Leblon. Voltou convicto de que era aquele.

Angélica admirou-se com tanta convicção. Foi conferir. Constatou de cara a virtude que arrebatara o marido: o prédio ficava ao lado do Clube de Regatas Flamengo.

Mas a botafoguense também gostou. Décimo terceiro andar, a três quadras da praia, nenhuma janelinha nas redondezas para ver o programa "Bussunda na piscina". A ampla cobertura fora comprada do dono anterior para revenda, e aí entrava o dado esquisito: o vendedor queria receber em dinheiro vivo.

Depois de algumas conversas, vendo que não haveria outro jeito, o casal se rendeu à operação. Sentindo-se num filme de máfia, Angélica e Bussunda saíram de táxi para a gincana por duas agências bancárias e um cartório. A dinheirama foi socada numa mochila rosa presa às costas dela. Quando saltaram do táxi, no Centro da cidade, viram que tinham errado o endereço.

O cartório ficava em outra rua, não muito distante. Decidiram ir a pé. Caminhando no meio do povo com um apartamento nas costas, que podia lhe ser arrancado em dois segundos por qualquer trombadinha, Angélica sentiu anos de vida comprimidos em dois quarteirões. A roda-viva estava dando vertigem.

O dinheiro que a maior parte dos transeuntes locais não teria nem em dez encarnações chegou ao cartório são e salvo. Foi despejado diante do corretor, em troca da escritura assinada. O cachorro da Von Martius agora era dono.

Em São Conrado também havia pirata de casa própria. Helio de La Peña comprara o imóvel que vinha alugando. E pedira Ana Quintella em casamento. Fez questão de conversar com os pais dela, de tradicional família carioca. Ouviu o que não esperava.

Ana era filha do engenheiro Sérgio Quintella, conselheiro do Tribunal de Contas do Estado, homem influente na elite empresarial. Helio adotou um corte de cabelo e uma forma de vestir mais sóbrios, e falou um pouco de si para a mãe de Ana, Tereza. Disse que era engenheiro formado pela UFRJ, trabalhara na Promon e tinha uma trajetória de responsabilidade. Olhando para o pirata da Penha, bem-sucedido como sacana profissional, a futura sogra respondeu:

— Tudo bem, Helio. Mas não tenta essa conversa com o meu marido não.

Não era todo dia que um negro do subúrbio se casava com uma moça branca da elite. Helio já ultrapassara os estereótipos havia um bom tempo, mas era o mesmo cara que quase fora preso por "assaltar" a mãe de Beto Silva em Ipanema. Numa entrevista ao *Jornal do Brasil* em junho de 1996, a repórter perguntou-lhe se já tivera problema com a polícia. Helio parodiou sua própria história:

— Uma vez minha casa foi assaltada. Quando os policiais chegaram, um deles me segurou e disse: "O vagabundo tá na mão!" Minha mulher apareceu e falou: "Mas esse é o meu marido!" E ele: "Ela está encobrindo o vagabundo!"

Helio não estava envernizando seu perfil para a família Quintella. Estava só pisando de mansinho, que não custava nada. Foi muito bem recebido. E daria dois netos ao conselheiro ilustre.

Havia maneiras e maneiras de entrar na vida de alguém. Terminado seu casamento com Leila, Claudio Manoel apaixonara-se por Valéria. A economista mineira conhecera-o num ritual, por assim dizer, menos protocolar: acordou um dia, saiu do quarto para tomar café e deu de cara com Cláudio — não só instalado em sua sala, como "operando" seu aparelho de som.

Explicou que estava gravando "uma fita sensacional" para Simone, amiga de Valéria que dividia o apartamento com ela em Belo Horizonte. Naquele mesmo dia os dois se beijaram.

Encantaram-se um com o outro, mas se desencontraram na vida. Foram se reencontrar oito anos depois. De novo, sem rodeios. Enquanto Claudio Manoel trazia o tetracampeonato dos Estados Unidos, Valéria levava sua vida de Minas para o Rio de Janeiro. Mais precisamente para a primeira casa própria do pirata, um apartamento no Jardim Botânico, ao lado do bucólico Parque Lage.

Era o momento de gala do *Casseta & Planeta* na Globo, com o salto de prestígio, fama e grana na conquista de um quadro próprio no *Fantástico*. No embalo do sucesso veloz, acabariam derrapando no programa dominical.

* * *

Antes do incêndio no nono andar, que carbonizara o contrato de José Lavigne, o ano de 1997 gestava mais um salto do grupo. Beto Silva e o próprio Lavigne vinham botando na ponta do lápis o cálculo para a produção de um programa semanal. Minuto a minuto, quadro a quadro, noves fora os dias de chuva. Estavam, enfim, tomando coragem.

Como na época de Fernando Collor de Mello, os humoristas tinham se colocado ligeiramente à frente da história. Em 1992, Mário Lúcio Vaz lhes explicara o veto: não podiam chamar de ladrão quem ainda não era ladrão para o senso comum. Piada não era denúncia. Pouco mais de um mês depois, o achincalhe a Collor estava liberado.

Agora o rolo era com o afilhado de Paulo Maluf, Celso Pitta. O novo prefeito de São Paulo começara a meter os pés pelas mãos, e a antena pirata captou logo o surgimento do filão. Pitta ia virar caso de polícia, mas ainda não tinha virado. O *Plantão Casseta* propôs a cobertura de uma manifestação de taxistas contra o prefeito como se fosse um basta contra a bandalha. O diretor Maurício Sherman vetou a ideia.

Como Boni estava viajando, Lavigne ignorou o veto. Mandou a matéria para os editores do *Fantástico*, pedindo que avaliassem. Eles jogaram no ar.

Informado por Sherman da insubordinação, Boni se sentiu traído. Sua interferência no *Casseta & Planeta* era praticamente zero. Não admitia uma contrapartida daquelas. Possesso, iniciou sua reação com uma palavra: rua.

Lavigne acordou na segunda-feira com o telefonema da emissora anunciando sua demissão. Quis acordar de novo para escapar do pesadelo. O fantasma do naufrágio não podia estar de volta. Mas estava. Asdrúbal Trouxe o Trombone, *Teletema*, *Armação Ilimitada*, *TV Pirata*, *Dóris para Maiores* — a guilhotina teimava com o seu pescoço. O *Casseta & Planeta Urgente* vinha confirmar a sina iniciada no Colégio Franco-Brasileiro.

Aos 15 anos, Lavigne chegava em casa, em Laranjeiras, e viu um camburão da delegacia de tóxicos parado na porta. Era com ele mesmo. Seus pais estavam sendo intimados a depor.

Era 1972, auge da ditadura, e o nome do garoto fora pescado pela polícia numa enfermaria no Pavilhão de São Cristóvão. Numa festa no local, Lavigne socorrera um colega que tinha se enchido de Optalidon, analgésico que virara moda como entorpecente. Ele nunca tomara — nem qualquer outra droga —, mas fora classificado como fornecedor.

Negou tudo, mas a polícia ficou na dúvida e alertou sua escola. Passou a ser monitorado e revistado, sendo constantemente chamado à direção do Franco-Brasileiro para conversas. Pouco tempo depois, viu de novo um camburão na porta de casa. Dessa vez, da Polícia Federal. Foi com o pai para novo interrogatório.

Apavorado, o garoto foi metralhado com uma longa sequência de perguntas acusatórias, que o ligavam a vários tipos de drogas e personagens suspeitos. Em dado momento, seu pai, José Lavigne de Lemos, quis saber dos policiais federais quais as bases para tantas acusações:

— Cala a boca! Estamos falando com seu filho.

Após cinco horas de pressão, diante da exaustão do menino e da total falta de indícios criminosos, um dos policiais resmungou:

— Não adianta. Não é ele. Não pode ser ele.

Do mesmo jeito abrupto que tinham sido intimados, foram mandados embora. O pai arriscou perguntar aos federais qual era a suspeita contra o seu filho. Um dos investigadores concedeu a explicação:

— Apreendemos uma carga de heroína no Aterro do Flamengo, área onde seu filho circula, sempre em bando. Já havia uma anotação sobre ele na delegacia de tóxicos por venda de barbitúricos. Tínhamos fortes indícios de que ele integrava uma quadrilha morfinocomunista que atua no local.

Não voltariam a ser intimados. Mas a escola informou que não podia manter um aluno com passagem pela polícia. Lavigne foi expulso. E segregado pelos amigos. Perdido, pediu ajuda a uma jovem professora de teatro do colégio, a atriz Sura Berditchevski. Ela o acolheu no Tablado, a escola de Maria Clara Machado, onde ele passou praticamente a morar.

Um quarto de século e muitas guilhotinas depois, José Lavigne queria ao menos uma chance de conversar com Boni. De casa, passava o tempo arranjando emissários para levar ao diretor de operações sua mensagem na garrafa. As labaredas ainda não tinham chegado ao *Casseta & Planeta* como um todo, mas pelo menos com Lavigne o chefão não trabalhava mais — o que significava um golpe no programa.

Cláudio Paiva já experimentara a ira da Globo. Após o fim da *TV Pirata*, escrevera quadros para o *Dóris para Maiores* e depois caíra em desgraça. Após um desentendimento com um diretor graúdo, fora banido da emissora — no exato momento em que seus amigos estouravam com o *Casseta & Planeta Urgente*. Ele acabara de torrar suas economias numa casa de campo, e sua mulher, a jornalista Maria Sílvia Camargo, estava grávida.

Passaria três anos de sufoco, até ser resgatado pelo sufoco da própria Globo. Na falta de um redator para o novo programa de Regina Casé, *Brasil Legal*, Cláudio Paiva seria perdoado. E viveria uma situação insólita diante de Boni.

O diretor de operações estava insatisfeito com os textos propostos para um novo humorístico dominical — *Sai de Baixo*, com Cláudia Jimenez e Tom Cavalcanti. Aproveitando a ressurreição de Paiva, Daniel Filho chamou-o para assumir o projeto do programa. No que topou, foi levado à sala de Boni. O chefão foi logo questionando Daniel:

— Você me falou que tinha um programa pro Tom e a Cláudia. Se for esses textos que eu já li, não quero.

— Não, Boni. Justamente por isso eu trouxe aqui o Cláudio Paiva.

Paiva ainda não tinha a menor ideia do que seria o novo projeto. Daniel Filho virou-se para ele e lascou a pergunta:

— Então, Cláudio? Temos programa?

O paraquedista só tinha uma opção de resposta:

— Temos.

Assim, com um cheque sem fundos do pirata, nascia em 1996 mais um campeão de audiência.

Lavigne soubera do sufoco de Cláudio Paiva na geladeira. Sabia também que entrar nela era bem mais fácil do que sair. Mais uma vez, já caído, tentava não beijar a lona. Até que, a partir de uma conversa com Guel Arraes, Claudio Manoel e Beto Silva, Boni mandou chamá-lo.

O diretor do *Casseta & Planeta Urgente* chegou ao nono andar do prédio na Lopes Quintas 303 sem um discurso pronto. No que entrou na sala do chefe, a trovoada começou:

— Que foi, Zé Lavigne? Tá nervosinho? Tá revoltado? Tá se sentido injustiçado? Fica me mandando recado...

O desempregado esperou o primeiro trovão passar e falou, em voz baixa:

— Eu vim aqui só pra te dizer uma coisa: fiz merda.

Se havia uma técnica para falar com Boni, Lavigne a dominava razoavelmente bem. Era o interlocutor dos piratas com a emissora e seu olimpo. Aquela contrição abria caminho no coração do feiticeiro, já amaciado pelos colegas. E Boni era, antes de tudo, um entusiasta do programa parido, entre outros fatores, pela persistência de Lavigne.

Não o chutou para fora da sala e iniciou um diálogo. Sacou então um inusitado raciocínio contábil:

— Olha, na verdade eu ainda não te demiti. Vi aqui que você acabou de renovar contrato. Se te demito, você recebe uma boa grana pra ficar à toa e ainda periga voltar pra cá. Vamos fazer uma coisa melhor: assina aí um cheque de 5 mil reais nominal à Casa dos Artistas. Se não doer no bolso você não vai aprender.

Quando terminou de falar, Lavigne já estava preenchendo o cheque. E comentando que vinha mesmo pensando em contribuir com a Casa dos Artistas... A guilhotina parara a um centímetro do seu pescoço.

Ficaria, ainda assim, com uma advertência na carteira de trabalho — que permitiria à emissora demiti-lo por justa causa numa reincidência de má conduta. Já ia saindo da sala com o pescoço a salvo, quando Boni lhe fez a última pergunta:

— Zé, você é o que da Paula Lavigne?

— Sou primo.

— Ótimo. Se você conseguir que ela nunca mais atue numa novela da Globo, eu tiro essa advertência da sua carteira.

Boni tinha sua lista de implicâncias. Paula já iniciava sua promissora carreira de produtora cultural, com o projeto do filme *Orfeu*, que daria o primeiro Grande Prêmio Cinema Brasil a Cacá Diegues. José Lavigne não ia, naturalmente, se meter naquele sanduíche. Saiu sem dizer nada, torcendo para não entrar na lista também.

Amainado o incêndio, os piratas podiam novamente dormir em paz. Com exceção de Manfredo.

Em pouco mais de dois anos à frente das tratativas com a Globo, Manfredo consolidara a imagem do grupo de "carne de pescoço". Dentro da emissora, firmava-se a fama de que os cassetas eram negociadores duros. Pelo menos uma vez por ano vinham demonstrar, de forma sólida, que era preciso elevar o valor de seus contratos. Nem sempre ganhavam o que pediam. Mas sempre ganhavam.

Numa dessas negociações, o diretor administrativo que recebia Manfredo bateu na mesa. Diante da proposta ousada do grupo, pediu à secretária uma ligação com Boni:

— Assim não dá! Vamos ter que tirar o programa do ar. Vou explicar isso ao Boni.

Ainda com pouca experiência no ramo, Manfredo gelou. E recuou.

Mas estava só aprendendo um jeito mais eficiente de ser duro. Quando veio o convite para o *Fantástico*, os termos contratuais já previam que o novo quadro significasse um ganho financeiro expressivo. E a Globo continuava acenando com o *Casseta & Planeta* mais urgente ainda, com exibição semanal.

Pelos cálculos de Beto e Lavigne, dava para fazer um semanal de 25 minutos, no formato americano. Boni, que a princípio preferia a forma mensal, não topou. Para encaixar na grade da programação, tinha que ter quarenta minutos. O impasse total tirou o assunto da pauta de Manfredo. Aí veio a bomba.

Numa reunião na emissora em novembro de 1997, o diretor que esperava o empresário dos cassetas não o recebeu em sua sala. Saindo apressado, disse-lhe apenas que fosse tratar com um auxiliar seu, no andar inferior. Manfredo se dirigiu ao elevador e viu uma movimentação anormal nos corredores. Diretores graúdos corriam de lá para cá, alvoroçados.

As razões do tumulto eram o fim de uma era: Boni tinha caído.

A Globo decidira trocar o feiticeiro por uma administradora de empresas. Aos 62 anos, José Bonifácio de Oliveira Sobrinho perdia seu poder divino para a pernambucana Marluce Dias da Silva, de 47. Era o ato central de um processo de profissionalização da emissora. Boni ficaria na empresa como consultor. Marluce seria empossada no ano seguinte como diretora-geral da TV Globo. De imediato, a conversa com o *Casseta & Planeta* sofreria uma guinada.

Em questão de semanas, o projeto do programa semanal sairia do freezer para o centro da mesa de negociação. Daniel Filho, grande entusiasta da fórmula, dava sinal verde para o formato de 25 minutos. Os piratas iam ter que multiplicar por quatro as ideias de jerico. Manfredo foi cuidar da tradução disso em dinheiro.

Aí o contrato não previa. Quando o manager procurou a emissora para ver como ia ficar a parte financeira, recebeu a informação concisa: fica como está. "Os termos do nosso acordo estão valendo", disse-lhe seu interlocutor.

Em português: o grupo não levaria um centavo a mais para estar toda terça-feira no ar.

A arma dos negociadores duros da Toviassu não era a intransigência. Era a consistência. Desde o início, a Globo entendera que a molecagem praiana dos gaiatos parava na porta da sala de reunião. Dali para dentro, tinham preparo, cultura e sensatez para tratar, no mínimo, de igual para igual com os diretores da casa. Agora, talvez estivessem vendidos.

Manfredo ficou na berlinda. Não costurara os termos para a passagem do programa mensal para semanal. Não havia progressão financeira prevista para um aumento de produção no *Casseta & Planeta Urgente*. Só para a participação em outros produtos, como o *Fantástico* e o *Jornal Nacional*. Tensão total.

Sufocado no front jurídico, Manfredo ficou com a equação girando na cabeça: a emissora líder reconhece o prestígio de um de seus principais programas, multiplica sua exibição, coloca-o na proa da programação, potencializa o seu faturamento com ele... E alega que não há modificações contratuais a fazer. Disse a si mesmo a única coisa que precisava dizer, com outras palavras, à Globo:

— Numa boa: não sou tão boboca assim.

Voltou às negociações com a arma única do bom senso. Argumentou que o contrato em vigor não previa a progressão para o programa semanal porque esta hipótese estava fora de discussão. Não faria sentido complicar uma negociação concreta por causa de uma tese. E não poderia imaginar a emissora propondo um programa novo com um contrato velho.

Embaixador do grupo na relação com a Globo, Claudio Manoel já entrara em campo, metralhadora verbal engatilhada. Era hora de envolver Daniel Filho e o alto escalão artístico na crise. Dessa vez não tinha revólver sobre a mesa. O grupo se tornara respeitado na emissora, com acesso aos canais diplomáticos de mais alto nível. As duas partes só tinham duas opções civilizadas: se entender ou se entender.

Entenderam-se. Não com base nas escaramuças jurídicas, mas no bom senso. Com o belo contrato para o programa semanal a partir de 1998, "os sete rapazes de Liverpool" iam entrando, como quem não quer nada, no clube dos ricos.

Especialista em organização empresarial, Marluce Dias da Silva logo se interessou pelo êxito do monstro de sete cabeças. Na primeira oportunidade, a nova comandante da nave global indagou a Claudio Manoel:

— Como é que um grupo tão grande, com tantas pessoas criando e decidindo com poderes iguais, dá certo por tanto tempo?

A resposta não foi propriamente uma homenagem à afirmação feminina, simbolizada pela ascensão de Marluce:

— É porque não tem viado no meio. Nem mulher.

CAPÍTULO 18

Você matou o Zico

— Depois que chegaram à televisão vocês conseguiram comer muita gente?

— Cada um conseguiu comer muitas vezes a mesma pessoa.

A resposta de Bussunda à revista *Ele & Ela*, em janeiro de 1998, revelava como os cassetas viviam a escalada de fama e grana: todos casados, em casa.

Citando os Beatles, exemplo dos grupos que se separam por causa do sucesso, o repórter queria saber quando o *Casseta & Planeta* ia brigar também. Bussunda riu:

— Acho que quando a gente estiver tão rico quanto esses caras.

O grupo tinha um compromisso com a TV Globo de não falar em cifras. "Ganho mais do que preciso e menos do que mereço", disse o humorista à *Ele & Ela*. O repórter ficou sem resposta quando perguntou se Bussunda arranjava muambeiro de uísque (e de outras coisas) para o grupo. Mas o entrevistado achou graça. Seu entrevistador era Luiz Bello, parceiro dos tempos de Overdose na ECO.

O repórter conhecia bem seu personagem. E apresentou-o assim: "Por trás do falso malandro Zona Sul há um ex-militante do Partidão meio acuado pela fama, apegado à família, e que gosta mesmo é de levar Júlia, sua filha, para assistir a *Pluft, o fantasminha*."

À vontade com o ex-colega de antimovimento estudantil, ambos sobreviventes da caça às bruxas na UFRJ mais de dez anos antes, Bussunda se soltou um pouco mais quanto à questão do assédio sexual:

— Eu acho impressionante essa porra do palco e da televisão. Eu já passei mil vezes por isso. Você chega num lugar, aí vem uma mulher dizendo: "Eu acho a tua barriguinha muito sensual." Eu respondo: "Tu é maluca, minha filha!" Vê se eu vou comer uma mulher que acha a minha barriga sensual!

Bello quis saber quem era o mais assediado dos cassetas. Bussunda contou:

— O Hubert é o bonito do grupo, né? Aliás, o meu problema com o Hubert é esse: ele malha muito, faz dieta, e o resultado não me anima nem um pouco.

Fora a oportunidade não desperdiçada de sacanear o próximo, Bussunda também tinha entrado numa dieta severa. Incentivado por Angélica, passara a se consultar com uma nutricionista, e já conseguira perder 15 kg. Ela estava feliz e levemente revoltada. Também entrara no regime, mas não conseguia perder peso na mesma velocidade que ele — que acabava podendo comer mais que ela, sem poder ser reprimido.

O ano de 1998 traria uma nova estampa para Bussunda. Além da silhueta menos rotunda, daria adeus à cabeleira. Estava interpretando o craque Ronaldinho Fenômeno, eleito duas vezes o melhor do mundo (96/97). Para imitar a cabeça raspada do jogador, o humorista comprimia o cabelão sob uma careca postiça. Até desembarcar na França.

Era ano de Copa do Mundo, e o *Casseta & Planeta* estava novamente escalado pela Globo. Na secura dos ares franceses, a careca falsa de Bussunda cismou de não colar na cabeça. Impaciente, sentou-se diante do cabeleireiro da emissora e despediu-se de uma das marcas da sua figuraça:

— Raspa!

No Bussunda careca, com o rosto menos cheio, a barriga idem, e os 36 anos nas costas, a aura do garotão eterno ia ficando para trás. Emergiam os sinais do homem maduro, pai de família — meio acuado pela fama e pelas chicotadas do seu galope. A vida corria mais ainda a bordo do programa semanal, a pressão profissional crescia. E a curva do estresse iria aos céus na chegada à Copa.

Em 1994, Parreira era o técnico da seleção e Zagallo, o coordenador técnico. Em 1998, Zagallo se tornara o técnico, e seu coordenador era Zico, o Deus rubro-negro de Cláudio Besserman Vianna. No ataque do time, sua segunda santidade: Romário, o herói do tetra, que acabara de ser trazido da Europa de volta ao Flamengo. Às vésperas da Copa, o olimpo rachou.

Romário se contundiu e passou a correr contra o relógio para jogar o mundial. Os prognósticos sobre sua recuperação variavam. Na dúvida, foi mantido entre os convocados e viajou com a seleção para a França. Seu tratamento evoluiu bem, não a ponto de atuar na estreia. Possivelmente estaria em condições de jogar a segunda fase da competição. A uma semana do início da Copa, a notícia explosiva: Romário estava cortado.

Numa coletiva comovente, em que mal conseguia falar, embargado pelo choro, o craque sairia aplaudido pelos jornalistas. No Brasil, a polêmica fervia. A decisão do corte era atribuída a Zico, seu desafeto. Na coluna de *O Dia*, Bussunda tomou partido. Escreveu, de forma ponderada, que seu Deus errara.

No dia seguinte, enquanto a seleção treinava na França, o humorista esperava com José Lavigne, à margem do campo, o momento de gravar o quadro "Casseta & Planeta na Copa". Depois do encontro com Zico no Sambódromo em 1990, quando perdera a voz, Bussunda se tornara um flamenguista ilustre (a ponto de ser xingado em coro pela torcida do Vasco). Passara a ser reconhecido por seu ídolo como militante rubro-negro.

Quando o avistou à beira do campo, Zico encarou-o com expressão tensa. Já fora informado do texto publicado no *Dia*. Dois minutos depois, sem esperar o treinamento terminar, o ídolo dirigiu-se a Bussunda, rispidamente, na frente de todos:

— Futebol não é o que você tá pensando não! Toma juízo antes de sair falando o que não sabe!

José Lavigne, Claudio Manoel e Bussunda gravando na França: momento difícil com Zico e Ronaldo.

Lavigne viu Bussunda empalidecer no ato. Seus movimentos ficaram trêmulos, como o diretor nunca vira acontecer antes. Estava visivelmente devastado.

Ao término do treino, o humorista caminhou em direção ao coordenador técnico da seleção. Não tinha nenhum vestígio da sua força irreverente. Era a imagem do oprimido. Com a alma de joelhos, pediu desculpas a Zico. E não falou mais de Romário.

Claudio Manoel, Hubert, Reinaldo e Lavigne, os colegas de missão na Copa, nada podiam fazer contra o abatimento de Bussunda. Naquela questão religiosa, nem o Papa, Cristo e Moisés juntos dariam jeito.

Quem começou a resgatar o fiel de sua crise espiritual foi outro flamenguista. Estrela máxima da seleção aos 22 anos, destaque mundial por seus feitos no Barcelona e na Internazionale de Milão, Ronaldo Nazário, o Fenômeno, era um menino. De perto, mantinha a simplicidade do suburbano carioca, a paixão rubro-negra e a risada frouxa com a imitação que Bussunda fazia dele.

Os dois carecas dentuços ficariam muito próximos. Como esperado, Ronaldo ia se destacando na Copa, ajudando a levar a seleção até a final contra os anfitriões. Nos bastidores, apesar da alta responsabilidade, era um contraponto à sisudez de Zagallo e Zico. Dessa vez, o ídolo de Bussunda era também seu fã.

Ao contrário da Copa de 94, porém, o final do filme não seria feliz para ninguém. Pouco antes do início do jogo decisivo com a França, surgia um boato estranho, depois materializado em notícia: Ronaldo tivera um problema de saúde e não entraria em campo.

Como era comum no universo da seleção brasileira, se seguiria um coquetel de informações truncadas, desmentidos e contradesmentidos — até o Fenômeno aparecer em campo com o time, cantando o Hino Nacional. Nem o Brasil nem o mundo sabiam que o jogador tinha tido uma convulsão horas antes da partida. E fora escalado de forma tão obscura quanto a que Romário fora cortado.

No Estade de France, o Brasil levaria um passeio de três a zero, e Ronaldo não veria a cor da bola. O filme de terror pastelão protagonizado pela seleção viraria roteiro do *Casseta & Planeta Urgente*. Bussunda ia trombar com mais um ídolo:

"*Casseta & Planeta* descobriu toda a verdade e vai revelar agora, minuto a minuto, passo a passo, o drama dos jogadores da seleção brasileira. O lateral mascarado Roberto Carlos *(Hubert, caracterizado como o cantor Roberto Carlos)* trouxe as más notícias:

— Professor Zé Gallo, o Ronaldo está passando mal!

Numa das rodas de pôquer da concentração, entre copos de uísque e fumaça de cigarro, o técnico Zé Gallo (Reinaldo) responderia com sua habitual irritação:

— E daí? Você também está passando mal! O Rivaldo está passando mal! O Leonardo não acerta um passe! Mas o penta é nosso!

O lateral da Jovem Guarda replicaria adaptando à situação o bordão emocionado do rei Roberto:

— São tantas convulsões... Hehehe...

Às 19h24, Ronaldo *(Bussunda, tremendo da cabeça aos pés)* deu entrada num pronto-socorro francês, onde foi atendido por um famoso especialista *(Marcelo Madureira, de jaleco branco e rosto pintado de azul e vermelho)*:

— Quem são vocês?

— Eu sou Zé Gallo, este é o meu amigo Roberto Carlos, e este é o amigo dele, o Tremendão.

O diagnóstico do médico saiu imediatamente, em português afrancesado:

— Ele está perfeito! Está em ótimas condições para enfrentar a França! Tragam o champanhe!

Zico não aparecia na sátira. Mas Ronaldo não gostou de ver o seu drama ridicularizado na piada do Tremendão. Ficaria um bom tempo sentido com o humorista. Bussunda tinha duas opções: ou arranjar heróis menos suscetíveis, ou fazer certas concessões para jogar o jogo deles. Inclinou-se pela segunda. E acabaria, com ela, se opondo a parte do grupo *Casseta & Planeta*.

* * *

Ficando Henrique Nervoso ia ficar mais nervoso ainda. Logo após a reeleição de FHC em primeiro turno, um escândalo ganhava as manchetes. A divulgação de um grampo telefônico no BNDES, em novembro de 1998, expunha um arranjo de bastidor na privatização da telefonia. Integrantes do governo manobravam para formar os consórcios privados, candidatos a operar as novas companhias telefônicas.

Na crise que derrubaria o ministro das Comunicações, Luiz Carlos Mendonça de Barros, um diretor do BNDES, Sérgio Besserman Vianna, receberia um telefonema comprometedor:

— Doutor Besserman, preciso de uma orientação do senhor: em que conta devo depositar aquela sua comissão, pela ajuda ao nosso consórcio na privatização?

Por sorte, o telefone de Sérgio não estava grampeado. Do outro lado da linha estava Marcelo Madureira, ex-colega de banco, mancomunado no trote com Claudio Manoel e Bussunda, irmão caçula do diretor.

A piada arriscada tinha especial sabor dentro da família Besserman Vianna. O primogênito tornara-se uma voz ativa dentro do governo FHC, que nas urnas derrotara duas vezes Lula, o candidato do caçula.

O escândalo do BNDES tinha acontecido longe do gabinete de Sérgio, mas a oportunidade era boa demais para ser desperdiçada por Bussunda. No duelo político-familiar, era inevitável a estocada no irmão "neoliberal".

Economista de prestígio, Sérgio Besserman tinha sempre argumentos científicos para refutar o pensamento intuitivo de Bussunda. Representava uma geração que vinha contrapor, ao idealismo puro da esquerda, os valores da eficiência institucional, do método, da organização. O debate às vezes resvalava na vida pessoal: Bussunda era um desorganizado. Perdia livros em sua própria estante, além da chave do carro, da carteira — sem falar no triste fim do piano da família.

Mas outro escândalo poria Sérgio na defensiva: o atentado contra Zico.

A história do crime começara num simples aquário. Bussunda tinha um pequeno peixe vermelho, desses que não vivem muito. Aparentemente, não dava muita importância a ele. Com a falta de cuidado, a água do aquário foi ficando turva com o tempo. O dono esquecia também de dar comida ao peixinho. De vez em quando, jogava ali umas sementes de *cannabis*. De turva, a água foi ficando verde-escura, quase negra. Até não ser mais possível enxergar se ainda havia peixe ali.

Sempre que passava pelo aquário, Sérgio, estudioso também de meio ambiente, se incomodava. Criticava a negligência do irmão, que não lhe dava ouvidos. Um dia, sem pedir licença, resolveu tomar a providência saneadora.

Retirou toda a água do aquário, localizou o peixe — que milagrosamente sobrevivera — e colocou-o numa jarra com água limpa e decantada, livre de cloro. Removeu a grossa camada de limo que se formara naquele habitat, jogou fora quase um palmo de lodo. Instalou um filtro e devolveu o peixe à água límpida, com alimentação adequada.

Não disse nada ao irmão. Esperou que ele tivesse a surpresa e viesse agradecer-lhe, com a lição aprendida. Não houve tempo para isso. Em menos de 24 horas, o peixe estava morto.

— Sérgio, o que foi que você fez?! Você matou o Zico!

Batizado com o nome do ídolo, o peixe não resistira à higienização. Não era um peixe qualquer — era o peixe do Bussunda.

Através dos anos, sempre que o debate entre os dois esquentasse, e Sérgio o acuasse com seu racionalismo metódico, Bussunda cortaria o irmão com o argumento irrespondível:

— Foi assim que você matou o Zico.

A cigarra e as formigas da família Besserman Vianna chegavam àquele fim de século com papéis ligeiramente alterados. Na primeira década da idade adulta, Sérgio e Marcos faziam nome como economista e médico. Cláudio era o que ia à praia: "Eu tenho um nome a lazer", proclamava. Agora ele se confessava a Luiz Bello, antigo parceiro de vadiagem militante:

— Eu trabalho mais do que a maioria das pessoas que conheço. Meus irmãos andam me sacaneando. Hoje eles têm fins de semana, eu nem sempre tenho. Eles sabem que toda noite vão estar em casa. Eu já não sei...

Se na entrevista à *Ele & Ela* em janeiro Bussunda dizia isso, no final de 1998 seu nome a lazer era, mais do que nunca, trabalho. Entrara no ritmo alucinante do programa semanal, com uma Copa do Mundo no meio e muitos fins de semana de formiga operária. E se Sérgio estava no terceiro escalão do ministério de Fernando Henrique, Bussunda se tornara ministro.

Com a crescente complexidade do business *Casseta & Planeta*, o grupo criara uma estrutura de ministérios. Beto Silva fora nomeado ministro dos Livros. Claudio Manoel ganhara o ministério da Televisão. Marcelo Madureira, ministro da Internet, cuidava da edição digital da *Revista Casseta & Planeta* — que deixara de circular em papel no ano anterior.

Hubert, Reinaldo e Helio respondiam, respectivamente, pelas pastas do Visual, do Controle de Qualidade e do Licenciamento. Por notória especialização, Bussunda fora nomeado ministro do Ócio e Lazer.

Deliberava sobre folgas e férias — assunto sério no meio de tanto trabalho. Redigiria até uma Constituição Federal das Férias dos Integrantes do *Casseta & Planeta*. O documento meticuloso regulava inclusive as tentações, como no capítulo das Leis Ordinárias, Esquisitonas e Escrotas:

Lei Madureira II — Qualquer sócio tem o direito de viajar com a família para Fernando de Noronha, acumulando com as férias de outro, desde que tenha escrito um artigo puxando o saco de alguém da família de um presidente da República na mesma semana.

Parágrafo único — Quando a Lei Madureira II for utilizada, fica automaticamente decretado ponto facultativo aos outros sócios. Sendo também facultativo o direito de emitir juízo de valor sobre a conduta e o caráter do sócio supracitado.

Provocações à parte, a rotina se tornara realmente frenética. Fora o expediente de produção propriamente dita, era preciso ler sobre tudo, se atualizar, se informar. O público pedia, em cartas ou nas ruas, piadas sobre os temas que queria ver criticados. O *Casseta & Planeta* virara uma espécie de ombudsman da realidade. O ministro tinha que levar trabalho para casa.

Uma mesa, um computador, uma estante de livros, uma TV, um sofá. A caverna de Bussunda na cobertura duplex do Leblon era um pequeno território em meio aos dois salões, quatro quartos, terraço, bar, piscina e adjacências. Ali passava a maior parte do seu tempo — lendo, escrevendo, torcendo. Sobre a televisão, a mandinga: um boneco de Ronaldinho Fenômeno, outro de Zagallo e uma imagem de Iemanjá. O camelô não tinha o boneco de Zico.

Se o Flamengo estivesse perdendo, Zagallo deveria ser virado de cabeça para baixo (uma lei não explicável do zen-bussundismo). Se estivesse longe da caverna quando seu time levasse um gol, telefonaria urgente para a filha:

— Júlia, vira o Zagallo!

O pequeno templo tinha dois dias sagrados: as terças do *Casseta & Planeta Urgente* e os domingos do Flamengo. Aí exigia da família silêncio e compenetração. Angélica e Júlia sabiam que era melhor não descumprir o rito.

Numa das sagrações dominicais, o Flamengo começou perdendo para o Vasco. Pouco interessada na partida, Angélica deitou-se no sofá e pegou um jornal para ler. Veio o segundo gol do arquirrival. Depois, em sequência, o terceiro e o quarto. Ouvindo o locutor gritar tantos gols seguidos, ela perguntou, sem tirar os olhos da página:

— Ué, já estão reprisando?

Cabeça latejando com a goleada humilhante, Bussunda se enfureceu com a esposa botafoguense. Quis que ela engolisse a ironia inaceitável.

— Que isso, cara? Não tô nem vendo o jogo. Achei que estivesse nos melhores momentos...

A explicação não aplacou a ira do marido. Goleada do Vasco sobre o Flamengo não tinha melhores momentos. Só piores. Angélica concentrou-se no jornal, para não ser excomungada.

Nos dias pagãos Bussunda também ligava a TV. Para ver tudo. Se divertia até com os mais toscos programas de auditório. Na solidão da sua gruta, o pirata moderno, um dos autores da revolução do humor no Brasil no final do século XX, pareceria irreconhecível ao seu público: se acabava de rir com Ronald Golias, estrela do pastelão *A Praça é Nossa*. Ninguém apostaria um centavo que o antigo palhaço era, para Bussunda, o maior dos comediantes.

Era ali também que revia em vídeo os primeiros filmes a fazer sua cabeça de humorista: *Em Busca do Cálice Sagrado* e *A Vida de Brian*, do grupo inglês Monty Python. Seus falsos discursos messiânicos na UFRJ — "Greve geral até o fim do capitalismo!" — tinham algo do surrealismo realista de Brian, o guru acidental.

O ministro do Ócio e Lazer que trabalhava até sete dias na semana não era candidato a guru. Mas, como bom encantador das massas, acabou sendo convidado para anunciar uma campanha do governo federal. Era uma série de comerciais estimulando o consumidor a economizar energia elétrica. Bussunda topou fazer essa hora extra para Fernando Henrique.

O presidente não perdeu a chance de fazer a piada, reproduzida nos principais jornais. Quando lhe disseram que havia um irmão de Bussunda na diretoria do BNDES, FHC respondeu:

— Então são dois trabalhando pra mim.

Na verdade, o presidente conhecia Sérgio Besserman Vianna. E tinha planos para ele. Em janeiro de 1999, ao iniciar seu segundo mandato, Fernando Henrique nomearia Sérgio presidente do IBGE — com a missão de comandar o Censo 2000, o novo retrato populacional do Brasil. No *Casseta & Planeta Urgente*, o Instituto Brasileiro de Geografia e Estatística passaria a ser chamado de Instituto do Irmão do Bussunda.

Pouco depois, o grupo receberia um aceno inusitado. Fernando Henrique Cardoso gostaria de receber os humoristas para uma conversa — séria.

O governo estava enfrentando a crise da desvalorização do real, que revoltara a população. A moeda brasileira sofrera o chamado ataque especulativo, após uma crise financeira internacional, e dois presidentes do Banco Central tinham caído em menos de um mês. Acuado, Fernando Henrique queria ouvir pessoas inteligentes fora do habitual círculo de bajuladores.

O presidente já se encontrara com o grupo uma vez, dois anos antes, por acaso. Visitava os estúdios da TV Globo no Projac quando sua comitiva passou pelo set do *Casseta & Planeta*. Notando os visitantes ilustres, os humoristas interromperam a gravação e foram cumprimentar o presidente. De uma forma estranha.

Arranjaram uma caixa de tomates e distribuíram entre os auxiliares de Fernando Henrique. Era a oportunidade de alvejarem o presidente — Hubert, seu imitador oficial. Diante de Boni, Roberto Marinho e seu filho Roberto Irineu, a comitiva mandou às favas o protocolo e entrou na brincadeira. Até FHC arremessou seu tomate contra o "presidente".

— É o poder! É o poder! Protestem à vontade! — animava Marcelo Madureira.

Um dos mais animados era o então ministro das Comunicações, Sérgio Motta — o Serjão, trator do governo na privatização da telefonia. Em dado momento, o ministro sacou seu telefone para fazer uma ligação. Hubert não desperdiçou a deixa:

— Não adianta, Serjão! Aqui não pega celular...

Gargalhada geral, inclusive de Sérgio Motta e Fernando Henrique, que já morrera de rir com seu imitador se queixando, todo lambuzado de tomate: "Assim não pode! Assim não dá!"

O presidente verdadeiro só faria um pedido, após o desfecho da cena surrealista: que ela não fosse divulgada por nenhum dos presentes. Era loucura demais.

A proposta do encontro em meados de 1999 também vinha cercada de reservas. Dessa vez, eram os humoristas que faziam mais questão do sigilo. Não queriam que uma reunião privada fosse confundida com ato de apoio político. Ainda assim, o chamado presidencial dividiu o grupo.

Hubert, Marcelo Madureira e Claudio Manoel achavam que valia conversar. Bussunda, Helio de La Peña, Beto Silva e Reinaldo eram contra. Os três interessados resolveram ir assim mesmo. Em política, como em futebol, o sistema consensual tirava férias.

Claudio, Marcelo e Hubert chegaram à Gávea Pequena, residência oficial do presidente no Rio, numa tarde transformada em noite por um temporal pesado. Tinham a companhia do velho amigo David Zylbersztajn, o articulador do encontro. Criador e primeiro presidente da Agência Nacional do Petróleo, David também fizera o percurso da esquerda comunista para a social-democracia com viés liberal. Genro de Fernando Henrique, queria ajudá-lo a superar o desgaste político — para que os tomates voassem apenas para o seu sósia.

Deixando os humoristas à vontade, o presidente da República confirmou que estava aberto a uma conversa franca. Marcelo Madureira foi logo criticando um funcionário "bunda-mole" do governo, que falava de realizações importantes como se estivesse num velório:

— É inconcebível o governo de um professor, que tem o ofício de explicar, se comunicar tão mal.

Claudio Manoel completou o raciocínio, observando a falta que Sérgio Motta, morto no ano anterior, fazia ao governo do PSDB, dominado por uma certa frescura intelectual:

— Serjão era um raro exemplar de tucano macho.

Ouviu-se uma risada no salão. Era de Ruth Cardoso, a discreta e elegante primeira-dama, divertindo-se com a crítica letal à afetação no grupo político do marido. No *Casseta & Planeta*, Dona Ruth era Marcelo Madureira, uma primeira-dama vascaína, grossa, que coçava o saco e tratava Fernando Henrique aos safanões. Madureira achou que devia um esclarecimento:

— Dona Ruth, que fique bem claro: todo mundo sabe que a senhora não sou eu, e nem eu sou a senhora.

A antropóloga fingiu alívio, como se dissesse "Ah, bom!". Não estava nem aí.

Também para Hubert, o maior problema do governo era estar sendo derrotado na batalha da comunicação. A oposição dava as cartas no bate-boca público, grudando no presidente o estigma de monstro neoliberal assassino. Viajando Henrique deixaria o personagem real pensativo, com o mais sutil dos argumentos:

— Presidente, outro dia minha filha de 5 anos me perguntou: "Pai, o Fernando Henrique é malvado?"

Como num filme de terror, trovões e ventos uivantes faziam a sonoplastia da conversa inusitada entre o comandante da República e seus avacalhadores oficiais.

Ao final do encontro sigiloso, Fernando Henrique se despediria dizendo que precisava acordar cedo para levar uma vaia numa inauguração. Os cassetas sairiam dali convictos de que o homem que mudara a economia brasileira sabia rir. O presidente ficaria com a convicção de que os gaiatos que transformavam o jeito de rir no Brasil sabiam ser sérios.

Distante da Gávea Pequena, Bussunda comprava uma briga política pesada. E não era contra os neoliberais.

* * *

A notícia no rádio fez Claudio Manoel parar seu carro bruscamente. No Maracanã, pouco antes do início de um Fla-Flu, uma multidão tentava invadir as cadeiras especiais para linchar Bussunda.

O problema começara numa gravação do *Casseta & Planeta Urgente*, em maio de 1999. O Fluminense tinha caído para a terceira divisão do futebol brasileiro, e as gozações vinham de todos os lados. Aí Bussunda foi gravar uma piada sobre o tricolor dentro do Flamengo.

Levava nas mãos uma camiseta com a inscrição "Diga não às drogas: não torça pelo Fluminense". E esperava por Romário, a estrela rubro-negra, para vesti-la. O herói do tetra gostava de Bussunda — assim como Ronaldo e Zico, que voltariam a ficar de bem com ele. A relação de proximidade com seus ídolos era uma das grandes conquistas da fama para o humorista. Unir-se a eles para provocar um rival do Flamengo, então, não tinha preço.

Romário era irreverente e petulante, mas não era distraído. Ao chegar ao treino do clube, riu da piada. Sem vestir a camisa. Sabia que naquele vespeiro era melhor não mexer. Enquanto conversavam, com a câmera desligada, Bussunda abriu a camiseta e estendeu-a no peito do jogador. Romário riu, e o fotógrafo Marcelo Theobald, de *O Globo*, clicou no ato.

A cena não foi gravada como fora imaginada, mas a foto de Bussunda e Romário, com o slogan bem visível, estava estampada em destaque no dia seguinte no jornal. Uma chuva torrencial de telefonemas desabou sobre a Globo, o Fluminense, o Flamengo e a Toviassu. Iniciava-se uma revolta de contornos quase fundamentalistas.

A polêmica se instalou na imprensa. Os dirigentes tricolores ameaçavam retaliações contra Romário e o *Casseta & Planeta*. No *Globo*, o presidente do clube, David Fischel, declarava:

— O que ele (Romário) fez foi uma molecagem. Ele ofendeu os jogadores do clube. O Romário foi usado nesse episódio, uma atitude extremamente infeliz desses humoristas.

O vice-presidente administrativo falava em processo judicial. No mesmo jornal, Marcelo Madureira entrou na confusão:

— Antes de processar o Romário e o programa, eles deveriam processar o ataque do Fluminense, que não faz gols.

O vice-presidente de futebol do clube, Francisco Horta, famoso por montar a "Máquina", melhor time da história do Fluminense, avisou que vinha troco. Era hora de Beto Silva entrar em campo.

Horta estava pensando adiante. Romário não vestira a camisa da discórdia, mas o encontro fora filmado e a piada certamente iria ao ar no programa. Com sua experiência de advogado e juiz, passou ao largo do bate-boca e foi à luta do embargo ao *Casseta & Planeta Urgente*.

Antes de consumar o ato, telefonou para a Toviassu. Usando suas credenciais de tricolor do grupo, Beto atendeu.

O lendário contratante de Rivelino era um homem culto e educado. Conversou com o humorista pacientemente. Beto também estava sofrendo com a situação de seu time, pelo qual já brigara tanto nas reuniões do grupo. Mas o humor não podia virar refém do mau humor. Depois de meia hora de conversa, Horta já tinha dito até que era um exagero entrar com uma ação judicial. Mas era um político falando. E na última volta do diálogo, retornou ao ponto de partida:

— Infelizmente vamos ter que ir à Justiça para suspender a cena.

O caso virara crise política, com pressões de todos os tipos sobre a TV Globo. À ira da massa de torcedores se somava a ação de personagens influentes. A Justiça foi sensível a eles.

Na véspera do programa, segunda-feira, o diretor José Lavigne foi comunicado de que a piada da camiseta não poderia ir ao ar. Inconformado, Bussunda propôs a Lavigne uma saída exótica. No fim de semana, o Fluminense tinha apanhado de três a dois do nanico Friburguense. Era o time da piada pronta. Bastavam as imagens reais, com um pequeno texto de abertura:

"Em função de um veto imposto pela direção do Fluminense Football Club, o *Casseta & Planeta* não poderá exibir um de seus quadros. Em lugar dele, assista agora aos melhores momentos de Fluminense x Friburguense."

Como requinte de sarcasmo, o programa considerara que os dois gols do time de Horta não estavam entre os melhores lances do jogo. Era tesoura contra tesoura.

Drible perfeito, chute indefensável de Bussunda. Mas a guerra estava declarada. E o humorista sentiria, na pele, que a ira de uma torcida melindrada era maior do que a das feministas, dos petistas, do movimento negro, da crítica, de Chico Anysio, Zico, Ronaldo e Evandro Carlos de Andrade juntos.

Entre várias formas de perseguição, o telefone de sua casa passaria a tocar insistentemente com xingamentos e ameaças. Às vezes, extensivos à sua família. Angélica teve que providenciar a troca da linha.

No Maracanã, conforme a notícia ouvida no rádio por Claudio Manoel, a imensa gangue de torcedores que partia para agredi-lo parou subitamente. Já bem próximos da vítima, descobriram que o gordo rubro-negro de cabeça raspada não era Bussunda.

O verdadeiro estava longe dali. E rumava para um refúgio mais longe ainda.

CAPÍTULO 19

Felicidade é isso

O elétrico Scooby-Doo, que se entrasse em casa virava tudo de pernas para o ar, estava calmo. Não estava dormindo, nem doente. O indócil labrador negro parecia em transe. Só se movia para um ou outro suspiro longo. O que o levava àquela espécie de transcendência era um suave som de piano, de onde saíam melodias doces de Roberto Carlos.

O pianista era Cláudio Besserman Vianna. Estavam no bucólico bairro de Araras, no município serrano de Petrópolis, estado do Rio. O refúgio era uma bela casa num morro coberto de pinheiros, com 16 mil metros quadrados de terreno, e um piano.

Em agosto de 1999, Bussunda e Angélica botavam um pé fora da vida vertiginosa. As viagens internacionais de todos os anos, para o destino que escolhessem, já não bastavam como escape à roda-viva. O casal queria ter o seu próprio lugar onde o tempo parasse. Decidiram comprar uma casa de campo.

A primeira que visitaram não era só perfeita para a família: vinha com um piano dentro, praticamente igual ao que Bussunda perdera 15 anos antes. Tinha que ser aquela.

Ainda menino, antes de estragar os planos da mãe para ele, o caçula totalmente surdo para música tivera lições de piano. Aos 37 anos, ao se sentar diante do instrumento, alguns acordes brotaram magicamente de suas mãos. Três coisas na vida eram capazes de fazer Bussunda chorar: ver Zico e Pelé jogando, e ouvir Roberto Carlos cantando. Tinha todos os discos do rei. Comprou revistas com as cifras das músicas e fez o tempo parar.

Eram os momentos em que Angélica não precisava rosnar para Scooby, para que ele não semeasse o caos. Com o piano ecoando bonito pela sala de 150 metros quadrados, o cão se estatelava na porta da varanda. O concertista parecia mostrar-lhe — e a si mesmo — que a vida podia ter outro ritmo.

Bussunda também voltava a se estatelar, como não fazia havia mais de dez anos — desde os tempos de plantão nas areias de Ipanema e Copacabana. Agora num ofurô que mandara colocar no gramado ao lado da casa, onde passava horas semissubmerso — "bussundando", como dizia Beto Silva, vizinho de refúgio.

O projeto Araras partira de Beto, que se instalara lá com Sandra e os dois filhos do casal — Gustavo, um ano mais novo que Júlia, e Beatriz, recém-nascida. Os dois cassetas tinham um pacto na serra: não falar de trabalho jamais. Um pacto nunca verbalizado, mas cumprido à risca. Crianças, piano, cachorros, TV, comida e hibernação dominavam a agenda, logo acrescida da sinuca. Bussunda compraria a melhor mesa à venda no país. Era o dinheiro sendo aplicado na reconstrução da vadiagem.

Angélica também cogitava um segundo filho. O marido já escolhera o nome (e o sexo): Arthur Antunes, inevitável homenagem a Zico. Ela lhe disse para pegar leve:

— Bussunda, Arthur tudo bem. Mas Antunes é ridículo.

À parte o folclore, havia nela sentimentos conflitantes. Se abriu com ele:

— Não sei se eu vou gostar de outra criança como eu gosto da Júlia.

Bussunda surpreendeu-a:

— Claro que não vai. Você acha que a minha mãe gosta de mim como ela gosta do Sérgio?

Seria um desabafo, se houvesse um pingo de ressentimento na afirmação. Mas Bussunda dizia aquilo com toda a tranquilidade. Era o seu jeito de levar a vida, sendo levado por ela. Do jeito que ela fosse.

De qualquer forma, os projetos futuros não costumavam absorver Angélica demais. Nem as vivências passadas. Gostava de viver cada passo, tinha uma consciência forte do aqui e agora. Cada vez que tirava o pé da estrada e o colocava na casa de Araras, era preenchida por uma sensação plena: era feliz. E sabia.

No Rio de Janeiro, a crise da piada com o Fluminense ia amainando. Mas a privacidade da porta de casa para fora virara uma utopia. Bussunda começara a se incomodar com os passantes que o observavam na rua e estranhavam sua seriedade.

— Eu me sentiria muito bobo se fosse sempre o que sou na televisão — declararia ao *Jornal da Tarde*, em julho de 1999.

Cansara-se da expectativa fantasiosa das pessoas de que fosse um sujeito que anda gargalhando pelas ruas. Na entrevista ao *JT*, fazia questão de dizer que a maior dona do seu tempo livre era Júlia. E que isso não era pura diversão:

— Quem não quiser ter trabalho, que não seja pai.

Essa intimidade viraria pauta da *Caras*. A revista de celebridades proporia uma matéria mostrando a família do humorista em sua cobertura no Leblon. O casal recusaria o convite.

No aniversário de 6 anos da filha, em 3 de novembro, Bussunda contratou um fotógrafo para documentar a festa. Uma semana depois levou um susto. As cenas familiares estavam publicadas com destaque na *Caras*. Sua intimidade fora traficada.

A nova periodicidade do *Casseta & Planeta Urgente* aumentara a curiosidade e o assédio sobre o grupo e seu "líder". O programa firmara-se entre os de maior audiência da Globo, com média de trinta pontos. Tornara-se a crônica semanal obrigatória dos grandes temas da atualidade. Incluindo o apocalipse.

Com a aproximação do ano 2000, a excitação diante da mudança do milênio espalhava um certo misticismo — até entre os céticos. Segundo Nostradamus, 1999 era o final dos tempos. E o *Casseta & Planeta* conquistaria enorme audiência com seu "especial sobre o fim do mundo" — um programa inteiro de cobertura ao vivo dos últimos instantes da humanidade, narrado por Gavião Bueno.

"É muita emoção!", exaltaria o clone de Galvão Bueno, o locutor das Copas, vivido por Hubert. A reportagem exclusiva sobre o dia seguinte ao Juízo Final — gravada por José Lavigne no Deserto do Atacama, no Chile — mostrava que só tinham sobrado Maria Paula e Claudio Manoel na face da Terra. Caberia a eles a perpetuação da raça humana. Olhando o parceiro de cima a baixo, Maria Paula resolvia deixar a espécie acabar.

Em Araras, Bussunda e Angélica resolveram ir cuidar da perpetuação da espécie no Havaí. Compraram um megapacote, que incluía até aulas de surfe. Aí o mundo acabou.

Um mês antes da viagem, Bussunda voltou da pelada de fim de ano do grupo com o joelho direito gravemente acidentado. Deslocamento de rótula com ruptura de ligamentos, caso para delicada cirurgia de reconstituição da articulação. Mais duro do que o encontrão com o zagueiro adversário, só o encontro com a esposa.

Contusões de futebol eram um ponto sensível da relação. Angélica tinha baixíssima tolerância para ferimentos de guerra em campo de pelada. Na infância, volta e meia perdia um programa ou uma viagem porque o pai voltava estropiado do campo. Quando se casaram, a primeira vez que Bussunda chegou da pelada com um "ai, meu pé" ela avisou:

— Olha, não quero saber do seu pé. Você joga bola porque quer. Se vira.

Ele já sabia que tinha que sofrer calado. Mas dessa vez a coisa era feia. Com o problema do peso, temeu não poder mais voltar a jogar. Antes disso, temeu deixar a família em casa no verão, vendo as ondas do Havaí em revista de surfe.

O sósia de Ronaldinho Fenômeno ganhava mais um traço de realismo. Jogando pela Inter de Milão, o outro careca dentuço contundira ao mesmo tempo, com a mesma gravidade, a mesma rótula do mesmo joelho. Ficaria seis meses parado. Seu imitador foi ao consultório do ortopedista Pedro Ivo de Carvalho rezando por uma melhor sorte.

O médico atestou a gravidade da lesão, mas prometeu-lhe a salvação:

— Você volta a jogar antes do Ronaldo. E vai para o Havaí.

A tática de Pedro Ivo era adiar a cirurgia para depois da viagem. E submeter seu cliente a um tratamento intensivo de desinflamação, depois fisioterapia. Um mês depois do acidente, Bussunda embarcava com a família para o Havaí. De bengala.

E voltaria, de fato, a entrar em campo antes de Ronaldo. Depois da complexa cirurgia, com implantação de pinos para a fixação óssea, aprofundou os cuidados com a saúde: ginástica em academia, orientação nutricional, monitoramento cardiológico, controle de colesterol e de pressão, diminuição do uso da bombinha de asma.

Depois do apocalipse, Maria Paula fechara seu consultório de *amassoterapia* e passara a atendê-lo na Toviassu — que se mudara da rua Goethe para uma casa ainda maior em Ipanema, na Barão da Torre. Ela se recusara a procriar com Claudio Manoel em defesa da espécie, mas topava massagear o Maçaranduba. A dupla de pitboys que liderava a audiência do programa ia sendo amolecida pela Dona Casseta.

Angélica e Júlia eram as grandes inspirações de Bussunda no projeto saúde. E havia a ascendência clara da esposa no cumprimento da guinada. O sonho de traí-la na Prado Júnior com tortas de chocolate dizia tudo: personalidade forte, Angélica era o enérgico contraponto ao pé na jaca. Júlia veria aquela presença marcante da mãe na vida do casal de maneira peculiar. Um dia saiu-se com uma declaração inesperada:

— Pai, eu quero casar logo.

— É mesmo, Júlia? Mas você é uma criança ainda...

— Eu sei. Mas é que eu também quero mandar em alguém.

Numa entrevista à revista *Interview*, em 1993, falando sobre seus tipos femininos preferidos, Bussunda dissera que a jornalista Marília Gabriela tinha olhos bonitos. O problema era a estatura elevada e a gravidade vocal:

— Aquela voz dela me assusta. Não gosto de mulher que manda em mim.

Júlia teria sérias dúvidas a esse respeito...

Mesmo com a história de sucesso nascida num Clube do Bolinha, a força das figuras femininas na vida de Bussunda era flagrante. A avó paterna Maria Madalena dera rumos políticos e geográficos à família no passado. Júlia e Angélica eram as donas do presente. E Helena era a leoa de sempre.

Às vezes, exagerava. No Havaí, instalada no mais luxuoso hotel de Waikiki, onde se hospedavam as estrelas de Hollywood, a psicanalista surpreendeu. Diante da longa e farta mesa do café da manhã, com todos os gêneros imagináveis oferecidos em abundância, cismou de estocar alimentos. Empurrava para dentro da bolsa pães, biscoitos e outros víveres pouco perecíveis. Angélica riu da cena:

— Helena, para com isso! Aqui você pode comer o que quiser, quanto quiser, a qualquer hora...

— De jeito nenhum. A gente pode precisar. Nunca se sabe.

Pouco depois da viagem ao Havaí, Bussunda foi convidado para a festa de inauguração de um hotel em Nova York. Levou Helena. Combinaram de não dizer a ninguém que era sua mãe, para não atiçar curiosidades entre os brasileiros presentes. Correu tudo na maior discrição, conforme traçado. Já no desembarque no Rio, uma funcionária do free shop abordou o humorista, eufórica. Dizia que adorara conhecer a mãe dele.

Bussunda fuzilou Helena com os olhos. Ela quebrara o pacto. E ganhara vários presentes da loja por causa disso.

No momento em que ganhava a Medalha Chico Mendes de Resistência, conferida pelo grupo Tortura Nunca Mais por sua luta pelos direitos humanos, a psicanalista se orgulhava em público do seu mais famoso título: mãe do Bussunda.

Na vida de Cláudio Besserman Vianna, as mulheres estavam às vezes mais próximas do que ele podia imaginar. Durante a gravação de um vídeo interno do Banco Nacional — um dos vários trabalhos institucionais que o grupo fazia, muito bem pago — um dos diretores do filmete fez uma sugestão:

— O Bussunda está sempre com a mesma cara. Vamos botar um bigode nele?

A ideia foi aceita, e a equipe de maquiagem foi providenciar às pressas o bigode. A maquiadora que o aplicou no humorista, já uma senhora, transparecia uma leve insinuação sensual. Talvez fosse seu estilo pessoal.

Terminada a gravação, a mesma maquiadora foi remover o bigode. Aproximou-se bem e lhe perguntou, sussurrante:

— Bussunda, você sentiu um perfume de mulher madura?

O bigode providencial fora feito, dedicadamente, com os pelos pubianos da fã.

Em maio de 2000, o perfume de uma mulher não tão madura seria sentido bem de perto pelos cassetas. Um momento que valia por todos os anos de desencontro com o sexo oposto. Bussunda, desafortunadamente, não estava escalado para a cena.

Claudio Manoel e Marcelo Madureira eram os felizardos na missão de gravar com Gisele Bündchen, em Nova York. A top model brasileira consagrava mais uma frente do *Casseta & Planeta Urgente*: a aparição de celebridades em situações exóticas — isto é, pagando mico. O caminho fora aberto pela apresentadora de programas infantis Xuxa Meneghel, no último ano do programa mensal. O encontro inusitado (e escrachado) entre a fadinha popular e os piratas modernos fora um sucesso.

— Foi a primeira crítica positiva ao *Casseta & Planeta* depois de um bom tempo. E à Xuxa também — se divertiria Bussunda.

Apontada pela revista *Rolling Stone* como a mais bela modelo do mundo, em 2000, Gisele surgiria na TV como garota-propaganda das Organizações Tabajara. E entregadora de pizza. O repórter Marcelo Madureira mostraria a rotina penosa da moça:

— Como todo brasileiro em Nova York, Gisele Bündchen tem que dar duro para sobreviver. Depois de um dia cheio de desfiles, fotos e gravações, Gisele defende uns trocados entregando pizza aqui pelas ruas de Manhattan.

De bonezinho, a modelo parava sua bicicleta no endereço da encomenda e retirava a pizza do bagageiro para o freguês afeminado, Claudio Manoel:

— Foi daqui que pediram uma pizza calabresa?

— Foi... Ah, mas a linguiça veio toda fatiada! Assim não dá onda! E cadê aquele negro jamaicano, lindo e volumoso, que entregava pizza aqui em casa?

— Ele ficou doente, eu vim no lugar dele — respondia a beldade.

— Ah, é? Então você não vai ganhar gorjeta! Sai fora, jaburu. Vai embora, coisa feia. Mocreia!

Nos bastidores, a modelo milionária se divertiu como uma garota fazendo arte. Ainda que fosse só um esquete, era sua primeira experiência como atriz. Marcelo Madureira comemoraria:

— Pelo menos essa virgindade nós tiramos.

Na esfera *dolce vita* dos cassetas, enquanto Bussunda estava no Havaí, Madureira estava no Taiti. Escolhera o ponto turístico mais distante no mapa para sua segunda lua de mel com Cláudia, depois de receber uma bolada por uma campanha publicitária. Fazia o papel de um anjo da guarda distraído, que não protegeria tão bem quanto um seguro Itaú. Assim como Bussunda e Ronaldo, Marcelo também ia se confundir com seu personagem.

Cláudia queria um programa de mergulho submarino, Marcelo detestava ficar debaixo d'água. Alugaram um catamarã junto com um casal de americanos e foram para o mar aberto. O piloto mergulhador saltou com os outros três. Madureira ficou a bordo lendo um livro. E aconteceu o que ele mais detestava: interromperam sua leitura.

Começou a ouvir gritos distantes — *"Help!"* — e apanhou um binóculo. Desgarrado do guia e das duas mulheres, o americano se debatia tentando voltar ao barco, e já começava a submergir. Estava contra a correnteza e não tinha mais forças.

Marcelo Garmatter Barretto não era um samaritano. Definia-se como o sujeito que veio ao mundo para criar problemas. Tinha sido o ponto comum entre os engenheiros da UFRJ e o pessoal do Aplicação, depois o primeiro elo entre a *Casseta* e o *Planeta*. Fustigava mesmo quando unia. Para Mu Chebabi, simbolizava o "cada um por si" no grupo.

Além de não gostar de mar, não tinha intimidade com ele. Mas o gringo ia morrer. Largou o livro e pulou no bote de socorro. Tentou ligar o motor, mas estava afogado. Catou um par de remos e se lançou com o bote no mar.

Remou até onde o americano já estava desfalecendo. Era um homem enorme; se tentasse resgatá-lo, iria para o fundo com ele. Esticou-

-lhe um dos remos e trouxe-o para junto do bote. Evitando que sua cabeça voltasse a submergir, conteve o desespero do afogado, para que não engolisse mais água. Ficou imobilizado ali, com o bote sendo arrastado pela corrente para longe do catamarã, à mercê do mar.

Ao avistar uma embarcação nativa, liberou uma das mãos e passou a acenar freneticamente. Foi visto. O barco aproximou-se e seu tripulante jogou-lhe uma corda. Com o gringo agarrado ao remo, foram rebocados até o catamarã. O taitiano ajudou-o a resgatar o afogado, que a essa altura perdera os sentidos, completamente roxo.

Com o retorno do piloto, dispararam para o atendimento em terra. Chegaram a um posto médico a tempo. Madureira, o cáustico, tivera seu dia de anjo da guarda. Nada distraído.

Depois de tirar a virgindade cênica de Gisele Bündchen, o anjo teria uma nova missão: salvar a si mesmo e a seus colegas de um atropelamento. Quem acelerava sobre eles era, de novo, um mulherão. Sem freio.

CAPÍTULO 20

O umbigo da loura

Ao chegar à fila do check-in no aeroporto de Congonhas, o diretor da TV Globo recebeu a má notícia:

— A televisão brasileira acabou.

O portador da trágica novidade era Claudio Manoel, cercado por um grupo *Casseta & Planeta* inteiramente abatido. O responsável pela devastação era o ex-camelô, apresentador de TV e dono do SBT, Sílvio Santos. Ele comprara um filme de Hollywood para concorrer com o *Casseta & Planeta Urgente*. E dera-lhe uma surra de audiência. Gostara da fórmula e voltara às compras, anunciando outros sucessos do cinema americano para o mesmo horário. Os cassetas estavam em pânico.

Numa entrevista do grupo à *Playboy* naquele julho de 2000, Claudio tentara não acusar o golpe:

— De certa forma, é até erótico levar uma surra da Demi Moore.

A deusa atropelara os piratas com a exibição do filme *Striptease* na emissora concorrente. No saguão de Congonhas, porém, não havia sinal de erotismo no ar. O desespero dos humoristas era captado por Érico Magalhães, diretor de recursos humanos da Globo. No encontro casual à espera do check-in para o Rio, Claudio Manoel desabafou com o executivo:

— Agora eles vão botar um filme atrás do outro. Acabou a produção nacional na TV.

A coisa era séria. Érico não podia iniciar uma reunião de cúpula com o grupo ali no aeroporto. Mas também não podia ficar calado. De sua larga experiência em lidar com gente, no serviço público e na iniciativa privada, destacava-se uma característica: a calma. Ante a inflamação dos cassetas, resolveu dizer-lhes algumas coisas.

Não tinha intimidade com eles. Tivera só duas reuniões com o grupo, desde que passara a ser responsável por seus contratos, quando o programa se tornou semanal. Do primeiro encontro, saíra um pouco tonto. Em duas horas de reunião, conseguira falar no máximo 15 minutos. No restante do tempo, assistira aos humoristas discutindo de forma febril entre si. Quando um membro do grupo se dirigia a ele, antes que respondesse, outro casseta já tinha discordado, ou concordado em seu lugar, com réplicas e tréplicas que não o incluíam.

Érico Magalhães observava tudo, e notava que um dos sete não se manifestava. Com olhar baixo, Bussunda não abria a boca. O diretor fez mentalmente seu diagnóstico:

"Esse não entra. Participa pró-forma. Podia muito bem não estar aqui."

Mas na primeira vez que Bussunda se manifestou, já na reta final da reunião, os outros pararam para ouvir. E depois convergiram com ele. Érico refez às pressas seu diagnóstico: o "ausente" era líder. Não no sentido convencional. Bussunda aparentemente era um organizador da tempestade cerebral. Uma espécie de âncora do senso coletivo.

Profissional premiado no ramo da organização empresarial, o diretor da Globo nunca vira um sistema decisório como o do Casseta & Planeta. Conhecera outras estruturas colegiadas, mas que sempre faziam um rodízio do poder formal. A cada período, alguém presidia — e os demais acatavam sua palavra final.

Os humoristas tinham que ter sete palavras finais. Iguais. E, depois de muito chumbo grosso, tinham. Bussunda preparava o tempero do consenso. Manfredo ajudava a colocá-lo na mesa. Só não sabiam o que fazer para convencer Demi Moore a não tirar a roupa em horário nobre.

No saguão de Congonhas, Érico tinha uma sugestão ao grupo: fechar os olhos para a nudez da atriz. Uma ideia radical — ainda mais se proposta a sete homens. O diretor foi em frente:

— Eu acho que quando você tem um desafio externo como esse, a primeira coisa antes de olhar pro outro é olhar pra si mesmo. O problema nunca é o outro. Ele é uma variável do meu problema. Se o ladrão bota um revólver na tua cabeça, não adianta dizer que ele é o problema, que você paga seus impostos e não tem nada a ver com a crise social dele. Ele te dá um tiro. Teu problema é como você escapa do ladrão e do Sílvio Santos, e não o contrário.

Por um momento, os humoristas tiveram a impressão de que o diretor estava colocando neles a responsabilidade pelo golpe da concorrência. E estava mesmo:

— Concentrem-se em verificar onde está a dificuldade de vocês reagirem a um filme estrangeiro. O SBT não vai ter *blockbusters* pra botar nas terças-feiras o resto da vida. Olhem pro seu umbigo. Vocês fazem sucesso há dez anos. O sucesso sem concorrência acomoda.

Se a televisão brasileira não tinha acabado, a solução tinha que ser a de sempre: ter uma ideia, para não perder o emprego.

Com dez anos de janela, já tinham tido uma boa parte das ideias possíveis. Estavam se renovando sempre. Mas toparam o desafio de olhar para o próprio umbigo. E deram uma olhadinha para o umbigo ao lado, o da Globo. Estava começando a nova trama de Manoel Carlos, *Laços de Família* — altas doses de realismo dramático, amores cruzados e lágrimas.

Daí surgiu a primeira ideia: parar de satirizar personagens de novelas. O *Casseta & Planeta* ia satirizar trama, cenários, figurinos, personagens — a novela inteira. Com título e tudo: *Esculachos de Família*.

A protagonista Helena, personagem de Vera Fischer, tinha tido um caso com o primo rude (José Mayer), pai secreto de sua filha Camila (Carolina Dickman), que por sua vez se apaixonava e conquistava o jovem namorado da mãe. Os laços eram um esculacho — e os cassetas voltavam a pegar na veia.

De peruca loura, decote ousado e seios arfantes, Bussunda arrebatou a audiência — incluindo a verdadeira Vera Fischer, que mandou lhe dizer que estava adorando sua "Helena". E ainda havia a verdadeira Helena, naturalmente encantada com a "homenagem" do filho. O Marlon Brando pirata que não decorava os textos notou que a atriz dava quase um suspiro por fala. A versão de Bussunda para a mulher madura dividida entre três homens, basicamente, suspirava. Se Demi Moore não se despisse toda terça-feira, não tinha mais para ninguém.

Quinze anos depois de encarnar Vanessa de Oliveira na capa da *Casseta Popular*, a ex-modelo Mijon, agora loura, vivia seu papel feminino definitivo. Com alguns milhões de fãs a mais.

A filha de Helena que ficara com seu namorado, se casara com ele e engravidara, perde o bebê. Descobre, ainda por cima, que tem leucemia. Mãe e filha se reconciliam dramaticamente durante o tratamento de quimioterapia, que levou a atriz Carolina Dickman a raspar a cabeça.

Bussunda (imitando Vera Fischer), Claudio, Marcelo e Helio em Esculachos de Família, *campeão de audiência e suspiros.*

No leito do hospital, a jovem Camila (Comê-la), interpretada por Marcelo Madureira de careca postiça, segurava a mão gorda da mãe loura suspirante. As duas choravam copiosamente. Comê-la indagava:

— Mamãe, a senhora está chorando porque eu fiquei careca?

— Não, minha filha. Eu estou chorando porque você ficou a cara do Ronaldinho.

As duas choravam mais alto ainda.

Na pele de Miguel, o namorado bonzinho de Helena, Beto Silva entrava no quarto pedindo calma. Com espesso aplique de pelos no peito para imitar Tony Ramos, ele dava a boa notícia: ia ser o doador.

— Que bom! Você vai doar a medula para o transplante? — animava-se Helena.

— Não. Vou doar o cabelo. Só o que caiu do meu peito hoje no banho já dá pra fazer uma peruca.

O sofrimento e o pranto atingiam o clímax.

Manoel Carlos não se importava com a sátira ao vale de lágrimas. Carlos Lombardi, autor de *Uga Uga*, a novela das sete, pensava diferente. Sua história também entrara na dança. Numa das cenas de *Esculachos de Família*, o personagem garanhão de José Mayer (Hubert) chegava cedo ao set para ser o primeiro a traçar a prima Helena. Mas adiantava-se demais e a confundia com o índio louro da novela anterior. Não perdia a viagem.

— Eles são engraçados, mas às vezes acho que pegam um pouco pesado. Ficam como vampiros, brincando com o nosso trabalho — diria Lombardi a *O Globo*.

A mesma reportagem da "Revista da TV" procurara o ator Reynaldo Gianecchini, que interpretava o namorado de Helena, vinte anos mais jovem que ela. Quando começou a sair com a filha dela, *Esculachos* fez uma salada com a vida real. Passou a narrar a trama como se o galã estivesse traindo Marília Gabriela, a namorada verdadeira, também cerca de vinte anos mais velha. Gianecchini não quis dar entrevista sobre a paródia.

Mas as louras estavam zen. Vera Fischer tiraria fotos com Bussunda, ficaria amiga do grupo. Danielle Winits também seguraria o tranco. Sua personagem em *Uga Uga* ganhara sátira de Maria Paula, focada num traço da atriz menos sutil que os suspiros: a prótese de silicone nos seios. Mesmo caricaturada "sem dó nem piedade" — como ela diria ao *Globo* —, achava que humor era isso aí.

Em *Esculachos de Família*, a Dona Casseta seria um pouco mais incômoda. A personagem Capitu (Giovanna Antonelli), uma universitária e jovem mãe que se sustentava como garota de programa, era um dos hits de Manoel Carlos. Maria Paula era Capeitú, sempre com uma fila de garotões parrudos na porta de seu quarto, enquanto seu bebê era embalado pela avó inocente (Marcelo Madureira).

Esculachos narraria mais uma dramática tensão familiar:

"Cada vez mais desconfiada do entra e sai na sua filha, a mãe de Capeitú (com o bebê no colo) a interroga:

— Minha filha, você está vendendo seu corpo por dinheiro?!

— Claro que não, mamãe. Que isso? Eu também aceito cartão de crédito, cheque pré-datado...

— Capeitú, que vergonha! Minha filha, uma prostituta. O que vai ser dessa criança, seu filho?! O que ele vai ser na vida?

— Ué, mãe. Pode ser tanta coisa. Dirigente de futebol, prefeito de São Paulo..."

Era a vingança maligna contra Celso Pitta, que três anos antes quase levara à degola José Lavigne. Agora o prefeito já estava no centro de pesadas denúncias de corrupção. Pelas normas da casa, podia ser avacalhado à vontade.

A novela seguinte, *Porto dos Milagres*, virou *Porco com Vinagres* e consolidou a nova atração pirata: a esculhambação dos folhetins da emissora em tempo real, com sofisticado acabamento a serviço da crueldade. Sem olhar para a grama do vizinho (e pisoteando a do seu próprio quintal), o *Casseta & Planeta Urgente* voltava a reinar nas terças-feiras. E entrava no clube dos cinco programas mais vistos da Globo.

Claudio Manoel admitira, na *Playboy*, a surra que os sete tinham levado de Demi Moore. No ano seguinte, contou à *IstoÉ Gente* que a coisa não tinha ficado por isso mesmo:

— Depois pegamos o Schwarzenegger, Mel Gibson, Bruce Willis e juntamos tudo na porrada.

A Hollywood do SBT não era mais um bicho-papão. Mas depois de pisar na grama do jornalismo e da dramaturgia global, sapateando à vontade, os selvagens da terça-feira parariam diante de uma flor. Ali era proibido pisar.

Com estreia prevista para março de 2001, a nova novela das seis trazia um trunfo poderoso. Seria protagonizada pela cantora adolescente Sandy, furacão comercial desde a infância com a dupla Sandy & Júnior — filhos do astro sertanejo Xororó. Entre os traços que compunham a aura de pureza da cantora estava sua confissão de que, aos 18 anos, permanecia virgem.

Ficou fácil para o *Casseta & Planeta*. A doce mística da namoradinha platônica do Brasil ia ser exposta, é claro, por seu apelo mercadológico. Lá vinha a tradução impiedosa azedar o santo romantismo da novela *Estrela Guia*: *Estrela Virgem*.

Vinha. Mas a auréola em questão cortava que nem navalha. Amparada num acordo com a emissora de preservação da sua vida privada, Sandy exigiu o veto. A Globo atendeu. Nenhuma chamada de *Estrela Virgem* pôde ir ao ar. Dessa vez, o grupo teve que engolir. Mas não engoliu calado. Em entrevista à revista *Época*, Marcelo Madureira jogou o recado no ventilador:

— Ficamos chateados. Acho que tanto ela quanto a Globo saíram perdendo com esse episódio.

Se personagens como Collor e Pitta cairiam diante dos cassetas, após resistência inicial da emissora, outros ficariam engasgados. Um deles, mais engasgado do que Sandy. O efeito *Pantanal* — a novela da Manchete que acabara com a *TV Pirata* em 1990 — rendera aos sete alguns dos seus piores pesadelos de fracasso. E um ano após apanharem da menina angelical, tropeçariam de novo no homem do Pantanal.

Depois de azucrinar a Globo com a história de Juma Marruá, a mulher-onça, o escritor Benedito Ruy Barbosa daria à emissora líder um presente inesquecível. *Terra Nostra*, exibida em 1999, traria uma espécie de renascimento ao gênero das novelas — numa época em que a fórmula era dada por muitos como esgotada. Com direção de Jayme Monjardim (o mesmo de *Pantanal*), a saga dos imigrantes italianos no Brasil abria um novo círculo virtuoso de público e crítica — continuado por *Laços de Família* e *O Clone*, as tramas seguintes.

Para 2002, Benedito preparava de novo um romance entre imigrantes italianos no início do século XX. O *Casseta & Planeta* criou sua própria chamada para a novela *Esperança*:

"Vem aí *Semelhança*. A novela que não é *O Clone,* mas é o clone da anterior."

Benedito Ruy Barbosa não discutiu. Foi à direção da Globo e disse que se a paródia prosseguisse, não tinha mais novela. A emissora cedeu ao autor. *Semelhança* estava embargada.

Em meados dos anos 90, fase em que algumas novelas começaram a não decolar, Boni tomara uma providência. Ligara para a redação do *Casseta & Planeta* e fizera um dos seus raros pedidos:

— Por favor, deem uma espiadinha nessa novela que tá no ar. Estamos precisando de uma gozação em cima dela.

As paródias ainda eram quadros avulsos, mas Boni já tinha sua teoria particular: novela que ainda não apareceu no *Casseta & Planeta* é porque ainda não pegou. Repetiria algumas vezes o pedido do empurrãozinho pirata — em sigilo, naturalmente, para não magoar galãs, autores e diretores.

Se o mandachuva ainda estivesse no comando na época de *Semelhança*, talvez Benedito Ruy Barbosa fosse apresentado à teoria secreta.

Mas quando o mundo parecia que ia acabar, os cassetas foram salvos pela sucessora de Boni. Com um veto.

* * *

Osama bin Laden escolhera o dia do *Casseta & Planeta Urgente* para derrubar as torres gêmeas do World Trade Center. Na manhã de terça-feira, 11 de setembro de 2001, o bárbaro atentado fundamentalista nos Estados Unidos alvoroçou os sete humoristas. Estavam pessoalmente chocados, como todo mundo, e profissionalmente desafiados. Seu trabalho de reação veloz à realidade estava diante de uma prova de fogo.

E de uma bola de fogo. Ou várias. As que apareciam na TV, e as que ardiam em suas cabeças. O que fazer, num programa de humor que não perdoava nada, no dia de um fato tão bizarro — que à noite estaria dominando todas as atenções?

Era preciso achar o caminho da piada. Mas ele não surgiu. O grupo terminou de gravar o roteiro já pronto e não tocou no tema do dia — talvez do século. Não dava. A batalha, porém, estava só começando.

No dia seguinte já ficava claro que o assunto ia pautar os corações e as mentes por muito tempo. E por muito tempo não haveria ninguém achando a menor graça nele. O *Casseta & Planeta* ia ter que achar. Achou.

Onde estava escondido Osama bin Laden, o vilão dos vilões? No noticiário avassalador, essa era a pergunta que se impunha em primeiro plano. Não havia uma única pista do paradeiro do terrorista. O grupo resolveu misturar fundamentalismo com adultério. Escreveu a piada e partiu para a gravação.

Bussunda fazia um personagem flagrado pela esposa com uma amante na cama. Dizia a ela que não era nada daquilo que ela estava pensando. Quem estava ali escondido debaixo do lençol era Osama bin Laden. A mulher traída olhava por sob a coberta e perguntava:

— Mas que charuto é esse?

— É Fidel. Ele veio negociar.

Quem também queria negociar era a direção da Globo. Fora casos como os de Sandy e Benedito Ruy Barbosa, em que se viu diante de ultimatos, a emissora não tinha uma postura imperativa com o grupo. Mesmo no primeiro ano de programa, no episódio do veto inicial à sátira contra Collor, o diretor Mário Lúcio Vaz fizera questão de sentar-se com os humoristas. E de refazer com eles o percurso dos argumentos que levavam à posição da emissora.

Tinha sido sempre uma relação respeitosa. E agora a direção da Globo achava, com todo respeito, que não dava para brincar com o 11 de Setembro.

A diretora-geral, Marluce Dias da Silva, sabia que o programa com piadas sobre o atentado estava em plena gravação. Além de um fato público grave, tinha que lidar, portanto, com uma questão interna delicada. Decidiu receber pessoalmente o grupo para uma reunião, ao lado de Mário Lúcio, diretor da Central Globo de Controle de Qualidade. Queria falar e ouvir.

Diferentemente da morte de Ayrton Senna, trauma nacional nunca tocado por eles, os cassetas argumentavam que a derrubada das torres gêmeas não era um fato da vida brasileira. Como em todo assunto que fica na seção internacional dos jornais, a distância física e cultural permitiria a sátira. Marluce discordava.

A chefe achava que não se tratava de um evento internacional, no sentido de "estrangeiro". Via no ataque sem precedentes atribuído à organização terrorista al-Qaeda um assunto planetário. Mário Lúcio tinha a mesma impressão:

— Aconteceu nos Estados Unidos, mas o mundo inteiro está abalado. Em toda parte as pessoas estão se sentindo atingidas. Inclusive no Brasil. Fazer piada é gol contra.

A posição contrariava a índole anárquica do grupo. Acreditavam que o riso era uma das formas de mostrar que o mundo não tinha acabado. Mas não contrapuseram a avaliação da direção da Globo. E as piadas sobre o atentado não foram ao ar.

Alguns dias depois, o jornal *O Estado de S.Paulo* descobriria que o *Casseta & Planeta Urgente* chegara a gravar uma sátira ao 11 de Setembro, não veiculada. "O quadro foi censurado pelo diretor artístico e de controle de qualidade, Mário Lúcio Vaz", escreveria o *Estadão*. A informação sobre a censura da Globo aos cassetas se difundiria rápido. Ia ser difícil convencer a imprensa de que a reunião com a cúpula da emissora terminara, na verdade, com um acordo entre as partes e muitos apertos de mão.

Bussunda tentaria esclarecer o episódio, no próprio *Estadão*:

— Tudo foi conversado, não houve desacordo. Foi bem diferente da história da Sandy, quando a Globo foi longe ao vetar o quadro.

Internamente, o grupo estava aliviado. "Fomos salvos na última hora", comentaria Helio de La Peña. Com a escalada da comoção geral, os humoristas chegavam à certeza de que a piada, naquele momento, teria sido de fato um ruidoso gol contra. E iniciavam a jogada do golaço a favor.

Onde estava Osama Bin Laden? A pergunta continuaria se repetindo pelos meses seguintes — sem resposta, apesar da invasão dos americanos ao Afeganistão. Nem uma guerra declarada pela maior potência mundial era capaz de devassar o esconderijo do terrorista barbudo. A tragédia começava a piscar o olho para a comédia.

Uma caverna no Afeganistão? Uma montanha no Sudão? Um bunker no Iraque? As especulações na imprensa sobre o paradeiro de Bin Laden eram o ponto de partida para a tempestade cerebral dos cassetas na casa da Barão da Torre. No habitual bate-rebate de ideias, o mistério começava a ser desvendado:

— E se o Osama estivesse no Brasil?

— Escondido no subúrbio do Rio de Janeiro...

— No subúrbio, não. Num barraco na favela!

— Casado com uma mulata...

— Uma mulata chamada Jurema que manda nele.

— Que bate nele!

No esconderijo descoberto pelo *Casseta & Planeta*, o terrorista de renome podia continuar dando suas saidinhas para destruir a civilização judaico-cristã ocidental, desde que lavasse a louça do jantar.

"Deixa de ser preguiçoso, Osama! Fica aí vendo televisão o dia inteiro!" seria um dos bordões da corpulenta mulata Jurema (Hubert).

José Lavigne achou que o terrorista encostado era a cara de Reinaldo. Devagar Franco ganhava sua encarnação xiita — uma espécie de fundamentalismo Tabajara. Nascia o quadro "No cafofo do Osama". Mais um campeão de audiência.

A crise do 11 de Setembro mudaria tudo. Inclusive as férias de Bussunda e Angélica. Com a paranoia à solta, o caos nos aeroportos internacionais e o medo de um novo atentado nas capitais do primeiro mundo, era melhor passar o verão no Brasil mesmo. Decidiram abrir a programação com um Natal na Montanha Mágica.

O EcoResort da Praia do Forte, litoral baiano ao norte de Salvador, era um dos refúgios preferidos do casal. A combinação de conforto cinco estrelas com natureza exuberante se tornara uma ótima saída de emergência da roda-viva.

Bussunda dizia que ali era sua "Montanha Mágica", em alusão ao clássico romance de Thomas Mann. Como no sanatório pendurado nos Alpes suíços, descrito pelo escritor alemão, o pedaço de paraíso baiano era, para o humorista, o lugar onde a passagem do tempo parecia subjetiva. Um exílio cronológico. Seu único encontro com o mundo dos horários era a pelada diária entre hóspedes e garçons às quatro e meia da tarde.

Estar isolado de sua própria persona pública, a muitos quilômetros do estresse acumulado no mundo da TV e da fama, era vital para um homem ideologicamente contrário à adrenalina. Só não sabia que a adrenalina ia viajar até ele.

Depois do Natal, a família, acompanhada de Beto, Sandra e filhos, decidiu voltar ao Rio para passar o réveillon em Araras. Veio então a notícia de que uma tempestade provocara queda de barreiras na serra de Petrópolis. Não tiveram dúvidas: compraram novo pacote e ficaram para ver 2002 nascer na Bahia. Só que no pacote do Réveillon, os hóspedes do EcoResort seriam um pouco diferentes.

Num passeio com Júlia e Angélica pela Praia do Forte, fora do spa ecológico, volta e meia um banhista saudava Bussunda. "Fale sério!", gritou um rapaz, dando inflexão baiana ao bordão do Marrentinho Carioca. Mais adiante, um menino ainda criança parou a brincadeira à beira-mar e o abordou, com o sotaque cantado:

— Não é você que faz Antônio Carlos no *Casseta & Planeta*?

Dentre as imitações que o humorista fazia do senador baiano Antônio Carlos Magalhães, a mais pesada ocorrera naquele ano de 2001. Acusado de envolvimento no escândalo da violação do painel de votações do Senado, ACM renunciara ao mandato. A partir daí, o personagem de Bussunda passara a se chamar Antônio Carlos Fraudalhães.

O casseta riu e confirmou ao menino:

— Sou eu mesmo.

O garoto ficou sério:

— E não tem medo?

ACM era um dos últimos coronéis da política brasileira dignos da patente. Em solo baiano, mandava e desmandava, prendia e soltava, era venerado e temido, muito raramente contrariado. Era o dono do lugar onde Bussunda achava que estava a salvo do estresse.

Num dos quadros mais ousados, o programa parodiava o jornalismo policial de *Linha Direta* (*Fraudadinha Direta*) e apresentava com exclusividade a reconstituição do "arrombamento" do painel eletrônico do Senado por Fraudalhães. Depois envolvia o público numa pesquisa on-line, listando figuras públicas que o espectador poderia escolher para "mandar para o espaço". O ACM de Bussunda venceria com 44% dos votos.

Na volta ao EcoResort, uma movimentação diferente agitava o ambiente. Seguranças circulavam apressados por toda parte, recebendo e respondendo a ordens por seus rádios. Misturados aos hóspedes comuns, grupos com jeito de staff tomavam providências e escoltavam personagens solenes, como se estivessem num grande gabinete praiano. Angélica não demorou a entender o que se passava:

— Ih, olha lá...

A poucos metros de Bussunda, cercado de áulicos e prepostos, surgia a figura senhorial de Antônio Carlos Magalhães — também conhecido como Toninho Malvadeza. E ele logo avistaria o gaiato que o avacalhara para o Brasil inteiro.

CAPÍTULO 21

Capivara para presidente

Ao raiar de 2002, os apartamentos de Bussunda, Beto Silva e família no EcoResort da Praia do Forte teriam o ar-condicionado cortado. E o sinal de TV a cabo também. Estas seriam as primeiras providências de Antônio Carlos Magalhães contra os engraçadinhos que ousaram mexer com ele. E não ia ficar tão barato assim.

Pelo menos essa era a perspectiva que Angélica e Sandra traziam a Beto. Sempre ligado no lado prático das coisas, com seu jeito de tomar conta de tudo, o ministro dos Livros do *Casseta & Planeta* já fazia as contas do prejuízo que aquele encontro inesperado com ACM ia trazer. Só não contou com a molecagem das moças.

Elas estavam fazendo terrorismo psicológico, insuflando a paranoia com a chegada de Toninho Malvadeza.

ACM não foi de imediato acertar os ponteiros com Fraudalhães. Ficou a distância, se contentando em ser observado e temido por seus carrascos. Possivelmente captando a aflição de Bussunda, que ficara indeciso se devia cumprimentá-lo ou não.

Antônio Carlos olhava de longe para o humorista. Poderia estar esperando sua aproximação para ameaçá-lo. Por outro lado, se não fosse cumprimentado, talvez aí sim quisesse retaliar. Nunca dava para saber qual era a pior coisa a fazer diante de um coronel daqueles. Bussunda ficaria dois anos em dúvida.

Tomaria a decisão de se dirigir a ACM dois verões depois — mesmo assim induzido pela esposa. No mesmo resort onde passara incólume pelo primeiro encontro, saindo de um mergulho no mar, o humorista daria de cara com o senador (já eleito novamente, após a renúncia), sentado com um grande grupo sob uma barraca. A hora era aquela, cutucou Angélica.

De short, ainda pingando, Bussunda tirou uma reta até o político baiano. Apertou-lhe a mão, trocou algumas palavras com ele e se afastou. Angélica quis saber:

— E aí? Como é que foi?

— Molhei ele todo.

Em 2002, depois do susto no réveillon, outro político — bem mais exótico — atravessaria o caminho dos cassetas. E os tiraria da televisão.

* * *

Televisão é uma forma de alienação. Esta era uma das convicções de Helena Besserman Vianna. Coerente, a intelectual de esquerda não tinha um aparelho de TV. Por causa do filho vidrado em televisão, passou a não ter piano também. Um dia, por essas trapaças da vida, compraria uma TV só para poder ver o filho dentro dela. E voltaria a ouvir o velho som do piano, tocado pelo mesmo filho viciado em televisão.

A mãe de Bussunda gostava de ir com ele, Angélica e Júlia para a bela casa de Araras. Gostava de brincar com a neta, de vê-la crescer. Mas não estava gostando de muitas coisas mais. Entre elas, de viver.

Depois da morte de Luiz Guilherme, Helena parecia ter dito a si mesma que a felicidade não era mais possível. Num fim de semana de abril em que não iam para Araras, Bussunda convidou-a no sábado para almoçarem juntos no domingo. Ela topou. Mas não apareceria.

A vida vivida sobre sólidas convicções já a havia uma vez separado de Luiz Guilherme. Bem antes dos filhos nascerem. Quando o Partido Comunista Brasileiro retirou o apoio ao presidente Getúlio Vargas, após o atentado contra seu opositor Carlos Lacerda, Luiz se manteve a favor de Vargas. Helena disse-lhe que então não podiam mais namorar.

No dia em que o presidente se matou, Helena chegou à sede do PCB e recebeu a ordem: matar uma galinha, jogar o sangue num lençol e sair em passeata contra "os assassinos" de Getúlio. Os comunistas voltavam a apoiá-lo, postumamente. A militante cumpriu a ordem, mas antes passou na casa de Luiz Guilherme. Vencida a barreira ideológica, reatou o namoro.

Sérgio, Marcos e Bussunda eram, de certa forma, filhos do suicídio de Vargas.

O casal não desataria mais. Tinham um pacto de vida, que para Helena chegara ao fim com a morte do marido. Seu abatimento tinha forte impacto sobre Bussunda. Ele tentava puxá-la de todas as formas para fora do círculo da desistência. Angélica via com apreensão os efeitos colaterais daquela missão no marido.

Certa vez, numa festa de Yom Kippur, a data judaica de celebração da alma, Helena sentou-se avisando que estava passando mal. Ela sofria de angina (deficit de oxigenação cardíaca). Angélica sugeriu-lhe que então apagasse o cigarro — tentando sutilmente dar um pouco de racionalidade à situação. Preocupado, Bussunda disse que ia levar a mãe para casa.

— Eu vou ficar aqui comendo doce — cortou Angélica.

Acabaram todos ficando, e a psicanalista terminaria a festa dançando a *Hava Nagila* de mãos para o alto.

Havia possivelmente um aspecto do declínio de Helena no qual ninguém poderia interferir, e Angélica temia que Bussunda ficasse refém:

— Não entra nessa. Uma parte disso é a cabeça dela, você não pode afundar junto.

No dia 7 de abril de 2002, o domingo do almoço marcado, Bussunda afundou. Pouco antes do horário combinado para se telefonarem, recebeu de Sérgio a notícia de que a desistência de sua mãe estava consumada.

* * *

Preconceituoso e violento. Assim era descrito o *Casseta & Planeta Urgente*, em artigo assinado na *Folha de S.Paulo* pelo jornalista Eugênio

Bucci, doutor em ciências da comunicação pela USP. Discutindo o humor politicamente incorreto, marca registrada dos cassetas, Bucci discordava de que o grupo humanizasse o que há de ridículo em cada um:

"O espectador não ri para redimir o personagem que se debate em seu ridículo, mas para reiterar a opressão que pesa contra esse mesmo personagem."

A agressividade e os 360 graus de deboche tinham seus efeitos colaterais. À medida que ganhava espaço e poder, o *Casseta & Planeta* se tornava ainda mais invasivo para os que o achavam inconveniente. Num show dos Rolling Stones no Maracanã, enquanto gravavam uma cena, um rapaz se aproximou e "vingou-se", como contou Beto Silva à *Playboy*:

— Ele chegou passando a mão na nossa bunda. Quando a gente foi pra cima dele, ele falou: "Ué, vocês não fazem isso com todo mundo?"

O grupo não se sentia desrespeitando as pessoas comuns. Propunha um jogo, ousado, de revogação de certos limites do orgulho pessoal. Muitos aderiam amistosamente. Outros se ressentiam. Para Eugênio Bucci, a irreverência "brutal" com os negros, os gays, os pobres e os analfabetos não ultrapassava o preconceito. Só segregava ainda mais esses grupos:

"A gente vê, a gente ri, mas a gente sabe: *Casseta & Planeta* não é um programa politicamente incorreto, é só um programa reacionário."

Em setembro de 2002, na mesma época da publicação do artigo na *Folha*, Claudio Manoel fazia a mais aguda sátira do grupo envolvendo pobres e analfabetos. E se veria cercado por uma multidão em São Paulo.

"Onde você não é bem-vindo, não dá pra fazer graça", costumava dizer Claudio. O grupo já tinha aprendido que cara de pau não superava hostilidade. Uma vez ele foi fazer um quadro com um grupo de rappers metaleiros que se apresentavam num clube na Praça da Bandeira, Centro do Rio. Logo na chegada, ficou claro que os invocados frequentadores do local não gostavam de duas coisas: Rede Globo e gracinha — exatamente as duas coisas que Claudio Manoel representava.

Foi cercado por rapazes troncudos, de couro e braceletes de ferro pontiagudo. Entendeu que só faltava levar o primeiro pontapé para inaugurar o corredor polonês. Olhou fixo para o garotão mais próximo dele, um dos mais exaltados, e gritou também:

— Brother, eu vou morrer aqui, mas vou bater só em você. Vou morrer batendo em você.

No que o jovem metaleiro deu dois passos para trás, Claudio viu uma brecha e mirou na porta da sala de administração do clube. Jogou-se lá dentro, e não saiu mais. Só escoltado pela segurança da casa. Naturalmente, sem gravar nada.

Agora a multidão que o cercava na Praça da República, em São Paulo, era um pouco maior. Cerca de 10 mil pessoas. Felizmente, não para linchá-lo. Mais exaltados que os metaleiros, os populares aclamavam sua candidatura a presidente do Brasil.

Mais precisamente, a candidatura de Seu Creysson, novo personagem de Claudio Manoel no *Casseta & Planeta*. Desdentado e feio, com uma peruca mal colada e voz esganiçada, era a caracterização do analfabeto emergente, que fazia da ignorância sua plataforma. Um escárnio ao povão "Tabajara".

Ou melhor: Capivara. Seu Creysson nascera numa conversa entre Claudio e Reinaldo sobre a necessidade de encontrar um concorrente para as Organizações Tabajara — que conseguisse ser ainda pior. A companhia aérea Transbrasil acabara de ser vendida por um real, e surgiu a ideia de um pé-rapado picareta que arrematasse o Grupo Capivara.

Seu Creysson conhecia os atalhos para a felicidade fácil — e eles não passavam pelas complicações da língua portuguesa. Assim ele apresentava o novo cartão de crédito para pobres:

— *O excrusívio Capivara Gôldio Cárdio foi feito para você que é duro e miserávio. Com ele você continua póbrio do mesmo jeito, mas com muito mais crasse.*

O dialeto cafajeste foi sendo aprimorado pelo grupo, e Seu Creysson cresceu. Não como empresário picareta, mas como principal atração do *Casseta & Planeta*. Percebendo o sucesso de audiência do personagem, a Globo investiu nele. De forma inédita.

Quatorze anos depois do Macaco Tião, os cassetas teriam seu próprio candidato — não mais para prefeito, mas para presidente da República. Como a lei passara a impedir sátira aos candidatos formais, o grupo criaria sua própria legenda: o PÇSC, Partido Çocial do Seu Creysson. A campanha começaria na TV, mas não caberia nela.

Sentindo que a canelada política ganhava real apelo popular, a direção da Globo topou uma proposta ousada: bancar um comício real do Seu Creysson, com palanque, sistema de som, artistas convidados, material de propaganda e tudo a que um candidato de verdade teria direito. No dia 27 de setembro de 2002, os piratas da TV paravam o centro de São Paulo.

O cantor Jair Rodrigues, um dos *autistas* convidados por Seu Creysson, entrou no clima e apresentou uma versão para a música *Deixa Isso pra Lá*:

Ele é ignorante,
Você também.
Não vai ser o primeiro burro
Que governa esse trem

O *candidátio* vociferava suas propostas de governo, para delírio da massa:

— *Assolucionar o pobrêmia da saúdia no Brazil é muitcho fácio. É só fazê o seguíntio: tôdia vez que alguém espirrá, as peçoa deve de ser obrigádia a dizê saúdia! Assim com uma só medidia eu arresolvo os pobrêmia da saúdia e da inducassão. Matei dois coelio com uma caralhada só! Eu sô fódia!*

Entre as centenas de peças de propaganda distribuídas pela produção do programa e disputadas pelos "eleitores" — faixas, bandeirinhas, adesivos e camisetas —, destacavam-se os slogans "O polvo unídio jamais çerá vencídio" e "Para presidêntio vote em Seu Creysson: Esse eu agarântio" — mesmo bordão usado nos comerciais Capivara. O comício final do candidato casseta atrairia mais gente que o de Ciro Gomes, terceiro colocado na disputa com Lula e José Serra.

O grupo já tinha tido algumas experiências de saltar da TV para a vida real. Em 1996, interpretando o ET de Varginha — a partir do polêmico caso ufológico em Minas Gerais —, Reinaldo teria que ser escoltado por seguranças. Após um comício alienígena na pequena cidade, a multidão queria tocá-lo como se fosse um beatle. Com Seu Creysson, porém, o *Casseta & Planeta* invadia de modo sem precedentes o noticiário político brasileiro.

E ia sobrar para o noticiário esportivo também. No final de 2002, o Palmeiras caía para a segunda divisão do campeonato brasileiro. Nos últimos jogos do time, a torcida do "verdão" entoaria nas arquibancadas um novo canto: "Time Tabajara! Time Tabajara!" — a consagração do Tabajara FC, liderado por Marrentinho, cujo centroavante era uma vaca.

Nem tudo seria exaltação. A Universidade Tabajara, no interior de São Paulo, tivera que mudar de nome. Nenhum estudante queria mais ser diplomado com aquela marca.

O salto da TV para as ruas se completava com um evento que o próprio grupo não tivera a audácia de imaginar. Na Expo Tabajara, cinquenta das engenhocas surrealistas anunciadas pelas Organizações ganhariam existência concreta. Parecia um delírio de duas designers fãs do *Casseta & Planeta*, até que Valerie Tomsic e Rafaela Wiedemann colocassem diante dos humoristas uma "Pobre House Transformer" de verdade — casa com fachada conversível, que virava barraco para afastar assaltantes.

Na exposição inaugurada em setembro no Shopping Rio Sul, em Botafogo, havia também produtos portáteis, como o "Apoiador de Bebum Ombro Amigo". Já o "Espelho Retroviflex" evitava o torcicolo nas viradas para apreciar os traseiros femininos que passavam. Na seção de cosméticos, destacava-se o "Shampoo Neurovitalizator Tabajara", para transformar loura burra em intelectual. Era tudo tão real, que o grupo fez a sua parte: botou os produtos à venda.

A essa altura, a Toviassu faturava cerca de 2 milhões de reais por ano só com os negócios fora da TV — que sozinha representava mais de 90% da receita total. Na área editorial, com mais de uma dezena de livros lançados, o best-seller *As Melhores Piadas do Planeta — e da Casseta Também* (com várias edições) garantia uma média de 90 mil exemplares vendidos para cada título. Marcelo Madureira gostava de citar o cronista Carlos Eduardo Novaes:

— No Brasil pode-se ganhar muito dinheiro com livro. Desde que não se seja escritor.

Para o Natal de 2002, mais um best-seller: *Seu Creysson: Vídia i Óbria*. O candidato-sensação de Claudio Manoel era o vencedor (i)moral das eleições. Mas a faixa presidencial iria para Bussunda.

* * *

A agente policial entrou sem bater na sala de trabalho de Angélica Nascimento. Era um dia comum no escritório do Portal do Voluntário, projeto digital da organização não governamental Comunitas. No front das iniciativas de inclusão social deflagradas pelo programa Comunidade Solidária, operado pela primeira-dama Ruth Cardoso, Angélica já vira de tudo. Menos a polícia diante de sua mesa.

A produção de shows e os programas de rádio tinham ficado para trás. Ela tirara uma licença sem vencimentos do Ministério da Educação, ao qual estava subordinada a Rádio MEC. Seis anos depois, receberia um depósito inesperado em sua conta-corrente. Era o salário da rádio, onde ela não pisara mais.

Reuniu extrato, contracheque e documentos pessoais e foi ao Ministério do Planejamento, ao qual a rádio passara a ser ligada.

— Houve um engano. Recebi um salário indevidamente. Se minha licença tiver expirado e não puder ser renovada, quero pedir demissão.

A funcionária solícita que a atendeu lhe sugeriu que não se precipitasse:

— Olha, você agora está nova, mas daqui a pouco você pode precisar desse dinheirinho certo.

— Obrigada. Mas sabe o que é? Eu estou trabalhando em outro lugar, e não vai dar para conciliar o horário.

— Mas quem falou em horário? Você não conhece o pessoal da rádio? Então? Vai lá uma vez por semana e mantém o seu emprego.

Angélica tentou explicar que sua concepção de trabalho era outra, mas não teve sucesso. Pediu demissão. E não foi atendida. O serviço público parecia querê-la de qualquer maneira...

Depois de outra tentativa em vão de ser exonerada, resolveu demitir a si mesma. Escreveu uma carta de demissão em caráter irrevogável, entregou no protocolo do Ministério e foi embora com uma cópia carimbada. Era seu atestado de que não era uma fantasma. Conseguiu, ao menos, parar de receber o salário mágico.

A radialista sentia-se bem trabalhando no "terceiro setor" — a nova frente de serviços fora da burocracia governamental. Só não se sentia bem com aquela policial olhando para a sua cara.

Com voz imponente e posição de sentido, a agente informou-lhe o sentido de sua missão:

— Doutora Angélica, a partir de agora vou acompanhá-la. Sou eu que vou cuidar da sua segurança pessoal.

— Como assim?!

Sem entender absolutamente nada do que se passava, recebeu uma explicação ainda mais estranha:

— Estou aqui designada pelo Palácio do Planalto. Você não é a nova primeira-dama?

— Primeira-dama? Eu?

Tratava-se, de fato, de uma agente da segurança presidencial. Luiz Inácio Lula da Silva vencera as eleições. Tomaria posse como o novo presidente do Brasil. E Bussunda teria que vestir a faixa. No *Casseta & Planeta*, Lula era ele.

— Sim. A senhora é a primeira-dama Casseta. Ou estou enganada?

Antes que Angélica gritasse para que tirassem aquela louca de sua sala, suas colegas de trabalho apareceram às gargalhadas. A policial era a chefe da segurança de Dona Ruth, a primeira-dama de verdade — que deixaria de sê-lo em 1º de janeiro. Uma policial irreverente, que topara protagonizar a "pegadinha" e também ria a valer com a perplexidade da vítima.

Angélica ficou envergonhada, depois se divertiu com a situação surrealista. E levou a piada para casa. Bussunda se acabou de rir, surpreso com a molecagem da segurança do Planalto.

A descontração ali começava na própria Ruth Cardoso. A esposa do presidente era o nariz menos empinado da República. Numa entrevista transmitida pela TV, Lula falava como presidente eleito e fez uma deferência à sua mulher, Mariza Letícia. Chamou-a de primeira-dama, e acrescentou: "Primeira e única." Assistindo junto ao pessoal da Comunitas, Dona Ruth se manifestou:

— Êpa, pera lá! Eu ainda estou aqui!

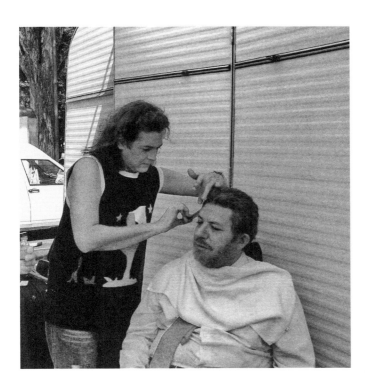

Bussunda "virando" Lula antes de uma gravação: desencontro com o presidente.

Para Bussunda, dessa vez, a piada não seria mais interessante do que a realidade: Lula seria diplomado presidente do Brasil — um sonho antigo do ex-comunista Cláudio Besserman. Treze anos depois de ir às ruas como "Papai Noel de barba preta" (na primeira campanha de Lula), já não podia se expor nas ruas — mas estourava champanhe em casa pelo Papai Noel de barba não tão preta.

O destino pusera no mesmo ano a chegada de Lula e a partida de Helena. A vida brincava de gangorra com Bussunda.

Sua mãe não vira a ascensão ao poder do homem do povo — símbolo das causas que ela tanto defendera. Teria gostado de vê-lo cumprimentado por tantos figurões cheirosos da elite. Seriam tantos cumprimentos, que o novo presidente tomaria posse sob fortes doses de analgésicos — sofrendo de bursite aguda no ombro direito.

Bussunda também tomaria analgésicos. Exatamente na mesma hora, pela mesma causa: bursite. Assim como a contusão no joelho sincronizada com a de Ronaldo, seu corpo voltava a confundi-lo com seu personagem.

A cabeça é que não podia se confundir com a do outro. A simpatia ideológica do humorista com o presidente não podia virar complacência. No bate-boca político com o grupo, Bussunda defendia Lula com unhas e dentes. Até então, isso não o impedira de satirizá-lo sem piedade. Em 1994, em plena campanha presidencial, escrevera em sua coluna no *Estadão*:

"Lula fez três universidades. Só não fez a quarta porque faltou cimento e tijolo."

O mote da formação precária e dos erros de português do presidente ia, fatalmente, dominar a pauta do *Casseta & Planeta Urgente*. Se Lula era símbolo da esperança, o humor assassino não tinha nada com isso. O prato cheio era o homem rude no Palácio. Mas a escalada das piadas logo chegaria à caricatura do presidente que não entende o que se passa à sua volta — como se misturasse os clichês do surfista e do português. Aí Bussunda interveio:

— Espera aí. Tudo bem, isso é piada. Mas a piada tá errada. O Lula pode ser ignorante, mas a piada tá chamando ele de burro. E burro ele não é.

A intervenção corrigiu o rumo do grupo. Os demais integrantes perceberam a nuance apontada por Bussunda — que não era *lulismo*, era bom senso. Mesmo assim, quando se encontraram pessoalmente com o presidente, ele não estava propriamente agradecido:

— Porra, vocês são foda! No primeiro dia já me colocaram peidando.

A recepção de Lula aos cassetas no Palácio da Alvorada era o seu jeito de ser amistoso. A linguagem chula, referindo-se à paródia no programa, não tinha nenhuma ponta de hostilidade. O presidente estava risonho, apesar de empurrado numa cadeira de rodas, por causa de uma torção no pé. Bussunda se emocionara ao ver os primeiros discursos presidenciais do ex-operário na TV. Agora estava frente a frente com ele. E não se emocionaria tanto.

Em novembro de 2003, Lula recebia o grupo para uma *première* do filme *A Taça do Mundo é Nossa*, estreia cinematográfica do *Casseta & Planeta*. A sátira à ditadura militar estava pronta após cinco anos de trabalho e 5 milhões de reais investidos. Bussunda era o jovem comunista Wladimir, que falava bem os jargões da esquerda, e mal o português. Se quisesse, Lula podia vestir a carapuça.

Wladimir Illich Stalin Tsé-tung Guevara da Silva era, na verdade, Frederico Eugênio — um revolucionário que mora com a mãe e é mimado por ela. Com os amigos Peixoto Carlos (Hubert), um cantor meio burro, e Denílson (Helio de La Peña), um hippie alienado metido a consciente, trama um ato terrorista: roubar a taça Jules Rimet da seleção tricampeã do mundo.

Era uma trama ousada — a do *Casseta & Planeta*. Não levaram a TV para o cinema. Personagens, quadros e formato do programa na Globo (e a própria Globo) ficaram de lado. Com produção da Conspiração Filmes e direção de Lula Buarque de Holanda, o longa-metragem satirizava a direita e a esquerda voltando aos anos de chumbo. Pela primeira vez, o grupo ia à luta sem seu principal trunfo — a atualidade.

Projetado para levar em torno de 2 milhões de espectadores aos cinemas, *A Taça do Mundo é Nossa* seria visto por 800 mil pessoas. Dessa vez, os Midas da comédia não veriam a cor do ouro.

Assim como a bilheteria do filme, o encontro com Lula terminaria num anticlímax — pelo menos para Bussunda. O presidente se mostraria uma figura simpática e cativante, confirmando a premissa do fã: não tinha nada de burro. Falou de seus projetos políticos e soube não cair nas provocações de Marcelo Madureira, sentado ao seu lado na mesa de jantar.

Traçando um bife a cavalo, Lula contou que estava articulando a maior unificação regional que a América Latina já tivera.

— Maior que a do Simon Bolívar, presidente? — cutucou Madureira, que se confessara simpatizante do PSDB, agora na oposição.

Lula fingiu que não ouviu e prosseguiu. Explicou que seu projeto partia de uma base política de amplitude sem precedentes no Brasil. O maior partido, o PMDB, ia fechar integralmente com ele.

— Presidente: com o PMDB, até eu... — fustigou de novo o casseta, referindo-se à natureza clientelista do partido.

De novo não houve recibo. Nada ao redor de Lula parecia incomodá-lo. E era isso que incomodava Bussunda. Seu líder parecia empertigado, como que mumificado pelo transe do poder. O espírito combativo, que já vira de perto em reuniões políticas, dava lugar a um ar senhorial, de quem já chegou aonde queria — e olha de cima para a história. O clima monárquico ganhava tons fortes com a presença de um numeroso séquito de bajuladores. Figuras sem expressão que competiam entre si pelo melhor agrado ao presidente.

A cena emblemática se deu quando Lula chamou os convidados para um passeio pelo Alvorada. Conduzido em sua cadeira de rodas por entre as obras de Portinari e Aleijadinho, o presidente fumava um charuto cubano, que os áulicos se revezavam para reacender sempre que apagava.

A seu lado, sem se afastar meio metro, marchava o ministro da Educação. Sua missão: segurar o cinzeiro onde Lula de vez em quando batia seu charuto.

Olhando de esguelha, Bussunda achou que havia algo errado com o sonho que sonhara.

* * *

A morte de Roberto Marinho, aos 98 anos, após complicações decorrentes de um edema pulmonar, encerrava uma era nas Organizações Globo. Na TV, o início do fim se dera alguns anos antes daquele agosto de 2003, com a saída de Boni — o homem que, como o doutor Roberto, governava com a razão engatada na intuição. Começara o tempo da excelência administrativa, em que feiticeiros davam lugar a cientistas empresariais. Poderoso na era Boni/Roberto Marinho, o *Casseta & Planeta* não mantivera o status nos novos tempos: se tornara mais poderoso.

Em edição publicada, coincidentemente, no dia da morte do criador da Globo, 6 de agosto, a revista *Veja* trazia uma reportagem especial com o título: "Eles têm o poder."

O jornalista Carlos Graieb fizera um ranking dos artistas mais bem-sucedidos do Brasil, pelos critérios dinheiro, celebridade, aclamação pela crítica e influência no seu meio. Com alta performance em todos eles, o *Casseta & Planeta* era o número um:

Não é uma piada: os humoristas são, atualmente, os artistas mais poderosos do país. Depois de dez anos de sucesso, os sete Cassetas conseguiram um feito nos últimos tempos: tornaram-se ainda mais populares. Veja-se, por exemplo, o caso do personagem Seu Creysson, que estourou no ano passado, analisava a revista, apontando uma espécie de imunidade adquirida pelo grupo.

Os Cassetas conquistaram uma posição jamais alcançada por outros humoristas de televisão: podem fazer gozação de todo mundo, inclusive dos presidentes da República, não raro de forma que ultrapassa os limites do que seria considerado razoável. O programa na Rede Globo quase não sofre interferência da cúpula da emissora e conta com convidados que nenhuma outra atração teria cacife para apresentar — por exemplo, o ex-presidente do Banco Central Armínio Fraga, que chegou a fazer um quadro no papel de motorista de táxi."

Tanto poder, e a tal imunidade perante as autoridades, excitava a imaginação geral. Entre os boatos que circulariam logo em seguida, estava o de que os humoristas preparavam uma sátira à morte de Roberto Marinho.

O Estado de S.Paulo perguntaria a Bussunda se isso era verdade. Ele negaria:

— Nós somos irresponsáveis. Mas não somos loucos.

Outra explicação delicada seria insistentemente cobrada dos cassetas naquele ano de 2003, a partir da notícia da morte de mais um figurão: Bussunda.

CAPÍTULO 22

Laica merece viver

Paul McCartney está morto. Bussunda também. As grandes corporações da mídia têm métodos sofisticados para esconder certos fatos da opinião pública. O beatle Paul morreu num acidente, em 1966, e a indústria do showbiz pôs um sósia em seu lugar. A banda mandou recados subliminares da tragédia aos fãs. O sósia é o único dos quatro que aparece descalço na capa do disco *Abbey Road*. Ao final da música *Strawberry Fields Forever*, John Lennon murmura "eu enterrei Paul". Na coluna de Agamenon Mendes Pedreira, alterego de Hubert e Marcelo Madureira, repetem-se insistentemente as palavras "amigo", "vá" e "paz". Desde março de 2003, a Rede Globo está ocultando do público a morte de Bussunda, para não perder audiência. O *Casseta & Planeta Urgente* iniciou a temporada com gravações prévias do humorista, e o grupo está se refazendo da perda para voltar a escrever o programa. A Globo está decidida a esconder a causa mortis de Bussunda.

A notícia sobre a conspiração da Rede Globo surgiu no site Cocadaboa e se espalhou pela internet no primeiro semestre de 2003. A certa altura, o *Casseta & Planeta* decidiu romper o pacto do silêncio. Anunciou em seu próprio site:

"Agora é oficial: o humorista Bussunda está morto."

O comunicado vinha com o esclarecimento de que os médicos ainda estavam concluindo a autópsia: "Eles querem descobrir se o Bussunda teve um treco, um piripaque ou um troço."

Para desfazer a nuvem de mistério, o grupo permitiu que o falecido fosse fotografado dentro do caixão. De terno, gravata, mãos cruzadas sobre o peito e sorriso de orelha a orelha, o cadáver de Bussunda virou um hit na web. Consagrava o Cocadaboa como uma das melhores centrais de boatos do mundo digital. A grande imprensa chegaria a cair em algumas de suas armadilhas, como a notícia falsa sobre a existência de um "Orkut do sexo" — suposta comunidade de aliciamento e promiscuidade.

Mas como o imaginário coletivo ama as teorias conspiratórias, mesmo depois de Bussunda posar de cadáver risonho, volta e meia ressurgia a "notícia" da morte dissimulada. Os Beatles também jamais se livrariam do fantasma de Paul McCartney. O *Casseta & Planeta* resolveu então gravar uma entrevista com seu integrante mais conhecido, para provar que ele estava vivo.

A gravação, divulgada no *Casseta & Planeta Urgente*, apresentava os outros seis integrantes de pé e Bussunda sentado, desfalecido sobre uma bancada.

Locutor:

"Nas últimas semanas tem circulado na internet uma onda de boatos sobre o suposto falecimento do humorista Bussunda. Para provar que essas notícias são inverídicas e totalmente infundadas, o grupo *Casseta & Planeta* resolveu fazer um pronunciamento oficial, contando inclusive com a presença do famoso e obeso humorista."

Claudio Manoel:

"Estamos aqui para tranquilizar todos os nossos fãs e acabar de vez com esses boatos. Como vocês podem ver, o Bussunda está bem de saúde. Ele não morreu."

Beto Silva:

— Olha só: Bussunda, você tá vivo?

(*O próprio Beto ergue a cabeça do humorista da bancada e a sacode afirmativamente.*)

Helio de La Peña:

— Ô Bussunda: você não morreu não, né?

(*Cabeça sacudida negativamente pelos colegas.*)

Hubert, levantando a mão esquerda do humorista e balançando-a no ar:

— Bussunda: dá um adeusinho pro pessoal pra mostrar que você tá bem...

Marcelo Madureira:

— Bussunda, tu tá cheirando mal pra cacete. Não tá tomando banho não?

(*Cabeça balançada negativamente.*)

Reinaldo:

— Bussunda: você sabe que tem um novo boato na internet? Estão dizendo que você, além de morto, é corno, boiola e vascaíno...

O humorista então abria os olhos, levantava-se bruscamente da bancada e afastava os colegas com rispidez:

— Ih, qual é?! Vascaíno, nem morto! Fala sério, aí...

Aos 41 anos, Bussunda estava se cuidando. O estilo punk ficara para trás, com a adesão aos checkups e todos os monitoramentos médicos a que o mais limpinho dos burgueses se submeteria. Conservava apenas um ou outro hábito dos velhos tempos, como algumas baforadas para "fazer a cabeça". Não se sentia se drogando, como explicaria à revista *Interview*, ainda em 1993:

— Não me dei bem com nenhuma droga. Não uso nenhuma. Maconha não é droga. Acho um absurdo dizer que é droga uma coisa que faz menos mal que cigarro e álcool. É ridículo, porque não cria dependência, não faz mal orgânico, a não ser numa quantidade que ninguém consegue.

Sua droga pesada continuava sendo a comida. Estava vencendo a batalha contra a alimentação animalesca, seu verdadeiro vício. Não traíra Angélica com tortas de chocolate na Prado Júnior — só com um ou outro veneninho que lhe aparecia, de vez em quando, numa viagem de trabalho. O mais famoso era um suco artificial americano chamado *hawaiian punch*. Bussunda podia esvaziar algumas garrafinhas seguidas do néctar grosseiramente açucarado, de cores berrantes, apelidado no grupo de "suco de urânio".

No momento em que a renda total do grupo se aproximava da dezena de milhão de reais anuais, Claudio Manoel se irritava com as recaídas do colega para a fase "torresmo com chantilly":

— Porra, Bussunda, tu tem dinheiro. Para de comer lixo. Pelo menos engorda de foie gras. Tu nasceu gente, larga esse projeto de hipopótamo.

Mas esse tipo de advertência se tornara raro. Bussunda abandonara o projeto de hipopótamo. Ainda assim fora escolhido pelo estúdio cinematográfico DreamWorks para ser o dublador brasileiro do ogro Shrek, estouro mundial de bilheteria (em 2001 e 2004, na segunda versão). Sua gordura era um sucesso de público e crítica. Mas na intimidade nem sempre era engraçada.

Numa gravação na Amazônia, antes de iniciar os regimes, ele mergulhara num lago e não conseguia sair por conta própria. Teve de ser içado da margem. Assistindo a tudo de perto, José Lavigne notaria o abatimento de Bussunda com a situação. A autoironia nem sempre dissolvia a frustração.

* * *

A mãe não queria a filha. Passou a rejeitá-la assim que nasceu. Recusava-se a amamentá-la. Notara que a filha era diferente e que a vida não ia dar certo para ela. Um caso perdido.

Cláudio Besserman Vianna, o diferente, o caso perdido que vencera na vida, não admitia que Deise abandonasse a filha recém-nascida. A cadela comprada para fazer par com Scooby-Doo em Araras tivera 11 filhotes. Só cuidava de dez. A menorzinha, de pernas tortas e movimentos débeis, era afastada pela mãe sempre que conseguia se aproximar. Deise apanhava-a com a boca e a atirava no mato. Estava cuidando da seleção natural.

Bussunda, o darwinista, resolveu contrariar a natureza. Junto com Angélica, deu plantão ao lado da ninhada. Por diversas vezes, encontrou a filhote escondida pela mãe em algum ponto do terreno. Resgatava-a e atarraxava sua boca numa das tetas de Deise. Instituiu a amamentação compulsória, com intervenção estatal.

Com a insistência, a pequena rejeitada começou a engordar e a firmar as patas. A mãe já concordava em lambê-la, e não mais a dispensava no mato. Na filhote de labrador, florescia a graça e o carisma de quem sobrevive ao destino. Cresceu e passou a demonstrar, como se fosse uma pessoa, sua lealdade ao padrinho. Não saía do lado de Bussunda.

Aos 11 anos, Júlia apaixonou-se pela cadela apaixonada por seu pai. E, sabendo bem o que estava fa-

Bussunda com a segunda Laica, a vitória dos casos perdidos.

zendo, batizou-a: Laica. Quando chegou a hora de encontrar novos donos para a ninhada, só nove filhos de Deise e Scooby foram embora.

Ao lado de Toby, o filhote já escolhido por Júlia, Laica ficou. Quarenta anos depois da Laica que ensinara Bussunda a ser o último, roubando-lhe até lugar na cama, juntava-se à família a sobrevivente livrada por ele de ser a última. E que o colocava em primeiro.

Num dia qualquer, quando todos acordaram, Scooby-Doo não estava lá. E não voltaria mais. Desapareceria sem deixar pistas. Algum tempo depois, Toby apareceria morto. Deise passava a ter, como única companhia, a filha que tentara rejeitar. Laica não tinha mais o pai para se aconchegar. Ainda tinha o pai de Júlia.

* * *

O programa *Saturday Night Live*, do canal de TV americano NBC, fizera piada com o suposto alcoolismo do presidente Lula. A notícia repercutiria muito mal no Brasil. Mas não daria em nada. Era mais um falso petardo do Cocadaboa — cujos boatos tinham a força da verossimilhança.

Mas as especulações sobre os hábitos etílicos do presidente brasileiro voltariam a se espalhar em 2004. E dariam no *New York Times*. Agora, de verdade.

Um artigo do correspondente do jornal, Larry Rohter, sustentava, a partir de depoimentos em off, que a propensão de Lula para a bebida estaria interferindo em sua forma de governar. O *Casseta & Planeta* botou o assunto em pauta. Bussunda interveio. Afirmou, de novo, que a piada estava errada:

— Ninguém sabe disso. Pro grande público, essa história do alcoolismo do Lula não existe. Não vai funcionar.

Apesar de cuspido da universidade, Bussunda tinha o maior faro jornalístico do grupo. Com a responsabilidade de editar o programa, José Lavigne aprendera a confiar em sua avaliação dos temas que iam estar na ordem do dia. Mas dessa vez o grupo não fechou com ele.

Para Hubert, por exemplo, talvez houvesse um sotaque de torcedor na forma de Bussunda defender Lula. Em futebol, o time que ganha de goleada tem sempre razão. Lula ganhara a eleição e mantinha altos índices de aprovação popular. Hubert via na argumentação de Bussunda um tom de "ganhamos, calem-se os derrotados".

O *Casseta & Planeta Urgente* introduziu a cachaça nas piadas sobre Lula e não mais tirou. Independentemente do que o presidente ingeria, seu suposto gosto pelo álcool estava na boca do povo. Era o que bastava.

Para Claudio Manoel, o senso ético de Bussunda se tornava, às vezes, dogmatismo. Via-o, aos 42 anos, aferrado a algumas certezas virtuosas — uma espécie de "janismo" de esquerda (referência à bandeira da faxina moral levantada pelo ex-presidente Jânio Quadros). Na doce implicância entre os dois, Bussunda também alvejava as certezas anarco-capitalistas de Claudio Manoel. E não pouparia seus hábitos pessoais.

Em 2004, "Seu Creysson" também comprara seu refúgio — bem mais refugiado que o do colega. Uma casa rústica num sítio semisselvagem do litoral baiano, sem televisão, telefone ou internet. Bussunda não iria visitá-lo. E rotularia a escolha:

— O Claudio Manoel só faz isso pra parecer diferente.

No Rio de Janeiro, o casseta baiano se mudaria com Valéria da vizinhança do Parque Lage para uma cobertura duplex na Lagoa. Se meteria de cara numa ampla reforma, que o deixaria bem mais estressado que o normal. Partilharia o problema com Bussunda, que tinha uma cobertura no mesmo bairro. Ouviria um conselho zen-bussundista (mais que remediado):

— Problema que você resolve com talão de cheques não é problema. É despesa.

A relação de Bussunda com o dinheiro permanecia pragmática, sem ostentação. Mas sem apologia franciscana também:

— Estacionamento tem que ser caro, se possível extorsivo, pra eu ter onde parar meu carro.

Pagava caro por estacionamento, mas não dava presente a ninguém. Ou quase não dava. E não se encaixaria em piada de judeu por causa disso. Era um mão-aberta. Simplesmente não se ligava no ritual das trocas de bugigangas. Seus irmãos "mais pobres" sempre o presenteavam nas datas convencionais. Ele agradecia. E não retribuía.

Quando nasceu a filha de Maria Paula, ele foi o primeiro a chegar à maternidade. Com um presente na mão.

Nem perguntou à colega se poderia visitá-la. Apareceu de supetão, com um boneco "chupetudo" para a pequena Maria Luiza. O mimo seria o companheiro oficial de sono da menina por vários anos. A mãe também ganharia presente: uma ampliação da licença-maternidade, defendida e conquistada perante o grupo pelo ex-ministro do Ócio e Lazer (agora encarregado do ministério do Cinema).

Maria Paula casara-se com o músico João Suplicy, filho dos políticos Eduardo e Marta, então prefeita de São Paulo. O senador Eduardo Suplicy assistia ao *Casseta & Planeta* e já pedira à nora para aliviar as sátiras a ele.

— Mas, Eduardo, a gente sacaneia todo mundo democraticamente. Você, o Maluf...

— Tudo bem, mas eu não sou o Maluf.

A prefeita Marta Suplicy não dizia nada. Simplesmente parara de ver o programa, fingia que ele não existia. Mas era difícil ignorá-lo. A partir da elevação de alguns impostos municipais, o *Casseta & Planeta* ajudara a colar nela um apelido cruel, com a personagem "Martaxa" (vivida por Marcelo Madureira, que mereceria um Oscar de grossura). O apelido contribuiria decisivamente para que a prefeita perdesse a reeleição naquele ano de 2004.

O PT de Marta e Eduardo viveria sua grande crise em 2005. Era chegada a hora da maior desilusão política de Bussunda.

Naquele que ficaria conhecido como o escândalo do "mensalão", o partido de Lula era acusado de graves negociatas — a partir de uma entrevista à *Folha de S.Paulo*, em junho, do deputado Roberto Jefferson (PTB-RJ), aliado do governo. O deputado contava que, através de contratos de fachada do publicitário Marcos Valério com empresas estatais, funcionava um esquema de desvio de dinheiro público para o PT. O saldo seria usado para pagar mesadas a parlamentares que votassem a favor do governo Lula.

O sistema, batizado na imprensa de "valerioduto", seria alvo de inquérito no Ministério Público, com o indiciamento de quarenta pessoas ligadas ao grupo político do presidente. Apesar de levar à queda do ministro-chefe da Casa Civil, José Dirceu (que também teria seu mandato de deputado cassado), o caso seria minimizado por Lula. Afirmando que não sabia de nada, o presidente chegaria a ressalvar, referindo-se ao dinheiro subterrâneo movimentado pelo PT, que caixa dois é prática "sistemática" no Brasil.

Era a gota-d'água para Bussunda. A decepção com o estilo senhorial de Lula no Palácio da Alvorada, dois anos antes, não fora suficiente para o humorista desistir dele. Agora, porém, chegava a hora de desembarcar do sonho:

— O Lula é igual aos outros — resumiria, frustrado, em conversa com Angélica sobre o "mensalão".

O PT entraria no seu "teste de capacitação para políticos" — um dos muitos textos que escrevia sem o intuito de publicar e circulava entre os colegas. Uma das questões do teste trazia um desafio matemático:

Responda: quanto é 236.000 x 24.678?
Tanto faz, desde que 10% role na minha.
Não sei, mas vou votar junto com meu partido.
É menos do que merece as crasse trabalhadora!

Em outra questão, o enunciado exigia profundo conhecimento do Congresso Nacional, à luz da física.

Calcule:
Um deputado vem andando pelo Congresso a uma velocidade de 7 km/h. Esbarra com um empreiteiro de 46 anos, que lhe convence a votar a favor da construção de uma usina orçada em 2 bilhões de dólares, que vai gerar 540 megawatts de energia a mais por dia.
De quanto foi a propina?

Do lado de fora dos arquivos pessoais de Bussunda, a corrupção nacional levava o *Casseta & Planeta* aos tribunais. Processado pelo empresário Artur Falk, acusado de fraude no escândalo da loteria "Papatudo", o grupo chegaria a ser condenado a pagar-lhe uma indenização de 240 mil reais, por danos morais. Em janeiro de 2005, porém, a decisão seria reformada no Tribunal de Justiça do Rio a favor dos cassetas.

Na decisão, a desembargadora Helena Bekhor garantia aos humoristas o direito de chamar o empresário de "Artur Desfalk" — considerando que estavam movidos pelo *animus jocandi*, isto é, pelo bom e velho esculacho.

Seria o mesmo argumento do juiz Luiz Noronha Dantas, da 38ª Vara Criminal do Rio, para absolvê-los em processo movido por Jorgina de Freitas.

Conhecida na imprensa como "megafraudadora do INSS" e condenada por isso, Jorgina se sentira ferida em sua honra pelo *Casseta & Planeta Urgente*. No momento em que o ex-técnico da seleção brasileira Vanderley Luxemburgo era acusado de fraudes fiscais, o programa "noticiava" que Jorgina fora convidada para substituí-lo. Mas recusara, com medo que as negociatas da CBF denegrissem sua imagem de estelionatária.

Na lista dos autores de ações judiciais contra o grupo, apareciam também os PMs de Diadema (filmados surrando inocentes e matando um deles a sangue-frio) e Fernando Collor de Mello. Ambos também derrotados na Justiça. Cuidando pacientemente de cada um dos processos, Manfredo apresentaria ao grupo seu diagnóstico da situação:

— Sermos processados por esses personagens é algo que, sem dúvida, enobrece o nosso currículo.

Um dos precursores da lista fora o costureiro e apresentador de TV Clodovil Hernandez. Bussunda o criticara, em sua coluna no *Estadão*, por explorar a vida sexual de Ayrton Senna ao entrevistar Adriane Galisteu, ex-namorada do piloto morto, na rede CNT. O apresentador pediu na Justiça uma indenização que engoliria todas as economias do humorista. Frente a frente com Bussunda numa audiência, Clodovil provocou:

— Realmente, eu mexo com coisas que doem nas pessoas: o bolso! — e gargalhou.

Mas não riu por último. A Justiça rejeitaria a indenização estratosférica.

Os incomodados, às vezes, eram muitos. Podiam até ser parte de uma população. No Rio Grande do Sul, nascera o primeiro movimento de boicote em massa ao *Casseta & Planeta Urgente*. Os gaúchos não aguentavam mais ser chamados de boiolas.

Fama de machão era um dos pratos preferidos dos piratas — especialmente se os machões vestissem a carapuça. Carlos Maçaranduba, o brigão viciado em supositório, virara um hit nacional. Entre os atentados à famosa virilidade gaúcha, até Bento Gonçalves, herói revolucionário da Farroupilha, virara "Sento Gonçalves". Aí era demais.

Entidades representativas como o Movimento Tradicionalista Gaúcho declararam guerra. Convocaram um boicote em todo o Rio Grande não só ao programa humorístico, como aos produtos dos seus anunciantes. O grupo não recuou. Avisou publicamente que continuaria com as piadas. Já não era, porém, um ato puramente anárquico.

Desde o início da gestão Marluce Dias da Silva na Globo, as análises de mercado vinham influenciando mais diretamente a programação. O *Casseta & Planeta* recebia subsídios crescentes sobre a aceitação do seu produto nas várias categorias de público. Com o crescimento dos canais a cabo e da internet, a audiência média da TV aberta ia se tornando mais popular, migrando para as classes C e D.

Em outubro de 2003 a emissora vetara um quadro dos cassetas sobre o PCC, facção de presos de São Paulo. Satirizavam uma falsa entrevista exibida pelo SBT, em que atores se passavam por bandidos. Paródia sobre farsa — a Globo achou que seu público podia se perder no caminho.

Piadas como a do super-homem de cadeira de rodas — após o acidente que deixara o ator Christopher Reeve tetraplégico em 1995 — iam ficando raras no programa. O humor negro não era bem recebido pela classe média baixa. A necessidade de fazer esse tipo de concessão, em nome da audiência, não era consensual no grupo.

Ministro da Televisão, Claudio Manoel era o que acompanhava mais de perto as análises de mercado. Eventualmente, conversava com a própria Marluce sobre as pesquisas. Certa vez, ela comentou com ele que o conceito da Globo, como instituição, caía nos segmentos dos jornalistas e dos universitários. O casseta não perdeu a chance de expressar seu juízo sobre essa elite intelectual:

— Ótimo. São os mais baratos.

Claudio achava saudável o caminho de um humor mais democrático, que trouxesse mais gente para o mesmo riso. Marcelo Madureira representava a ala oposta. Nas reuniões do grupo, deixava claro que era contra qualquer concessão:

— A gente tá no *mainstream*, ok. Mas a gente não chegou aqui fazendo análise de mercado. Eu quero que as classes C, D, E, F e G se fodam. Eu quero fazer as piadas que eu acho que são boas.

Na entrevista do grupo à *Playboy*, em 2000, a questão já aparecia. A revista perguntava qual era a receita do programa, e Claudio Manoel terminava sua resposta dizendo que a preocupação era "fazer um programa que não seja elitista". Marcelo Madureira emendava (na contramão): "A ideia é não ser popularesco."

Sentindo o clima, a *Playboy* perguntava:

— Vocês brigam muito?

Marcelo respondia:

— Não é briga, é o nosso modus operandi. É uma forma de produzir em que uns irritam os outros reciprocamente. Todos consensualmente queremos fazer o melhor possível...

Claudio Manoel interrompia:

— Todos consensualmente queremos espancar o Marcelo Madureira.

A resposta impublicável foi publicada:

— Vai tomar no cu da sua mãe!

Gargalhada geral dos sete, em pleno exercício do seu modus operandi.

A discussão interna sobre as concessões que deveriam ou não ser feitas atingiria um nível febril em 2006. Em plena Copa do Mundo da Alemanha, o grupo racharia de forma violenta. E dessa vez ninguém ia rir.

CAPÍTULO 23

Adeus, hexa

Vida louca, vida breve. Já que eu não posso te levar, quero que você me leve.

O refrão da música de Lobão e Bernardo Vilhena surgia, volta e meia, na boca de Bussunda. *Vida Louca Vida* tornara-se um grande hit na interpretação de Cazuza, na fase em que o cantor lutava contra a aids, e acabaria vencido por ela. Tornara-se um hino pop da impermanência, da precariedade humana. Para Bussunda, mais um jeito de rir da seriedade da vida.

Não consertar os dentes, não cortar o cabelo, comer o que e quanto quisesse, fazer o que tivesse vontade. Nem se destruir, nem se preservar. Para Cláudio Besserman Vianna, a vida tinha que ser tudo o que era, e somente o que era. O azar era soberano. A sorte também. Assim construíra o seu caminho por vias tortas, ou talvez não fossem tortas. Quem poderia dizer?

Se os pais tivessem conseguido "consertá-lo" na adolescência, certamente não teria chegado aonde chegara. Mas jamais se sentira um rebelde, ou um indignado contra o sistema:

— O sistema funciona para formar um tipo de pessoa que eu não sou — resignava-se, tranquilamente, numa entrevista ao *Jornal da Tarde*.

Aos 43 anos, porém, a vida não o levava mais como bem quisesse. "Não conheço ninguém que se suicidou e se deu bem. Não pule desse trem", rimava, na época da Overdose, tocado pelo suicídio do colega

Ricardo Pretinho. Bussunda sabia que, a partir de uma certa curva da vida, a derrapagem podia não dar direito à volta. Só "se deixar levar" podia ser, também, escolher não viver.

Escolheu viver, fazendo concessões antes impensáveis — como frequentar uma academia de ginástica. E foi lá, na Estação do Corpo, na Lagoa, ao final de uma sessão normal de exercícios em dezembro de 2005, que começou a passar mal.

Chegou em casa com uma taquicardia forte e um mal-estar difuso, intenso, como nunca sentira. Ligou para Angélica. Ela contatou o cardiologista de Bussunda, Flávio Cure Palheiro. O médico entrou em ação e submeteu imediatamente seu paciente a uma bateria de exames no Hospital Samaritano.

Eletrocardiograma, radiografia de tórax, ecocardiograma, tomografia e ressonância de coração e vasos. Todos os exames mostraram a mesma coisa: nada. Bussunda estava clinicamente perfeito. E logo voltaria a se sentir novo em folha. Com uma pequena sequela: um leve constrangimento com o mico do alarme falso.

Mas era bom se sentir em dia com sua saúde. Perante Júlia, Angélica, os cassetas, os fãs e o mundo que passara a girar em torno de sua persona, constrangimento maior era, àquela altura, não se cuidar — escolher não viver.

E a vida estava farta. O business *Casseta & Planeta* continuava crescendo, com o programa na TV Globo entrando em seu décimo quinto ano no melhor de sua forma — quebrando seus próprios recordes de audiência. Na época da estreia, excitado com o sucesso inicial, Bussunda profetizara que poderiam ficar no ar por vinte anos, se tivessem fôlego. Agora, a profecia megalômana já parecia previsão racional.

A máquina funcionava tão bem que, às vezes, parecia pronta para andar sozinha. Nas filmagens do novo longa-metragem do grupo — *Seus Problemas Acabaram* —, Bussunda comentou com José Lavigne:

— 2006 tá resolvido: no primeiro semestre é o filme, aí vem a Copa e depois eleição. Não tenho nada pra fazer esse ano.

Um pensamento similar parecia dominar a seleção brasileira às vésperas da Copa da Alemanha — especialmente o ídolo que fizera o humorista raspar a cabeça.

Herói do pentacampeonato no Japão, em 2002, após recuperar-se em tempo recorde de uma grave contusão no joelho, Ronaldo Fenômeno estava confiante. Ou mais que isso. O jogador apresentara-se à seleção fora de forma física, pesando quase 100 kg. Mas se mostraria aborrecido com as cobranças da imprensa a esse respeito. O próprio técnico Carlos Alberto Parreira minimizaria o problema. Optara por manter no time os medalhões de 2002 (e alguns de 1998), adotando o discurso de que os craques consagrados saberiam o que fazer em campo.

Aparentemente, o Brasil iria à Alemanha só para buscar a taça do hexa. O ano de 2006 estava resolvido.

Ao contrário do craque, seu personagem não estava flagrantemente acima do peso. Com nutricionista e ginástica, o gordo Bussunda estava pesando só 10 kg a mais que o atleta da seleção — agora rebatizado de "Ronaldo Fofômeno". Levara a família de novo ao Havaí (sem muletas) e aprendera a surfar, junto com Júlia e Angélica. Ela mal pôde acreditar quando entrou em casa, pouco depois das férias, e deu de cara com uma enorme prancha de surfe. O marido decidira, a sério, virar surfista.

Empenhado no projeto saúde, chegaria a queixar-se com Claudio Manoel do estereótipo que dominava sua imagem. Observando a forma como a cantora Preta Gil insinuava publicamente seu corpo mais que roliço, sem adjetivos gordurosos, ele protestaria:

— Se ela é a Preta Gil, eu sou o Branco Bussunda. Só eu é que sou gordo, pô?

Pouco antes de embarcar para a cobertura da Copa na Alemanha, porém, o humorista ganharia o elogio de um galã. No final de maio, fora com Angélica assistir à peça *A Casa dos Budas Ditosos*, baseada no livro de João Ubaldo Ribeiro. A estreia do monólogo interpretado por Fernanda Torres e dirigido por Domingos Oliveira levara um punhado de celebridades ao teatro João Caetano, no Rio. O casal acabaria se sentando ao lado de João Ubaldo e do ator Tony Ramos.

— Nossa, Bussunda! Como você emagreceu! — saudou o ator da Globo, que também acabara de subtrair vários quilos.

— Pois é, rapaz. A gente tem que se cuidar, né?

Até que a peça começasse, o humorista e o galã trocariam um bom repertório de informações científicas sobre a arte da boa silhueta.

Uma das mais antigas interlocutoras de Bussunda para assuntos de saúde — da época em que o tema soava exótico para ele — era Maria Paula. E às vésperas do embarque para a Alemanha, ela veio com a boa notícia: embora não estivesse escalada para a viagem, decidira ir à Copa por seus próprios meios — acompanhando o marido João Suplicy, que faria shows por lá.

O casal comprou as passagens, definiu rapidamente seu roteiro na Alemanha e terminou de fazer as malas em cima da hora de sair para o aeroporto. Quando João se preparava para descer a bagagem pelo elevador do prédio no Alto Leblon, Maria Paula começou a chorar.

Ele perguntou-lhe o que tinha acontecido, mas ela mesma não sabia. Só chorava. A hora do voo se aproximava, o casal teria que conversar no caminho. Mas isso também não seria possível. A atriz então disse ao marido, sem parar de chorar, a única coisa que conseguia saber naquele momento:

— João, eu não vou.

O músico não entendeu nada:

— Não vai viajar?! Como assim? Não vai por quê?

— Não sei. Não vou. Não posso ir.

João teve que embarcar sozinho, sem a explicação. A filha de Gilka tivera um mau pressentimento.

* * *

O voo do *Casseta & Planeta* para Frankfurt tinha uma conexão em Paris. No saguão do aeroporto Charles De Gaulle, Bussunda notou que um membro da equipe estava pálido, suando frio. Aproximou-se de Eduardo Belo, um jovem de 23 anos, e perguntou-lhe se estava tudo bem. Não estava.

Belo seria o responsável pelas operações de internet na Copa. Criaria pautas, gravaria piadas dos humoristas nos bastidores, editaria o material e iria jogando no site do *Casseta & Planeta*. Uma missão graúda para um profissional iniciante. Mas não era isso que o fazia suar frio.

Nem era tão iniciante assim. Conhecera o grupo fazendo serviços de informática na Toviassu aos 17 anos. Criado em Madureira, subúrbio carioca, de família humilde, era fã dos humoristas desde a infância. Mas os humoristas não eram fãs da firma em que ele trabalhava e procuraram outra. Eduardo não se conformou. Pediu demissão e foi sozinho bater na porta da Toviassu.

Disse que queria trabalhar lá. Fazendo o quê? Basicamente, qualquer coisa. Era um garoto dinâmico, do tipo caçador de soluções para tudo. E navegante antenado da web. Foi posto para dentro. Logo estaria dando palpites na Tabanet (Tabajara Networks), braço digital do grupo. E descascando toda sorte de abacaxis técnicos.

Quando faltava menos de um mês para a Copa de 2006, Bussunda achou uma lacuna no plano da viagem. O site Casseta com Bola e Tudo, criado no portal GloboEsporte.com, ficaria frio se não fosse editado na Alemanha. Belo tinha 15 dias para embarcar num sonho.

Para o jovem fanático por futebol e pelo Flamengo, estar numa Copa do Mundo com o Casseta & Planeta era bom demais para ser verdade. Quando foi se beliscar, já estava no aeroporto. Ainda tivera tempo de viver outra aventura, dias antes do embarque: ir ao Maracanã com Bussunda, para ver a semifinal da Copa do Brasil. O rubro--negro venceria o Ipatinga e iria à final contra o Vasco — marcada para depois da Copa do Mundo. Bussunda passara a evitar o estádio em clássicos contra o rival carioca, mas prometeu a Belo que iriam juntos à decisão.

Os pais do rapaz foram se despedir dele no Aeroporto Internacional do Rio. Belo nunca tinha saído do país. Mal saíra de Madureira. Sem dissimular a simplicidade, sua mãe não parava de abraçá-lo, nitidamente preocupada. Bussunda aproximou-se dela:

— Pode deixar que a gente vai tomar conta do seu filho. A senhora pode ficar tranquila.

A expressão da mãe se modificou. E seus braços liberaram o filho.

Algumas horas depois, porém, ele não estaria nada bem.

— Eu tô legal, tá tudo certo — responderia a Bussunda no aeroporto de Paris.

Não queria já começar a viagem dando trabalho. Mas estava em pânico.

Madureira estava muito longe, e o Brasil também. Eduardo Belo sentiu-se pequeno, vulnerável. Ficou trêmulo e sua pressão baixou bruscamente. Bussunda entendeu tudo em segundos. Sentou-se a seu lado e falou com calma, no tom grave e macio de sempre:

— Cara, é estranho mesmo, mas daqui a pouco passa. Eu tô contigo. E vou estar contigo até o final da viagem.

Completamente sufocado, Belo enfim conseguiu respirar. A angústia foi se desfazendo, dando lugar à gratidão.

Na chegada à Alemanha, a tensão voltaria. E ele perceberia que seu problema não era só a distância da terra natal. A atmosfera no grupo estava pesada.

* * *

Beto Silva, Bussunda, Helio de La Peña e Claudio Manoel. A equipe escalada para a Copa do Mundo reunia os quatro amigos de quase três décadas. Era o núcleo do *Casseta & Planeta* onde a marca do afeto era mais forte. No desembarque em Frankfurt, porém, saía faísca do grupo — especialmente no meio-campo com o diretor José Lavigne.

Na produção do filme *Seus Problemas Acabaram*, dirigido por ele, Lavigne se ressentira da postura dos humoristas. Sentira-se sobrecarregado na finalização do roteiro, achando que o grupo poderia ter estado mais disponível para algumas tarefas envolvendo o longa-metragem. Terminara de montar o filme na manhã da viagem para a Alemanha, e só fora começar a estudar o projeto da Copa no avião. Estava muito tenso.

Lavigne gostava de Claudio Manoel. Como pessoa e como parceiro de trabalho. Considerava-o genial, e às vezes se perguntava se ele não pertenceria a uma linhagem de baixinhos cabeçudos como José do Patrocínio e Machado de Assis. Tinha a sensação de que no grupo, embora Claudio não decidisse pelos outros, não acontecia nada que ele não quisesse.

Os dois faziam uma dobradinha como os principais interlocutores do programa junto à direção artística da Globo. Mesmo assim, brigavam como cão e gato. Numa das últimas trombadas, Claudio Manoel desligara o telefone baixando uma norma:

— Zé Lavigne, não me liga nunca mais depois das 17 horas.

O estresse na Alemanha iria um pouco além dessa temperatura. Desta vez, o caldo ia entornar. Antes disso, Claudio teria uma divergência séria com Bussunda.

A rotina de trabalho nas Copas era puxada. Acordar cedo, fazer a tempestade de ideias, transformá-la em texto, formatar o roteiro, sair correndo para filmar tudo enquanto houvesse luz suficiente. O habitual ciclo semanal tinha que se fechar em algumas horas. Para Bussunda, uma delícia.

O futebol era sua pátria. Num papo de fim de expediente com Claudio Manoel, ele expressa-

Bussunda cabisbaixo entre Claudio e Beto: clima pesado na Copa da Alemanha.

ria sua sensação de plenitude naquela roda-viva: estar numa Copa do Mundo era mágico, a ponto de neutralizar as saudades de casa. Havia ali, para ele, um sentido de missão. A vida não era para ser levada tão a sério. A Copa era.

E surgiu a primeira baixa. Um integrante da equipe, responsável pelos figurinos, fora internado às pressas num hospital de Frankfurt. Contraíra uma grave infecção no antebraço e teria de ser submetido a uma cirurgia de urgência. Havia a possibilidade de a infecção ter comprometido o sistema circulatório local. A apreensão tomou conta do grupo.

O trabalho não podia parar, e Eduardo Belo foi acionado para suprir a falta do colega na equipe enxuta. Terminada a cirurgia, veio o alívio — e junto com ele o desconforto: o braço do figurinista estava salvo, mas a infecção não surgira bruscamente. O profissional fora picado por um inseto no Projac e escondera a inflamação para não correr o risco de perder a viagem.

Claudio Manoel ficou possesso. Aproveitou o café da manhã do dia seguinte, com a equipe reunida, para dar o alerta geral:

— É o seguinte: tá todo mundo longe pra caralho de casa, ninguém fala alemão e isso aqui não é um passeio. Quero deixar claro que nesse grupo não vale esconder doença. É roubada. A gente pode cair numa roubada grande.

Bussunda se revoltou e interrompeu-o num tom de voz bem acima do seu normal:

— Tá maluco, Claudio Manoel? Isso é Copa do Mundo, porra! Tu vai perder uma Copa do Mundo porque torceu um tornozelo? Não tem essa, não. Vale esconder doença sim. De mim ninguém vai saber porra nenhuma.

* * *

Na terça-feira, 13 de junho, o Brasil estreava na Copa contra a Croácia, em Berlim. Vitória de um a zero, gol de Kaká. Nas arquibancadas, vinha um grito diferente da torcida brasileira:

— Sérvia!

Era Bussunda, provocando os croatas com a saudação maldosa ao país inimigo, adversário na sangrenta Guerra da Bósnia, nos anos 90.

O humorista se dera ao trabalho de aprender a pronuncia correta para que os croatas entendessem. Eles entenderam, e não gostaram.

As torcidas ficavam suficientemente próximas para que os brasileiros enxergassem os rostos adversários ofendidos. E um deles começou a se aproximar. Bufando. O mais furioso dos croatas mirou em Bussunda e traçou uma reta até ele, passando decidido por entre a torcida brasileira. Helio de La Peña, que estava ao lado dele, não acreditava no que via: "Puta que pariu, entramos na guerra."

O croata parou diante de Bussunda e perguntou-lhe, em inglês, o que ele tinha gritado.

— Foi uma brincadeira — respondeu o humorista.

— Esse assunto não tem graça — rebateu o croata, mais nervoso ainda.

— É só futebol, meu amigo. Não é pra levar a sério — intercedeu Helio.

— Morreu gente da minha família nessa guerra — insistiu o torcedor adversário, irado.

Os humoristas disseram que sentiam muito, torcendo para o croata acreditar que não tinham a menor simpatia por Slobodan Milosevic, o carniceiro sérvio.

Após alguns minutos de suada diplomacia, conseguiram que os Bálcãs não lhes caíssem sobre as cabeças. Mas estavam entrando em outra guerra, agora com o Brasil.

A seleção de Carlos Alberto Parreira era um desfile de craques, onde se destacava o intitulado "quadrado mágico": Kaká, Ronaldinho Gaúcho, Ronaldo Fenômeno e Robinho. Quatro estrelas móveis capazes de apagar a fronteira entre meio-campo e ataque, podendo surgir na criação ou na conclusão das jogadas. Funcionava muito bem na literatura. Em campo, a magia estava enguiçada.

O time dos sonhos dormira nos treinos, nos amistosos e na estreia. A mistura da autossuficiência dos jogadores ricos e famosos com a ineficiência do time enervava a torcida. Em sua coluna no caderno especial da Copa de *O Globo*, Agamenon Mendes Pedreira analisava a partida contra a Croácia:

"O time do Brasil é muito convencido, mas não convenceu. O quadrado mágico brasileiro quase entrou pelo cano entubado pelo cilindro mágico croatense. Para fechar a boca dos críticos que não param de dizer que está gordo, Ronaldo, o Fenômeno, mostrou que está fazendo uma dieta rigorosa e, por isso mesmo, não comeu a bola. Kaká foi o único destaque do Brasil, mas o resto do time estava mais para kokô."

Agamenon começava sua coluna de 14 de junho escrevendo que "todos os meus 17 leitores sabem que eu não venho à Copa do Mundo para ver futebol". Contava então que abrira uma exceção e penetrara no Estádio Olímpico de Berlim disfarçado de salsichão. Na verdade, Hubert e Marcelo Madureira estavam no Brasil e tinham reuniões diárias por Skype com os colegas na Alemanha. Naquele dia a conversa foi tensa.

Bussunda achava que o tom das piadas escritas no Brasil estava pesado. A seleção de Parreira estava sendo bastante questionada pela imprensa, o que tornara delicado o clima na concentração. E as regras ali eram conhecidas: dependendo do grau de melindre, as portas começavam a se fechar. Aquela história de "kokô", entre outros adjetivos mutantes, podia complicar o acesso dos cassetas aos craques.

Beto, Claudio e Helio tendiam a concordar com Bussunda — que atuava, de forma mais incisiva que o habitual, para derrubar os textos mais ácidos propostos por Marcelo e Hubert. Além da questão política, Bussunda tinha, ele mesmo, um pé do lado de lá. Sentia as dores (e as delícias) do mundo da bola.

Sua caracterização de Ronaldo Fofômeno estava no limite da manutenção da amizade com o jogador. O humorista se aproximara bastante de Ronaldo, desenvolvera um coleguismo com ele — e prezava essa relação. Era seu lado de fã com passaporte vip para a intimidade dos ídolos. Graças ao seu trabalho pudera conhecer Pelé e contracenar com ele.

O rei do futebol fora ao *Casseta & Planeta Urgente* interpretar a si mesmo. Se Gisele Bündchen virara entregadora de pizza e Armínio Fraga motorista de táxi, Pelé seria preso. Parado numa blitz, dava o azar de cair nas mãos de um delegado de muletas e amargurado (Bussunda). No quadro de 2004, o policial era ex-zagueiro do fictício XVI de Dezembro de Pirassununga, que levara um baile do craque no gol que rebaixara seu time para a segunda divisão.

Fora linchado pela torcida e se tornara um deficiente físico por causa do rei.

— Mas o senhor não vai guardar rancor por isso, né, seu delegado? — implorava Pelé.

— Que isso, que guardar rancor... Vou guardar é o Pelé. Guarda o negão aí na caçapa! — ordenava Bussunda.

Não tinha preço estar pessoalmente com o mito que tanto o fizera chorar de emoção, vendo-o decorar seus textos, fazendo humor junto com ele. O rei era puro carisma e humildade. Apresentado a José Lavigne, Pelé disse que fazia tempo que queria conhecê-lo.

— Foi a mentira mais gostosa que já ouvi na vida — diria Lavigne.

No dia 15 de junho de 2006, quinta-feira, já em Munique — onde o Brasil se preparava para seu segundo jogo —, Bussunda achou que sua relação com Ronaldo Fenômeno ia azedar. Agamenon Mendes Pedreira atacara novamente.

Notando que a imprensa amortecia as críticas, para não ferir as suscetibilidades de chuteiras, Hubert e Marcelo mandavam ver:

"A grande onda aqui entre os jornalistas brasileiros é o bolão. O Bolão do Ronaldo, o Faustão de Bento Ribeiro. Todos fazem apostas tentando adivinhar quanto o Fenômeno está pesando. A questão é polêmica e a imprensa está dividida: uns acham que o Ronaldo está realmente balofo, já outros, mais otimistas, acham que o craque está apenas obeso. Um grupo mais radical quer que o Parreira tire o Ronaldo do time e o coloque na geladeira. Mas isso também não vai dar certo: ele vai acabar comendo tudo o que tiver no eletrodoméstico."

E a sobremesa:

"Ronaldo Fenômeno acha que na imprensa só tem espírito de porco. Porco assado à pururuca, com batatas coradas, chucrute e muita cerveja."

O tempo fechou na conexão Munique-Toviassu. Do Rio, os humoristas ainda tinham publicado no site mais uma piada referindo-se a "Kaká e seu irmão Kokô". Bussunda chamou Eduardo Belo e determinou:

— Tira do ar agora.

Na reunião pelo Skype com Marcelo, Hubert e Reinaldo, o integrante mais ponderado do grupo estava possesso, como os outros nunca tinham visto:

— Vocês estão atrapalhando a nossa aproximação dos jogadores. Estão fudendo a nossa relação com a CBF!

Do outro lado da linha, quem falava era Marcelo Madureira, igualmente agressivo (como todos estavam acostumados a ver):

— Vocês estão aí pra fazer piada ou pra fazer média com a CBF?

— A gente chegou aqui e não pode deixar que uma piada prejudique toda uma viagem. Insistir numa piada que vai fuder um projeto inteiro é burrice — devolveu Bussunda, já gritando.

— Vocês não estão aí pra puxar o saco de jogador de futebol não, Bussunda. Vai tomar no cu! — atacou Madureira.

Do lado de fora do quarto em que se dava a reunião, mesmo com a porta fechada, Belo ouvia os gritos de Bussunda. A ira o tornava quase irreconhecível. Mas era ele mesmo. E o jovem assistente, que já sentira a barra pesando e vinha se desdobrando para descontrair o grupo, viu que sua missão pacifista estava condenada.

* * *

Sexta-feira, 16 de junho. Bussunda gravou apenas uma cena com José Lavigne de manhã e sumiu. O dia transcorreria sem que ninguém da equipe tivesse notícias dele.

No início da tarde, terminada a gravação com Helio, Beto e Claudio, Lavigne foi para o hotel Erb Best Western, onde estavam hospedados, na pequena cidade de Pasdorf, a 16 quilômetros de Munique. Tomou um banho e tentou achar Claudio Manoel, sem sucesso. Ligou para o produtor do *Casseta & Planeta Urgente*, Daniel Vincent, pedindo que o localizasse. Precisava sentar-se com ele para acertar ponteiros no plano de voo da Copa e do filme.

No fim da tarde, Bussunda reapareceu. Voltando para o hotel, encontrou-se na rua com Beto e Claudio Manoel. Parecia extenuado, mas estava sorridente. Tinha ido sozinho a uma cervejaria, assistir à goleada de seis a zero da Argentina sobre a Sérvia (da qual fora simpatizante por um minuto). Um jogão — mas o Brasil precisava abrir os olhos com o rival eterno, alertou. E encerrou a conversa:

— Acho que passei do limite. Vou dar uma descansada.

Enquanto assistia ao show dos argentinos, apreciava também os salsichões e a cerveja dos alemães. Na roda-viva dos compromissos e tensões, um instante de sagrada vadiagem. Mas estava fora de forma nesse ramo. O prazer o derrubara.

Claudio e Beto também estavam de ressaca, sem ter ingerido nada. O clima na gravação matinal estivera perto do insuportável. A relação com Lavigne estava muito ruim, e os dois concordavam que não ia dar para lidar com aquele nível de estresse do diretor.

Não sabiam o que fazer. Na tardinha de sexta-feira, Claudio Manoel tinha uma certeza: precisava suar. Foi fazer um jogging pelas redondezas do hotel e, no caminho, avistou um campo de pelada. Por coincidência, tinha acabado de comprar uma pequena bola de couro de presente para o afilhado. Juntou A com B, voltou ao hotel e espalhou a pilha. No melhor estilo Barrosinho (o dirigente do Tabajara FC), fez a convocação da equipe. E não podia faltar o Marrentinho.

Ligou para o quarto de Bussunda, invadindo seu descanso por uma causa nobre:

— Vai rolar uma peladinha. Vamos jogar?

Marrentinho pulou da cama:

— Só se for agora.

Quando Bussunda chegou ao saguão do hotel, a peladinha tinha se transformado em amistoso internacional. Empenhado em sua missão antiestresse, Belo convidara meia dúzia de hóspedes americanos para entrar em campo. Além de topar na hora, os gringos tinham uma bola oficial. Estava armado o confronto Brasil x Estados Unidos na Copa da Alemanha.

Representantes do país do futebol, os cassetas foram defender seu favoritismo. Mas estava difícil. Do outro lado, os representantes do país do beisebol corriam feito loucos, jogavam bem — e eram vinte anos mais jovens. Bussunda, Beto, Claudio e Helio somavam um time de 185 anos (mais os 23 de Belo). Resolveram compensar com bravura.

Com 15 minutos de jogo, perdiam por três a zero e tinham um palmo de língua de fora. Já tendo feito quarenta minutos de jogging, Claudio Manoel achou que o suor estava de bom tamanho e virou goleiro. A posição mais rejeitada numa pelada logo se tornaria disputada no time brasileiro.

— Não dá pra mim não, cara. Vamos trocar — apelou Bussunda.

Claudio viu que o colega estava pior do que ele e deu-lhe a vaga no gol. Moveu-se uns cinco passos à frente e se transformou em beque parado. De sua posição ultrarrecuada, pôde notar que o novo goleiro resfolegava intensamente.

— Tudo bem aí, Bussunda?

A voz não saiu, mas o polegar apontou para cima.

Quando a goleada já estava indecente, Helio passou para o time dos americanos. Com as nacionalidades embaralhadas, tirava-se ao menos a conotação cívica do vexame. O novo atacante adversário ainda aumentou o placar, sem muita dificuldade: o goleiro estava imóvel. Pouco depois de levar o gol de Helio, Bussunda se rendeu: "Chega!"

O jogo foi interrompido, com pouco mais de meia hora. Os colegas sabiam que aquele "chega" de bola, vindo de quem vinha, tinha que ter um motivo forte.

Decidiram voltar logo para o hotel, que ficava a uns 100 metros do campo. Mas Bussunda não deu mais que vinte passos. Não estava se aguentando em pé. Sentou-se num banco à beira do caminho, enquanto Belo disparava até a sede do hotel para buscar água. Preocupados, os colegas perguntaram-lhe o que estava sentindo:

— Tô enjoado. Acho que eu comi demais.

— Quer que a gente chame um médico? — propôs Helio.

— Tudo o que eu não quero agora é um médico — cortou Bussunda.

Belo surgiu com uma garrafa de água mineral gelada. Depois de beber alguns goles, o humorista levantou-se e disse que dava para continuar a caminhada. Claudio Manoel pôs a mão em sua nuca e levou um susto:

— Bussunda, você tá gelado! Vamos chamar um médico.

— Claro que eu tô gelado, porra. Acabei de derramar essa água na cabeça...

Claudio não vira o colega se banhando com a garrafinha e sentiu um alívio. Mas voltou a sugerir que consultassem um médico, por via das dúvidas.

— Nem fudendo — encerrou Bussunda. — Esses caras vão me trancar num hospital e eu vou perder a Copa do Mundo.

Para um homem que a imprensa já apresentara como um bárbaro, Cláudio Besserman Vianna fizera concessões consideráveis. Podia até não cortar religiosamente as unhas do pé, mas convertera-se ao credo do checkup. Estava se cuidando — até Tony Ramos sabia disso. Já renunciara às tortas de chocolate, às gorduras e a outras maravilhas proibidas. Que não viessem lhe pedir a renúncia ao futebol.

A dois dias do segundo jogo do Brasil, contra a Austrália, não vestiria roupa de hospital nem para dar show de rock — como nos tempos de O Nome do Grupo.

Num dos primeiros almoços na Alemanha, um membro da equipe do programa o vira tirando as gorduras da carne, e provocou:

— Bussunda, você tá jogando fora o melhor da festa.

O comentário não lhe caiu bem. Levantou-se e foi até o autor, que fora dependente de álcool e não podia mais beber. Pegou uma tulipa cheia de cerveja e elevou-a ao nariz dele. Diante da indignação do ex-alcoólatra com a brincadeira, Bussunda falou sério:

— Meu irmão, a gordura é o meu álcool. Isso pra mim também não tem graça.

Percorreram o resto do caminho entre o campo de futebol e o hotel, sem precisar parar de novo. A pelada começara por volta de sete da noite, e os derrotados estavam famintos. Bussunda disse que já comera demais e avisou que iria direto para o quarto. Estava bastante nauseado, precisava cair na cama.

Os outros foram para o restaurante, onde o resto da equipe estava jantando. Havia uma ponta de aflição no ar. Todos pareciam se perguntar o quanto deveriam se preocupar com a situação. Bussunda fora dormir às oito da noite dizendo que estava tudo bem com ele. O operador de áudio, Dias, aproximou-se de Helio de La Peña desconfiado:

— Será que tá tudo bem mesmo?

A essa altura, Helio se convencera de que não estava se passando nada além do que o próprio Bussunda dissera. Tratou de desbastar a paranoia:

— Gente, o cara comeu muito, bebeu, só isso. Ressaca normal. Amanhã ele tá bom.

Claudio Manoel, que recebera o recado de José Lavigne pedindo uma reunião, foi enfim ao seu encontro, sentando-se em sua mesa. Não foi bem recebido:

— Bicho, agora eu tô comendo. Depois eu falo contigo.

Claudio achou melhor introduzir logo os assuntos que queria tratar com o diretor. Ele voltou a dizer que não ia conversar naquele momento. Claudio continuou falando. Lavigne explodiu:

— Porra, já falei que eu tô jantando! E tu tá imundo, que nem um cu suarento do meu lado, me enchendo o saco!

No que engrossou, o próprio diretor sentiu que pegara pesado. Mas já não dava para assoprar. Claudio Manoel se levantou, recomendou a Lavigne que fosse "para a puta que o pariu" — num tom que o resto do restaurante não deixasse de ouvir — e saiu de perto dele. Não pensou em nada melhor para fazer, senão arrumar as malas e se mandar da Alemanha.

* * *

Às onze e meia da noite da interminável sexta-feira, Claudio Manoel fritava em sua cama. Decidiu fazer o que nunca fizera em 25 anos de trabalho com Bussunda: ligar para ele a uma hora daquelas.

— E aí, brother? Tá tudo bem contigo?

— Se me deixarem dormir vai ficar.

"Beleza. Não fui o primeiro a ligar", pensou Claudio. Mas o mal-estar do amigo, claramente, persistia. Voltou a sugerir que consultassem um médico. Escaldado pelo alarme falso de dezembro, Bussunda repetiu que não era o caso e desligou.

Angélica já telefonara, e o marido encurtara a conversa, explicando que não estava muito bem e ia dormir cedo. Pouco antes de Claudio Manoel, Beto Silva também ligara, e fora tranquilizado pelo amigo:

— Tomei um sal de frutas, o enjoo tá melhorando.

A boa notícia fez Beto relaxar e pegar no sono. Dormiu pesado e acordou cedo, por volta das sete e meia. Levantou-se e saiu do quarto, que era o último do corredor. Avistou no outro extremo uma produtora do grupo tendo um acesso de riso. O humorista estava sem óculos, e não enxergava bem de longe. Foi caminhando em direção a ela, até ver que o que parecia riso era choro.

Bussunda não estava nada bem. E agora havia dois paramédicos em seu quarto.

A produtora era Myriam Chebabi, irmã de Mu, o ex-integrante da banda que agora era produtor musical e redator do *Casseta & Planeta Urgente*. Myriam morava na Alemanha e estava trabalhando como intérprete do grupo. Ela se encontrara com Bussunda às seis e meia da manhã.

Ele descera para tomar café e se encontrara com o diretor de fotografia da equipe, Paulo Santos. Ao se deparar com o humorista, Paulo se espantou com a palidez dele:

— Bussunda, você tá verde! Tá sentindo alguma coisa?

— Tô passando mal.

— Eu vou chamar um médico.

— Não, deixa comigo. Eu chamo.

Saiu andando. Paulo Santos saiu atrás. Passando pelo lobby do hotel, pediu que Myriam fosse avisada de que Bussunda precisava de socorro urgente. Ela desceu à recepção e requisitou um médico. A seu lado, um hóspede que fazia o check out pediu licença e perguntou:

— Tem alguém passando mal?

Por coincidência, o homem era um paramédico que pernoitara no hotel com uma ambulância e equipamento de socorro completo. Entrou em ação imediatamente, convocando uma colega de equipe, que ainda dormia. Bussunda já subira de volta para o quarto, e o profissional alemão foi fazendo algumas perguntas a Paulo Santos:

— O que ele disse que estava sentindo?

— Enjoo e náusea.

— Ele faz algum exercício?

— Joga futebol toda semana.

— Está tomando alguma medicação?

Bussunda tinha pressão alta, mas não aguda. Nunca tivera uma crise hipertensiva. Por conta do seu peso e do histórico familiar — seu pai morrera de enfarto —, o doutor Flávio Cure prescrevera-lhe um comprimido diário de Corus-H, controlador de pressão arterial. Após o episódio de forte taquicardia em dezembro (que sucedera outros dois mais brandos), o cardiologista lhe receitara um comprimido diário de Sotacor, contra arritmia.

O paciente aderira ao tratamento. Mas não levara remédios para a Copa do Mundo.

Não era um membro do grupo de risco. Pelo menos, não de risco iminente. Seu colesterol, indicador essencial na avaliação cardíaca, estava dentro dos níveis saudáveis, como mostrara o checkup no Samaritano. Não precisava ser controlado por drogas. Os cuidados alimentares e a postura não sedentária favoreciam o quadro. Animado com os progressos, ele faltaria à reavaliação cardiológica marcada para março. Manteria o tratamento, mas também a convicção de que os exercícios podiam ser mais eficientes que qualquer medicamento.

Acompanhados por Myriam, os dois paramédicos chegaram ao quarto de Bussunda. Ele abriu a porta bastante abatido. Foi respondendo às perguntas em inglês:

— Sente dor nas costas?

— Sinto. E no braço. Está um pouco dormente.

— E no peito?

— Nesse momento também estou sentindo...

A frase ficou pela metade.

* * *

Por volta de sete e meia da manhã, Claudio Manoel abriu os olhos. "Além de tudo, tô num hotel vagabundo", pensou. Um ruído insistente de sistema elétrico em curto, como um zumbido breve e ritmado, o tirara do sono. Fechou os olhos e voltou a dormir, mesmo com o barulhinho irritante.

A eletricidade do hotel estava ok. O som vinha do desfibrilador dos paramédicos, equipamento que emite descargas elétricas na região do tórax. Bussunda tivera uma parada cardíaca.

Cerca de vinte minutos depois, Claudio Manoel acordou de novo. Dessa vez o despertador era o telefone, e a voz de José Lavigne — bem mais incômoda que na noite anterior. Ao ouvir a notícia da parada cardíaca do amigo, num único movimento, Cláudio pulou da cama, saiu do quarto, cruzou o corredor e entrou no quarto de Bussunda, bem defronte ao seu, que estava com a porta entreaberta. Os paramédicos haviam proibido a entrada no local, mas Claudio não perguntara a ninguém se podia.

Deparou-se com Bussunda deitado no chão, só de short, sacudido pelas massagens enérgicas da equipe de socorro, inteiramente inanimado. Viu-o por poucos segundos, tempo suficiente para ser expulso em alemão e ver a porta bater atrás de si.

Lavigne e Helio grudavam em Myriam a cada vez que ela saía do quarto, garimpando as versões em português do que iam lhe dizendo os paramédicos. O otimismo de Helio demorara a ruir, e ele ainda propusera ao diretor, quando acordado por ele, a transferência das gravações com Bussunda para o período da tarde: enquanto o colega se recuperava, o resto do grupo adiantaria o expediente de manhã. Lavigne teve de lhe contar que Bussunda não estava de ressaca.

Beto Silva ia e voltava pelo corredor, com a expressão "parada cardíaca" estalando em sua cabeça e abrindo um precipício à sua frente. Claudio Manoel não conseguia saber se estava naquele hall havia dez minutos ou uma hora. Às oito e meia, a porta do quarto se abriu e o paramédico dirigiu-se à intérprete. Lavigne mais uma vez colou nela. Sem falar uma palavra de alemão, dessa vez o diretor entendeu o idioma antes da tradução.

Bussunda estava morto.

CAPÍTULO 24

Ficaram as mulheres

Quando os amigos perguntavam a Sérgio Besserman Vianna quais eram seus planos para depois dos 60 anos, quando a vida estivesse, entre aspas, resolvida, ele fazia sua lista de desfrutes. O principal deles, guardava para si: conversar fiado com seu melhor amigo, Cláudio Besserman Vianna.

Política, futebol, espécie humana, espécie canina, filmes, esfirras, delírios. Qualquer coisa. No mirante da casa de Bussunda em Araras — um banco fincado num barranco nos fundos do terreno — os dois irmãos tinham o seu observatório do mundo. O caçula andava pouco tolerante com a média das pessoas, e ali podia reclamar da epidemia de burrice — essas coisas que se pode achar, mas não se pode dizer por aí. Sentia-se um tanto isolado, mas era otimista: previa que no máximo em vinte anos seria possível se fazer download de cérebro.

No embalo das conversas, Sérgio volta e meia chamava Bussunda de André. Era o nome do seu filho mais velho. Os dois riam do ato falho. Conheciam bem o sotaque paternal da relação, e seus efeitos nem sempre felizes — como na morte de Zico, o peixe, por overdose de oxigênio, ou na prisão de Bussunda no elevador, quando Sérgio tentava salvá-lo do complexo de azarado.

A ligação entre os dois era tão forte, que a distância imposta pela vida atribulada não lhes roubava um milímetro de intimidade. Se ficassem quarenta dias sem se ver por causa da Copa, em quarenta minutos no mirante a conexão estaria em dia. Mas às quatro da manhã de sábado (nove da manhã na Alemanha), o telefone de Sérgio Besserman tocou para lhe amputar o futuro.

Ao receber a notícia de Claudio Manoel, o homem racional vagou até o banheiro. Num longo acesso de vômito, Sérgio expulsava organicamente aquilo que sua razão jamais poderia digerir.

Antes de ligar para Sérgio, Claudio Manoel se desligara do mundo. Ao saber que Bussunda morrera, correu para seu quarto e se trancou sozinho. Sua cabeça efervescente estava deserta. Após alguns minutos de catatonia, veio um impulso de estar ao lado dele. Repetiu o pinote de quando acordara, mas dessa vez não foi tão longe. Já havia dois policiais guardando a porta do quarto de Bussunda. O corpo do amigo agora era assunto do Estado alemão.

Desceu ao saguão e encontrou José Lavigne. Saíram andando juntos em direção ao pátio externo do hotel. Acharam um canto distante da portaria e se sentaram ao ar livre. A hostilidade da véspera desaparecera completamente. O novo pesadelo sepultara o anterior.

Jogaram algumas palavras ao vento, deram alguns tragos, abstraíram. Foram trazidos de volta à realidade por Galvão Bueno. O locutor esportivo da Globo avistara-os e se aproximara:

— Vim aqui só pra dizer uma coisa: vocês só saem dessa trabalhando duro. Podem baixar a cabeça depois, agora não. Lembro da morte do Senna. Na hora, achei que era o fim de tudo. Hoje eu agradeço aos que não me deixaram parar. O momento decisivo de vocês é esse.

As palavras de Galvão sacudiram Claudio Manoel. Era o primeiro contraponto à sua sensação de que tudo se esfacelara. E a citação a Ayrton Senna fora menos casual do que podia parecer. O locutor prosseguiu:

— Agora vocês têm que se preparar pra reagir ao que tá acontecendo.

— Como assim? O que tá acontecendo? — perguntou Lavigne, achando que já tinha acontecido tudo.

— Porra, tá uma loucura! A notícia bateu lá no Media Center, tá vindo um batalhão de jornalistas pra cá atrás de vocês. É comoção nacional.

Claudio Manoel disse então a Galvão Bueno que não tinha a menor condição de dar entrevistas. O locutor estava acompanhado do jornalista Luiz Fernando Lima, diretor de Esporte da Globo e coordenador-geral da cobertura na Copa. Luiz Fernando interveio:

— Olha, eu sei que é muito delicado pra vocês. Mas alguém tem que falar. Contar exatamente o que se passou. Nessas horas, o silêncio é perigoso, porque a boataria toma conta da história.

A polícia alemã estava revistando o quarto de Bussunda. A presença policial após a morte repentina do humorista, num hotel subitamente cercado por repórteres e curiosos, era de fato terreno fértil para boatos e versões. Claudio concordou em se pronunciar, junto com Helio de La Peña e Beto Silva — o que não evitaria a circulação no Brasil, por um bom tempo, do boato de que Bussunda morrera de overdose.

Antes de falar com a imprensa, Beto teria que passar por uma conversa ainda mais difícil. Angélica estava ligando do Brasil.

* * *

O mais velho dos três filhos de Marcelo Madureira e Cláudia tinha ido participar de um festival de cinema em Xangai. Ficara de telefonar quando chegasse à cidade chinesa. O telefone tocou às quatro da manhã, mas não era ele. Cláudia acordou Marcelo, dizendo que Claudio Manoel estava na linha.

O assunto não era mais Kaká e o Fofômeno. Enquanto Claudio pedia ao colega que avisasse a Marcos Besserman e corresse para a casa de Angélica, Madureira ficou mudo. Simplesmente não conseguia respirar. Sua última conversa com Bussunda fora violenta e terminara com um xingamento. O colega morrera do coração pouco mais de 24 horas depois. E não dava para voltar o filme.

O homem ácido tinha sobre o peito o peso de vários Bussundas. Achou que não conseguiria se mover. Mas o sufoco foi subitamente se desfazendo, e o ar voltou a entrar. Como no resgate do afogado no Taiti, precisava agir. Mesmo não entendendo de mar.

Deu os telefonemas encomendados por Claudio Manoel. Não conseguiu falar com o amigo Sérgio Besserman. Quem atendeu foi Guida, sua mulher, informando-lhe do estado do marido. Assim que possível iriam para a casa de Angélica. Marcelo voou com Cláudia para lá. Hubert estava indo. Sandra, mulher de Beto, descia às pressas de Araras. Marcos já chegara. Antes dele, Regina, mulher de Hubert, o médico Flávio Cure e a arquiteta Beatrice Goldfeld, amiga da família, tinham chegado com a notícia. E a viúva de Bussunda não queria acreditar no que ouvira.

Em Parsdorf, Beto atendeu a ligação dela. Chorando muito, Angélica queria que ele lhe dissesse, basicamente, que não era bem aquilo o que estava acontecendo. As pessoas no Brasil deveriam ter se confundido. Beto teve que trair as esperanças da amiga, de uma vez:

— Angélica, é péssimo. Mas é isso mesmo.

Maria Paula entendeu por que desistira de viajar para a Alemanha. E não se conformava. Teve a sensação de que se estivesse lá, as coisas poderiam ter sido diferentes. Com ela, Bussunda cuidava e se deixava cuidar. Uma brecha na autossuficiência da Terra de Marlboro. Agora, tinha que cuidar de Angélica.

E Angélica tinha que cuidar de Júlia. Quando Maria Paula chegou à cobertura da rua Afrânio de Mello Franco, ao lado do Flamengo, a menina de 12 anos ainda dormia. A mãe tinha que lhe dar a notícia — na qual ela mesma ainda não conseguia crer. A todo momento, achava que a porta do apartamento ia se abrir e Bussunda ia entrar, como acontecia todos os dias. Mas ele estava demorando. Talvez devesse acordar Júlia e avisá-la logo de que seu pai não chegaria.

Maria Paula sugeriu que Angélica a esperasse acordar espontaneamente. Era sábado. Às sextas-feiras, quem acordava Júlia era Bussunda. Tomava café com ela, botava o papo em dia, levava-a para a escola. As primeiras horas da manhã eram, pelo menos uma vez por semana, o momento exclusivo de pai e filha. A empregada da família veio avisar que a menina estava acordando.

Angélica correu para o quarto da filha, para evitar que ela encontrasse a sala cheia de gente no horário incomum. Com o coração esmigalhado, Maria Paula ouviu, através da porta fechada, a dor de Júlia.

* * *

"O sol amanheceu sem graça hoje em Munique." Assim a TV Globo dava a notícia mais inesperada da Copa, em texto escrito por um ex--colega de Bussunda na UFRJ — Sidney Garambone, editor do *Globo Esporte*. Em seguida, pouco depois de uma da tarde, o Brasil assistiria à cena impensável: um casseta chorando. Ao falar com a imprensa, Beto Silva tinha, aos 47 anos, a expressão de um menino:

— Bussunda era uma pessoa do bem, um gênio, um grande amigo. Tá muito difícil...

Claudio Manoel usaria a palavra que iria para as manchetes sobre a perda do grupo, lembrando as ondas gigantes que tinham invadido o sudeste asiático um ano e meio antes:

— É difícil falar. Somos amigos de infância, moramos juntos, não consigo me lembrar de nenhum momento sem ele. É um tsunami. Estou soterrado.

Além do relato da pelada contra os americanos e demais circunstâncias da morte, Helio declarava que Bussunda era o equilíbrio do grupo. E que não sabia como iam ficar sem ele. Na imprensa e nas ruas, começariam a surgir interrogações sobre o futuro do *Casseta & Planeta*. Num texto assinado na versão on-line da *Folha de S.Paulo*, às 12h58 no horário brasileiro — menos de dez horas depois da morte do humorista —, o jornalista Sérgio Riparo tinha a resposta:

"Não foi só o Bussunda que morreu hoje na Alemanha. Morreu também o *Casseta & Planeta,* uma das cinco maiores audiências da Globo."

O jornalista explicava o que ia acontecer:

"A atração das noites de terça deve seguir o destino do extinto *Trapalhões*, desfeito após a morte de Zacarias em 1990 e Mussum em 1994: o telespectador terá a sensação de que 'está faltando alguma coisa', perderá o interesse e esquecerá o programa."

Ressalvando que seria "desrespeitoso e desumano especular sobre os prejuízos financeiros dessa indústria do humor" no momento em que a turma de humoristas "ainda está abalada com a morte", Sérgio Riparo prosseguia com sua análise:

"Mas seria ingênuo imaginar que a cúpula da maior emissora do país vai demorar em elaborar cenários para o horário nobre das terças-feiras, peça relevante na sua grade de programação."

Explicava também por que a Antarctica ia tirar do ar imediatamente os comerciais que Bussunda estrelava ao lado da atriz Juliana Paes:

"Não pega bem vender uma bebida com a imagem de um morto no noticiário, reza a cartilha dos publicitários."

Em Munique, José Lavigne recebia o recado da direção artística da Globo para que ficasse à vontade quanto ao *Casseta & Planeta Urgente* da terça-feira seguinte. A emissora queria lhe transmitir tranquilidade, poupando-o de pensar naquele momento o que fazer com o programa. Qualquer solução estaria ok. O grupo embarcaria de volta para o Brasil no próprio sábado. Mas o corpo de Bussunda estava preso na Alemanha.

O atestado de óbito registrava morte natural após ataque cardíaco. Mas ainda havia um rito de perícias, autópsia e laudos oficiais para a liberação do corpo. Para a aflição geral, tudo indicava que o enterro no Rio de Janeiro levaria dias para acontecer.

A Globo comprou a briga. O diretor Érico Magalhães entrou em campo, colocando todo o poder político da emissora nos contatos imediatos com as autoridades alemãs. Atuando junto com a embaixada brasileira, transformou a urgência da liberação num caso diplomático. O Brasil exigia que o corpo de Bussunda fosse embarcado no próprio sábado. E foi.

O diretor de recursos humanos atuava em nome da dignidade de um funcionário da empresa, e da preservação de sua família. Mas naquele caso, havia algo mais envolvido na operação.

Érico não tinha dúvidas de que não estava tratando de uma estrela da Globo. Quando pensava em ordem de grandeza, a referência mais próxima que lhe ocorria era Ayrton Senna. Bussunda era um símbolo nacional.

* * *

O botafoguense Paulinho Albuquerque cochichou com o tricolor Beto Silva, na porta do Clube de Regatas Flamengo:

— Porra, só o Bussunda mesmo pra fazer a gente vir a um lugar desses.

O corpo do humorista chegara ao Aeroporto Internacional Tom Jobim num voo da Varig, às oito da manhã de domingo, e seguira para a sede do Flamengo. O velório não podia ser em outro lugar. E o produtor Paulinho Albuquerque, maestro da primeira junção entre *Casseta* e *Planeta*, não podia perder a piada. Ele ficara amigo de Bussunda, e fora seu padrinho de casamento. A união se estenderia pela vida, e para além dela. Uma semana depois — no dia seguinte ao aniversário do amigo morto —, Paulinho falecia em casa, também de enfarte, vendo um jogo da Copa.

Os cassetas estavam juntos novamente. Agora eram seis, diante do corpo do seu "líder". Nunca tinham perdido a noção da importância única de Bussunda para a projeção e a harmonia do grupo. Mas era difícil conceber que ele, logo ele, estava ali naquele caixão.

— Todo morto fica parecendo bonzinho. Mas o Bussunda era bonzinho mesmo — resumiu Hubert.

Angélica, seus pais, Júlia, Sérgio, Marcos, Lavigne, Maria Paula, Manfredo, os cassetas e os familiares e amigos mais próximos tiveram cerca de meia hora de despedida reservada, em torno do caixão aberto — até a abertura do clube para o público. Por volta de onze e meia da manhã, centenas de fãs formavam uma fila gigantesca na entrada do Flamengo para o precoce adeus a Bussunda. No dia do seu aniversário, 18 de junho, Helio se comovia ao cumprimentar cada um dos anônimos — que viravam instantaneamente íntimos, com a mesma interrogação estampada no rosto: "Como é que pode?"

Os não anônimos também iam chegando perplexos ao velório. A emoção de autoridades, celebridades e personalidades em geral dava a dimensão do quanto Bussunda era gostado — inclusive pelos sacaneados por ele, que não eram poucos. O autor de novelas Manoel Carlos era um deles. Em suas tramas, segundo o humorista, só empregada doméstica trabalhava. O resto ficava passeando pelo Leblon.

— Bussunda era meu amigo. E a nossa relação ficou ainda mais estreita depois das paródias às novelas — disse Manoel Carlos no Flamengo, citado pela *Folha de S.Paulo*.

Os cassetas e Maria Paula no velório de Bussunda, que levou uma multidão à sede do Flamengo.

O corpo chegou ao cemitério São João Batista, em Botafogo, às duas da tarde. Depois da multidão que comparecera ao velório, o enterro parecia atrair um número bem menor de pessoas. A razão era simples: a seleção brasileira estava em campo na Copa do Mundo. O verde-amarelo estava longe de Bussunda. Cobriam seu caixão o preto e vermelho, da bandeira do Flamengo, e o roxo e amarelo, do Tabajara FC. E a polêmica.

Parte da comunidade judaica entraria em polvorosa com o enterro de Cláudio Besserman em cemitério católico. Entre várias manifestações públicas de repúdio à escolha da família, o presidente da Federação Israelita do Rio de Janeiro, Osias Wurman, em entrevista à rede CNT, iria longe:

— A perda da identidade religiosa nesta geração é um holocausto silencioso que vem destruindo o povo judeu.

Na juventude, Bussunda participara de movimentos sionistas junto à esquerda judaica. Era bom conhecedor de autores judeus, de Scholem Aleichem a Amos Oz. Mas declarava-se um não praticante. Seu compromisso com o judaísmo tinha mais ou menos o tom do esclarecimento ao jornalista Luiz Noronha, com quem pedia esmolas no papel de cego em frente à UFRJ:

— Luizão, eu sou judeu pra jogar bola na Hebraica.

No momento em que o caixão de Bussunda baixava à sepultura, uma poderosa salva de fogos de artifício rompeu o silêncio do cemitério São João Batista. O Brasil derrotara a Austrália. A última homenagem ao Fofômeno.

* * *

O telefone de José Lavigne tocou cedo na manhã do dia seguinte, uma segunda-feira. Era da direção da Globo. A emissora deixara-o à vontade para fazer o *Casseta & Planeta Urgente* como fosse possível, com o formato e a duração que as circunstâncias permitissem. Se permitissem. Pouco mais de 24 horas depois, a Globo queria sua garantia de que ia haver programa. E de que ia ser bom.

Nos primeiros dois minutos em que pensou no assunto, Lavigne concluiu que, àquela altura, nenhum quadro que gravassem ia funcionar. Nem os que já tinham gravado na Alemanha. Não havia piada possível.

Enxergou então o óbvio: uma antologia Bussunda. Um programa reunindo seus melhores momentos em 15 anos na TV. Mergulhou na pesquisa monumental. No início, mal conseguia encarar o colega na tela. Foi persistindo e começou a rir. Muito. Depois começou a se irritar. E a dar broncas em Bussunda:

— Porra, meu irmão. Seus problemas acabaram. E os nossos começaram! Por que tu tinha que morrer? Logo você, o mais legal!

No seu delírio solitário, entre as cenas cuidadosamente selecionadas — que iam dar ao programa do dia seguinte 48 pontos, seu recorde de audiência —, o diretor resolveu se vingar de Bussunda. Uma vingança sutil. Incluiu na edição um quadro do humorista no papel de seringueiro, "tirando leite do pau". O problema não era o pau: Bussunda detestava o quadro.

Depois do sucesso absoluto da homenagem no *Casseta & Planeta*, José Lavigne tinha que se decidir sobre outra cena de Bussunda. Esta, no filme *Seus Problemas Acabaram*, com estreia marcada para setembro.

Na história do advogado Botelho Pinto (Murilo Benício), que decide processar as Organizações Tabajara por venderem produtos nocivos à saúde, o personagem Lindauro, interpretado por Bussunda, morria. Depois de tomar "Borogodol" — o "Viagra dos feios" —, Lindauro passa a atrair não só as mulheres. Num passeio pelo jardim zoológico, um elefante se apaixona por ele e acaba esmagando-o contra uma parede.

Naturalmente, depois da tragédia real, a piada poderia soar mórbida. Ou pelo menos de mau gosto. Lavigne discutiu o dilema com o grupo. Decidiram manter a cena.

— Todos vamos morrer um dia, é a única certeza da vida. Ali, quem morre é o personagem. Uma coisa não tem a ver com a outra. A cena é muito engraçada — defendeu o diretor, em entrevista ao *Diário de S. Paulo*.

A outra certeza da vida, naquele momento, era de que não tinha a menor ideia do programa que ia pôr no ar na terça seguinte. A homenagem passara, e o luto precisava terminar na marra. Era hora de saber se havia vida após a morte.

O grupo estava profundamente abatido — e fechado em si. Pensando não só no programa seguinte, mas em todos os outros. Que futuro era aquele? O Brasil os vira chorando na TV. Humorista que inspira pena não tem graça. Se saíssem para fazer as pegadinhas de rua, seriam abraçados, consolados — um desastre. E Bussunda era o emblema, a cara do grupo. Como o público se identificaria com eles agora?

Não cogitaram dissolver o *Casseta & Planeta*. Mas ao longo da semana, tentando juntar os cacos, não viram luz no fim do túnel.

Mesclaram cenas já gravadas na Alemanha (as que não tinham Bussunda) com algum material novo de estúdio, salvando mais uma terça-feira. Aí a fonte parecia ter secado. O roteiro que conseguiram montar a duras penas para a outra edição, de 4 de julho, não era bom. Na segunda-feira de manhã, ao chegarem ao Projac para gravar o programa do dia seguinte, desistiram dele.

Jogaram tudo fora. Roteiro, vinhetas, quadros inteiros já prontos. Aos 44 do segundo tempo, resolviam começar tudo outra vez. Um novo programa, do zero.

No sábado, o Brasil fora eliminado da Copa do Mundo. A constelação de Parreira que ia à Alemanha só para buscar a taça não passara das quartas de final. Derrotado de novo pela França, de novo levando um baile em campo — com direito a balãozinho de Zidane (a estrela azul) em Ronaldo (a estrela amarela). Dessa vez, os cassetas não acharam que a derrota da seleção seria sentida como se a mãe de todo mundo tivesse morrido. O povo estava revoltado com a empáfia dos craques.

Os piratas foram ao ataque, com gosto de sangue na boca.

Em quase 15 horas de trabalho seguidas, com o grupo em bloco, fazendo tudo junto, um novo programa era criado, roteirizado, gravado e montado. Um *Casseta & Planeta Urgente* afiado, como os das melhores safras. Na madrugada de segunda para terça, extenuados, Lavigne, Maria Paula e os seis tinham um sentimento só: estamos vivos.

E a seleção brasileira tinha um funeral de gala. Parodiando o quadro de leitura labial da Globo, em que surdos-mudos decifravam o que os jogadores diziam em campo, o locutor Cid Madureira apresentava o furo de reportagem — com direito ao velho humor negro:

— A torcida brasileira ainda ficou mais injuriada com a seleção verde-amarelona quando soube que alguns jogadores organizaram uma festinha para comemorar a derrota acachapante para a França. Mas os nossos surdos-mudos fofoqueiros já decifraram os movimentos bucolabiais dos jogadores na festa. Não é isso, meu pobre deficiente auditivo?! (gritando no ouvido de Reinaldo).

— Ai! Não precisa gritar, pô. Eu não sou surdo. O surdo é ele, eu sou o mudo.

O lateral Roberto Carlos, que fora flagrado ajeitando o meião no lance do gol decisivo da França, repetia o movimento numa boate (interpretado por Claudio Manoel), abaixado ao lado de uma dançarina vulgar (Maria Paula). A leitura labial revelava o que ele fazia ali:

— Tô aqui fingindo que tô arrumando o meu meião, só pra ficar olhando o popozão. Alguém conhece essa vagabunda aí?

A moça se ofendia:

— Vagabunda, eu?! Vagabunda é essa seleção brasileira!

Agamenon Mendes Pedreira não perderia o prato. E voltaria ao tema da discórdia — agora cheio de razão:

"Quando descobriu que o craque francês Zidane estava se despedindo do futebol, a seleção brasileira, sempre oportunista, resolveu se antecipar no lance, para se despedir primeiro. O que nós vimos foi um espetáculo de metamorfose kafkiana: Kaká virou um cocô."

No segundo semestre de 2006, sem Bussunda, o novo monstro de seis cabeças mostraria suas garras. O *Casseta & Planeta Urgente* fecharia o ano com a formidável média de 37 pontos de audiência. Os prognósticos do fim estavam, mais uma vez, à frente do seu tempo.

* * *

Na noite de 26 de julho, Eduardo Belo chegava ao Maracanã para a final da Copa do Brasil — que Bussunda prometera assistir com ele. Lembrou-se de imediato da cena que fechava o programa especial em sua homenagem: o placar eletrônico do estádio simulando a escalação do time dos cassetas, e piscando freneticamente quando chegava ao "10 — Bussunda", enquanto o humorista acenava, em campo, para as arquibancadas.

Quando a decisão contra o Vasco estava para começar, Belo mentalizou a imagem do amigo. Pediu-lhe que, de onde estivesse, ajudasse o Flamengo a conquistar o título. De repente, das arquibancadas lotadas, explodiu o grito ensurdecedor da torcida rubro-negra, encontrando-se com suas preces:

— Bussunda! Bussunda! Bussunda! Bussunda!...

Cláudio Besserman Vianna estava eternizado na boca do povo. E de onde estivesse, a consagração de seu nome no maior estádio do mundo não lhe seria tão importante quanto o resultado da partida: dois a zero, Flamengo campeão.

A dimensão pública alcançada por Bussunda se refletia nas inúmeras manifestações e homenagens após sua morte. Angélica recebera até telegrama do Senado, assinado por ninguém menos que Antônio Carlos Magalhães — não obstante todo o esculacho.

O ex-presidente Fernando Henrique Cardoso também escrevera para ela. Dona Ruth mandara um bilhete carinhoso. O senador Eduardo Suplicy publicaria artigo de despedida, Luis Fernando Verissimo escreveria uma crônica. Nela, o escritor lembrava um encontro seu com Bussunda no programa *Altas Horas*, de Serginho Groisman — em que os dois, tímidos, estragaram a entrevista de tanto não falar:

"Mas o Bussunda me garantiu que nossos silêncios foram inteligentes", completava Verissimo.

Em nota oficial, o presidente Lula exaltaria seu imitador implacável: "Bussunda era um grande artista, jovem símbolo da criatividade e irreverência brasileiras." Ronaldo Fenômeno faria o mesmo, em comunicado através da CBF: "O jogador Ronaldo, a quem Bussunda imitava à perfeição, manifesta em especial o seu sentimento de tristeza pela morte de uma pessoa de quem tinha se tornado admirador."

Entre as manifestações que chegavam a Angélica de todos os cantos, havia até a carta de uma médium, narrando uma conversa sua com o espírito de Bussunda. Na TV, a Antarctica voltaria a exibir a imagem do humorista morto — contra a suposta cartilha dos publicitários —, numa homenagem singular: "É, amigo, você vai fazer falta."

Pela imutável simplicidade do marido ao longo dos altos e baixos da vida, ela nunca tivera a sensação desse vulto tão imponente que agora o Brasil lhe estampava. Poderia sentir-se orgulhosa. Mas trocaria toda a consagração por sua vida simples de volta. Era feliz. E sabia.

Numa tarde quieta na casa de Araras, Júlia fazia carinho em Laica, a sobrevivente. Scooby-Doo, o pai, desaparecera, Toby, o irmão, morrera, mas Deise estava firme. E Angélica tinha que ficar também, ao ouvir a sutil crônica familiar da filha:

— Só ficaram as mulheres, né, mãe?

CAPÍTULO 25

Bussunda, o gaulês

Em 2007, Cláudio Besserman Vianna voltou.
Surgiu em Brasília, acossando os políticos.
E não era um fenômeno mediúnico.

* * *

Na campanha presidencial de 2006, Luiz Inácio Lula da Silva não deveria concorrer à reeleição. Era um apelo racional:

"Presidente Lula: o senhor deve desistir de se reeleger, já que o seu imitador oficial se encontra impossibilitado de assumir o cargo."

O apelo fora publicado no site do *Casseta & Planeta* por Reinaldo, cerca de um mês depois da morte de Bussunda. Uma tentativa — arriscada — de ultrapassar o pranto. Mas a piada refletia um impasse real.

Lula era Bussunda. Se tivesse um segundo mandato, o grupo ia ter que renunciar à presidência. O apelo de Reinaldo não foi atendido pelo governante. Mesmo assim, o cargo de imitador não ficou imediatamente vago. A legislação eleitoral proibia sátira de candidatos, e Lula estava concorrendo. Meses depois, quando foi reeleito, o grupo já tinha a solução.

Decidiu fazer sua própria eleição. Nem renúncia, nem golpe de Estado. Um novo Lula pirata seria escolhido pelo povo. Os seis humoristas eram candidatos — e fariam seus comícios no programa, cada um tentando convencer o eleitor da poltrona de que era uma reencarnação melhor que as outras cinco.

O vencedor do pleito foi Hubert, com sua plataforma irresistível: "Já fui Fernando Henrique duas vezes, já estive lá, tenho experiência para ser o melhor Lula."

O transplante de presidente deu certo e empurrou o grupo para a certeza de que continuaria vivo sem Bussunda. Foram com tudo para a temporada de 2007 e brilharam em mais um escândalo nacional.

Depois de Antônio Carlos Fraudalhães, agora era outro presidente do Senado, Renan Calheiros, quem aparecia mal na foto. Acusado de usar um lobista de empreiteira para pagar a pensão da ex-mulher, o parlamentar alagoano ganhou cadeira cativa no *Casseta & Planeta Urgente*. Os quadros sobre o senador do estado de "Aladroas" levariam novamente o grupo ao topo do noticiário.

Sob a manchete "Ataques de riso", a revista *Veja* sentenciava em 27 de junho: "Há um ano sem Bussunda, o Casseta & Planeta continua sendo a bússola da sátira política na TV."

Por dentro do organismo, porém, a vida não estava tão sorridente. A amputação doía.

O Tabajara FC, por exemplo, perderia sua hegemonia de pior time do mundo. O quadro não se sustentava sem o Marrentinho. E a virada pela sobrevivência seria sucedida por um período de esgotamento. A usina criativa decairia sensivelmente ao longo do ano (e a audiência cairia cerca de seis pontos em relação a 2006). José Lavigne via uma ocorrência repetitiva das pegadinhas de rua com trocadilhos sexuais. Em outubro, o diretor chegaria a entregar à emissora um programa com apenas 18 minutos de duração.

Receberia um e-mail sincero do diretor Mário Lúcio Vaz:

"Ainda bem que o programa só tinha 18 minutos. Estava péssimo."

Na temporada seguinte (2008), a audiência e a efervescência criativa voltariam a subir. O grupo parecia ter sete vidas. E ainda restavam seis — mais fechadas do que nunca em si mesmas. O início do processo de regeneração aumentara o isolamento do meio externo. Era a hora de Lavigne lembrar-se de que não era um casseta. Maria Paula também bateria com a cara na porta de aço.

Angustiada, sem conseguir compartilhar com os outros a dor da perda do amigo, a Dona Casseta entraria numa nuvem de baixo-astral — pela primeira vez numa vida em que tudo teimara em dar certo. Não tardou a encontrar o significado capital da morte de Bussunda: "Fomos expulsos do paraíso."

A expulsão não seria só metafórica para Mu Chebabi. O redator e produtor musical do programa na Globo, ex-integrante da banda, não emplacaria a temporada 2008. Após vinte anos trabalhando com o grupo, seria cortado sem anestesia (só receberia dois telefonemas, de Helio e Reinaldo). Parecia o retorno da frase paterna — "Não pensa que você é bom, não" —, agora silenciosa.

O pai já se rendera ao seu talento musical, ao ver o trabalho de Mu referendado por João Bosco, Djavan e outros grandes da MPB. A falta de Bussunda, porém, talvez tivesse acirrado o instinto antropófago dos cassetas. Chebabi não esconderia sua mágoa com a conduta do grupo.

Mas o corte ia cicatrizar, enquanto ele emplacava com Helio de La Peña (e Arlindo Cruz) o *Samba da Globalização*, nova vinheta de fim de ano da Globo. A vida continuava, em seu mais perfeito zigue-zague.

Quando soube da morte de Bussunda, Mané Jacó ficou indiferente. Aquela dor não era dele, pensou.

Depois de ser cortado do grupo, Emanuel Jacobina encontrara seu caminho na dramaturgia. Entre outros programas na Globo, fora o criador da série jovem *Malhação* — um dos sucessos de longevidade da emissora. Lembrou-se de que a semente do projeto surgira num papo com Bussunda, sobre a falta de diálogo da mídia com a garotada. Lembrou-se de quantos caminhos, profissionais ou não, lhe tinham sido abertos por aquela amizade generosa. A saudade derrubou a indiferença.

Vistos de perto, Cláudio Besserman Vianna, Claudio Manoel Mascarenhas Pimentel, Helio Antônio do Couto Filho, Hubert de Carvalho Aranha, Marcelo Garmatter Barretto, Reinaldo Batista Figueiredo e Roberto Adler eram normais. Normais demais para serem agradáveis. E tinham transformado o humor no Brasil arrancando véus da normalidade, por mais obscena que ela fosse.

A entidade do homem comum, patético, em frequente desacordo com seus próprios sonhos de grandeza, era o personagem real dos sete.

Como se Dar Bem na Vida Mesmo Sendo um Bosta, um dos best-sellers do grupo, resumia a proposta de tirar do armário o ridículo de cada um. Eles eram os primeiros a fazê-lo. A sério.

No final de uma gravação do programa na fazenda do cantor Leonardo, em Goiás, Beto e Helio se veriam cercados de mulheres lindas e oferecidas. O astro sertanejo daria então a ordem-unida:

— Agora desliga câmera, desliga gravador, que a chapa vai esquentar!

Encabulados com o "brinde" da casa, os humoristas alegaram que infelizmente precisavam ir embora para pegar seu voo. Tinham gravação de manhã cedo.

— Nada disso! Eu mando vir um helicóptero na hora que vocês quiserem. Essas aí são amigas, ainda tem que tomar um drinque e conversar um pouquinho. Mas daqui a pouco vão chegar as perversas...

No dia seguinte, na reunião com o grupo, Beto e Helio narraram o causo e contaram vantagem:

— A gente é foda, mesmo. Ficamos firmes. Não comemos!

Durante uma entrevista com a atriz Danielle Winits no canal a cabo GNT, Marcelo Madureira também mostraria sua bravura masculina. Ao lado do jornalista Arthur Dapieve, com quem apresentava o programa *Sem Controle*, revelaria à loura sua cantada infalível:

— Se a mulher chega pra mim numa festa, à meia-noite, perguntando qual é o meu signo, eu respondo: "Depende. Tem buceta na parada?" Não tem erro. Ou é tapa na cara, ou é cama.

A atriz assimilou o golpe e quis saber se o fauno já abatera muitas presas. Infelizmente não, explicou ele. De tão letal, a cantada estava proibida pela Convenção de Genebra.

A saga do homem comum, herói de nada, prosseguia na vida doméstica. Marcelo costumava dizer que só não comia depois do cachorro porque não tinha cachorro. A mulher e os filhos não tinham nenhuma reverência especial por sua notoriedade. Os meninos podiam ter até a postura inversa. Quando saíam à rua, Marcelo notava-os acelerando discretamente o passo — colocando-se estrategicamente uns 10 metros distantes dele.

Helio de La Peña fora morar com a família numa casa no Jardim Pernambuco (Leblon), um dos metros quadrados mais caros do Rio de Janeiro. Aos visitantes, explicava logo como um negro tinha ido parar ali:

— Entrei no Jardim Pernambuco pelo sistema de cotas.

Quando Bussunda batia ponto na praia em frente à Joana Angélica, antes da fama, sua estranha normalidade às vezes causava reações. Numa delas, um colega de point, que fazia o tipo intelectual fashion, com todas as etiquetas de corpo e mente em dia, disparou para a plateia de moçoilas:

— Porra, como é que esse cara pode querer ser escroto assim?

Claudio Manoel, que assistia à cena, pôs o dedo na cara do playboy:

— Esse cara escroto vai ser um ídolo.

* * *

No ano seguinte à morte do ídolo, uma onda de indignação tomara conta do Congresso Nacional em Brasília. Um grupo de parlamentares se reunira para abrir um processo judicial contra o *Casseta & Planeta*.

Os humoristas tinham passado dos limites. Num quadro intitulado "Deputados de Programa", apareciam vestidos de terno abordando motoristas na rua para vender-lhes seus votos. Entre eles surgia uma mulher rodando bolsinha. Perguntada por um passante se era deputada, a prostituta (Maria Paula) se ofendia:

— Me respeite! Eu ganho a vida honestamente.

Em reunião com o presidente da Câmara dos Deputados, Arlindo Chinaglia (PT-SP), o líder do PDT, Miro Teixeira, defendia uma reação dura contra o *Casseta & Planeta*:

— Se não respondemos a uma coisa dessas, é o mesmo que assinar embaixo — afirmaria o deputado, citado pelo jornal *O Estado de S. Paulo* em 25 de abril.

Poderia ser uma medida eficaz, se não estivesse um pouco atrasada.

O quadro do *Casseta & Planeta Urgente* fora, na verdade, exibido em 2001. Na época, o então presidente da Câmara, Aécio Neves (PSDB-MG), levantara a possibilidade de processar o grupo. Não chegaria a fazê-lo, mas a notícia do embate entre os políticos e os humoristas ficaria circulando, através dos anos, pela internet. Não mais pelo fato em si, mas pela nota dos cassetas (redigida por Bussunda) — que viraria um clássico na web:

*Foi com surpresa que nós, integrantes do grupo Casseta & Planeta, to-
mamos conhecimento, através da imprensa, da intenção do presidente da
Câmara dos Deputados de nos processar por causa de uma piada veiculada
em nosso programa de televisão. Em vista disso, gostaríamos de esclarecer alguns pontos:*

*1. Em nenhum momento tivemos a intenção de ofender deputados ou
prostitutas. O objetivo da piada era somente de comparar duas categorias
profissionais que aceitam dinheiro para mudar de posição.*

*2. Não vemos nenhum problema em ceder um espaço para o direito de
resposta dos deputados. Pelo contrário, consideramos o quadro muito ade-
quado e condizente com a linha do programa.*

*3. Caso se decidam pelo direito de resposta, informamos que nossas gra-
vações ocorrem às segundas-feiras, o que obrigará os deputados a interromper seu descanso.*

A precisão do golpe tornaria a notícia imune ao tempo. E ao voltar
a bater casualmente nos gabinetes de Brasília em 2007 — seis anos depois —, os deputados vestiriam no ato a carapuça.

Bussunda estava vivo.

* * *

Uma debutante pop. Para sua festa de 15 anos, que completaria em
3 de novembro de 2008, Júlia queria um figurino do musical *Hair Spray*.
Angélica recebeu a dica de uma loja em Copacabana que poderia
produzir a roupa.

Pegou o endereço, encontrou a loja, entrou nela e deu de cara com
Bussunda.

Risonho, de tranças, seu marido ocupava um bom pedaço da parede
principal, bem onde estava a costureira com quem ela ia falar. Caracterizado como Obelix, o rotundo personagem de Goscinny e Uderzo, ele
fora produzido para a foto — publicada no *Jornal do Brasil* — pela mesma pessoa que faria o vestido de Júlia.

Trajado como o gaulês teimoso e invencível, Bussunda estava pronto para a festa.

Bussunda como Obelix, o gaulês invencível.

CRÉDITO DAS IMAGENS DE MIOLO

CAPÍTULO 1
Página 13 | *Reprodução* Planeta Diário
Página 15 | *Raimundo Neto /*
Agência O Globo
Página 22 | *Acervo pessoal Sérgio Besserman*

CAPÍTULO 2
Página 27 | *Reprodução* Casseta Popular
Página 37 | *Acervo pessoal*
Angélica Nascimento
Página 38 | *Acervo pessoal Sérgio Besserman*

CAPÍTULO 3
Página 47 | *Acervo pessoal Ronaldo Balassiano*

CAPÍTULO 4
Página 60 | *Paula Johas*
Página 66 | *Márcia Dias*

CAPÍTULO 6
Página 95 | *Acervo pessoal Beto Silva*

CAPÍTULO 7
Página 112 | *Flávio Ciro/ Editora Abril*
Página 125 | *Revista de Domingo*
19/06/88 – CPdocJB

CAPÍTULO 8
Página 145 | *Américo Vermelho /*
Folha Imagem

CAPÍTULO 9
Página 163 | *Arquivo / Agência O Globo*

CAPÍTULO 10
Página 184 | *Vitor Teixeira / Agência O Dia*

CAPÍTULO 11
Página 191 | *Paulinho Muniz*

CAPÍTULO 13
Página 231 | *Acervo pessoal Casseta e Planeta*

CAPÍTULO 14
Página 241 | *Acervo pessoal*
Angélica Nascimento
Página 245 | *Acervo pessoal*
Angélica Nascimento

CAPÍTULO 15
Página 264 | *Juca Rodrigues / Agência Istoé*

CAPÍTULO 16
Página 280 | *Wania Pedroso / Editora Globo*
Página 287 | *Camila Maia / Agência O Globo*

CAPÍTULO 18
Página 307 | *Acervo pessoal Claudio Manoel*

CAPÍTULO 20
Página 332 | *Camila Maia / Agência O Globo*

CAPÍTULO 21
Página 351 | *Acervo pessoal Helio de La Peña*

CAPÍTULO 22
Página 360 | *Acervo pessoal*
Angélica Nascimento

CAPITULO 23
Página 374 | *Acervo pessoal Beto Silva*

CAPÍTULO 24
Página 394 | *Fábio Costa / Agência O Globo*

CAPÍTULO 25
Página 406 | *Revista de Domingo*
18/01/97 – CPdocJB

Este livro foi impresso na
LIS GRÁFICA E EDITORA LTDA.
Rua Felício Antônio Alves, 370 – Bonsucesso
CEP 07175-450 – Guarulhos – SP
Fone: (11) 3382-0777 – Fax: (11) 3382-0778
lisgrafica@lisgrafica.com.br – www.lisgrafica.com.br